Flexibilisierungsbestrebungen der wirtschaftsstrafrechtlichen Praxis und das Recht auf den gesetzlichen Richter

Schriften zum Strafrecht und Strafprozeßrecht

Herausgegeben von Manfred Maiwald
und Carsten Momsen

Band 130

PETER LANG

Isabelle Marie Voß

Flexibilisierungsbestrebungen der wirtschaftsstrafrechtlichen Praxis und das Recht auf den gesetzlichen Richter

Eine empirische Untersuchung

PETER LANG

Bibliografische Information der Deutschen Nationalbibliothek
Die Deutsche Nationalbibliothek verzeichnet diese Publikation
in der Deutschen Nationalbibliografie; detaillierte bibliografische
Daten sind im Internet über http://dnb.d-nb.de abrufbar.

Zugl.: Konstanz, Univ., Diss., 2018

Tag der mündlichen Prüfung: 26. Juni 2018
Referent: Prof. Dr. Oliver Fehrenbacher
Referent: Prof. Dr. Hans Theile, LL.M.
Referent: Prof. Dr. Andreas Popp, M.A.

D 352
ISSN 0938-6181
ISBN 978-3-631-79102-8 (Print)
E-ISBN 978-3-631-79177-6 (E-PDF)
E-ISBN 978-3-631-79178-3 (EPUB)
E-ISBN 978-3-631-79179-0 (MOBI)
DOI 10.3726/b15713

Peter Lang – Berlin · Bern · Bruxelles · New York ·
Oxford · Warszawa · Wien

Diese Publikation wurde begutachtet.

www.peterlang.com

Danksagung

Die Arbeit ist während meiner Zeit als wissenschaftliche Mitarbeiterin am Lehrstuhl für Strafrecht, Strafprozessrecht, Wirtschaftsstrafrecht und Kriminologie der Universität Konstanz entstanden. Die Forschung wurde durch AFF-Mittel der Universität Konstanz ermöglicht.

Herr Professor Dr. Hans Theile, LL.M. hat die Arbeit betreut. Ihm danke ich für die wohlwollende, intensive Begleitung während der Promotionszeit, wertvolle Anregungen, die zum Gelingen der Arbeit wesentlich beigetragen haben, sowie die Erstellung des Erstgutachtens. Herrn Professor Dr. Andreas Popp, M.A. danke ich für die Erstellung des ausführlichen Zweitgutachtens.

Während der Promotionszeit haben mich meine Familie, meine Freunde und meine Kollegen an der Universität Konstanz vielfältig unterstützt. Ihnen Allen sei herzlich dafür gedankt. Besonders möchte ich mich bei meinem Mann Henning für seine Unterstützung und Liebe bedanken. Die Arbeit widme ich meiner geliebten Tochter Amelie, die mein Leben, nicht nur während der Zeit der Promotion, so viel schöner gemacht hat.

Berlin, im Februar 2019

Isabelle Marie Voß

Inhaltsverzeichnis

Einleitung

Das Recht auf den gesetzlichen Richter ist in Art. 101 Abs. 1 S. 2 GG festgeschrieben und verlangt, dass der im Einzelfall entscheidende Richter nach abstrakt-generellen Regelungen vorherbestimmt ist. Die Untersuchung blickt auf die Zuordnung von Fall und Richter im Bereich des Wirtschaftsstrafrechts und erforscht Flexibilisierungsbestrebungen der Praxis im Regelungsbereich dieses Verfassungsprinzips.

Nichts anderes als eine effektivere und praxistauglichere Ausgestaltung des Strafprozesses sollte erreicht werden, als in der letzten Legislaturperiode durch das Bundesministerium der Justiz und für Verbraucherschutz (BMJV) eine Expertenkommission ins Leben gerufen wurde. Ihre Vorschläge von Oktober 2015[1] sind zwar nur teilweise in Gesetzesform[2] gegossen worden, aber der aktuelle gesetzgeberische Blickwinkel auf das Strafrecht wurde besonders deutlich. Effektiv und ressourcenschonend soll es sein.[3] Die gesetzgeberischen Überlegungen zur Reform des Strafprozesses haben dazu geführt, dass auch aus den Reihen der Praktiker Forderungen an den Gesetzgeber laut wurden. So gründete sich als Reaktion auf das Gesetzgebungsvorhaben der Strafkammertag, ein Zusammenschluss von Strafsenats- und -kammervorsitzenden.[4] Ebenso wie die

1 Siehe den Bericht der Expertenkommission zur effektiveren und praxistauglichen Ausgestaltung des allgemeinen Strafverfahrens und des jugendgerichtlichen Verfahrens, abrufbar mit Gutachten und Protokollen unter https://www.bmjv.de/SharedDocs/Downloads/DE/PDF/ Abschlussbericht_Reform_StPO_Kommission.pdf?__blob=publicationFile&v=2; zuletzt abgerufen am 15.02.2019.

2 Siehe das darauf aufbauende Gesetz vom 17.08.2017 – BGBl. Teil I 2017, Nr. 58, S. 3202. In diesem wurden aber die Empfehlungen der Expertenkommission nur teilweise eingearbeitet, Änderungen im Gewährleistungsbereich des gesetzlichen Richters gab es nicht. Zu den Änderungen allgemein *Radtke*, Das Strafverfahren – effektiv und praxistauglich?, DRiZ 2017, 190, 190 f.

3 Diese Sichtweise wurde auch kürzlich im „Pakt für den Rechtsstaat" deutlich, bei dem die Länder und der Bund am 31.01.2019 u.a. vereinbart haben, dass die Strafprozessordnung reformiert werden muss, um Verfahren effektiver zu gestalten. Dazu auch *Landau*, Die Pflicht des Staates zum Erhalt einer funktionstüchtigen Strafrechtspflege, NStZ 2007, 121, 121 f.

4 Dazu der Präsident des Oberlandesgerichts Bamberg, Clemens Lückemann, als Veranstalter des 2. Strafkammertages am 26.09.2017 zu Legal Tribune Online (LTO), abrufbar unter https://www.lto.de/recht/hintergruende/h/strafkammertag-wuerzburg-interview-clemens-lueckemann-stpo-reform; zuletzt abgerufen am 15.02.2019. Dazu auch *Sandherr*, Zwölf Forderungen für einen effektiveren Strafprozess, DRiZ 2017, 338,

regelmäßig stattfindende OLG-Präsidentenkonferenz zielen die Forderungen des Strafkammertages im Allgemeinen darauf, Effektivität im Strafprozess durch eine gesetzgeberisch legitimierte flexiblere Handhabung von Rechtsgrundsätzen und einer Beschränkung von Revisionsrechten zu erreichen.[5] Dies mag eine Folge davon sein, dass Forderungen nach einer besseren auch personellen Ausstattung der Justiz bislang oft unberücksichtigt verhallt sind[6] und es scheint, als sei der Gesetzgeber nur dazu bereit, an rechtlichen Stellschrauben zu drehen.[7] Der deutsche Anwaltverein jedenfalls vertritt eine andere Position und forderte jüngst erneut, die deutschen Gerichte durch mehr Personal und mehr Investitionen zu entlasten.[8]

---

338 ff.; *Fischer*, Die Suche nach dem guten Gesetz, Die Zeit 2017 Nr. 46, 14. Siehe etwa zum Strafkammertag am 16.02.2016 die Pressemitteilung vom OLG Stuttgart und die erarbeiteten Thesen, abrufbar unter http://www.olg-stuttgart.de/pb/,Lde/Startseite/Medien/Reform+des+Strafprozesses+_+Praktiker+melden+sich+beim+bundesweiten+_Strafkammertag_+am+16_+Februar+2016+zu+Wort/?LISTPAGE=1178276; zuletzt abgerufen am 15.02.2019.

5 Zu den Forderungen der OLG-Präsidentenkonferenz vom September 2015 siehe http://www.olg-duesseldorf.nrw.de/behoerde/presse/archiv/Pressemitteilungen_aus_2015/20151013_PM_Gemeinsame-Presseerklaerung/Gesetzgebungsvorschlaege-der-OLG-Praesidentenkonferenz-Fassung-Oktober-2015.pdf; zuletzt abgerufen am 15.02.2019.

6 So etwa die als obiter dictum formulierte Forderung des BGH im „Kölner Müllskandal", schuldangemessene Strafen in Steuer- und Wirtschaftsstrafsachen seien nur durch eine „spürbare Stärkung der Justiz in diesem Bereich" möglich, BGH, Urteil vom 02.12.2005 – 5 StR 119/05, NJW 2006, 925, 929.

7 Der Gesetzgeber hat unterschiedliche Versuche unternommen, mit der Flut an Fällen zurecht zu kommmen: in den 90er Jahren, bedingt durch die Wiedervereinigung, wurde die Justiz personell aufgestockt und danach nach rechtlichen Wegen gesucht, Verfahren zu beschleunigen. Aktuell wird die Verantwortung, mit dem Fallaufkommen zurecht zu kommen, auf die Gericht und ihre Organisation verlagert. Siehe dazu *Wiebel*, Effizienz und Gerichtsverfassung: Der Versuch eines Ansatzes zur Pflege der Rechtspflege, ZRP 1998, 221, 221 ff; *Hamm*, in: *Nelles* (Hrsg.), Strafverteidigung in Forschung und Praxis, Braucht die StPO, um wieder zu gelten, ein Dealgesetz?, S. 57 f. Ob mit dem „Pakt für den Rechtsstaat", der am 31.01.2019 zwischen Bund und Ländern geschlossen wurde, eine Trendwende in Hinblick auf den Personalaufbau in der Justiz eingeläutet wurde, bleibt abzuwarten.

8 So der Präsident des DAV Ulrich Schellenberg gegenüber Legal Tribune Online (LTO) am 06.10.2017 abrufbar unter https://www.lto.de/recht/hintergruende/h/dav-kritisiert-strafkammertag-vorschlaege-stpo-reform; zuletzt abgerufen am 15.02.2019. Kritik an den Vorschlägen des Strafkammertages wurde auch von der Redaktion des Strafverteidigers geäußert am 09.11.2017 auf LTO, https://www.lto.de/recht/hintergruende/h/

Diese Ausgangslage verdeutlicht die Spannungslage, in der die Justiz agieren muss. Sie muss im Alltag mit dem gesetzlichen Status-quo zurechtkommen und das Fallaufkommen mit den vorhandenen personellen Mitteln bewältigen. Als Folge dieses Effizienzdrucks ist zu beobachten, dass sie Wege hin zu einem flexibleren Strafprozess sucht, um so Ressourcen möglichst optimal nutzen zu können.[9] In spektakulären und medial vielbeachteten Verfahren wurde den Gerichten unlängst immer wieder vorgeworfen, Kammern gezielt für bestimmte Verfahren gebildet und die Verfahrensverteilung bewusst gesteuert zu haben.[10] Die Arbeit konzentriert sich darauf, diese Bestrebungen im Gewährleistungsbereich des Anspruchs auf den gesetzlichen Richter nach Art. 101 Abs. 1 S. 2 GG zu beleuchten. Denn dort treffen in besonderem Maße unterschiedliche Interessen und Rechtsgüter aufeinander. So fordert das rechtsstaatliche Gebot einer funktionstüchtigen Strafrechtspflege eine praktikable und effektive Strafjustiz und der Beschleunigungsgrundsatz eine zügige Behandlung der Verfahren. Das verfassungsrechtliche Gebot des gesetzlichen Richters wiederum verlangt eine abstrakt-generelle, gleichsam eine *„blindlings"* Bestimmung des Richters im Einzelfall.[11] Er ist ein Rechtsgrundsatz, der seinem Grundgedanken nach den Bestrebungen der Praxis nach Flexibilität und Eigenverantwortung entgegensteht. Dies

---

kritik-reformvorschlaege-stpo-2-strafkammertag-jumiko; zuletzt abgerufen am 15.02.2019.

9 So bereits *Theile*, in: *Heinz/Rengier/Hilgendorf* (Hrsg.), Festschrift für Wolfgang Heinz, Flexible Fallzuweisung und gesetzlicher Richter (Art. 101 I 2 GG) – eine Problemskizze am Beispiel der Wirtschaftsstrafkammern, S. 892 ff.

10 *Schmitz*, Rangierkunst oder Entgleisung – Die Besetzungsrüge nach Änderung des Geschäftsverteilungsplanes, StraFo 2016, 397, 401 m.w.N. mit Verweis auch auf das „Teldafax"-Verfahren vor dem LG Bonn, Beschluss vom 06.03.2014 – 27a KLs 1/13. So wurde etwa im Sal. Oppenheim-Verfahren 2013 am LG Köln durch die Verteidigung vorgetragen, dass die Staatsanwaltschaft bewusst die Anklagerhebung verzögert habe, um ein bestimmtes Verfahren zu einer bestimmten Wirtschaftsstrafkammer zu bekommen, vgl. LG Köln, Beschluss vom 14.03.2013 – 116 KLS 2/12, BeckRS 2013, 06336; oder jüngst im „Gruppe-Freital" Prozess der Vorwurf der Verteidiger, die Kammer sei zielgenau für diese Verfahren gebildet worden https://www.zeit.de/gesellschaft/zeitgeschehen/2017-03/prozess-gruppe-freital-dresden-rechtsextremismus-terroristische-vereinigung; zuletzt abgerufen am 15.02.2019.

11 BVerfG (Plenum), Beschluss vom 08.04.1997 – 1 PBvU 1/95, BVerfGE 95, 322, 328 f.; NJW 1997, 1497, 1498; BGH, Beschluss vom 12.05.2015 – 3 StR 569/14, NJW 2015, 2597, 2598. Die „Blindlingstheorie" wurde vom BGH 1954 entwickelt, BGH, Urteil vom 28.09.1954 – 5 StR 275/53, BGHSt 7, 23, 24; NJW 1955, 152, 152. Dazu auch *Sowada*, Der gesetzliche Richter im Strafverfahren, S. 198 ff., 811 ff.

führt zu einer Spannungslage. Die Motivation für eine flexible Fallzuteilung ist naturgemäß dann am größten, wenn es um komplexe und umfangreiche Sachverhalte geht, wie dies insbesondere im Bereich der Wirtschaftskriminalität der Fall ist. Dort potenzieren sich die angesprochenen Probleme, weshalb Wirtschaftsstrafverfahren auch den Fokus der Untersuchung bilden.

Das GVG als gesetzliche Konkretisierung von Art. 101 Abs. 1 S. 2 GG ist das Gerüst der gerichtlichen Geschäftsverteilung, lässt aber Spielräume, um den Besonderheiten und Bedürfnissen der Gerichte deutschlandweit Rechnung zu tragen.[12] Dies ist eine gesetzgeberische Wertentscheidung im Rahmen der gesetzgeberischen Ausgestaltungsfreiheit.[13] Gesetzlich nicht vorgesehen ist es, diesen Freiraum für Einzelfallzuweisungen zu nutzen. Flexibilisierungsbestrebungen zeigen sich insbesondere in dem Anliegen der Fallsteuerung, das heißt einer Einflussnahme auf die Zuordnung von Fall und Richter im Wege der unterjährigen Geschäftsverteilungsplanänderungen, oder indem die Staatsanwaltschaft das gerichtliche Fallverteilungssystem gezielt nutzt, um ein bestimmtes Verfahren bei einer bestimmten Kammer zu lozieren. Einen Einfluss auf das zuständige Gericht wird der Staatsanwaltschaft aber gesetzlich nur im Bereich der beweglichen Zuständigkeiten eingeräumt. Sie kann bei mehreren örtlich oder sachlich zuständigen Gerichten auswählen, wo sie Anklage erhebt. Der Fokus der Untersuchung ist aber nicht auf die Erforschung bewusst gesetzlich geschaffener Freiräume gerichtet, sondern auf die Sichtbarmachung von Handlungsweisen, die sich durch Lücken und Ungenauigkeiten im normativen Bestand gebildet haben. Es geht dabei nicht darum, das formelle gesetzliche Programm zu beleuchten, sondern es soll das informelle Programm[14] erforscht werden. Darunter ist ein Set an Verhaltensweisen gemeint, das sich neben dem normativen Programm in der Praxis gebildet hat. Diese im Gewährleistungsbereich des Anspruchs auf den gesetzlichen Richter sichtbar zu machen, ist Ziel der Untersuchung, denn dieser Bereich ist noch nicht erforscht.[15] Deshalb, und weil es auch gerade um die Anwendung gerichtsinterner Regelungen, wie der Geschäftsverteilungsplan einer ist, geht, wurde der Weg einer empirischen Untersuchung gewählt. Trotz

---

12 *Rasehorn*, Der Geschäftsverteilungsplan als Organisationsinstrument, ZRP 1972, 181, 181.

13 BVerfG, Beschluss vom 08.06.1993 – 1 BvR 878/90, NJW 2013, 2229, 2229 f.

14 Aus der Kriminalitätsforschung dazu *MacNaughton-Smith*, in: *Lüderssen/Sack* (Hrsg.), Seminar: Abweichendes Verhalten II, Der zweite Code, S. 197 ff.

15 Begriffsprägend ist der Aufsatz von *Hassemer*, Informelle Programme im Strafprozeß, StV 1982, 377, 377 ff. Dazu bereits zuvor *MacNaughton-Smith*, in: *Lüderssen/Sack* (Hrsg.), Seminar: Abweichendes Verhalten II, Der zweite Code, S. 197 ff.

des mehrfach artikulierten Rufes nach empirischen Untersuchungen, existiert eine solche bisher nicht.[16]

Die Untersuchung möchte erforschen, ob es möglich ist, dass diese rechtlichen Lücken von Staatsanwaltschaft und Gericht dazu genutzt werden, bestimmte Verfahren zu bestimmten Kammern zu lozieren und welche Motive dahinter stehen können. Sie möchte der Frage nachgehen, ob eine flexible Fallzuweisung tatsächlich, unbemerkt, in die Gerichtspraxis Einzug gehalten hat. Daneben sollen auch der Sicht der Verteidigung auf diese Thematik Raum gegeben werden und die ihr zur Verfügung stehenden rechtlichen Mittel beleuchtet werden. Der Anspruch auf den gesetzlichen Richter ist ein tradiertes Rechtsprinzip. Er wurde etabliert, um Kabinettsjustiz zu verhindern und vor Einflüssen der Exekutive zu schützen. Die angesprochenen Flexibilitätsbestrebungen zeigen aber, dass die gesetzliche Position des Richters nicht so sehr durch originär exekutivische Einflussnahmen bedroht ist, sondern vielmehr durch Maßnahmen der Judikative selbst.[17] Wichtig ist daher heute eher der Schutz der Rechte des Angeklagten als der Schutz der Unabhängigkeit der Gerichte. Dies hat zu einer „*Renaissance*“[18]

---

16 Dies wird auch angesprochen in *Wiesenack/Klein*, in: *Eisele/Koch/Theile* (Hrsg.), Der Sanktionsdurchgriff im Unternehmensverbund, Strukturierung und Organisation von Unternehmensverbünden, S. 9; dazu aber schon *Theile/Nippgen*, Die Arbeitsweise der Wirtschaftsstrafkammern, S. 10 f., welche sich teilweise aber auch mit Flexibilisierungsbestrebungen im Bereich des gesetzlichen Richters befasst haben. Gerade zu fehlender Empirie im Spannungsfeld des gesetzlichen Richters *Dästner*, Zur Gewähr des gesetzlichen Richters im Strafverfahren, RuP 1981, 18, 18 ff.; *Sowada*, Der gesetzliche Richter im Strafverfahren, S. 91; *Herzog*, Über bewegliche Zuständigkeitsregelungen, instrumentelle Zuständigkeitswahl und das Prinzip des gesetzlichen Richters, StV 1993, 609, 610. Eine vornehmlich empirische Strukturanalyse des deutschen Strafprozesses liefert *Ferber*, Strafkammerbericht, S. 5 ff.

17 Verfassungsrechtlich werden die Staatsanwaltschaften der Exekutive zugeordnet (vgl. BVerfG, Urteil vom 20.02.2001 – 2 BvR 1444/00, NJW 2001, 1121, 1123) wenngleich ihre Tätigkeit auch eine Nähe zur richterlichen Tätigkeit hat und sie als Justizbehöre und Organ der Rechtspflege angesehen wird (VGH Mannheim, Urteil vom 16.05.2017 – 10S 1478/16, NVwZ 2018, 750, 752; *Inhofer*, in: *Graf*, BeckOK GVG, 1. Ed., § 141 GVG, Rn. 23; § 147 GVG, Rn. 1). Damit wird sie hier in dem Kontext der historischen Bedrohungslage des gesetzlichen Richters nicht als Teil der Exekutive angesehen.

18 Dieser Begriff taucht aktuell vermehrt auf, unter anderem bei *Arnoldi*, Anmerkung zu einer Entscheidung des BGH, Urteil vom 07.09.2016 (1 StR 422/15) – Zur Zulässigkeit der Besetzungsrüge, StRR 2017, 10, 13. Dazu auch *Schmitz*, Rangierkunst oder Entgleisung – Die Besetzungsrüge nach Änderung des Geschäftsverteilungsplanes, StraFo 2016, 397, 398, 403. In diese Richtung auch *Weber*, Anmerkung zu BGH, Beschluss vom

der Bedeutung der Besetzungsrüge geführt als Mittel der Verteidigung gegen Entscheidungen des ungesetzlichen Richters.[19] Es ist unklar, ob tatsächlich im Gerichtsalltag eine Zunahme zu verzeichnen ist, es ist jedoch eine Zunahme höchstgerichtlicher Judikatur festzustellen. Diese wird ausdifferenzierter und konkreter. In der Praxis sind dabei Fälle fehlender gerichtlicher Dokumentation von unterjährigen Geschäftsverteilungsplanänderungen[20] und die Einrichtung von Hilfsstrafkammern, die ohne tragbares Gesamtkonzept gebildet werden,[21] von besonderer Bedeutung.[22] Diese Kehrtwende mutet als ein nicht mehr allzu

08.02.2017 – 1 StR 493/16, FD-StrafR 2017, 389124. Ein Interviewpartner meinte:„ *Also bei diesen Besetzungsgeschichten insgesamt da sind sie am Puls der Zeit, also das ist aus meiner Sicht so mit das spannendste Thema prozessual der letzten Jahre.“ (1–2, 119–121)*. Ein anderer Interviewpartner hielt Seminare für jüngere Strafverteidiger mit dem Titel „Renaissance der Besetzungsrüge?“ (1–4, 756–757).

19 Sie hat sich damit anders entwickelt als prognostiziert von *Dahs/Dahs, JR.*, Die Revision im Strafprozess, 7. Aufl., „große“ Vergangenheit und sehr bescheidene Zukunft“. Dazu auch hinsichtlich Besetzungsrügen gegen die Schöffenwauswahl *Arnoldi*, Praxiskommentar zu BGH, Urteil vom 14.12.2016 – 2 StR 342/15, NStZ 2017, 492, 492 f., der einen Bedeutungszuwachs ab 2015 annimmt und gleichwohl hofft, dass dieser wieder abnehmen werde.

20 BGH, Beschluss vom 07.01.2014 – 5 StR 613/13, NStZ 2014, 287, 288; *Grube*, Anm. BGH, Beschluss vom 07.01.2014 – 5 StR 613/13, StraFo 2014, 121, 121 ff.

21 BGH, Beschluss vom 12.05.2015 – 3 StR 569/14, NJW 2015, 2597, 2598; *Schmitz*, Rangierkunst oder Entgleisung – Die Besetzungsrüge nach Änderung des Geschäftsverteilungsplanes, StraFo 2016, 397, 401 m.w.N. mit Verweis auch auf das „Teldafax“-Verfahren vor dem LG Bonn, Beschluss vom 06.03.2014 – 27a KLs 1/13.

22 Zu anderen Bereichen des gesetzlichen Richters sind jüngst ergangen BVerfG, Beschluss vom 23.12.2016 – 2 BvR 2023/16, BeckRS 2016, 111809 zu Ungenauigkeiten im Geschäftsverteilungsplan. BVerfG, Beschluss vom 16.01.2017 – 2 BvR 2011/16, 2 BvR 2034/16, NJW 2017, 1233, 1233 ff. mit Anm. *Muckel*, Gesetzlicher Richter bei Änderung des Geschäftsverteilungsplans für eine Strafkammer, JA 2017, 717, 717 ff. zur Einrichtung von Hilfsstrafkammern und der Umverteilung bereits anhängiger Verfahren. Mit einem nur mündlichen Mitwirkungsplan befasste sich kürzlich BGH, Beschluss vom 08.02.2017 – 1 StR 493/16, NStZ 2017, 429, 429 ff. Zu einer unzureichenden Entschuldigung des Schöffens BGH, Urteil vom 14.12.2016 – 2 StR 342/15, NStZ 2017, 491, 491 f., dazu *Arnoldi*, Praxiskommentar zu BGH, Urteil vom 14.12.2016 – 2 StR 342/15, NStZ 2017, 492, 492 ff. Zum Ausschluss einer Richterin wegen Mutterschutz BGH, Urteil vom 07.11.2016 – 2 StR 9/15, NJW 2017, 745, 745 f.; zur fehlerhaften Ergänzungsrichterbestellung BGH, Beschluss vom 08.03.2016 – 3 StR 544/15, NJW 2016, 2197, 2197 ff.

versteckter *„Appell"* an die deutsche Justiz an.[23] Sie verweist darauf, dass die Richter der höchsten deutschen Gerichte die aktuelle, teils sehr flexible Handhabe des gesetzlichen Richters in der Gerichtspraxis missbilligen und der aktuellen Entwicklung im Gerichtsalltag Einhalt gebieten wollen. Die Erkenntnisse der empirischen Untersuchung sollen dazu genutzt werden, darüber nachzudenken, ob und wie Flexibilität im Gerichtsalltag Einzug halten kann, ohne die Gewährleistungen des Rechts auf den gesetzlichen Richter auszuhöhlen.

23 *Schmitz*, Rangierkunst oder Entgleisung – Die Besetzungsrüge nach Änderung des Geschäftsverteilungsplanes, StraFo 2016, 397, 397, 398 aber auch als Appell an die Verteidiger, die Besetzungsrüge wieder in das „Repertoire" aufzunehmen. Selten deutlich sprach auch der BGH unlängst davon, dass eine grundsätzlich falsche Anschauung vom Schutzbereich des gesetzlichen Richters vorliegen würde, wenn Schöffen vorschnell als entschuldigt angesehen würden, BGH, Urteil vom 14.12.2016 – 2 StR 342/15, NStZ 2017, 491, 492.

1. Kapitel: Problemstellung, Zielsetzung und Methodik der Untersuchung

A. Forschungsprojekt und wesentliche Untersuchungsfragen

Diese rechtstatsächliche Untersuchung hat das Ziel, dem Spannungsverhältnis zwischen dem Anspruch auf den gesetzlichen Richter, der eine abstrakt-generelle Zuweisung von Fällen verlangt, und dem praktischen Bedürfnis der Strafrechtspflege nach Flexibilität im Sinne einer einzelfallbezogenen Steuerung nachzugehen. Der Fokus liegt auf Wirtschafsstrafverfahren, weil hier aufgrund der oft umfangreichen und komplexen Fälle eine Potenzierung der Probleme eintritt.[24] Der Begriff der Wirtschaftsstrafverfahren ist nicht eindeutig.[25] Die Untersuchung orientiert sich aber am strafprozessualen Begriff des § 74c Abs. 1 GVG, weil Wirtschaftsstrafverfahren als diejenigen Verfahren verstanden werden, die vor einer Wirtschafsstrafkammer verhandelt werden.[26] Der Fokus der Untersuchung liegt dabei auf der Frage, ob es Flexibilitätsbestrebungen in der wirtschaftsstrafrechtlichen Praxis gibt und wie diese aussehen, um welche Mechanismen und Konstellationen der Fallsteuerung es geht. Dahinter steht die Vermutung, dass sich empirisch nachzeichnen lässt, wie das rechtlich sichtbare Steuerungspotential tatsächlich genutzt wird. Der Fokus liegt dabei bei der Erforschung von Handlungsweisen, die sich aufgrund der gesetzlichen Unbestimmtheiten oder Lücken gebildet haben und daher nicht vom Gesetzgeber antizipiert wurden. Das Gebot des gesetzlichen Richters fordert eine abstrakt-generelle Vorherbestimmung des zuständigen Richters. Der Anspruch auf den gesetzlichen Richter gebietet Maßnahmen, die die objektive Möglichkeit der Manipulation verhindern.[27] Der Gesetzgeber hat mit den Regelungen des GVG aber den Gerichten einfachrechtlich nur ein Gerüst vorgegeben, die genaue Bestimmung des gesetzlichen Richters im Einzelfall müssen die Gerichte selbst regeln. Dies eröffnet Steuerungspotentiale der Zuordnung von Fall und Richter.

Dies mag auf den ersten Blick vielleicht allzu kompliziert für eine realistische Vorgehensweise klingen, die in der Praxis diskutierten Fälle zeigen aber

---

24 Dazu insgesamt auch *Ferber*, Strafkammerbericht, S. 148 ff.

25 Dazu ausführlich *Petermann*, Strafverteidigung in Wirtschaftsstrafverfahren zwischen Rechtsmissbrauch, Konflikt und Konsens, S. 17 ff. m.w.N.

26 Dazu auch *Bock*, Die Wirtschaftsstrafkammer, § 74c GVG, Ad Legendum 2014, 9, 9 ff.

27 Dazu insgesamt *Gubitz/Bock*, Die Besetzungsrüge nach Geschäftsplanänderung, NStZ 2010, 190, 192.

ein anderes Bild.[28] Steuerungsvorwürfe tauchen immer wieder auf.[29] Es stellt sich freilich die Frage, ob es sich dabei nicht nur um Ausnahmen handelt, die die Regel eines ansonsten intakten Systems bestätigen.[30] Quantitativ nachzuzeichnen, wie häufig Fallzuteilungsmanipulationen in der Rechtswirklichkeit geschehen, ist nicht Sinn und Zweck dieser qualitativen Untersuchung. Es geht vielmehr darum, das Gefährdungspotential zu erörtern und sichtbar zu machen. Zu beleuchten, dass Fallmanipulationen möglich sind, welche Gründe dahinter stehen können und welche Erfahrungen Experten aus der Praxis damit gemacht haben, ist Anlass dieser Untersuchung. Dabei soll das Potential von Gefährdungen des gesetzlichen Richters aufgezeigt werden und in das verfassungsrechtliche Spannungsverhältnis zwischen der Effektivität der Strafrechtspflege und dem gesetzlichen Richter eingeordnet werden.

Für Gerichte besteht die Möglichkeit zur Steuerung durch Regelungen des Geschäftsverteilungsplanes, bei überbesetzten Kammern durch den Mitwirkungsplan und auch durch die Terminierung der Verfahren. Aktuell im höchstgerichtlichen Fokus und damit auch im Fokus der Untersuchung sind dabei Fälle fehlender gerichtlicher Dokumentation von unterjährigen Geschäftsverteilungsplanänderungen[31] und die Einrichtung von Hilfsstrafkammern, die ohne tragbares Gesamtkonzept gebildet werden.[32]

Zudem wird das staatsanwaltschaftliche Steuerungspotential erforscht. Denn es zeigte sich bei aktuellen Prozessen, dass das gerichtliche Fallverteilungssystem

---

28 So wurde etwa im Sal. Oppenheim-Verfahren 2013 am LG Köln durch die Verteidigung vorgetragen, dass die Staatsanwaltschaft bewusst die Anklageerhebung verzögert habe, um ein bestimmtes Verfahren zu einer bestimmten Wirtschaftsstrafkammer zu bekommen, vgl. LG Köln, Beschluss vom 14.03.2013 – 116 KLS 2/12, BeckRS 2013, 06336.

29 So etwa der Fall Kilb, der Honecker-Prozess oder auch die Terroristenprozesse der 70er Jahre, dazu etwa *Sowada*, Der gesetzliche Richter im Strafverfahren, S. 89 f.; *Brüggemann*, Die Rechtsprechende Gewalt, S. 93 und Vorwort.

30 Vgl. *Sowada*, Der gesetzliche Richter im Strafverfahren, S. 89 ff.

31 BGH, Beschluss vom 07.01.2014 – 5 StR 613/13, NStZ 2014, 287, 288; *Grube*, Anm. BGH, Beschluss vom 07.01.2014 – 5 StR 613/13, StraFo 2014, 121, 121 ff.

32 BGH, Beschluss vom 12.05.2015 – 3 StR 569/14, NJW 2015, 2597, 2598; *Schmitz*, Rangierkunst oder Entgleisung – Die Besetzungsrüge nach Änderung des Geschäftsverteilungsplanes, StraFo 2016, 397, 401 m.w.N. mit Verweis auch auf das „Teldafax"-Verfahren vor dem LG Bonn, Beschluss vom 06.03.2014 – 27a KLs 1/13. BVerfG, Beschluss vom 16.01.2017 – 2 BvR 2011/16, 2 BvR 2034/16, NJW 2017, 1233, 1233 ff. mit Anm. *Muckel*, Gesetzlicher Richter bei Änderung des Geschäftsverteilungsplans für eine Strafkammer, JA 2017, 717, 717 ff.

mitunter Möglichkeiten der gezielten Falllozierung bieten kann.[33] Es soll erforscht werden, welche tatsächlichen Voraussetzungen etwa in Bezug auf das konkrete Verfahren hinter Steuerungen stehen und welche Motive dafür ausschlaggebend sein können.

Es wird aber auch die Sicht der Verteidigung beleuchtet. Rechtlich steht es ihr zu, mittels Besetzungseinwendungen im Ausgangsverfahren und Besetzungsrügen im revisionsrechtlichen Verfahren Fallsteuerungen und damit Verletzungen des gesetzlichen Richters zu rügen. Es sollen die rechtlichen und taktischen Voraussetzungen beleuchtet werden und ganz allgemein die persönlichen Erfahrungen der Experten abgebildet werden. Eine Mehrheit der befragten Experten waren auf das Wirtschaftsstrafrecht spezialisierte Anwälte. Der Grund dafür war die Vermutung, dass sie auskunftsbereiter über Fallsteuerungen sprechen würden.

Abstrakt geht es bei der Untersuchung auch darum zu ergründen, welchen Stellenwert der Anspruch auf den gesetzlichen Richter in der Justizwirklichkeit hat und ob sich dieses Verständnis möglicherweise geändert hat.

Besetzungsrügen finden auch im Bereich der ehrenamtlichen Richter statt. Dieser Bereich wird aber in der Untersuchung nicht vollumfänglich abgedeckt. Zum einen sind die rechtlichen und tatsächlichen Fragen in diesem Bereich sehr kleinteilig und daher sehr umfangreich, zum anderen ist das Spannungsverhältnis mit dem gesetzlichen Richter weniger gravierend, weil nur wenig zielgenaue Fallsteuerungen möglich sind. Davon ausgenommen ist der Fall, dass Vorsitzende Richter gezielt Verfahren terminieren können, um bestimmte ehrenamtliche Richter auszuwählen. Diese gezielten Fallsteuerungen werden in der Arbeit analysiert. Sofern es um das staatsanwaltschaftliche Anklageverfahren geht, so stehen ihr neben der zielgenauen Anklage auch Möglichkeiten zu, das Verfahren zuzuschneiden. Zu denken ist dabei an die Möglichkeit, bestimmte Teilbereiche

---

33 *Schmitz*, Rangierkunst oder Entgleisung – Die Besetzungsrüge nach Änderung des Geschäftsverteilungsplanes, StraFo 2016, 397, 401 m.w.N. mit Verweis auch auf das „Teldafax"-Verfahren vor dem LG Bonn, Beschluss vom 06.03.2014 – 27a KLs 1/13. So wurde etwa im Sal. Oppenheim-Verfahren 2013 am LG Köln durch die Verteidigung vorgetragen, dass die Staatsanwaltschaft bewusst die Anklageerhebung verzögert habe, um ein bestimmtes Verfahren zu einer bestimmten Wirtschaftsstrafkammer zu bekommen, vgl. LG Köln, Beschluss vom 14.03.2013 – 116 KLS 2/12, BeckRS 2013 06336; oder jüngst im „Gruppe-Freital"-Prozess der Vorwurf der Verteidiger, die Kammer sei zielgenau für diese Verfahren gebildet worden https://www.zeit.de/gesellschaft/zeitgeschehen/2017-03/prozess-gruppe-freital-dresden-rechtsextremismus-terroristische-vereinigung; zuletzt abgerufen am 15.02.2019.

einzustellen oder bestimmte Verfahren zu verbinden oder trennen.[34] Dies wird in der Arbeit nicht abgedeckt, weil es dabei nicht um Handlungsweisen geht, die in direktem Spannungsverhältnis zum gesetzlichen Richter stehen.

Die Bedeutung dieses Untersuchungsgegenstandes wurde im Projekt zur „Arbeitsweise der Wirtschaftsstrafkammern" des Instituts für Rechtstatsachenforschung an der Universität Konstanz unter Leitung von Hans Theile in Zusammenarbeit mit dem Justizministerium Baden-Württemberg bereits deutlich,[35] konnte dort jedoch aufgrund des Zuschnitts der Forschungsfrage und der zeitlichen Limitierung nicht näher erforscht werden. Mit der vorliegenden Untersuchung soll diese Forschungslücke geschlossen werden.

Das Ziel war eine empirische Beleuchtung der Rechtswirklichkeit im gerade geschilderten rechtlichen Bereich. Denn nur so kann die in der Realität stattfindende konkrete Ausgestaltung des gesetzlichen Rahmens untersucht werden. Eine Urteilsanalyse von Besetzungsrügen ist hierfür nicht ausreichend. Zum einen ist zu vermuten, dass die dokumentierte Zahl der Besetzungsrügen kein realistisches Bild der einfachgerichtlichen Handhabe darstellt, zum anderen kann so die Motivation von Fallsteuerungen nicht ergründet werden. Es wurde daher eine Untersuchung entwickelt, bei der Verteidiger, Richter und Staatsanwälte deutschlandweit interviewt wurden. Es wurde insgesamt mit 12 Interviewpartnern[36] gesprochen und es wurde auch auf die 14 Interviews des Projekts zur „Arbeitsweise der Wirtschaftsstrafkammern" zugegriffen. Den Forschungsfragen wurde empirisch daher hauptsächlich im Wege der qualitativen Methode nachgegangen und das Vorhaben war, anders als das Ausgangsprojekt zur „Arbeitsweise der Wirtschaftsstrafkammern", nicht vornehmlich auf Baden-Württemberg beschränkt. Denn Ziel war es, ein möglichst breitgefächertes Bild von gerichtlichen und staatsanwaltschaftlichen Fallsteuerungen und dahinterstehenden Motiven zu erzielen und verschiedene Verteidigungspraktiken zu erforschen, um sie besser kontrastieren zu können.

---

34 Das so sich bildende Spannungsverhältnis mit dem gesetzlichen Richter wird erörtert bei *Theile*, in: *Heinz/Rengier/Hilgendorf* (Hrsg.), Festschrift für Wolfgang Heinz, Flexible Fallzuweisung und gesetzlicher Richter (Art. 101 I 2 GG) – eine Problemskizze am Beispiel der Wirtschaftsstrafkammern, S. 896 ff.

35 Siehe den Projektbericht *Theile/Nippgen*, Die Arbeitsweise der Wirtschaftsstrafkammern und die Veröffentlichung von *Petermann*, Strafverteidigung in Wirtschaftsstrafverfahren zwischen Rechtsmissbrauch, Konflikt und Konsens.

36 Dies waren sieben Verteidiger, drei Richter und zwei Staatsanwälte.

B. Methodischer Bezugsrahmen

I. Erhebungsverfahren

Eine quantitative Untersuchung kann dann gewinnbringend eingesetzt werden, wenn der Untersuchungsgegenstand in seinen Grundzügen offen liegt und damit durch typische standardisierte Vorgehensweisen analysiert werden kann.[37] Die vorliegenden Untersuchungsfragen sind einem Forschungsfeld zuzuordnen, das gekennzeichnet ist von einem vergleichsweise geringen empirischen Erkenntnisstand.[38] Die vorhandenen reinen Verfahrens- und Personenstatistiken[39] beinhalten rein quantitative Angaben zu Verfahrensart, Dauer und Beendigung und können nicht herangezogen werden, um den Motiven und Bedürfnissen der Strafrechtspflege nach Flexibilität bei der Fallsteuerung auf den Grund zu gehen. Immer dann, wenn ein neuer Forschungsgegenstand beleuchtet wird, über dessen zu Grunde liegende Phänomene bisher wenig bekannt ist, bietet sich eine qualitative (Rechtstatsachen-)Untersuchung an.[40] Es können so nicht nur äußerliche Merkmale erfasst werden, sondern auch soziale Prozesse, individuelle Beurteilungsmuster, Motive und Gründe. Sie gewährleistet eine „Tiefenstruktur"-Analyse des Untersuchungsgegenstandes.[41] Mittels eines qualitativen

---

37 *Theile*, Wirtschaftskriminalität und Strafverfahren, S. 109.

38 Dieser wird auch angesprochen in *Wiesenack/Klein*, in: *Eisele/Koch/Theile* (Hrsg.), Der Sanktionsdurchgriff im Unternehmensverbund, Strukturierung und Organisation von Unternehmensverbünden, S. 9; *Theile/Nippgen*, Die Arbeitsweise der Wirtschaftsstrafkammern, S. 10 f. Gerade zu fehlender Empirie im Spannungsfeld des gesetzlichen Richters *Dästner*, Zur Gewähr des gesetzlichen Richters im Strafverfahren, RuP 1981, 18, 18 ff.; *Sowada*, Der gesetzliche Richter im Strafverfahren, S. 91; *Herzog*, Über bewegliche Zuständigkeitsregelungen, instrumentelle Zuständigkeitswahl und das Prinzip des gesetzlichen Richters, StV 1993, 609, 610. Eine vornehmlich empirische Strukturanalyse des deutschen Strafprozesses liefert *Ferber*, Strafkammerbericht, S. 5 ff.

39 Wie die Allgemeine Polizeiliche Kriminalstatistik (PKS), das Kriminalitätslagebild des BKA, die Staatsanwaltschaftsstatistik und die Strafverfolgungsstatistik (SVS).

40 *Karliczek*, in: *Sessar/Karliczek* (Hrsg.), Kriminologische Erkundungen, Vom Nutzen qualitativer Forschung in der Kriminologie, S. 210; Zu strafrechtlicher Rechtstatsachenforschung insgesamt *Albrecht*, in: Bundeskriminalamt (Hrsg.), Forum Rechtstatsachen, Strafrechtliche Rechtstatsachenforschung, S. 23 ff.

41 *Theile/Nippgen*, Die Arbeitsweise der Wirtschaftsstrafkammern, S. 10 f.; *Petermann*, Strafverteidigung in Wirtschaftsstrafverfahren zwischen Rechtsmissbrauch, Konflikt und Konsens, S. 103; *Karliczek*, Strukturelle Bedingungen von Wirtschaftskriminalität, 1. Aufl., S. 42 ff.; *Karliczek*, in: *Sessar/Karliczek* (Hrsg.), Kriminologische Erkundungen, Vom Nutzen qualitativer Forschung in der Kriminologie, S. 210.

Analyseansatzes können auch bisher unbekannte Phänomene sichtbar gemacht werden.[42] Ziel der Untersuchung ist es also nicht, quantitativ darzustellen, wie häufig Gerichte etwa durch unterjährige Geschäftsverteilungspläne Fälle lenken, wie oft Staatsanwaltschaften versuchen, bestimmte Fälle zu bestimmten Kammern zu steuern und wie viele (erfolgreiche) Besetzungsrügen demgegenüber die Verteidigerschaft erhebt. Es kommt vielmehr darauf an zu erforschen, woher das Bedürfnis nach einer flexiblen Handhabung der Fallverteilung kommt, welche Techniken eingesetzt werden und welche Auswirkungen dies für die Verfahren und das Prozessklima hat. Zudem wurden diese Phänomene aus der Perspektive der Verteidigung, mit besonderem Augenmerk auf Prozesstaktik und Motivlage, analysiert. Um gerade die Sichtweise der Verteidigung darzustellen und nachzuspüren, welche Auswirkungen Flexibilisierungsbestrebungen im Wirtschaftsstrafrecht haben, wurden leitfadengestützte Interviews durchgeführt. Denn es bedarf hierfür der *„vertraulichen Auskunftsbereitschaft"* von Insidern.[43] Dieser Heterogenität des Forschungsgegenstandes konnte nur durch eine qualitative Analyse Rechnung getragen werden.

Die Datenerhebung und Auswertung orientierte sich an der von *Glaser/Strauß* entwickelten „Grounded Theory".[44] Wobei „Grounded" darauf hindeutet, dass die zu entwickelnden Theorien in der Empirie begründet sind, sie mithin gegenstandsbezogen und gegenstandsverankert sind.[45] Der Vorteil dieser Methode ist, dass der Forscher zu Beginn der Untersuchung keine starre Theorie formuliert, die durch die Untersuchungsergebnisse zu widerlegen oder zu bestätigen ist, sondern es zu Anfang allein eines Untersuchungsbereiches bedarf, dessen relevante Merkmale erst im Laufe des Vorhabens aufgedeckt werden sollen.[46] Zu Beginn des Forschungsvorhabens bedarf es freilich forschungsleitender Annahmen, Hypothesen und Fragestellungen, die das theoretische Grundkonstrukt

42 *Karliczek*, in: *Sessar/Karliczek* (Hrsg.), Kriminologische Erkundungen, Vom Nutzen qualitativer Forschung in der Kriminologie, S. 211.

43 *Herzog*, Über bewegliche Zuständigkeitsregelungen, instrumentelle Zuständigkeitswahl und das Prinzip des gesetzlichen Richters, StV 1993, 609, 610 allerdings mit Bezug zu den beweglichen Zuständigkeitsregelungen und der Möglichkeit, nur durch Interviews verdeckte Phänomene aufdecken zu können.

44 *Glaser/Strauss*, Grounded theory, S. 11 ff.

45 *Strauss/Corbin*, Grounded theory, S. 8 ff.; *Mayring*, Einführung in die qualitative Sozialforschung, 6. Aufl., S. 103 f.; vgl. zudem *Petermann*, Strafverteidigung in Wirtschaftsstrafverfahren zwischen Rechtsmissbrauch, Konflikt und Konsens, S. 104.

46 *Strauss/Corbin*, Grounded theory, S. 7 f.; *Mayring*, Einführung in die qualitative Sozialforschung, 6. Aufl., S. 107.

bilden. Mithilfe der Grounded Theory können neue Erkenntnisse während des Forschungsprozesses laufend in die Theorie eingespeist werden, sie modifizieren und verändern.[47] Damit verdichtet sich der theoretische Bezugsrahmen um den Untersuchungsgegenstand im Laufe der Untersuchung. Es findet die Erhebung der Daten und deren Analyse parallel statt, was zu einer permanenten Konkretisierung und Rückbindung an den Untersuchungsgegenstand zwingt.[48] Für dieses prozesshafte Vorgehen wurde der Begriff des Theoretical Samplings entwickelt, wonach Erhebung, Kodierung und Analyse der Daten nebeneinander erfolgen.[49] Das in seinen Grundzügen induktive Konzept wurde somit durch deduktive Aspekte modifiziert.[50] Dieses Vorgehen wird dem Untersuchungsgegenstand und der Tatsache gerecht, dass erst durch die Erhebung mittels Interviews neue Forschungsaspekte virulent wurden, die sodann in die weitere Untersuchung eingespeist werden konnten. So wurde beispielsweise bei den ersten Interviews der mögliche Zusammenhang zwischen der Geneigtheit von Strafverteidigern, Besetzungsrügen zu erheben und ihrer jeweiligen Verteidigerkultur, die auch von ihrem Alter abhängen kann, deutlich. In den folgenden Interviews wurde dies im Leitfaden berücksichtigt.

Empirisch wurde der Untersuchungsgegenstand mittels leitfadengestützter Interviews beleuchtet. Es handelte sich um theoriegenerierende Experteninterviews,[51] die problemzentriert geführt wurden und offen und halbstrukturiert designt waren.[52] Die Struktur des Interviews war so angelegt, dass es offene Fragen gab, auf die der zu Interviewende frei antworten konnte und das artikulieren

47 *Mayring*, Einführung in die qualitative Sozialforschung, 6. Aufl., S. 103 ff.; vgl. auch *Wiesenack/Klein*, in: *Eisele/Koch/Theile* (Hrsg.), Der Sanktionsdurchgriff im Unternehmensverbund, Strukturierung und Organisation von Unternehmensverbünden, S. 10.

48 Vgl. *Petermann*, Strafverteidigung in Wirtschaftsstrafverfahren zwischen Rechtsmissbrauch, Konflikt und Konsens, S. 104 f.

49 *Glaser/Strauss*, Grounded theory, S. 53; *Charmaz*, Constructing grounded theory, 2nd ed., S. 192 ff. Vgl. *Wiesenack/Klein*, in: *Eisele/Koch/Theile* (Hrsg.), Der Sanktionsdurchgriff im Unternehmensverbund, Strukturierung und Organisation von Unternehmensverbünden, S. 10.

50 *Theile*, Wirtschaftskriminalität und Strafverfahren, S. 113; *Theile/Nippgen*, Die Arbeitsweise der Wirtschaftsstrafkammern, S. 10.

51 Siehe zur Entstehung dieser soziologischen Kategorie und zu den Begrifflichkeiten *Bogner/Menz*, in: *Bogner/Littig/Menz* (Hrsg.), Experteninterviews, Das theoriegenerierende Experteninterview, S. 61 ff. Dazu auch *Gläser/Laudel*, Experteninterviews und qualitative Inhaltsanalyse, 4. Aufl, S. 11 ff.

52 Vgl. zu diesen Begrifflichkeiten *Mayring*, Einführung in die qualitative Sozialforschung, 6. Aufl., S. 66 ff.

konnte, was ihm zu dem jeweiligen Untersuchsuchungsgegenstand bedeutsam erschien. Er konnte selbst Fragen aufwerfen, die dann als zusätzliche Frage in die weiteren Interviews eingebunden wurden. Der Forscherin wiederum stand ein Leitfaden zur Hand. Dadurch wurde das Interview teilweise vorstrukturiert. Der Leitfaden verband dabei unterschiedliche Fragentypen. So gab es Sondierungsfragen, die die Erfahrung und den Bezug des jeweiligen Gesprächspartners in die Forschungsfelder eruieren sollten. Daneben gab es klassische Leitfadenfragen, die zu einer Standardisierung führten und eine Vergleichbarkeit der Interviews gewährleisten sollten, und spontane ad-hoc-Fragen.[53] Es war kein starrer Fragenkatalog abzuarbeiten, sondern Fragen und Themenbereiche konnten von der Interviewerin frei in der jeweiligen Situation auch spontan formuliert werden.[54] Dies war sogar erwünscht, wenn man sich den Zuschnitt der oben erläuterten gegenstandsbezogenen Theorie vergegenwärtigt, wonach sich die Theoriebildung parallel zur Datenerhebung vollziehen kann. Konkret wurde beispielsweise erst während der Befragungen deutlich, in welchem Maße das Selbstverständnis von Verteidigung mit der Art und Weise der Besetzungsrüge verbunden ist und auch die Verknüpfung von Konfliktverteidigung damit. Auf gerichtlicher Seite wurde erst im Laufe der Untersuchung die Möglichkeit der Schöffenauswahl durch die Terminierungspraxis von Strafkammervorsitzenden deutlich und auf staatsanwaltschaftlicher Ebene die konkrete Gefährdung für Falllozierungen durch staatsanwaltliche Hauptabteilungen für Wirtschaft und die Art und Weise des Informationsaustausches zwischen Staatsanwaltschaft und Gericht. Es wurden auch die aktuellen Reformbestrebungen zur möglichen Modifikation des gesetzlichen Richters beobachtet und darauf basierende Fragen in den Leitfaden eingespeist. Damit erklärt ist auch, warum es sich nicht um Telefoninterviews handeln konnte, sondern ein mit persönlicher Anwesenheit verbundenes Interview gewählt wurde. Es sollte sich eine persönliche Ebene entwickeln und die Interviewperson ehrlich und offen antworten können, was in einer persönlichen direkten Gesprächssituation besser möglich ist.[55] Dadurch sollte der Interviewperson der Raum gegeben werden, ihre Arbeitsweise darzustellen und zu erläutern, welches Regelkonzept neben dem der StPO und des GVG in der Prozesswirklichkeit existiert. Dadurch, so die forschungsleitende

53 Zu den Begrifflichkeiten siehe *Mayring*, Einführung in die qualitative Sozialforschung, 6. Aufl., S. 70.

54 Zum theoretischen Setting und den Begrifflichkeiten siehe *Mayring*, Einführung in die qualitative Sozialforschung, 6. Aufl., S. 66 ff.

55 Zu diesem Vorgehen siehe *Mayring*, Einführung in die qualitative Sozialforschung, 6. Aufl., S. 68 f.

Annahme, sollte es möglich werden, nicht artikulierte Regelsätze zu erforschen und auch mitunter ein dem gesetzlichen Konzept zuwider laufendes Prozessverhalten aufzudecken.[56] Dieses sichtbar zu machen, ist Ziel dieser Arbeit. Dazu ist eine qualitative, empirische Untersuchung mittels Interviews der einzig gangbare Weg, denn *„aktenmäßig diesen Dingen auf die Spur zu kommen, erscheint nahezu aussichtslos"*. Es bedarf hierfür der bereits angesprochenen *„vertraulichen Auskunftsbereitschaft"* von strafrechtlichen Akteuren.[57] Wichtig für manche Interviewpersonen war auch die Zusicherung ihrer Anonymität, so führte dies zu einer in der Regel offeneren Gesprächssituation. Gleichwohl gab es auch Aussagen neben dem aufgezeichneten Interview, die nicht direkt verwendet werden durften, aber die auf Seite der Forscherin dazu führten, diese Informationen in folgenden Interviews zu bedenken und genauer nachfragen zu können.

Als Experten in diesem Zusammenhang zählten Personen, die nicht allein ein Fach- und Sonderwissen auszeichnete, sondern die auch ein besonders ausgeprägtes Praxis- und Handlungswissen im Wirtschaftsstrafrecht besaßen.[58] Ob sich die jeweilige Interviewperson selbst als Experte bezeichnete, war nicht entscheidend.[59] Es kam der Untersuchung nicht nur darauf an, das Spannungsverhältnis zwischen dem Anspruch auf den gesetzlichen Richter mit der Praxiswirklichkeit aufzuzeigen, sondern es ging vielmehr darum zu erforschen, dass und aus welchen Motiven und Taktiken heraus Flexibilisierungsspielräume des Gesetzes genutzt wurden. Dabei wollte das Projekt auch Prozesswirklichkeiten aufdecken, die sich neben dem gesetzlichen Programm gebildet haben. Da es sich um ein bisher neuartiges Forschungsfeld handelt und in der Praxis gewisse kritische Zurückhaltung bei der Realisierbarkeit und Erfolgswahrscheinlichkeit

---

56 Dazu, dass man als Forscher auf eine „vertrauensvolle Auskunftsbereitschaft" der Interviewperson angewiesen ist, um informelle Programme und Beeinträchtigung des gesetzlichen Richters in der Praxis überhaupt sichtbar zu machen, schon *Herzog*, Über bewegliche Zuständigkeitsregelungen, instrumentelle Zuständigkeitswahl und das Prinzip des gesetzlichen Richters, StV 1993, 609, 610; *Dästner*, Zur Gewähr des gesetzlichen Richters im Strafverfahren, RuP 1981, 18, 18 ff.

57 Beide Zitate stammen von *Herzog*, Über bewegliche Zuständigkeitsregelungen, instrumentelle Zuständigkeitswahl und das Prinzip des gesetzlichen Richters, StV 1993, 609, 610 allerdings mit Bezug zu den beweglichen Zuständigkeitsregelungen.

58 *Theile/Nippgen*, Die Arbeitsweise der Wirtschaftsstrafkammern, S. 14. Zum Expertenbegriff siehe *Bogner/Menz*, in: *Bogner/Littig/Menz* (Hrsg.), Experteninterviews, Das theoriegenerierende Experteninterview, S. 67 ff.

59 Von den 12 Interviewpersonen bezeichnete sich nur eine Person als „Experte" in einem Forschungsfeld der Untersuchung, 1–3, 1116–1117.

von empirischen Untersuchungen zu verzeichnen ist,[60] wurde ein Zugang über verschiedene Blickwinkel gewählt.[61] Es wurden sowohl Strafverteidiger und Richter als auch Staatsanwälte interviewt, wobei es für jede Berufsgruppe einen eigenen Interviewleitfaden gab. Zunächst wurde mit Interviews aus der Verteidigerschaft begonnen, um zu eruieren, in welchem Maße gesetzliche Regelungen bezogen auf den Untersuchungsgegenstand in den Fokus gelangen, insbesondere weil in der theoretischen Konzeption der Untersuchung der Blickwinkel der Verteidigung maßgeblich war. Teilweise wurde den Interviewpersonen der Leitfaden vorab zugesandt bzw. es wurden bestimmte Aspekte der Untersuchung besprochen, um eine möglichst optimale und auch auf das Untersuchungsinteresse konzentrierte Befragung zu erreichen. Dieses Vorgehen setzt sich der Gefahr aus, dass sich die Interviewperson bestimmte Antworten zurechtlegt und nicht mehr spontan antwortet.[62] Es bedeutet aber auf der anderen Seite eine bessere und aufgefrischte Erinnerung der Interviewpersonen, was in der begrenzten Zeit des Interviews wichtig war. In den konkreten Interviews hat sich diese Gefahr aber nicht erkennbar realisiert, der kurze Vorableitfaden wurde nur dazu genutzt, dass sich der Experte zu dem Forschungsfeld allgemeine Überlegungen gemacht hatte. Über einen Zeitraum von vier Monaten wurde deutschlandweit mit sieben Anwälten gesprochen. Parallel fanden die Gespräche mit Vertretern der Richterschaft und der Staatsanwaltschaft statt, insgesamt wurden

60 Zu dem Bedürfnis nach Rechtstatsachenforschung im Bereich des staatsanwaltschaftlichen Anklageverhaltens *Schmitz, Torsten P. B*, Bewegliche Zuständigkeiten der StPO und das Prinzip des gesetzlichen Richters, S. 44; *Herzog*, Über bewegliche Zuständigkeitsregelungen, instrumentelle Zuständigkeitswahl und das Prinzip des gesetzlichen Richters, StV 1993, 609, 610. Beide äußern sich jedoch kritisch zu der Realisierung derartiger Rechtstatsachenforschungen. Zu rechtstatsächlichen Forschungslücken im Bereich von §§ 222 a,b StPO *Deiters/Albrecht*, in: *Albrecht/Paeffgen/Rudolphi/Wolter*, SK-StPO, 5. Aufl., § 222a, Rn. 3; *Schlothauer*, Die Besetzung der großen Straf- und Jugendkammern in der Hauptverhandlung, StV 2012, 749, 754. Zu dem Bedürfnis nach Rechtstatsachenforschung im Bereich des gesetzlichen Richters *Dästner*, Zur Gewähr des gesetzlichen Richters im Strafverfahren, RuP 1981, 18, 18 ff. Zu den Problemen von Rechtstatsachenermittlung allgemein *Schweizer/Quitt*, Rechtstatsachenermittlung durch Befragen, S. 12 f. Zu Zugangsproblemen im Bereich der Wirtschaftskriminalität siehe etwa *Boers*, Wirtschaftskriminologie, MSchrK 2001, 335, 335 ff.

61 Vgl. ebenso *Wiesenack/Klein*, in: *Eisele/Koch/Theile* (Hrsg.), Der Sanktionsdurchgriff im Unternehmensverbund, Strukturierung und Organisation von Unternehmensverbünden, S. 10 f.

62 Siehe zu diesem Risiko auch die Untersuchung *Theile/Nippgen*, Die Arbeitsweise der Wirtschaftsstrafkammern, S. 15.

11 Interviews geführt, wobei es ein Doppelinterview gab. Die Interviewanzahl war begrenzt. Dies lag zum einen am Zuschnitt des Forschungsvorhabens. Zum anderen aber auch vornehmlich daran, dass die empirische und theoretische Sättigung des Projekts danach erreicht war, der Punkt gekommen schien, an dem die Bandbreite an Meinungen und Ansichten im Wesentlichen abgebildet war.[63]

II. Analyseverfahren

Die Interviews wurden aufgezeichnet und im Anschluss wörtlich transkribiert und anonymisiert. Parallel wurden zu jedem Interview die Rahmenbedingungen und atmosphärischen Eindrücke dokumentiert (im sog. Postskriptum).[64] Das Wortprotokoll des Interviews war die Basis der ausführlichen interpretativen Auswertung des Materials.[65] Die Aufnahmesituation wurde von den Interviewpersonen nicht erkennbar negativ bewertet und beeinträchtigte die Atmosphäre während des Interviews nicht.[66]

Parallel zur Erhebung fand die Auswertung der Transkripte statt. Das Material wurde mittels einer regelgeleiteten qualitativen Inhaltsanalyse schematisch ausgewertet.[67] Ziel war es, das Material zu reduzieren und höheren Abstraktionsebenen zuzuführen.[68] In einem ersten Schritt wurde ein Kategoriensystem gebildet, welches der zentrale Punkt qualitativer Inhaltsanalyse ist.[69] Die Kategorien wurden zunächst aus den Interviewleitfäden gebildet, dann aber anhand des Interviewmaterials weiterentwickelt und verfeinert, was zu neuen Subkategorien führte. Daneben wurden weitere Kategorien gebildet zu Aspekten, die die Interviews hervorbrachten, aber dem Interviewleitfaden nicht zu Grunde

---

63 Zu den Problemen bei Bestimmung des Analysematerials allgemein *Mayring*, Qualitative Inhaltsanalyse, 12. Aufl., S. 54 ff.

64 Vgl. *Kuckartz*, Qualitative Inhaltsanalyse. Methoden, Praxis, Computerunterstützung, 3. Aufl., S. 204.

65 Hierzu *Mayring*, Einführung in die qualitative Sozialforschung, 6. Aufl., S. 89 f. Zum Vorteil von Transkriptionen *Kuckartz*, Qualitative Inhaltsanalyse. Methoden, Praxis, Computerunterstützung, 3. Aufl., S. 164 ff.

66 Zu diesem Risiko *Kuckartz*, Qualitative Inhaltsanalyse. Methoden, Praxis, Computerunterstützung, 3. Aufl., S. 165.

67 Zum Vorgehen *Mayring*, Qualitative Inhaltsanalyse, 12. Aufl., S. 50 ff.; *Theile/Nippgen*, Die Arbeitsweise der Wirtschaftsstrafkammern, S. 15.

68 *Mayring*, Einführung in die qualitative Sozialforschung, 6. Aufl., S. 114 ff; Vgl. *Wiesenack/Klein*, in: *Eisele/Koch/Theile* (Hrsg.), Der Sanktionsdurchgriff im Unternehmensverbund, Strukturierung und Organisation von Unternehmensverbünden, S. 11.

69 *Mayring*, Qualitative Inhaltsanalyse, 12. Aufl., S. 51.

lagen. Im Anschluss wurden die Textpassagen der Transkripte den jeweiligen Kategorien zugeführt, sie mithin codiert.[70] Bei der Transkription waren mehrere Personen beteiligt. Die Interviews dauerten zwischen knapp 60 und 120 Minuten, die Transkripte hatten einen Umfang zwischen 16 und 29 Seiten. Durch die Kategorisierung der Interviews konnte der Umfang der Transkripte etwa um zwei Drittel reduziert werden.[71] Es handelte sich bei dem Umfang des Materials um eine handhabbare Menge, so dass eine computergestützte Analyse mittels einer speziellen Codiersoftware nicht in Betracht kam, es eher zu befürchten war, dass aufgrund des komplexen Untersuchungsgegenstandes die Grenzen einer schematischen Codiersoftware erreicht worden wären.[72] Die Kategorisierung des Materials wurde manuell vollzogen. Indem die Interviewpassagen einzelnen Kategorien zugeführt wurden, wurden Redundanzen beseitigt und die Aussagen vergleichbar gemacht. Dadurch konnten Übereinstimmungen und Unterschiede aufgedeckt werden und individuelle Deutungsmuster, Motive und Taktiken sichtbar gemacht werden. So war es dadurch erst möglich, die Motivlage hinter Einwendungen gegen die Gerichtsbesetzung zu strukturieren und den Zusammenhang mit verschiedenen Prozesstaktiken sichtbar zu machen. Indem die Aussagen verglichen und kontrastiert wurden, wurden die Analyseergebnisse differenzierter, komplexer und deutungskräftiger.[73] Dies führte beispielsweise dazu, dass Differenzen im Selbstbild von und gegenüber anderen Verfahrensbeteiligten sichtbar wurden. Das Material wurde mehreren Analysevorgängen unterzogen, deren Ergebnisse dokumentiert wurden. Dadurch wurden die gefundenen Ergebnisse nachvollziehbar und auf den Forscher bezogene individuelle Deutungen wurden überprüfbar gemacht.

Neben den im Rahmen dieses Forschungsprojekts durchgeführten Interviews bestand auch Zugriff auf die Transkriptionen der 14 Interviews und ihrer Codierungen des vorherigen Forschungsprojekts zur „Arbeitsweise der Wirtschaftsstrafkammern“ des Instituts für Rechtstatsachenforschung der Universität Konstanz in Zusammenarbeit mit dem Justizministerium Baden-Württemberg.[74]

---

70 Vgl. *Theile/Nippgen*, Die Arbeitsweise der Wirtschaftsstrafkammern, S. 15.

71 Wobei das unterschiedliche Format die Vergleichbarkeit beeinträchtigt. Die Transkripte umfassten etwa 260 Seiten, die auf 100 Seiten kategorisiert werden konnten.

72 Vgl. ebenso bei *Wiesenack/Klein*, in: *Eisele/Koch/Theile* (Hrsg.), Der Sanktionsdurchgriff im Unternehmensverbund, Strukturierung und Organisation von Unternehmensverbünden, S. 12. Zu der Analyse mittels QDA–Software *Kuckartz*, Qualitative Inhaltsanalyse. Methoden, Praxis, Computerunterstützung, 3. Aufl., S. 174 ff.

73 Vgl. zum Ganzen *Theile/Nippgen*, Die Arbeitsweise der Wirtschaftsstrafkammern, S. 16.

74 Vgl. die Veröffentlichung des Projekts *Theile/Nippgen*, Die Arbeitsweise der Wirtschaftsstrafkammern.

In Teilaspekten konnte auf die dortigen Interviews zurückgegriffen werden und sie dem Kategoriensystem der vorliegenden Arbeit eingegliedert werden. Damit wurde die Datenmenge vergrößert, was zu einer höheren Verallgemeinerbarkeit führt.

Es bleibt transparent zu machen, wie die Forschungsergebnisse in qualitativer Hinsicht einzuschätzen sind. Eine qualitative Forschung kann nicht im selben Maße wie eine quantitative Untersuchung die Gütekriterien von Sozialforschung erfüllen.[75] Nicht alle tradierten Gütekriterien passen auf eine qualitative Forschung, wenngleich sich auch hier Fragen der Reliabilität und Validität und der Verallgemeinerbarkeit der Ergebnisse stellen.[76] Orientiert an den von *Mayring* aufgestellten allgemeinen Gütekriterien qualitativer Forschung[77] ist zunächst festzuhalten, dass die interne Studiengüte, die sich auf den gesamten Forschungsprozess als solchen bezieht,[78] durch eine saubere und transparente Datenerfassung und Transkription angestrebt wurde. Mögliche Fehlerquellen wurden minimiert, indem eine „intersubjektive Nachvollziehbarkeit" der Dokumentation, aber auch der gefundenen Ergebnisse geschaffen wurde.[79] Das Vorgehen der Untersuchung war regelgeleitet und durch die Offenlegung dieser Regeln transparent. Es wurde eine Nähe zum Gegenstand der Untersuchung geschaffen, indem Freiraum für die von den Experten angesprochenen Themenbereiche gewährt wurde.[80] Es handelte sich um Experten, die in besonderem Maße Einblicke in den Untersuchungsgegenstand liefern konnten. Da sie als *„Projektionsfläche von Insiderwissen"* fungieren, können die Auskünfte die Verallgemeinerbarkeit der Ergebnisse verbessern.[81] Eine erhöhte Validierung der Ergebnisse wurde daneben im Wege einer Triangulation, das heißt einer Betrachtung des

75 *Mayring*, Einführung in die qualitative Sozialforschung, 6. Aufl., S. 140.

76 *Mayring*, Qualitative Inhaltsanalyse, 12. Aufl., S. 123 ff.; *Theile/Nippgen*, Die Arbeitsweise der Wirtschaftsstrafkammern, S. 16.

77 *Mayring*, Einführung in die qualitative Sozialforschung, 6. Aufl., S. 144 ff.

78 Vgl. zu interner und externer Studiengüte *Kuckartz*, Qualitative Inhaltsanalyse. Methoden, Praxis, Computerunterstützung, 3. Aufl., S. 204 ff.

79 *Steinke*, in: *Flick/Kardorff/Steinke* (Hrsg.), Qualitative Forschung, Gütekriterien qualitativer Forschung, S. 324 ff. Vgl. *Theile/Nippgen*, Die Arbeitsweise der Wirtschaftsstrafkammern, S. 17.

80 Vgl. die Kategorie „Nähe zum Untersuchungsgegenstand", *Mayring*, Einführung in die qualitative Sozialforschung, 6. Aufl., S. 146.

81 *Wiesenack/Klein*, in: *Eisele/Koch/Theile* (Hrsg.), Der Sanktionsdurchgriff im Unternehmensverbund, Strukturierung und Organisation von Unternehmensverbünden, S. 12; Vgl. *Theile/Nippgen*, Die Arbeitsweise der Wirtschaftsstrafkammern, S. 16 f.

Untersuchungsgegenstandes von mindestens zwei Seiten, erreicht.[82] Es konnte mit einer Daten-Triangulation gearbeitet werden. So wurden Daten aus zwei Forschungsprojekten miteinander kombiniert. Zudem konnte, angelehnt an die Grundsätze multikontextualer Fallstrukturanalyse,[83] teilweise auf veröffentlichte Prozesshandlungen und Aktenstücke zurückgegriffen werden.

C. Gang der Untersuchung

Nachdem in der Einleitung schon die mögliche Lückenhaftigkeit der gesetzlichen Konkretisierungen des Verfassungsprinzips des Anspruchs auf den gesetzlichen Richter angesprochen wurde, soll dies im 2. Kapitel näher dargestellt werden. Dies ermöglicht, dem Erkenntnisinteresse der Arbeit auf den Grund zu gehen und anhand einzelner Normen aufzuzeigen, wo sich rechtliche Flexibilisierungselemente befinden und sich ungeregelte Bereiche öffnen, die zu Falllozierungen verleiten können. Daran an schließt sich im 3. Kapitel die Darstellung der empirischen Befunde. Es wird der Begriff des informellen Programms eingeführt. Denn es wird aufzuzeigen sein, dass sich auch in der Abwesenheit von Normen informelle Regeln in der Rechtswirklichkeit gebildet haben. Im 4. Kapitel werden die Ergebnisse der Untersuchung zusammengefasst, um im Anschluss im 5. Kapitel kriminalpolitische Überlegungen über diese Erkenntnisse hinaus als Schlussfolgerungen anstellen zu können. Mit Überlegungen und konstruktiven Vorschlägen dazu, wie in Zeiten von Effizienzdruck und ökonomischen Zwängen perspektivisch mit den Gewährleistungen des gesetzlichen Richters umzugehen ist, schließt die Arbeit.

82 *Karliczek*, in: *Sessar/Karliczek* (Hrsg.), Kriminologische Erkundungen, Vom Nutzen qualitativer Forschung in der Kriminologie, S. 221; *Flick*, in: *Flick/Kardorff/Steinke* (Hrsg.), Qualitative Forschung, Triangulation in der qualitativen Forschung, S. 309.

83 Zur Begrifflichkeit *Karliczek*, in: *Sessar/Karliczek* (Hrsg.), Kriminologische Erkundungen, Vom Nutzen qualitativer Forschung in der Kriminologie, S. 221.

2. Kapitel: Rechtlicher Bezugsrahmen

In diesem Kapitel soll der rechtliche Bezugsrahmen dargestellt werden. Die Untersuchung möchte nachzeichnen, wie die Praxis mit dem Bewältigungsdruck umgeht, der sich aufgrund des gesetzlichen Rahmens im Geltungsbereich des gesetzlichen Richters und dem Bedürfnis nach einer möglichst gerechten, gleichmäßigen und vor allem effektiven Geschäftsverteilung ergibt. Dadurch soll es möglich werden, die Interessen der Gerichtspräsidien und, im Folgenden, den Standpunkt der interviewten Richter im anschließenden empirischen Kapitel besser nachvollziehen zu können. Es soll dadurch aber auch möglich werden, mögliche Einflussnahmen der Staatsanwaltschaft und die rechtlichen Möglichkeiten der Verteidigung im empirischen Teil der Arbeit zu verstehen.

Die Darstellung beschränkt sich auf die für dieses Verständnis maßgeblichen Normen und ihrer relevanten rechtlichen Aspekte. Dies sind als rechtlicher Ausgangspunkt Art. 101 Abs. 1 S. 2 GG (unter A.), die wichtigsten Regelungen zur Erstellung des Geschäftsverteilungsplanes § 21e und § 21g GVG (unter B. und C.) und die damit korrelierenden strafprozessualen Normen § 222a und § 222b StPO (unter D., E. und F.). Da in der Arbeit Fragen der Besetzung des Gerichts in Wirtschaftsstrafsachen eine Rolle spielen, wird unter G. auf § 76 GVG eingegangen. Abschließend wird unter H. die Möglichkeit der revisionsrechtlichen Überprüfbarkeit nach § 338 Nr. 1 StPO dargestellt.

A. Art. 101 Abs. 1 S. 2 GG

I. Gehalt

Der Anspruch auf den gesetzlichen Richter, der schon in der Frankfurter und Weimarer Reichsverfassung enthalten war, richtet sich historisch gesehen gegen die Exekutive, etabliert, um „Kabinettsjustiz" zu verhindern.[84] Er ist auf

---

84 *Pieroth*, in: *Jarass/Pieroth*, Grundgesetz für die Bundesrepublik Deutschland, 15. Aufl., Art. 101, Rn. 1; *Classen*, in: *Klein/Mangoldt/Starck*, Das Bonner Grundgesetz, 4. Aufl., Art. 101, Rn. 1 f.; *Eser* (Hrsg.), Festschrift für Hannskarl Salger Straf- und Strafverfahrensrecht, Recht und Verkehr, Recht und Medizin, 1995, S. 265 f.; *Sowada*, Der gesetzliche Richter im Strafverfahren, S. 5. Einen (kurzen) guten Überblick über die geschichtlichen Eckpfeiler der Entwicklung des gesetzlichen Richters bietet *Roth*, Das Grundrecht auf den gesetzlichen Richter, S. 233 ff. und *Müller-Terpitz*, in: *Brockmeyer/Hofmann/Schmidt-Bleibtreu*, GG, Kommentar zum Grundgesetz, 13. Aufl., Art. 101, Rn. 3.

verfassungsrechtlicher Ebene in Art. 101 Abs. 1 S. 2 GG verankert und einfachrechtlich in § 16 S. 2 GVG. Daneben schützt Art. 47 EuGRCh das Recht auf einen wirksamen Rechtsbehelf und ein unparteiisches Gericht. Auch das in Art. 6 Abs. 1 S. 1 MRK enthaltene Fairnessgebot und Art. 14 IPBPR beinhalten ebenfalls Gewährleistungen, die dem Prinzip des gesetzlichen Richters gleichen.[85]

Art. 101 Abs. 1 S. 2 GG besitzt als grundrechtsgleiches Recht[86] eine leistungsrechtliche und eine abwehrrechtliche Dimension des Schutzbereichs.

Das Grundrecht als Leistungsrecht ist angesprochen, wenn auf die Garantie einer gesetzlichen Zuständigkeitsregelung rekurriert wird: es soll eine Zuständigkeitsordnung etabliert sein, die so genau wie möglich bestimmt, welcher Richter der im Einzelfall zur Entscheidung berufene gesetzliche Richter ist. Die Zuständigkeit eines Richters muss abstrakt-generell feststehen, der Fall gleichsam „blindlings" zu dem gesetzlichen Richter gelangen.[87] Damit bekommt das Recht auf den gesetzlichen Richter einen subjektiv-rechtlichen Gehalt und wird damit zum Anspruch auf einen gesetzlichen Richter, zudem bekommt er den Charakter einer institutionellen Garantie.[88] Das verfassungsrechtliche Leitbild ist die Zuweisung eines konkreten Falls zu einem Richter in mechanischer Präzision.[89] Unbeeinflusst von außen sollen die Zuweisungsnormen ineinandergreifen, wie Räder eines mechanischen Uhrwerks. Je näher der konkrete Fall dem

85 Bisher haben die Gerichte jedenfalls kein Bedürfnis gehabt, das Verhältnis zwischen beiden Gütern zu klären, vgl. dazu allgemein *Rzepka*, Zur Fairness im deutschen Strafverfahren, S. 34 ff., 165 f.

86 Dies ergibt sich aus Art. 93 Abs. 1 Nr. 4a GG, vgl. *Pieroth/Schlink/Kingreen/Poscher*, Grundrechte, 34. Aufl., Rn. 1220; wird auch zuweilen als „grundrechtsähnliches Recht" bezeichnet, vgl. *Hellmann*, Strafprozessrecht, 2. Aufl., Rn. 586; zu der Terminologie auch BVerfG, Beschluss vom 16.02.2005 – 2 BvR 581/03, NJW 2005, 2689, 2689 ff.

87 BVerfG (Plenum), Beschluss vom 08.04.1997 – 1 PBvU 1/95, BVerfGE 95, 322, 328 f.; NJW 1997, 1497, 1498; BGH, Beschluss vom 12.05.2015 – 3 StR 569/14, NJW 2015, 2597, 2598. Die „Blindlingstheorie" wurde vom BGH 1954 entwickelt, BGH, Urteil vom 28.09.1954 – 5 StR 275/53, BGHSt 7, 23, 24; NJW 1955, 152, 152. Dazu auch *Sowada*, Der gesetzliche Richter im Strafverfahren, S. 198 ff., 811 ff.

88 *Jachmann-Michel*, in: *Maunz/Dürig*, Grundgesetz, 84. EL., Art. 101, Rn. 5 f. Wobei der subjektiv-rechtliche Gehalt unstrittig nur für die Prozesspartei gilt, vgl. dazu *Rzepka*, Zur Fairness im deutschen Strafverfahren, S. 163, Fn. 212; *Sowada*, Der gesetzliche Richter im Strafverfahren, S. 136 ff.

89 Vgl. dazu *Horn*, in: *Bauer/Merten* (Hrsg.), Handbuch der Grundrechte in Deutschland und Europa, § 132 Verbot von Ausnahmegerichten und Anspruch auf den gesetzlichen Richter, Rn. 72.

konkret zuständigen, „seinem" Richter kommt, desto ausdifferenzierter und bestimmter sollen die Zuständigkeitsnormen werden.

Gemäß der Wesentlichkeitslehre müssen die fundamentalen Zuständigkeitsregelungen durch ein Parlamentsgesetz normiert werden.[90] Der Gesetzgeber hat dabei eine Ausgestaltungsfreiheit.[91] Er ist verpflichtet, eine gesetzliche Zuständigkeitsordnung bereitzustellen, die, ergänzt durch die gerichtlichen Geschäftsverteilungspläne und die spruchkörperinternen Mitwirkungspläne, den gesetzlichen Richter im Einzelfall statuiert. Dies ermöglicht, dass Grenzen und Weite einfachrechtlich bestimmt werden, was den Anspruch auf den gesetzlichen Richter zu einem stark normgeprägten Grundrecht macht.[92] Durch die gesetzliche Zuständigkeitsordnung soll das Vertrauen der Rechtsuchenden und der Öffentlichkeit in die Unparteilichkeit und Sachlichkeit der Gerichte geschützt werden.[93] Das verfassungsmäßige Leitbild ist ein gesetzlicher Richter, der manipulationsfrei erschaffen wurde, frei von sachfremden Einflüssen.[94] Die leistungsrechtliche Seite des Gebots des gesetzlichen Richters beinhaltet also einen Anspruch darauf, dass der Gesetzgeber und die Gerichte eine Zuständigkeitsordnung für die Bestimmung des gesetzlichen Richters im Einzelfall bis zur letzten Regelungsstufe schaffen.

Die abwehrrechtliche Dimension dieses Rechtsprinzips ist angesprochen, wenn es darum geht, auf die Einhaltung der Zuständigkeitsnormen zu pochen und auf die sachgerechte, nicht willkürliche Anwendung dieser zu bestehen.[95] Diese Seite des Gebots des gesetzlichen Richters ist im Fokus der Untersuchung nicht minder bedeutsam. Die Zielrichtung des Abwehrrechts ist die

---

90 BVerfG, Beschluss vom 18.05.1965 – 2 BvR 40/60, NJW 1965, 2291, 2292; BVerfG (Plenum), Beschluss vom 08.04.1997 – 1 PBvU 1/95, BVerfGE 95, 322, 328; NJW 1997, 1497, 1498; *Pieroth/Schlink/Kingreen/Poscher*, Grundrechte, 34. Aufl., Rn. 1224.

91 Dazu etwa BVerfG, Beschluss vom 08.06.1993 – 1 BvR 878/90, NJW 2013, 2229, 2229 f.

92 *Pieroth/Schlink/Kingreen/Poscher*, Grundrechte, 34. Aufl., Rn. 1220.

93 BVerfG, Urteil vom 20.03.1956 – 1 BvR 479/55, NJW 1956, 545, 545; BVerfG, Beschluss vom 24.02.2009 – 1 BvR 182/09, BeckRS 2009, 31748; *Morgenthaler*, in: *Epping/Hillgruber*, GG, 2016, Art. 101, Rn. 3; *Eser*, in: *Eser* (Hrsg.), Festschrift für Hannskarl Salger Straf- und Strafverfahrensrecht, Recht und Verkehr, Recht und Medizin, Der „gesetzliche Richter" und seine Bestimmung für den Einzelfall, S. 265; *Hellmann*, Strafprozessrecht, 2. Aufl., Rn. 586.

94 Ständige Rechtsprechung des BVerfG, BVerfG (Plenum), Beschluss vom 08.04.1997 – 1 PBvU 1/95, BVerfGE 95, 322, 327; NJW 1997, 1497, 1498; BVerfG, Beschluss vom 09.05.1978 – 2 BvR 952/75, NJW 1978, 2499, 2499; *Müller-Terpitz*, in: *Brockmeyer/Hofmann/Schmidt-Bleibtreu*, GG, Kommentar zum Grundgesetz, 13. Aufl., Art. 101, Rn. 5.

95 *Roth*, Das Grundrecht auf den gesetzlichen Richter, S. 206 ff.

Verhinderung von konkreten Verstößen im Einzelfall. Unterschieden werden kann dabei zwischen Verstößen der Exekutive und solchen der Judikative. Im Fokus dieser Untersuchung stehen bewusste Steuerungen der Zuordnung von Fall und Richter. Dies kann durch die Staatsanwaltschaft geschehen, indem etwa Zuständigkeitsnormen oder das gerichtliche Fallverteilungssystem genutzt werden, um einen Fall bei einem bestimmten Gericht oder Kammer zu platzieren. Steuerungen wiederum sind auch durch die Judikative selbst möglich, etwa indem gerichtsintern die Fallzuteilung gezielt gesteuert wird. Dieses Steuerungspotential ergibt sich nicht abstrakt, sondern nur wenn, wie im Folgenden aufgezeigt, die einzelnen einfachrechtlichen Gewährleistungen des gesetzlichen Richters analysiert werden.

II. Anpassungsdruck

Auf dieses gerade gezeichnete verfassungsmäßige Bild des gesetzlichen Richters wirken, in unterschiedlicher Dichte und Häufigkeit, verschiedene Prinzipien ein, die den Anwendungsbereich beschränken. Oder, um dies in verfassungsrechtlichen Kategorien zu verorten: der Anspruch auf den gesetzlichen Richter ist ein vorbehaltlos gewährleistetes Grundrecht.[96] Dies bedeutet, nur andere kollidierende Verfassungsgüter können den Anwendungsbereich einschränken, sie müssen miteinander in praktische Konkordanz gesetzt werden.[97] Eingriffe in den Schutzbereich des gesetzlichen Richters sind also gerechtfertigt, wenn ein verhältnismäßiger Ausgleich zwischen mehreren kollidierenden Verfassungsgütern erzielt werden muss.

Wichtigstes konfligierendes Verfassungsgut ist das Prinzip der Effektivität des Rechtsschutzes, verfassungsrechtlich verankert im Rechtsstaatsgebot Art. 20 Abs. 2 S. 2 und Abs. 3 GG und in Art. 19 Abs. 4 GG. Ein Unterfall davon ist die Staatszielbestimmung der Funktionstüchtigkeit der Strafrechtspflege sowie das Ziel materieller Gerechtigkeit.[98] Das rechtsstaatliche Gebot einer

---

96 *Pieroth/Schlink/Kingreen/Poscher*, Grundrechte, 34. Aufl., Rn. 1235; *Roth*, Das Grundrecht auf den gesetzlichen Richter, S. 92 ff.; *Roth*, Gesetzlicher Richter und variable Spruchkörperbesetzung, NJW 2000, 3692, 3692 f.

97 *Horn*, in: *Bauer/Merten* (Hrsg.), Handbuch der Grundrechte in Deutschland und Europa, § 132 Verbot von Ausnahmegerichten und Anspruch auf den gesetzlichen Richter, Rn. 67; *Roth*, Das Grundrecht auf den gesetzlichen Richter, S. 92 ff. m.w.N.; Kritisch teilweise die grundrechtliche Kommentarliteratur, die auf die Ausgestaltungsfreiheit des Gesetzgebers auf Ebene des Schutzbereichs abstellt, *Pieroth*, in: *Jarass/Pieroth*, Grundgesetz für die Bundesrepublik Deutschland, 15. Aufl., Art. 101, Rn. 25.

98 *Roth*, Das Grundrecht auf den gesetzlichen Richter, S. 102 ff.

funktionstüchtigen Strafrechtspflege, die praktikabel und effektiv agieren muss, als auch der verfassungsrechtliche Beschleunigungsgrundsatz[99] haben entscheidenden Einfluss auf Inhalt und Weite der Garantien des gesetzlichen Richters.[100] Das Gebot der Verfahrensbeschleunigung ergibt sich auch aus Art. 5 Abs. 3 S. 1, Art. 6 Abs. 1 S. 1 EMRK. Bei Haftsachen spielt § 121 StPO eine Rolle, der eine oberlandesgerichtliche Haftprüfung nach sechs Monaten Untersuchungshaft fordert und damit auch einen zügigen Hauptverhandlungsbeginn verlangt. Das Spannungsverhältnis zu Art. 101 Abs. 1 S. 2 GG ist in den letzten Jahren zunehmend in den Fokus gerückt, weil Umverteilungsmaßnahmen der Gerichte vor allem auch bei Haftsachen eine Rolle spielen.[101]

Neben diesen konkreten Anforderungen des Grundgesetzes gilt es auch Gründe der Prozessökonomie, die sachliche Notwendigkeit von Entscheidungen und sonstige justizgemäße Gesichtspunkte zu berücksichtigen.[102]

Es handelt sich um ein normgeprägtes Grundrecht. Angesichts der Normgeprägtheit der Garantie ist der Ausgleich zwischen diesen widerstreitenden Interessen primär Sache des einfachen Gesetzgebers. Der Gesetzgeber ist seiner Ausgestaltungsverantwortung zunächst nachgekommen. Problematisch ist damit heute weniger die Gesetzeslage, sondern die Art und Weise, wie die im Gesetz angelegte Spannungslage durch die Gerichte im Einzelfall operationalisiert wird. Art. 101 Abs. 1 S. 2 GG sieht sich damit in der heutigen Zeit weniger

---

99 Der sich aus Art. 2 Abs. 2 S. 2 GG in Verbindung mit dem Verhältnismäßigkeitsprinzip ergibt, dazu BVerfG, Beschluss vom 25.07.2003 – 2 BvR 153/03 NStZ 2004, 335, 335 ff. Dazu auch *Kudlich*, in: *Knauer*, Münchener Kommentar zur Strafprozessordnung, 1. Aufl., Einleitung, Rn. 155 f.

100 BVerfG, Beschluss vom 23.05.2012 – 2 BvR 610/12, 2 BvR 625/12, NJW 2012, 2334, 2334 ff.; Beschluss vom 16.02.2005 – 2 BvR 581/03, NJW 2005, 2689, 2689 ff.; Beschluss vom 18.03.2009 – 2 BvR 229/09 NJW 2009, 1734, 1734 f.; *Landau*, Die Pflicht des Staates zum Erhalt einer funktionstüchtigen Strafrechtspflege, NStZ 2007, 121, 121 ff.; *Horn*, in: *Bauer/Merten* (Hrsg.), Handbuch der Grundrechte in Deutschland und Europa, § 132 Verbot von Ausnahmegerichten und Anspruch auf den gesetzlichen Richter, Rn. 67.

101 BGH, Beschluss vom 07.01.2014 – 5 StR 613/13, NStZ 2014, 287, 288; StraFo 2014, 121, 122; BGH, Beschluss vom 10.07.2013 – 2 StR 116/13, NStZ 2014, 226, 226 ff.; *Sowada*, Änderung des Geschäftsverteilungsplans (§ 21e Abs. 3 S. 1 GVG) und Beschleunigungsgrundsatz, HRRS 2015, 16, 20.

102 *Horn*, in: *Bauer/Merten* (Hrsg.), Handbuch der Grundrechte in Deutschland und Europa, § 132 Verbot von Ausnahmegerichten und Anspruch auf den gesetzlichen Richter, Rn. 67.

Angriffen der Exekutive, als Bedrohungen durch die Judikative ausgesetzt.[103] Auch vor diesen schützt das objektive Verfassungsgut des Anspruchs auf den gesetzlichen Richter.[104] Damit hat sich die Bedrohungslage in durch den Verfassungsgeber nicht vorherzusehender Weise verändert.[105] Dies führt dazu, dass sich der Anspruch auf den gesetzlichen Richter und sein Garantiegehalt einem erheblichen Anpassungsdruck ausgesetzt sehen und auch zu einer „Intensivierung und Extensivierung" des Prinzips.[106] Dieser Druck bewirkt, dass sich das Verständnis vom Garantiegehalt wandelt und die rechtliche Diskussion differenzierter wird.[107] Dies anschaulich zu machen, ist Sinn und Zweck der folgenden normativen Darstellung unter Hervorhebung des Steuerungspotentials der jeweiligen Norm.

B. § 21e GVG

Die Norm ist das Herzstück der allgemeinen Vorschriften über das Präsidium und die Geschäftsverteilung im zweiten Teil des GVG.[108] Die Vorschrift regelt die Aufgaben des Präsidiums und bestimmt, welche Anforderungen hinsichtlich der Aufstellung von Geschäftsverteilungsplänen gelten. Als ein Grundsatz von vielen ist das Jährlichkeitsprinzip ausdrücklich in § 21e Abs. 1 S. 2 GVG normiert. Von besonders praktischer Bedeutung ist Absatz 3 der Norm, worin die Voraussetzungen einer unterjährigen Abänderung des Geschäftsverteilungsplans geregelt sind.

---

103 *Horn*, in: *Bauer/Merten* (Hrsg.), Handbuch der Grundrechte in Deutschland und Europa, § 132 Verbot von Ausnahmegerichten und Anspruch auf den gesetzlichen Richter, Rn. 11; die Ausweitung auf den Schutz vor judikativen Maßnahmen ist eine Intensivierung des Schutzumfangs und des Pflichtengebots.

104 BVerfG, Beschluss vom 03.12.1975 – 2 BvL 7/74, NJW 1976, 283, 283 ff.; *Müller-Terpitz*, in: *Brockmeyer/Hofmann/Schmidt-Bleibtreu*, GG, Kommentar zum Grundgesetz, 13. Aufl., Art. 101, Rn. 2.

105 *Horn*, in: *Bauer/Merten* (Hrsg.), Handbuch der Grundrechte in Deutschland und Europa, § 132 Verbot von Ausnahmegerichten und Anspruch auf den gesetzlichen Richter, Rn. 71 ff. Dazu schon *Schalscha*, Der Anwalt im Strafprozeß, DRiZ 1960, 16, 16.

106 *Horn*, in: *Bauer/Merten* (Hrsg.), Handbuch der Grundrechte in Deutschland und Europa, § 132 Verbot von Ausnahmegerichten und Anspruch auf den gesetzlichen Richter, Rn. 9 ff.

107 Dazu auch *Kissel/Mayer*, Gerichtsverfassungsgesetz, 9. Aufl., Art. 101, Rn. 5, der die Entwicklung als „Filigranarbeit" beschreibt.

108 *Kissel/Mayer*, Gerichtsverfassungsgesetz, 9. Aufl., § 21e, Rn. 1.

I. Anforderungen an den Geschäftsverteilungsplan

Die Präsidien haben die Pflicht, einen Geschäftsverteilungsplan aufzustellen, der alle im Gerichtsbezirk anfallenden Aufgaben vollständig auf die Spruchkörper verteilt.[109] Dabei muss es sicher stellen, dass es die organisatorische Grundlage dafür schafft, dass die anfallenden Geschäfte, wie das Gesetz selbst Verfahren in § 21e Abs. 1 S. 2 GVG betitelt, gleichmäßig und gerecht auf die Spruchkörper verteilt werden. Geschäftsverteilung muss also gewährleisten, dass Gerichte aufgabengerecht organisiert sind.

1. Jahresgeschäftsverteilungsplan

Wichtigstes Instrumentarium der Geschäftsverteilung ist der Jahresgeschäftsverteilungsplan.[110] Mithilfe der Geschäftsverteilungspläne wird der gesetzliche Richter im Einzelfall bestimmt und zusammen mit den Regelungen des GVG verkomplettiert er die Gewährleistungen des Anspruchs auf den gesetzlichen Richter. Dadurch gelten für ihn auch die Anforderungen, die an materielle Gesetze zu stellen sind, und er muss die gleichen wesentlichen Merkmale eines Gesetzes aufweisen.[111] Er soll gemäß dem Jährlichkeitsprinzip in § 21e Abs. 1 S. 2 GVG für die Dauer eines Jahres im Vorhinein bestimmt werden. Zugleich muss er eine vollständige Aufgabenverteilung im Voraus gewährleisten (Vollständigkeits- und Vorauswirkungsprinzip).[112] Dabei müssen diese nach abstrakt-generellen Merkmalen, gleichsam „blindlings" verteilt werden (Abstraktionsprinzip).[113] Es muss so genau wie möglich durch den Geschäftsverteilungsplan geregelt werden, welcher Richter im Einzelfall zu entscheiden hat (Bestimmtheitsgrundsatz). Dabei soll er so ausgestaltet sein, dass die Zuordnung von einem Richter zu einem Fall

---

109 *Kissel/Mayer*, Gerichtsverfassungsgesetz, 9. Aufl., § 21e, Rn. 78 ff.

110 Es sind in der Praxis unterschiedliche Bezeichnungen üblich. Am Landgericht Berlin heißt der Plan etwa nur Geschäftsplan.

111 Diese Wertentscheidung traf das BVerfG (Plenum), Beschluss vom 08.04.1997 – 1 PBvU 1/95, BVerfGE 95, 322, 328 ff.; NJW 1997, 1497, 1498 ff. dazu näher auch *Roth*, Das Grundrecht auf den gesetzlichen Richter, S. 184 ff. Bekräftigt in BVerfG, Beschluss vom 16.02.2017 – 2 BvR 2011/16, 2 BvR 2034/16, BeckRS 2017, 100592; BVerfG, Beschluss vom 23.12.2016 – 2 BvR 2023/16, BeckRS 2016, 111809.

112 *Katholnigg*, Strafgerichtsverfassungsrecht, 3. Aufl., Rn. 2 f.

113 BVerfG (Plenum), Beschluss vom 08.04.1997 – 1 PBvU 1/95, BVerfGE 95, 322, 328 ff. m.w.N.; *Diemer*, in: *Hannich*, Karlsruher Kommentar zur Strafprozessordnung, 7. Aufl., § 21e GVG, Rn. 3, 11. Zur sog. „Blindlingstheorie" *Sowada*, Der gesetzliche Richter im Strafverfahren, S. 198 ff.; *Sowada*, Änderung des Geschäftsverteilungsplans (§ 21e Abs. 3 S. 1 GVG) und Beschleunigungsgrundsatz, HRRS 2015, 16, 16.

unbeeinflussbar ist und manipulationsfrei erfolgt. Dies gebietet der dahinterstehende Grundsatz des gesetzlichen Richters, der die Justiz vor sachfremden Einflüssen schützen soll.[114] Grundsätzlich soll, nach der gesetzgeberischen Intention, der Geschäftsverteilungsplan für ein Jahr Bestand haben, in dieser Hinsicht also stetig sein (sog. Stetigkeitsprinzip).[115]

Um den Besonderheiten der Gerichte deutschlandweit Rechnung zu tragen und ihnen die Möglichkeit zu geben, ihre Geschäfte selbst adäquat verteilen zu können, wählte der Gesetzgeber kein starres Zuweisungssystem in der Hinsicht, dass der gesetzliche Richter direkt durch ein formell-materielles Gesetz vorherbestimmt ist. Vielmehr bieten die gesetzlichen Zuständigkeitsnormen den Gerichten einen begrenzten Freiraum für individuelle Regelungen. Der Geschäftsverteilungsplan ist, im hier interessierenden Bereich, ein Akt gerichtlicher Selbstverwaltung.[116] Die Geschäftsverteilungspläne gleichen sich naturgemäß in ihren Grundzügen, unterscheiden sich aber im Einzelfall stark. Dabei muss der Plan so ausgestaltet sein, dass er nicht die gesetzlichen Wertungen überlagert, indem er in die normativ bestimmten sachlichen Zuständigkeiten eingreift.

---

114 BVerfG, Beschluss vom 16.02.2017 – 2 BvR 2011/16, 2 BvR 2034/16, BeckRS 2017, 100592; BVerfG, Beschluss vom 23.12.2016 – 2 BvR 2023/16, BeckRS 2016, 111809.

115 Zu den Prinzipien siehe *Kissel/Mayer*, Gerichtsverfassungsgesetz, 9. Aufl., § 21e GVG, Rn. 92 ff.; *Sowada*, Änderung des Geschäftsverteilungsplans (§ 21e Abs. 3 S. 1 GVG) und Beschleunigungsgrundsatz, HRRS 2015, 16, 16 f.; *Gubitz/Bock*, Die Besetzungsrüge nach Geschäftsplanänderung, NStZ 2010, 190, 190 f.

116 VGH München, Beschluss vom 12.07.1993 – 20 CE 93.1589, NJW 1994, 2308, 2308 f.; *Schmitt*, in: *Meyer-Goßner/Schmitt*, Strafprozessordnung, 61. Aufl., § 21e GVG, Rn. 1; *Gloria*, Die Verwirklichung des Rechts auf den gesetzlichen Richter im Prozeß, NJW 1989, 445, 445. Als Selbstverwaltungsakt „sui generis" sieht ihn *Kissel/Mayer*, Gerichtsverfassungsgesetz, 9. Aufl., § 21e, Rn. 102 ff. Dies ist nicht unstrittig, denn ein Geschäftsverteilungsplan regelt unterschiedliche Bereiche und hat einen unterschiedlichen Adressatenkreis, mithin eine Doppelnatur, vgl. etwa aus einem verwaltungsrechtlichen Blickwinkel *Pieroth/Schlink/ Kingreen/Poscher*, Grundrechte, 34. Aufl., Rn. 1229. Relevant ist die Einordnung für Fragen des Rechtschutzes, vgl. *Lückemann*, in: *Zöller*, Zivilprozessordnung, 32. Auflage, § 21e GVG, Rn. 34. Daher ist die Diskussion im hier interessierenden Bereich der Untersuchung nicht zielführend, da jedenfalls unstrittig eine Überprüfung für die Verteidigung nur mittelbar durch eine Besetzungsrüge möglich ist. Zum Meinungsstand siehe *Velten*, in: *Albrecht/Paeffgen/ Rudolphi/Wolter*, SK-StPO, 5. Aufl., § 21e GVG, Rn. 4 ff. m.w.N.; *Lückemann*, in: *Zöller*, Zivilprozessordnung, 32. Auflage, § 21e GVG, Rn. 34; *Marquardt*, Die Rechtsnatur präsidialer Geschäftsverteilungspläne gemäß § 21e GVG und der Rechtsschutz des Richters, S. 10 ff.

§ 21e Abs. 3 GVG gestattet eine Ausnahme zur, mit Jährlichkeits- und Stetigkeitsprinzip festgeschriebenen, Veränderungssperre in den vier gesetzlich genannten Konstellationen.[117] Eine unterjährige Änderung des Geschäftsverteilungsplanes ist demnach zulässig aus Gründen der Überlastung, ungenügenden Auslastung, des Richterwechsels oder dauernden Verhinderung einzelner Richter. Ausnahmeregelungen können Einfallstore für Einzelfallentscheidungen sein.[118] In der Praxis stellen sich hier unterschiedliche Fragen: wann liegt tatsächlich ein Fall der Überlastung vor? Welche Fälle, anhängige oder zukünftige, dürfen verteilt werden? Welchen Überprüfungsmaßstab setzt das Revisionsgericht an?[119] Dadurch kann sich ein Steuerungspotential ergeben, auf das unter II. eingegangen wird.

2. *Überprüfungsmaßstab*

Die Frage der rechtlichen Dichte des Überprüfungsmaßstabes bestimmt sich danach, welches Gericht tätig wird. Wendet sich in der Regel die Verteidigung gegen eine Anwendung des Geschäftsverteilungsplanes im Einzelfall und ist der Rechtsweg mit erfolgloser Revision zum BGH erschöpft, dann bleibt die Möglichkeit der Verfassungsbeschwerde nach Art. 93 Abs. 1 Nr. 4a GG, §§ 13, 90 ff. BVerfGG. Da das BVerfG keine „Superrevisionsinstanz"[120] sein darf und nur „spezifisches Verfassungsrecht"[121] prüfen kann, ist im hier interessierenden Kontext der Prüfungsumfang beschränkt. Geht es um die Auslegung und Anwendung der die gerichtliche Zuständigkeit perpetuierenden Normen der Geschäftsverteilung, prüft das BVerfG, ob die Normanwendung offensichtlich unhaltbar ist und nicht mehr, in Hinblick auf die Wertungen des Grundgesetzes, verständlich erscheint.[122] Dies ist nichts anderes als eine Willkürprüfung.

---

117 *Sowada*, Änderung des Geschäftsverteilungsplans (§ 21e Abs. 3 S. 1 GVG) und Beschleunigungsgrundsatz, HRRS 2015, 16, 17.

118 Auch als ein solches angesehen von *Schmitz*, Rangierkunst oder Entgleisung – Die Besetzungsrüge nach Änderung des Geschäftsverteilungsplanes, StraFo 2016, 397, 398.

119 Dazu *Sowada*, Änderung des Geschäftsverteilungsplans (§ 21e Abs. 3 S. 1 GVG) und Beschleunigungsgrundsatz, HRRS 2015, 16, 17.

120 *Pieroth/Schlink/Kingreen/Poscher*, Grundrechte, 34. Aufl., Rn. 1231.

121 *Bethge*, in: *Maunz/Schmidt-Bleibtreu/Klein/Bethge*, Bundesverfassungsgerichtsgesetz, 54. EL., § 90 BVerfGG, Rn. 316 ff.; *Muckel*, Gesetzlicher Richter bei Änderung des Geschäftsverteilungsplans für eine Strafkammer, JA 2017, 717, 718.

122 BVerfG, Beschluss vom 16.02.2017 – 2 BvR 2011/16, 2 BvR 2034/16, BeckRS 2017, 100592; BVerfG, 23.12.2016 – 2 BvR 2023/16, BeckRS 2016, 111809; BVerfG, Beschluss vom 31.05.1990 – 2 BvL 12/88, 2 BvL 13/88, 2 BvR 1436/87, BVerfGE 82, 159, 194 f.

Geht es aber um Regelungen des Geschäftsverteilungsplanes selbst, prüft das BVerfG vollumfänglich die Verfassungsmäßigkeit der Norm.[123] Diese Prüfung geht weiter als eine reine Willkürprüfung. Geht es um die revisionsgerichtliche Kontrolle der Geschäftsverteilungspläne, so prüft nunmehr auch der BGH, als Folge des geänderten Prüfungsumfangs des BVerfG, vollumfänglich,[124] setzt sich also in die Lage des Präsidiums im Zeitpunkt der Planerstellung ex ante.[125] Der BGH überprüft damit sämtliche Tatsachen und Erwägungen, die das Präsidium angestellt hat. Diese Kehrtwende in dem Überprüfungsmaßstab ist aus Sicht der Verteidigung positiv bewertet worden und hat zu einem Bedeutungszuwachs der Besetzungsrüge geführt.[126]

3. *Dokumentationspflichten*

Aufgrund des geänderten Überprüfungsumfangs bedürfen unterjährige Planänderungen, die aufgrund von § 21e Abs. 3 S. 1 GVG möglich sind, einer sehr genauen Dokumentation ihrer Gründe.[127] Dadurch soll dem Anschein einer willkürlichen Zuständigkeitsverschiebung entgegen gewirkt werden.[128] Es müssen alle tatsächlich relevanten Umstände dokumentiert werden sowie die Erwägungen, die im konkreten Fall durch das Präsidium angestellt wurden.[129] Dies

---

123 BVerfG, Kammerbeschluss vom 16.02.2005, 2 BvR 581/03, NJW 2005, 2689, 2689 ff.; BVerfG, Beschluss vom 16.02.2017 – 2 BvR 2011/16, 2 BvR 2034/16, BeckRS 2017, 100592; BVerfG, Beschluss vom 23.12.2016 – 2 BvR 2023/16, BeckRS 2016, 111809.

124 BGH, Urteil vom 21.05.2015 – 4 StR 577/14, NStZ-RR 2015, 288, 288 ff.; BGH, Urteil vom 09.04.2009 – 3 StR 376/08, BGHSt 53, 268, 269; NStZ 2009, 651, 651 ff.

125 Diese Änderung des Prüfungsumfangs ist von der gerichtlichen Praxis negativ aufgenommen worden, siehe die empirischen Ergebnisse der Untersuchung im 3. Kapitel, C. I. 1. c) (iii).

126 *Schmitz*, Rangierkunst oder Entgleisung – Die Besetzungsrüge nach Änderung des Geschäftsverteilungsplanes, StraFo 2016, 397, 398.

127 *Sowada*, Änderung des Geschäftsverteilungsplans (§ 21e Abs. 3 S. 1 GVG) und Beschleunigungsgrundsatz, HRRS 2015, 16, 19; *Schmitz*, Rangierkunst oder Entgleisung – Die Besetzungsrüge nach Änderung des Geschäftsverteilungsplanes, StraFo 2016, 397, 398.

128 *Gubitz/Bock*, Die Besetzungsrüge nach Geschäftsplanänderung, NStZ 2010, 190, 191.

129 BVerfG, Beschluss vom 18.03.2009 – 2 BvR 229/09, NJW 2009, 1734, 1734 ff.; BGH, Urteil vom 21.05.2015 – 4 StR 577/14, NStZ-RR 2015, 288, 288 ff.; juris, Rn. 34 ff.; BGH, Beschluss vom 12.05.2015- 3 StR 569/14, NJW 2015, 2597, 2597 ff.; BGH, Beschluss vom 07.01.2014 – 5 StR 613/13, NStZ 2014, 287, 288; BGH, Urteil vom 09.04.2009 – 3 StR 376/08, BGHSt 53, 268, 269; NStZ 2009, 651, 652; *Schmitt*, in: *Meyer-Goßner/Schmitt*, Strafprozessordnung, 61. Aufl., § 21e GVG, Rn. 16 b.

stellt die Praxis vor einen nicht unerheblichen Begründungsaufwand. Denn je schwächer die Begründung, desto schneller die Annahme einer unzulässigen Zuweisung.[130]

II. Steuerungspotenzial

Die Norm ist sehr kleinteilig. Die gesetzlichen Vorgaben sind weit gefasst und werfen auf der Stufe der Umsetzung und Anwendung viele Fragen im konkreten Einzelfall auf. Auch die Rechtsprechung ist nur wenig hilfreich, ist sie doch im Grundsatz eine Einzelfallrechtsprechung. Die Leitlinien der Judikative im Regelungsbereich des gesetzlichen Richters sind notwendigerweise ausfüllungsbedürftig.

1. Wahl des Fallverteilungssystems

Der Gesetzgeber hat bislang offen gelassen, welches System der Zuteilung von einem Verfahren zu einem konkreten Richter er favorisiert. Dadurch haben sich in der Praxis verschiedene Fallverteilungssysteme etabliert. Zunächst setzten Gerichte vorwiegend das Buchstabensystem ein. Bei diesem System werden auf die einzelnen Kammern, nach einer zuvor im Geschäftsverteilungsplan festgelegten Buchstabenzuständigkeit der Richter oder Kammern, die einzelnen Verfahren, anknüpfend an den ersten Buchstaben des Familiennamens des Angeschuldigten, verteilt. Einfallstore für Manipulationen können sich dann öffnen, wenn es mehrere Angeschuldigte gibt. Für diesen Fall muss der Geschäftsverteilungsplan feste Anknüpfungskriterien als Sicherungsmaßname bereithalten. Üblich war es, an den zuerst genannten Angeschuldigten anzuknüpfen.[131] Steuerungsmöglichkeiten bietet dieses System für die Staatsanwaltschaft, ist sie doch Herrin des Ermittlungsverfahrens[132] und damit Anklageverfasserin. Es liegt damit in ihrer Disposition, welchen Angeklagten sie zuerst benennt. Die Anknüpfung an den zuerst genannten Angeschuldigten ist zu Recht auf Kritik gestoßen[133], denn eine feste Zuständigkeitsbestimmung anhand abstrakter Kriterien, die nicht im

130 *Gubitz/Bock*, Die Besetzungsrüge nach Geschäftsplanänderung, NStZ 2010, 190, 191 unter Hinweis auf BVerfG, Beschluss vom 10.07.1990 – 1 BvR 984/87, 1 BvR 985/87, BVerfGE 82, 286, 301.

131 BGH, Urteil vom 03.07.1958 – 4 StR 174/58, NJW 1958, 1503; BeckRS 1958, 31192673; OLG Nürnberg, Beschluss vom 11.12.1962 – Ws 456/62, NJW 1963, 502, 503.

132 *Diemer*, in: *Hannich*, Karlsruher Kommentar zur Strafprozessordnung, 7. Aufl., § 154a StPO, Rn. 8.

133 *Kern*, Der gesetzliche Richter, S. 179; *Marx*, Der gesetzliche Richter im Sinne von Art. 101 Abs. 1 Satz 2 Grundgesetz, S. 90 f.; *Engelhardt*, Staatsanwaltschaft und

Einflussbereich der Staatsanwaltschaft stehen, wäre möglich und würde nicht zu erheblichen Nachteilen für die Rechtspflege führen.[134] Die Gerichte sind daher dazu übergegangen, weitere Sicherungsvorkehrungen vor Manipulationsbestrebungen einzuführen. Dadurch knüpften Geschäftsverteilungspläne häufig an den ältesten oder den im Alphabet zuerst genannten Angeschuldigten an.[135]

Daneben, und heute vor allem vorherrschend, führten Gerichte das Turnusprinzip, auch Rotationsprinzip[136] oder rollierendes System[137] genannt, ein.[138] Dadurch, dass die eingehenden Rechtssachen reihum nach ihrem zeitlichen Eingang bei Gericht verteilt werden, soll eine möglichst gleichmäßige Auslastung der Richter und Kammern gewährleistet werden.[139] In der Praxis wird dieses System häufig damit kombiniert, dass einzelne Kammern in einem gesondert geregelten Turnus sind und die eingehenden Verfahren nicht reihum, sondern nach einem zuvor festgelegten Schlüssel verteilt werden. Dadurch hat das Präsidium die Möglichkeit, auf Besonderheiten der Kammern, hinsichtlich ihrer Auslastung oder sonstiger personeller Gründe, zu Beginn des Jahres in abstrakt-genereller Weise Rücksicht zu nehmen.

Abstrakt betrachtet ist das System in zweierlei Hinsicht manipulierbar. Zum einen gerichtsintern. Dies bedeutet, dass letztlich die Zuteilung der Verfahren zu einer bestimmten Kammer durch eine menschliche Entscheidung erfolgt. Diskutiert wurde in der Praxis die Konstellation von mehreren gleichzeitig bei Gericht eingehenden Verfahren bei gleichzeitiger Abwesenheit von Regelungen

---

gesetzlicher Richter, DRiZ 1982, 417, 421; *Sowada*, Der gesetzliche Richter im Strafverfahren, S. 320 ff.; dazu auch *Schmitt*, in: *Meyer-Goßner/Schmitt*, Strafprozessordnung, 61. Aufl., § 16 GVG, Rn. 5; *Schreiber*, in: *Wieczorek/Schütze*, Zivilprozessordnung und Nebengesetze, 4. Aufl., § 21e GVG, Rn. 11; *Rzepka*, Zur Fairness im deutschen Strafverfahren, S. 370 ff.

134 Vgl. *Engelhardt*, Staatsanwaltschaft und gesetzlicher Richter, DRiZ 1982, 417, 421.

135 Dazu allgemein *Sowada*, Der gesetzliche Richter im Strafverfahren, S. 320 ff.

136 Auch als Rotationssystem bezeichnet, *Schreiber*, in: *Wieczorek/Schütze*, Zivilprozessordnung und Nebengesetze, 4. Aufl., § 21e GVG, Rn. 11.

137 BGH, Beschluss vom 02.11.1989 – 1 StR 354/89, NStZ 1990, 138, dazu auch *Dahs/Dahs, JR.*, Die Revision im Strafprozess, 7. Aufl., S. 47; *Klemke/Elbs*, Einführung in die Praxis der Strafverteidigung, 3. Aufl., Rn. 678.

138 Zum Ganzen *Sowada*, Der gesetzliche Richter im Strafverfahren, 313 ff.; *Schmitt*, in: *Meyer-Goßner/Schmitt*, Strafprozessordnung, 61. Aufl., § 21e GVG, Rn. 3.

139 *Schreiber*, in: *Wieczorek/Schütze*, Zivilprozessordnung und Nebengesetze, 4. Aufl., § 21e GVG, Rn. 11.

dazu im Geschäftsverteilungsplan.[140] Einigkeit besteht darüber, dass sich das dadurch für den Geschäftsstellenbeamten öffnende Fenster von diesem nicht frei genutzt werden darf und der Geschäftsverteilungsplan daher in ausreichender Weise Sicherungsvorkehrungen treffen muss. Zum anderen bietet das Turnussystem die Möglichkeit der Steuerung von außen, hier namentlich der Staatsanwaltschaft. Kennt man den Turnusstand bei Gericht, ist also Wissen darüber vorhanden, welche Kammer das nächste eingehende Verfahren zugeteilt bekommt, kann ein Verfahren punktgenau bei einer Kammer platziert werden. Dies mag auf den ersten Blick vielleicht eine allein theoretische Möglichkeit sein, tatsächlich sind solche Konstellationen aber in der Praxis und der Literatur anzutreffen.[141]

2. *Unterjährige Änderungen*

Eine unterjährige Geschäftsverteilungsplanänderung ist aus den in § 21e Abs. 3 GVG genannten Gründen möglich. Die Aufzählung ist nicht abschließend.[142] Die praxisrelevanteste Konstellation ist die der Überlastung. Eine Überlastung liegt vor, wenn die Eingänge die Erledigungen für einen längeren Zeitraum überwiegen, so dass eine angemessene Abarbeitung des Fallaufkommens nicht erfolgen kann und der Überhang von solchem Gewicht ist, dass er nicht bis zum Ende des Geschäftsjahres aufgeschoben werden kann.[143] Bei jeder unterjährigen Geschäftsverteilungsplanänderung gilt es, einen Ausgleich widerstreitender

---

140 OLG Saarbrücken, Beschluss vom 02.07.1996 – Ss 49/96 (85/96), StraFo 1996, 150, 150 f.; *Schmitt*, in: *Meyer-Goßner/Schmitt*, Strafprozessordnung, 61. Aufl., § 21e GVG, Rn. 3.

141 So wurde etwa im Sal. Oppenheim-Verfahren 2013 am LG Köln durch die Verteidigung vorgetragen, dass die Staatsanwaltschaft bewusst die Anklageerhebung verzögert habe, um ein bestimmtes Verfahren zu einer bestimmten Wirtschaftsstrafkammer zu bekommen, vgl. LG Köln, Beschluss vom 14.03.2013 – 116 KLS 2/12, BeckRS 2013 06336. Siehe dazu etwa auch der Fall Kilb, der Honecker-Prozess oder auch die Terroristenprozesse der 70er Jahre, dazu etwa *Sowada*, Der gesetzliche Richter im Strafverfahren, S. 89 f.; *Brüggemann*, Die Rechtsprechende Gewalt, S. 93 und Vorwort.

142 Nicht abschließend hinsichtlich Vertreterbestellung BGH, Urteil vom 07.06.1977 – 5 StR 224/77, NJW 1977, 1696, 1696 f.

143 BGH, Beschluss vom 07.01.2014 – 5 StR 613/13, NStZ 2014, 287, 288 mit Anmerkung *Grube*, Anm. BGH, Beschluss vom 07.01.2014 – 5 StR 613/13, StraFo 2014, 121, 123 ff.; *Schmitt*, in: *Meyer-Goßner/Schmitt*, Strafprozessordnung, 61. Aufl., § 21e GVG, Rn. 14; *Sowada*, Änderung des Geschäftsverteilungsplans (§ 21e Abs. 3 S. 1 GVG) und Beschleunigungsgrundsatz, HRRS 2015, 16, 16 ff.; *Gubitz/Bock*, Die Besetzungsrüge nach Geschäftsplanänderung, NStZ 2010, 190, 191.

Interessen zu erzielen. Dies sind das rechtsstaatliche Gebot einer funktionstüchtigen Strafrechtspflege, der verfassungsrechtlich verankerte Grundsatz zügiger Verfahrenserledigung, auch als Beschleunigungsgrundsatz bezeichnet, und das Recht des Beschuldigten auf seinen gesetzlichen Richter.[144] Durch eine unterjährige Geschäftsverteilungsplanänderung können verschiedene Maßnahmen getroffen werden. Praxisrelevant ist hier eine Turnusänderung, sofern das Turnussystem etabliert ist, oder die Einrichtung einer Hilfsstrafkammer.

Eine Änderung der Fallzuteilung in der Hinsicht, dass etwa eine Kammer vollständig aus dem Turnus ausscheidet oder nur eine begrenztere Zahl an Fällen zugewiesen bekommt, ist unproblematisch für die Zukunft möglich. Von besonderem rechtlichem Gewicht in Hinblick auf das Gefährdungspotential der Gewährleistungen des gesetzlichen Richters ist aber die Zuteilung auch bereits anhängiger und damit schon zum gesetzlichen Richter gelangter Fälle. Dies ist etwa bei der Einrichtung einer Hilfsstrafkammer[145] oftmals der Fall, die zweite praxisrelevante Reaktion des Präsidiums auf eine Überlastungssituation.[146] Damit verbinden sich verschiedene rechtliche Diskussionsbereiche. Zunächst ist die Einrichtung einer Hilfsstrafkammer gesetzlich nicht ausdrücklich genannt, was zu der Annahme verleiten kann, die Einrichtung einer solchen sei gänzlich gesetzeswidrig.[147] In der Judikatur ist jedoch schon seit der reichsgerichtlichen Rechtsprechung anerkannt, dass die Bildung einer Hilfsstrafkammer zu den unter § 21e Abs. 3 S. 1 GVG möglichen Änderungsmaßnahmen gehören darf.[148] Dies ist zulässig, wenn die widerstreitenden verfassungsrechtlichen Güter,

---

144 Vgl. etwa BVerfG, Beschluss vom 16.02.2005 – 2 BvR 581/03, NJW 2005, 2689, 2689 f.; BGH, Beschluss vom 25.03.2015 – 5 StR 70/15, NStZ 2015, 658, 659; BGH, Beschluss vom 07.01.2014 – 5 StR 613/13, NStZ 2014, 287, 288; StraFo 2014, 121, 122.

145 1996 wurde gesetzlich die Möglichkeit zur Einrichtung von Ferienstrafkammern durch das Präsidium gestrichen, näher *Siolek*, in: *Löwe/Rosenberg*, Die Strafprozeßordnung und das Gerichtsverfassungsgesetz, 26. Aufl., § 60 GVG, Rn. 18 f.

146 Vgl. hierzu *Grube*, Anm. BGH, Beschluss vom 07.01.2014 – 5 StR 613/13, StraFo 2014, 121, 123 ff.

147 *Velten*, in: *Albrecht/Paeffgen/Rudolphi/Wolter*, SK-StPO, 5. Aufl., § 21e GVG, Rn. 57 ff.; dazu auch *Frisch*, Problematik und Grenzen der Errichtung von Hilfsstrafkammern, NStZ 1987, 265, 265 ff. und auch zu sonstigen rechtlichen Fragen der Hilfsstrafkammern, wie etwa das „Vorsitzenden-Prinzip"; *Gubitz/Bock*, Die Besetzungsrüge nach Geschäftsplanänderung, NStZ 2010, 190, 192.

148 RGSt 19, 230; 55 201; 62, 309; BGH, Urteil vom 14.06.1967 – 2 StR 230/67, NJW 1967, 1868, 1868 ff.; BGH, Beschluss vom 25.03.2015 – 5 StR 70/15, NStZ 2015, 658, 659; BGH, Beschluss vom 07.01.2014 – 5 StR 613/13, NStZ 2014, 287, 288 mit Anmerkung *Grube*, Anm. BGH, Beschluss vom 07.01.2014 – 5 StR 613/13, StraFo 2014, 121, 123 ff.

namentlich das Beschleunigungsgebot, dies gebieten und die Hilfsstrafkammer nur vorübergehend eingerichtet wird. Da aber hierdurch der gesetzliche Richter eingeschränkt wird, ist in besonderem Maße darauf Wert zu legen, dass die Änderung der Geschäftsverteilung den Prinzipien einer ordentlichen Planung gerecht werden, insbesondere also abstrakt ausgestaltet sind und generell gelten.[149] Auf Hilfsstrafkammern können zunächst zukünftig eingehende Verfahren verteilt werden. Dann ist das Spannungsverhältnis mit dem gesetzlichen Richter geringer, als wenn es (auch) um die Umverteilung bereits vor Geschäftsplanänderung anhängiger Verfahren geht. Jede unterjährige Geschäftsverteilungsplanänderung setzt sich dem Anschein aus, eine verbotene verkappte Einzelfallzuweisung zu sein.[150] Ad-hoc Zuweisungen von einzelnen Fällen sind unzulässig, tauchen in der Rechtsprechung aber immer wieder auf.[151] Diese Gefahr der Einzelfallentscheidung erhöht sich aus einer Außenperspektive dann, wenn es um die Umverteilung bereits anhängiger Verfahren geht.[152] Bei der Umverteilung bereits anhängiger Verfahren kollidiert der gesetzliche Richter in besonderem Maße mit dem verfassungsrechtlichen Beschleunigungsgebot, das auch aus Art. 5 Abs. 3 S. 1, Art. 6 Abs. 1 S. 1 EMRK resultiert.[153] Dann ist der gerichtliche Überprüfungsmaßstab besonders streng. Eine Umverteilung anhängiger Verfahren ist nach den durch die Judikatur herausgearbeiteten Grundsätzen möglich, wenn es sich zugleich um eine Verteilung bereits anhängiger Verfahren, als auch um eine unbestimmte Zahl zukünftiger Verfahren handelt und sie nicht aus sachwidrigen Gründen erfolgt.[154] Es wird in besonderem Maße eruiert, ob

---

149 BGH, Beschluss vom 07.01.2014 – 5 StR 613/13, NStZ 2014, 287, 288 mit Anmerkung *Grube*, Anm. BGH, Beschluss vom 07.01.2014 - 5 StR 613/13, StraFo 2014, 121, 123 ff.; *Katholnigg*, Strafgerichtsverfassungsrecht, 3. Aufl., Rn. 9.

150 *Theile*, in: *Heinz/Rengier/Hilgendorf* (Hrsg.), Festschrift für Wolfgang Heinz, Flexible Fallzuweisung und gesetzlicher Richter (Art. 101 I 2 GG) – eine Problemskizze am Beispiel der Wirtschaftsstrafkammern, S. 898, 905.

151 BGH, Beschluss von 10.06.2014 – 3 StR 57/14, NStZ 2014, 668, 668 ff. ausdrücklich als unzulässige Einzelzuweisung beschrieben. Siehe auch hierzu *Wollschläger*, Anmerkung zu BGH, Beschluss vom 10.06.2014 – 3 StR 57/14, StV 2015, 100, 100 ff.

152 *Grube*, Anm. BGH, Beschluss vom 07.01.2014 – 5 StR 613/13, StraFo 2014, 121, 124. Vgl. etwa die tatsächliche Fallkonstellation in BGH, Beschluss vom 12.01.2016 – 3 StR 490/15, BeckRS 2016, 03747.

153 BGH, Beschluss vom 25.03.2015 – 5 StR 70/15, NStZ 2015, 658, 660; Kritisch daher *Gubitz/Bock*, Die Besetzungsrüge nach Geschäftsplanänderung, NStZ 2010, 190, 191 f. Dazu auch *Sowada*, Änderung des Geschäftsverteilungsplans (§ 21e Abs. 3 S. 1 GVG) und Beschleunigungsgrundsatz, HRRS 2015, 16, 22 ff.

154 BGH, Beschluss vom 25.03.2015 – 5 StR 70/15, NStZ 2015, 658, 659.

die Planänderung wirklich zur Erhaltung oder Wiederherstellung der Effizienz des Geschäftsablaufs bei Gericht geeignet und vor allem nötig ist[155] und es die einzige Möglichkeit ist, dem Beschleunigungsgebot Rechnung zu tragen.[156] Sind diese Grundsätze erfüllt, ist auch eine Umverteilung nur bereits anhängiger Verfahren denkbar.[157] Die Gründe, die für die Einschränkung des Anspruchs auf den gesetzlichen Richter sprechen, müssen in diesem Fall besonders umfassend dokumentiert werden,[158] um der Gefahr von ad-hoc Zuweisungen zu begegnen. Sie ist die einzige Transparenzkontrolle.[159]

Die Umverteilung anhängiger Verfahren ist in den letzten Jahren besonders zum Gegenstand der Rechtsprechung geworden.[160] So kann etwa auf den formelhaften Zusatz, neben der Umverteilung des konkreten maßgeblichen Verfahrens würden auch eine ungewisse Anzahl künftiger Verfahren auf die neu geschaffene Hilfsstrafkammer verteilt werden, verzichtet werden, wenn dadurch allein die Abstraktheit der Regelung betont werden soll.[161] Denn ansonsten würde die Forderung nach der Umverteilung auch zukünftiger Verfahren die Gerichte zu sinnlosen Entlastungsmaßnahmen zwingen.[162] Hier stellt sich jedoch die Frage, ob durch diese Aussage lediglich die Rechtswirklichkeit abgebildet wird oder es sich nicht vielmehr um die Öffnung eines weiteren Manipulationstores

155 BGH, Beschluss vom 07.01.2014 – 5 StR 613/13, StraFo 2014, 121, 123; *Gubitz/Bock*, Die Besetzungsrüge nach Geschäftsplanänderung, NStZ 2010, 190, 191.

156 *Grube*, Anm. BGH, Beschluss vom 07.01.2014 – 5 StR 613/13, StraFo 2014, 121, 124.

157 BVerfG, Beschluss vom 18.03.2009 – 2 BvR 229/09, NJW 2009, 1734, 1735; BVerwG, Beschluss vom 04.04.2018 – 3 B 45/16, NJW 2018, 10, 10 ff.; BVerfG, Beschluss vom 20.02.2018 – 2 BvR 2675/17, NJW 2018, 1155, 1155 f.

158 BGH, Beschluss vom 07.01.2014 – 5 StR 613/13, StraFo 2014, 121, 123. *Schmitz*, Rangierkunst oder Entgleisung – Die Besetzungsrüge nach Änderung des Geschäftsverteilungsplanes, StraFo 2016, 397, 401 m.w.N. mit Verweis auch auf das „Teldafax"-Verfahren vor dem LG Bonn, Beschluss vom 06.03.2014 – 27a KLs 1/13.

159 Vgl. zu allen Grundsätzen BGH, Beschluss vom 12.01.2016 – 3 StR 490/15, BeckRS 2016, 03747; BGH, Urteil vom 21.05.2015 – 4 StR 577/14, NStZ-RR 2015, 288, 288 ff.; juris, Rn. 34 ff.; BGH, Beschluss vom 12.05.2015- 3 StR 569/14, NJW 2015, 2597, 2597 ff.

160 BGH, Beschluss vom 12.01.2016 – 3 StR 490/15, BeckRS 2016, 03747; BGH, Beschluss vom 12.05.2015- 3 StR 569/14, NJW 2015, 2597, 2597 ff.

161 BGH, Beschluss vom 12.01.2016 – 3 StR 490/15, BeckRS 2016, 03747 so schon BVerfG, Beschluss vom 18.03.2009 – 2 BvR 229/09, NJW 2009, 1734, 1735.

162 BVerfG, Beschluss vom 18.03.2009 – 2 BvR 229/09, NJW 2009, 1734, 1735.

handelt.[163] Dieses kann sich nämlich öffnen, wenn nicht einmal mehr vorgeschobene Begründungen für die Rechtfertigung von Einzelfallzuweisungen nötig sind.[164] Daneben verlangen die Gerichte zunehmend ein Entlastungskonzept und sehen ad-hoc-Reaktionen auf Überlastungssituationen zunehmend kritisch.[165] Gerichte müssen mit jeder Entscheidung, die aus Gründen der Überlastung einzelner Kammern getroffen wird, ein Gesamtkonzept entwerfen und eine Einzelfallkorrektur ist nicht zulässig. Dies ist ein nicht zu unterschätzendes Bewältigungsproblem für Gerichte. Hilfsstrafkammern dürfen strukturelle Missstände, wie etwa eine unzureichende Planung der Geschäftsverteilung oder personelle Minderbesetzungen, auf Dauer nicht ausgleichen.[166] Das adäquate Mittel für solche personellen Schieflagen wäre die Schaffung neuer Richterstellen.[167] Dies liegt aber freilich nicht im Machtbereich der Gerichte.

Damit ist dargestellt, dass Manipulationen bei Konstellationen der unterjährigen Geschäftsverteilung primär durch die Gerichte selbst möglich sind.[168] Die Staatsanwaltschaft, als außerhalb des Gerichts stehende Behörde, kann auf Maßnahmen des Präsidiums dann wiederum nur nach den oben erwähnten

---

163 So schon angedeutet bei *Theile*, in: *Heinz/Rengier/Hilgendorf* (Hrsg.), Festschrift für Wolfgang Heinz, Flexible Fallzuweisung und gesetzlicher Richter (Art. 101 I 2 GG) – eine Problemskizze am Beispiel der Wirtschaftsstrafkammern, S. 905.

164 In diese Richtung bereits *Theile*, in: *Heinz/Rengier/Hilgendorf* (Hrsg.), Festschrift für Wolfgang Heinz, Flexible Fallzuweisung und gesetzlicher Richter (Art. 101 I 2 GG) – eine Problemskizze am Beispiel der Wirtschaftsstrafkammern, S. 905; dazu auch *Gubitz/Bock*, Die Besetzungsrüge nach Geschäftsplanänderung, NStZ 2010, 190, 192, der in diesem Kontext von „scheingenerellen Regelungen" spricht.

165 So etwa als unzulässiges Gesamtkonzept kritisiert in BGH, Beschluss vom 12.01.2016 – 3 StR 490/15, BeckRS 2016, 03747; BGH, Beschluss vom 12.05.2015 – 3 StR 569/14, NJW 2015, 2597, 2597 ff. Dazu auch *Schmitz*, Rangierkunst oder Entgleisung – Die Besetzungsrüge nach Änderung des Geschäftsverteilungsplanes, StraFo 2016, 397, 401 m.w.N. mit Verweis auch auf das „Teldafax"-Verfahren vor dem LG Bonn, Beschluss vom 06.03.2014 – 27a KLs 1/13. Dazu auch, wenngleich kurz, LG Bonn, Urteil vom 01.03.2017 – 29 KLs 1/14, abrufbar unter juris.

166 *Theile*, in: *Heinz/Rengier/Hilgendorf* (Hrsg.), Festschrift für Wolfgang Heinz, Flexible Fallzuweisung und gesetzlicher Richter (Art. 101 I 2 GG) – eine Problemskizze am Beispiel der Wirtschaftsstrafkammern, S. 905; *Siolek*, in: *Löwe/Rosenberg*, Die Strafprozeßordnung und das Gerichtsverfassungsgesetz, 26. Aufl., § 60 GVG, Rn. 9 f.

167 Zu dieser Problematik bereits *Hamm*, Hilfsstrafkammer als Dauereinrichtung, StV 1981, 38, 39.

168 Dazu schon *Eser*, in: *Eser* (Hrsg.), Festschrift für Hannskarl Salger Straf- und Strafverfahrensrecht, Recht und Verkehr, Recht und Medizin, Der „gesetzliche Richter" und seine Bestimmung für den Einzelfall, S. 266.

Grundsätzen durch Nutzung des Fallverteilungssystemes etwaige Fallsteuerungen bewirken.

C. § 21g GVG

Die Norm regelt die Geschäftsverteilung innerhalb des Spruchkörpers, mithin den sogenannten Mitwirkungsplan. Besonders relevant ist § 21g Abs. 2 GVG, worin die unterjährige Mitwirkungsplanänderung normiert ist. Die Vorschrift in dieser Fassung ist die gesetzgeberische Reaktion auf eine intensive Rechtsdebatte und eine bundesverfassungsgerichtliche Plenumsentscheidung in den 90er Jahren zur Besetzung in Kammern des Bundesfinanzhofs. Bei überbesetzten Kammern hatte der Vorsitzende bis dahin Wahlfreiheit, und die Wahl des letztlich zuständigen Richters wurde von ihm ad-hoc und intransparent getroffen.[169]

I. Anforderungen an den Mitwirkungsplan

Der Gesetzgeber ist mit dieser Norm seinem Auftrag nachgekommen, die gesetzliche Grundlage für die fundamentalen Zuständigkeitsregelungen zu schaffen.[170]

---

169 *Felix*, Der gesetzliche Beschluß-Richter des Bundesfinanzhofs, BB 1991, 2413, 2412 ff.; *Felix*, Materiell fehlerhafter Geschäftsverteilungsplan des Bundesfinanzhofs?, BB 1991, 2193, 2193 ff.; *Sangmeister*, Von der Verantwortung der Justiz für den gesetzlichen Richter, BB 1992, 323, 323 ff.; *Katholnigg*, Zur Geschäftsverteilung bei obersten Gerichtshöfen des Bundes und innerhalb ihrer Senate, NJW 1992, 2256, 2256 ff.; *Sangmeister*, Die spruchkörperinterne Geschäftsverteilung, BB 1993, 761, 761 ff.; *Wiebel*, Die senatsinterne Geschäftsverteilung beim Bundesgerichtshof (Zivilsenate), BB 1992, 573, 573 ff.; *Wiebel*, Die Bestimmung des Berichterstatters, BB 1995, 1197, 1197 ff. Darauf reagierte die Rechtsprechung mit einer Entscheidung der Vereinigten Großen Senate, Beschluss vom 05.05. 1994, VGS 1-4/1993; NJW 1994, 1735, 1735 ff. mit Anmerkung von *Sangmeister*, Grundsätzliches vom Bundesgerichtshof, NJW 1995, 289, 289 ff.; *Leisner*, „Gesetzlicher Richter" – vom Vorsitzenden bestimmt?, NJW 1995, 285, 285 ff. und Rechtsprechung des BVerfG, etwa BVerfG Vorlagebeschluss vom 10.08.1995 – 1 BvR 1644/94, NJW 1995, 2703, 2703 ff. Hervorzuheben ist dabei die Plenumsentscheidung BVerfG (Plenum), Beschluss vom 08.04.1997 – 1 PBvU 1/95, NJW 1997, 1497, 1497 ff. Diese Diskussion mündete in einen Gesetzgebungsvorschlag, siehe dazu *Wiebel*, Effizienz und Gerichtsverfassung: Der Versuch eines Ansatzes zur Pflege der Rechtspflege, ZRP 1998, 221, 221 ff.; *Berkemann*, Anmerkung zu BVerfG, Beschluss des Plenums vom 08.04.1997 – 1 PBvU 1/95, JR 1997, 281, 282; und der Schaffung des heutigen § 21g GVG.

170 BVerfG, Beschluss vom 18.05.1965 – BvR 40/60, BVerfGE 19, 52, 52; *Eser*, in: *Eser* (Hrsg.), Festschrift für Hannskarl Salger Straf- und Strafverfahrensrecht, Recht und

Mehr als dieses Gerüst hat der Gesetzgeber den Gerichten jedoch nicht an die Hand gegeben. Die Bestimmung des gesetzlichen Richters durch den Gesetzgeber endet faktisch mit Bevollmächtigung der Präsidien.[171] Vergleichbar mit den inhaltlichen Anforderungen an einen Geschäftsverteilungsplan wirken aber die bei der Planerstellung zu beachtenden Prinzipien auch in die letzte Regelungsstufe des gesetzlichen Richters hinein. Damit gelten für den Geschäftsverteilunsgplan und den Mitwirkungsplan die gleichen rechtlichen Anforderungen.[172] Dies ist vor allem das Jährlichkeitsprinzip.[173] Damit ist zum einen ausgesagt, dass der Plan im Voraus für ein Jahr zu bestimmen ist, aber gleichzeitig auch, dass er am Ende des Jahres seine Gültigkeit verliert.[174] Durch den Mitwirkungsplan wird der gesetzliche Richter im Einzelfall bestimmt, dies muss nach abstrakt-generellen Regelungen geschehen. Die spruchkörperinterne Geschäftsverteilung muss daneben gleichzeitig auch den praktischen Erwägungen des Gerichtsbetriebs Rechnung tragen und praxistauglich sein.[175] In der Praxis erstellt der Vorsitzende den Plan, der dann mit allen Mitgliedern der Kammer abgestimmt wird und nicht, wie früher, durch Beschluss des Vorsitzenden.[176]

II. Steuerungspotenzial

Es gibt verschiedene Konsequenzen des Regelungsgehalts dieser Norm, die zu einem nicht unerheblichen Manipulationspotenzial führen. Den Kammervorsitzenden sind keine konkreten Vorgaben gemacht hinsichtlich der Entwurfserstellung der Mitwirkungspläne. Damit besteht im Einzelfall ein erheblicher

---

Verkehr, Recht und Medizin, Der „gesetzliche Richter" und seine Bestimmung für den Einzelfall, S. 253.

171 *Eser*, in: *Eser* (Hrsg.), Festschrift für Hannskarl Salger Straf- und Strafverfahrensrecht, Recht und Verkehr, Recht und Medizin, Der „gesetzliche Richter" und seine Bestimmung für den Einzelfall, S. 253.

172 Dies ist eine Konsequenz der Plenumsentscheidung des BVerfG, Beschluss vom 08.04.1997 – 1 PBvU 1/95, NjW 1997, 1497, 1497 ff.; vgl. hierzu *Kissel/Mayer*, Gerichtsverfassungsgesetz, 9. Aufl., § 21g, Rn. 9 ff.

173 BGH, Urteil vom 17.09.1998 – I ZR 93–96, NJW 1999, 796, 796 f.; *Schmitt*, in: *Meyer-Goßner/Schmitt*, Strafprozessordnung, 61. Aufl., § 21g GVG, Rn. 4.

174 BGH, Urteil vom 17.09.1998 – I ZR 93–96, NJW 1999, 796, 796 f.

175 *Eser*, in: *Eser* (Hrsg.), Festschrift für Hannskarl Salger Straf- und Strafverfahrensrecht, Recht und Verkehr, Recht und Medizin, Der „gesetzliche Richter" und seine Bestimmung für den Einzelfall, S. 253 dazu auch aus empirischer Sicht *Rasehorn*, Der Geschäftsverteilungsplan als Organisationsinstrument, ZRP 1972, 181, 181 ff.

176 Dies ist erst seit Einführung der Norm Ende 1999 der Fall, vgl. BGBl. 1999,Teil I Nr. 59, S. 2599.

Spielraum bei der jeweiligen Ausgestaltung der Pläne. In der Diskussion um die Gewährleistung des gesetzlichen Richters auf der letzten Regelungsstufe der konkreten Richterbestimmung hat § 21g GVG viel Aufmerksamkeit bekommen.[177] Es kann im Rahmen dieser Untersuchung nicht auf alle diese Bereiche empirisch geblickt werden, daher muss an dieser Stelle – korrespondierend zur Empirie – auch eine Einschränkung des dargestellten normativen Gehalts erfolgen. Es soll im Folgenden insofern nur auf die Einflussmöglichkeit durch Berichterstatterbestimmung und durch die Bestimmung der Laienrichter durch Terminierung geblickt werden.

1. *Bestimmung des Berichterstatters*

Problematisch kann der Gewährleistungsbereich von Art. 101 Abs. 1 S. 2 GG sein, sofern es um die Tätigkeit des Berichterstatters geht. Aus verfassungsrechtlicher Perspektive ist dies der Fall bei überbesetzten Kammern, wenn die Zuteilung des Berichterstatters gleichzeitig darüber mitentscheidet, wer der gesetzliche Richter im Einzelfall ist. Virulent wurde dies bei dem früher praktizierten Terminierungsmodell: die Richter wurden abstrakt für das Jahr auf die Verhandlungstage in Sitzgruppen eingeteilt und die Terminierung des Verfahrens durch den Vorsitzenden legte fest, wer der zuständige Richter im Einzelfall wurde. Seit der Rechtsdiskussion der 90er Jahre und der abschließenden Plenumsentscheidung des BVerfG ist diese Problematik geklärt.[178] Es bedarf für den Fall, dass die Einteilung des Berichterstatters vorgreiflich für die Besetzung der Kammer ist, einer abstrakt-generellen Regelung im spruchkörperinternen Mitwirkungsplan. Steht demgegenüber fest, welcher Richter nach einem ordnungsgemäßen Mitwirkungsplan über den Fall mitentscheidet, ist der Vorsitzende nach überwiegender Ansicht in seiner Entscheidung, wer Berichterstatter wird, frei. Denkbar wäre es aber auch mit der Gegenansicht zu fordern, dass die Festlegung zu Beginn des Jahres im spruchkörperinternen Geschäftsverteilungsplan nach abstrakt-generellen Kriterien zu erfolgen habe.[179] Dieser Gedankengang

---

177 Siehe die vorherigen Nachweise und auch die Thematik des gesetzlichen Richters und § 76 Abs. 2 GVG dazu *Roth*, Gesetzlicher Richter und variable Spruchkörperbesetzung, NJW 2000, 3692, 3692 ff.

178 BVerfG (Plenum), Beschluss vom 08.04.1997 – 1 PBvU 1/95, BVerfGE 95, 322, 326 ff.; NJW 1997, 1497, 1498 ff.; *Kissel/Mayer*, Gerichtsverfassungsgesetz, 9. Aufl., § 21g GVG, Rn. 42. Dazu auch *Roth*, Gesetzlicher Richter und variable Spruchkörperbesetzung, NJW 2000, 3692, 3693. Zur Rechtsdiskussion siehe oben Fn. 166.

179 *Katholnigg*, Zur Geschäftsverteilung bei obersten Gerichtshöfen des Bundes und innerhalb ihrer Senate, NJW 1992, 2256, 2258 f.; *Katholnigg*, Anmerkung zu BGH,

speist sich aus dem mitunter größeren Gewicht des Berichterstatters auf die Entscheidungsfindung der Kammer.[180] Im Grunde endet jedoch der regulatorische Einfluss des Grundrechts des gesetzlichen Richters dann, wenn der Richter im Einzelfall durch einen ordnungsgemäßen Mitwirkungsplan bestimmt wird. Zu fordern, es bestehe auch ein Anspruch auf einen „gesetzlichen" Berichterstatter,[181] scheint insbesondere für das Strafrecht zu weit zu reichen, wenn man die Prinzipien der Unmittelbarkeit und Mündlichkeit bedenkt und den damit einhergehenden gleichmäßigen Kenntnisstand der Richterbank.[182]

Die Darstellung zu der verfassungsrechtlichen Seite der Berichterstatterbestimmung erfolgt zu einem bestimmten Zweck: die Diskussion ist auch relevant für die Bestimmung von Laienrichtern.

2. *Zuständigkeit der ehrenamtlichen Richter*

Als *„Zeitbombe ungeheuren Ausmaßes"* wurde schon 1997 von *Katholnigg* die Verknüpfung von konkretem Fall und Laienrichter durch die Terminierung des Vorsitzenden angesehen.[183] Seine Forderung an den Gesetzgeber, einer mutmaßlichen BVerfG-Entscheidung zuvor zu kommen, ist fruchtlos verhallt. Weder Judikatur noch Gesetzgeber haben sich diesem Problembereich bisher detailliert gewidmet. Die rechtliche Schieflage rührt daher, dass die einschlägigen Normen nicht regeln, wie die Zuweisung der ehrenamtlichen Richter zu einem Fall konkret zu erfolgen hat. Es ist allein in § 45 Abs. 1 und 2 GVG und § 77 GVG festgehalten, dass durch Auslosung bestimmt werden soll, in welcher Reihenfolge die ehrenamtlichen Richter auf die Sitzungstage des Jahres verteilt werden.

Beschluss vom 05.05.1994 – VGS 1–4/93, NStZ 1994, 446, 446f.; *Wiebel*, Die Bestimmung des Berichterstatters, BB 1995, 1197, 1197 ff.; *Sowada*, Der gesetzliche Richter im Strafverfahren, S. 448 ff.; *Roth*, Das Grundrecht auf den gesetzlichen Richter, S. 35 ff. m.w.N.; Zum Meinungsstand auch *Schmitt*, in: *Meyer-Goßner/Schmitt*, Strafprozessordnung, 61. Aufl., § 21g GVG, Rn. 2.

180 Vgl. dazu *Kissel/Mayer*, Gerichtsverfassungsgesetz, 9. Aufl., § 21g GVG, Rn. 41.

181 Vgl. dazu *Kissel/Mayer*, Gerichtsverfassungsgesetz, 9. Aufl., § 21g GVG, Rn. 41.

182 Dies auch zugestehend *Roth*, Das Grundrecht auf den gesetzlichen Richter, S. 37.

183 *Katholnigg*, Anmerkung zu BVerfG, Beschluss des Plenums vom 08.04.1997 – 1 PBvU 1/95, JR 1997, 284, 284 auch zitiert bei *Sangmeister*, Grundrechtsschutz durch Grundrechtsentziehung? – Besprechung der Plenarentscheidung des BVerfG vom 08.04.1997, NJW 1998, 721, 729 und *Roth*, Gesetzlicher Richter und variable Spruchkörperbesetzung, NJW 2000, 3692, 3693. Als zumindest klärungsbedürftig empfunden von *Berkemann*, Anmerkung zu BVerfG, Beschluss des Plenums vom 08.04.1997 – 1 PBvU 1/95, JR 1997, 281, 284.

Es gibt keine Vorgaben hinsichtlich der Frage, wie geregelt wird, welcher Fall an welchem Sitzungstag behandelt wird, damit also auch nicht, welche ehrenamtlichen Richter welchen Fall mit zu entscheiden haben.[184] Der Vorsitzende hat ein weites Terminierungsermessen.[185] Im Zeitpunkt der Anklageerhebung ist abstrakt-generell nicht vorherbestimmt, welche Schöffen tatsächlich diesen Fall mit entscheiden. Erst der Vorsitzende bestimmt mit seiner Terminierung des Verfahrens, welche ehrenamtlichen Richter Teil des Gerichts sind. Dabei muss er nur die relativ losen Grundsätze des § 213 StPO beachten. Zu diesem Zeitpunkt kann der Vorsitzende aber einsehen, welche ehrenamtlichen Richter an welchem Sitzungstag ihr Amt ausüben. Damit können Richter durch eine entsprechende Terminierung ungewünschte Schöffen umgehen.[186] Dies ist ein erhebliches, bislang fast völlig unbeachtetes Manipulationspotenzial.[187] Das Vorgehen erinnert an das Terminierungsverfahren bei Berufsrichtern, dem das BVerfG eine klare Absage erteilt hat.[188]

Es bleibt zu prüfen, ob diese differenzierte Behandlung der Konstellationen rechtlich verankert ist. Alle vorgebrachten Argumente stellen auf die Unterschiede zwischen Laien- und Berufsrichtern ab.[189] Zunächst wird angeführt, dass die Schöffen den Vorsitzenden in der Regel nicht persönlich bekannt seien.[190] Dadurch habe der Vorsitzende auch nicht die Möglichkeit, ihr entsprechendes Entscheidungsverhalten zu antizipieren und eine gezielte Besetzung der Richterbank durchzuführen. Es wird ferner darauf verwiesen, dass ehrenamtliche Richter eine untergeordnete Rolle im Geschäftsalltag der Gerichte einnehmen

---

184 *Roth*, Das Grundrecht auf den gesetzlichen Richter, S. 200.

185 BGH, Urteil vom 14.12.2016 – 2 StR 342/15, NStZ 2017, 491, 492.

186 So ausdrücklich als rechtlich zulässig vorgeschlagen bei *Arnoldi*, Praxiskommentar zu BGH, Urteil vom 14.12.2016 – 2 StR 342/15, NStZ 2017, 492, 494.

187 *Roth*, Das Grundrecht auf den gesetzlichen Richter, S. 205. Als geringere Missbrauchsgefahr als diejenige bei der Bestimmung der Berufsrichter angesehen von *Berkemann*, Anmerkung zu BVerfG, Beschluss des Plenums vom 08.04.1997 – 1 PBvU 1/95, JR 1997, 281, 284.

188 BVerfG (Plenum), Beschluss vom 08.04.1997 – 1 PBvU 1/95, BVerfGE 95, 322, 326 ff.; NJW 1997, 1497, 1498 ff.

189 *Katholnigg*, Anmerkung zu BVerfG, Beschluss des Plenums vom 08.04.1997 – 1 PBvU 1/95, JR 1997, 284, 285.

190 *Roth*, Das Grundrecht auf den gesetzlichen Richter, S. 203; *Berkemann*, Anmerkung zu BVerfG, Beschluss des Plenums vom 08.04.1997 – 1 PBvU 1/95, JR 1997, 281, 284; *Sangmeister*, Schlußwort, JZ 1993, 943, 943; kritischer d*Sangmeister*, Grundrechtsschutz durch Grundrechtsentziehung? – Besprechung der Plenarentscheidung des BVerfG vom 08.04.1997, NJW 1998, 721, 729.

und an weitaus weniger Sitzungstagen als Berufsrichter teilnehmen würden.[191] Zudem müsse bei den ehrenamtlichen Richtern berücksichtigt werden, dass sich die ehrenamtliche Tätigkeit im Rahmen des Zumutbaren halten solle.[192] Die Schöffen würden für ihre Tätigkeit allenfalls eine geringe Aufwandsentschädigung bekommen, auf der anderen Seite dürften sie aber nur in den gesetzlich vorgesehenen Ausnahmefällen die Bestimmung als Laienrichter im konkreten Fall ablehnen.[193]

Was zunächst die Frage angeht, ob der Vorsitzende Richter Kenntnisse über die einzelnen Schöffen habe, sei vorweggenommen, dass diese empirische Untersuchung Erhellendes dazu beisteuern vermag,[194] auch im kritischen Sinne.[195] Stellt man daneben auch auf die untergeordnete verfahrensrechtliche Stellung ab, so muss man sich vor Augen führen, dass Laienrichter dasselbe Stimmengewicht wie Berufsrichter besitzen, vgl. §§ 30, 196 GVG.[196] In der Praxis kann zudem die verfahrensrechtlich untergeordnete Stellung, gerade bei wirtschaftsstrafrechtlichen Großverfahren, in den Hintergrund treten, wenn man bedenkt, dass Schöffen auch über Jahre hinweg einem einzigen Verfahren beiwohnen können.[197] Darüber hinaus kann die verfahrensrechtliche Stellung nicht als Rechtfertigung für Eingriffe in das vorbehaltlos gewährleistete Recht auf den gesetzlichen Richter herangezogen werden; dies wäre nur zum Schutz anderer Verfassungsgüter möglich. Was die Zumutbarkeit angeht, sind selbstverständlich die grundrechtlichen Positionen der Schöffen aus Art. 12 GG, der Berufsfreiheit, und Art. 2 GG,

---

191 *Roth*, Das Grundrecht auf den gesetzlichen Richter, S. 203 f.

192 *Berkemann*, Anmerkung zu BVerfG, Beschluss des Plenums vom 08.04.1997 – 1 PBvU 1/95, JR 1997, 281, 284, dazu auch *Katholnigg*, Anmerkung zu BGH, Beschluss vom 30.04.1997 – StB 4/97, JR 1998, 34, 36.

193 So etwa nach §§ 33 GVG ff., siehe dazu *Roth*, Das Grundrecht auf den gesetzlichen Richter, S. 203 ff.

194 Dazu mehr im 3. Kapitel unter C. I. 4.

195 So auch *Katholnigg*, Anmerkung zu BVerfG, Beschluss des Plenums vom 08.04.1997 – 1 PBvU 1/95, JR 1997, 284, 285 der davon spricht, dass die Richter ihre „Pappenheimer“ schon kennen würden; dazu auch und sich auf praxiserfahrene Autoren beziehend *Roth*, Das Grundrecht auf den gesetzlichen Richter, S. 205.

196 Darauf auch abstellend *Foth*, Grundsätze der Mitwirkung innerhalb des Spruchkörpers, § 21g Abs. 2 GVG, JZ 1993, 942, 942, der meint, eine Andersbehandlung verbiete sich aus der Überlegung heraus, es handele sich „nur“ um ehrenamtliche Richter.

197 Ein interviewter Staatsanwalt schilderte von einer Wirtschaftsstrafkammer, die schon seit vier Jahren nur ein einziges Verfahren verhandelt, 3–2, 754 ff.; § 45 Abs. 2 S. 3 GVG sieht zwar nur die Beteiligung an 12 Sitzungstagen pro Jahr vor, verbietet aber Großverfahren nicht.

der allgemeinen Handlungsfreiheit, mit den Bedürfnissen der Strafrechtspflege in Einklang zu bringen. Daneben ist aber nicht ersichtlich, dass eine schriftliche Vorherbestimmung der Frage, nach welchen Kriterien die eingehenden Fälle auf die Sitzungstage verteilt werden, die Position der Schöffen beeinträchtigt. Die Zumutbarkeit wird dadurch gewährleistet, dass die Sitzungstage im Voraus bestimmt werden und die Schöffen sich insoweit auf ihre Verhandlung einstellen können. Die Frage, nach welchen Kriterien die Sitzungstage bestimmt werden, beeinträchtigt daher den Schöffen im Ergebnis nicht schwerwiegender als eine schriftliche Vorherbestimmung der Zuordnung von Fall und Schöffe. Der einzige Unterschied besteht darin, dass die Entscheidungsfreiräume der Vorsitzenden beschränkt werden.

Es erschließt sich nicht, warum eine ad-hoc-Terminierung bei überbesetzten Kammern und die Zuordnung eines Verfahrens zu einem Berufsrichter durch den Vorsitzenden verfassungswidrig ist, demgegenüber aber diese Terminierungspraxis bei Laienrichtern verfassungsgemäß sein soll.[198] Die Tragweite in rechtlicher Hinsicht ist jedenfalls als gleichgewichtig anzusehen, mit ähnlichen Konsequenzen für den Angeklagten.[199]

D. Entstehungsgeschichte und Reformbestrebungen von §§ 222a und § 222b StPO

§ 222a und § 222b StPO regeln die Mitteilung der Gerichtsbesetzung und den Besetzungseinwand. Die Normen mögen auf den ersten Blick unscheinbar erscheinen, sie beinhalten aber auf den zweiten Blick einiges an Konfliktpotential. Dies verdeutlicht die Entstehungsgeschichte (unter I.) und die aktuelle Reformdiskussion (unter II.), auf die zunächst, vor der detaillierten Darstellung von § 222a und § 222b StPO, geblickt wird.

I. Entstehungsgeschichte

Um das Strafverfahren zu komprimieren und zu beschleunigen, wurden § 222a und § 222b StPO in ihrer heutigen Fassung durch Art. 1 Nr. 17 StVÄndG im Jahre 1979 eingeführt. Seitdem besteht die Pflicht, die Besetzung des Gerichts schon im Verfahren mittels eines Besetzungseinwandes zu rügen und nicht erst mit der späteren Revision. Zum anderen wurde die Präklusionswirkung der

198 *Roth*, Das Grundrecht auf den gesetzlichen Richter, S. 206; *Leisner*, „Gesetzlicher Richter“ – vom Vorsitzenden bestimmt?, NJW 1995, 285, 287.

199 Dazu unten mehr im 3. Kapitel C. I. 4.

unterbliebenen Besetzungseinwendung eingeführt, bei deren Nichteinhaltung auch die Revisionsmöglichkeit entsprechend eingeschränkt wurde.[200] Die Vorschriften wurden durch den Gesetzgeber eingeführt, um die Zahl der Urteilsaufhebungen und damit Zurückverweisungen aufgrund einer falschen Besetzung des Gerichts zu verringern und damit die Arbeitsbelastung der Gerichte zu verbessern und die vorhandenen Arbeitsressourcen zu schonen.[201] Dabei war der Gesetzgeber bereit, dogmatisches Neuland zu betreten.[202] Dies wurde auch als *„der Einbruch von Effektivitätsdenken"* in den Strafprozess bewertet.[203] Gerade die neue Präklusionsregelung wurde in verfassungsrechtlicher Hinsicht kritisiert.[204] Als verfassungsgemäß wird die Regelung aber angesehen, weil nur die zeitliche Geltendmachung begrenzt wird und nicht ihr Umfang oder ihr Inhalt.[205]

Der Gesetzgeber bürdete den Prozessbeteiligten die Verantwortung auf, vor Beginn der Hauptverhandlung die Verfassungsmäßigkeit der Gerichtsbesetzung zu überprüfen.[206] Zudem schnürte er diese Überprüfungspflicht in ein enges zeitliches Korsett, indem er an die Nichterhebung des Besetzungseinwandes eine mögliche Präklusion des revisionsrechtlichen Rügerechts knüpfte. Dass sich durch einen Besetzungseinwand öffnende Zwischenverfahren hat aber

---

200 *Ranft*, Die Präklusion der Besetzungsrüge gemäß der Strafprozessnovelle 1979 und das Recht auf den gesetzlichen Richter, NJW 1981, 1473, 1473.

201 Dazu 1977 BT-Drucks. 8/976, S. 24 ff.; *Rieß*, Die Besetzungsrügepräklusion (§§ 222a, 222b StPO) auf dem Prüfstand der Rechtsprechung, JR 1981, 89, 89. Ausführlich zum Meinungsstand bei Einführung der Norm *Brauns*, Die Besetzungsrüge und ihre Präklusion im Strafprozeß. Dazu auch BGH, Urteil vom 09.04.2009 – 3 StR 376/08, NStZ 2009, 651, 653.

202 Vgl. *Rieß*, Die Besetzungsrügepräklusion (§§ 222a, 222b StPO) auf dem Prüfstand der Rechtsprechung, JR 1981, 89, 89.

203 *Schroeder*, Kritische Bemerkungen zum Strafverfahrensänderungsgesetz 1979, NJW 1979, 1527, 1527.

204 *Hamm*, Die Besetzungsrüge nach dem Strafverfahrensänderungsgesetz 1979, NJW 1979, 135, 137 f.; *Ranft*, Die Präklusion der Besetzungsrüge gemäß der Strafprozessnovelle 1979 und das Recht auf den gesetzlichen Richter, NJW 1981, 1473, 1477 f. Dazu auch *Deiters/Albrecht*, in: *Albrecht/Paeffgen/Rudolphi/Wolter*, SK-StPO, 5. Aufl., § 222a, Rn. 2 f.

205 BVerfG, Beschluss vom 14.03.1984 – 2 BvR 249/84, NStZ 1984, 370, 371; BVerfG, Beschluss vom 19.03.2003 – 2 BvR 1540/01, NJW 2003, 3545, 3545; BGH, Beschluss vom 25.04.1995 – 4 StR 173/95, NStZ 1996, 48, 49.

206 *Ranft*, Die Präklusion der Besetzungsrüge gemäß der Strafprozessnovelle 1979 und das Recht auf den gesetzlichen Richter, NJW 1981, 1473, 1474; *Riedel*, Zur geplanten Einführung der vorgezogenen Besetzungsrüge im Strafverfahren, JZ 1978, 374, 375; vgl. auch *Rudolphi*, Das Strafverfahrensänderungsgesetz 1979, JuS 1979, 864, 867.

gleichwohl den Vorteil, dass sich der Angeklagte nur seinem gesetzlichen Richter gegenüber verantworten muss.[207]

Abgesehen davon hat sich der Strafprozess, was das Rollenverständnis der Akteure vor Gericht angeht, durch die Einführung von §§ 222a, 222b StPO entschieden verändert. Diese Veränderung ist von der kritischen Kommentarliteratur bei Einführung der Norm, soweit ersichtlich, nicht überblickt worden.[208] Der Anwalt wird gezwungen, ohne Rücksicht auf seine Verteidigungstaktik und seinen persönlichen Verteidigungsstil, zu Beginn der Hauptverhandlung vor aller Öffentlichkeit einen Besetzungseinwand zu erheben, sofern er von der vorschriftswidrigen Besetzung des Gerichts ausgeht. Damit ist ihm durch die StPO eine konfliktgeladene Handlung aufgebürdet worden, die vielleicht zu Verteidigungstaktik und -ziel wenig passgenau ist.[209] Was diese Handlung für die Rolle des Verteidigers, für das Prozessklima und den Fortgang der Hauptverhandlung bedeuten kann, wird im empirischen Teil der Arbeit näher beleuchtet werden.[210]

Bei Einführung der Normen wurde der enorme zusätzliche Verwaltungsaufwand für die Gerichte und ihre Geschäftsstellen kritisiert.[211] Die Gerichte haben seitdem die Pflicht, die Besetzung des Gerichts den Prozessbeteiligten mitzuteilen. Sie sind verpflichtet, die Verfassungsmäßigkeit bzw. die Rechtmäßigkeit der

---

207 Dieses ist ein relativ neues Argument, das zunehmend vorgebracht wird, vgl. BGH, Beschluss vom 12.01.2016 – 3 StR 490/15, BeckRS 2016, 03747 mit Verweis auch auf BGH, Urteil vom 09.04.2009 – 3 StR 376/08, BGHSt 53, 268, 269; NStZ 2010, 190, 190 ff.

208 In dieser Hinsicht nur *Riedel*, Zur geplanten Einführung der vorgezogenen Besetzungsrüge im Strafverfahren, JZ 1978, 374, 376, der von „Störanfälligkeit" gleich zu Beginn der Hauptverhandlung spricht. Und *Hamm*, Die Besetzungsrüge nach dem Strafverfahrensänderungsgesetz 1979, NJW 1979, 135, 138, der auf das Dilemma des Verteidigers hinweist, der noch nicht absehen kann, wie sich der Prozess entwickelt, aber gleichwohl gezwungen ist, eine etwaige Falschbesetzung zu rügen; *Schroeder*, Kritische Bemerkungen zum Strafverfahrensänderungsgesetz 1979, NJW 1979, 1527, 1530, der davon spricht, dass das neue Gesetz die Verteidigungsrechte abbauen soll.

209 Dazu *Hamm*, Hilfsstrafkammer als Dauereinrichtung, StV 1981, 38, 39; ebenso *Deiters/Albrecht*, in: *Albrecht/Paeffgen/Rudolphi/Wolter*, SK-StPO, 5. Aufl., § 222a, Rn. 2, der davon spricht, dass sich „das Prozessklima trüben" könne. Dazu auch *Burhoff*, Handbuch für die strafrechtliche Hauptverhandlung, 9. Aufl., S. 368; *Sommer*, Maßnahmen des Strafverteidigers in der Hauptverhandlung, ZAP F 22, 101, 105 f.

210 Im 3. Kapitel unter C. III.

211 *Ranft*, Die Präklusion der Besetzungsrüge gemäß der Strafprozessnovelle 1979 und das Recht auf den gesetzlichen Richter, NJW 1981, 1473, 1474 f. Vgl. auch *Rudolphi*, Das Strafverfahrensänderungsgesetz 1979, JuS 1979, 864, 867.

Besetzung selbst zu prüfen. Zudem müssen die hierfür nötigen Informationen schriftlich vorgehalten werden. Dies bürdet gerade den Vorsitzenden Richtern nunmehr die Last auf, (auch) die Bestellung bzw. Abbestellung der Laienrichter zu verwalten und zu prüfen. Dabei ist der Unterschied darin zu sehen, dass nach Einführung der Normen die Gründe für die Heranziehung von Schöffen nicht nur für den internen Gebrauch dokumentiert werden müssen, sondern für Dritte schlüssig dargestellt werden sollen.[212] Zudem ist von einer gesteigerten Kenntnis über die zu bestellenden Laienrichter auszugehen. Was dies für den Strafprozess in der Praxis bedeutet und welches Manipulationspotential sich dadurch auftut, soll im zweiten Teil der Untersuchung anhand des empirischen Datenmaterials untersucht werden.[213] Die Auswertung der Literatur deutet darauf hin, dass diese Tragweite bei Einführung der Norm nicht gesehen wurde.

II. Reformbestrebungen

Ob es geglückt ist, das Strafverfahren effektiver zu gestalten, mag zweifelhaft sein, wenn man sich die aktuelle rechtspolitische Diskussion verdeutlicht. Das BMJV versuchte in der 18. Legislaturperiode bis 2017 das Strafverfahren zu reformieren, indem es eine Expertenkommission zur effektiveren und praxistauglichen Ausgestaltung des allgemeinen Strafverfahrens und des jugendgerichtlichen Verfahrens einsetzte.[214] Auch die Präsidenten der Oberlandesgerichte in Deutschland mahnen seit Jahren auf ihrer jährlich stattfindenden OLG-Präsidentenkonferenz an, das Strafverfahren effektiver zu gestalten. In ihren Gesetzgebungsvorschlägen von September 2015 ist zu lesen, dass sie es für sinnvoll hielten, wenn eine vorgebrachte Besetzungsrüge vor dem Verfahren „verbindlich und endgültig" entschieden würde.[215] Dies würde bewirken, mehrmonatige

---

212 *Ranft*, Die Präklusion der Besetzungsrüge gemäß der Strafprozessnovelle 1979 und das Recht auf den gesetzlichen Richter, NJW 1981, 1473, 1475; *Kohlhaas*, Reformbedürftigkeit des § 338 Ziff. 1 StPO, NJW 1958, 1428, 1429.

213 Im 3. Kapitel unter C. I. 4.

214 Siehe den Bericht der Expertenkommission zur effektiveren und praxistauglichen Ausgestaltung des allgemeinen Strafverfahrens und des jugendgerichtlichen Verfahrens, abrufbar mit Gutachten und Protokollen unter https://www.bmjv.de/SharedDocs/Downloads/DE/PDF/Abschlussbericht_Reform_StPO_Kommission.pdf?__blob=publicationFile&v=2; zuletzt abgerufen am 15.02.2019. Siehe das darauf aufbauende Gesetz Gesetz vom 17.08.2017 BGBl. Teil I 2017, Nr. 58, S. 3202. In diesem wurden aber die Empfehlungen der Expertenkommission nur teilweise eingearbeitet, Änderungen im Gewähleistungsbereich des gesetzlichen Richters gab es nicht.

215 Diese Forderung ist nicht neu. Schon der Bundesrat hat einen solchen Vorschlag 1977 vor Einführung der heutigen §§ 222a und 222b StPO im Gesetzgebungsprozess

Hauptverhandlungen nicht in der Schwebe um ihre Aufhebung zu lassen. Zur Frage, welches Gericht auf welcher Entscheidungsgrundlage über eine solche Besetzungsrüge vorab und verbindlich zu entscheiden hat, macht der Vorschlag keine konkreten Angaben. Konkreter sind die OLG-Präsidenten jedoch hinsichtlich § 222a StPO geworden. So sehen Sie die in Absatz 2 der Vorschrift bestehende Frist zur Besetzungsmitteilung als in der Praxis schwer zu erfüllen an. Da in der Praxis eine Aussetzung der Hauptverhandlung wegen vorschriftswidriger Besetzung äußerst selten sei, erscheint die Vorschrift ihrer Ansicht nach entbehrlich zu sein. Als Folge dessen müsste entsprechend § 222b StPO abgeändert werden.[216]

Auch der neu gegründete, als Reaktion auf die Gesetzgebungsbestrebungen des BMJV entstandene Strafkammertag hat im Februar 2016 und September 2017 erneut den Fokus auf Verfahren unter dem Damoklesschwert einer erfolgreichen Besetzungsrüge gelenkt. In den Thesen und Forderungen der Praktikerinnen und Praktiker ist zu lesen, dass sie eine *„bindende Vorabentscheidung über Besetzungsrügen“* aufgrund einer verfassungswidrigen Gerichtsbesetzung fordern, wobei auch hier das hierüber entscheidende Gericht unklar ist.[217]

---

vorgeschlagen, s. BT-Drucks. 8/354 S. 5, 11 f. *Kießling*, Verzögerung statt Beschleunigung?, DRiZ 1977, 326, 327.

216 Siehe etwa die Pressemitteilung der OLG Präsidenten vom 13.10.2015 und deren Thesen abrufbar unter http://www.oberlandesgericht-celle.niedersachsen.de/aktuelles/presseinformationen/olg-praesidenten-machen-vorschlaege-fuer-strafprozess-137651.html; zuletzt abgerufen am 15.02.2019. Die ausfomulierten Gesetzgebungsvorschläge sind auch abrufbar unter https://www.justiz.bayern.de/imperia/md/content/stmj_internet/gerichte/oberlandesgerichte/muenchen/hinwehi_zur_pm_13.10.2015_.pdf; zuletzt abgerufen am 15.02.2019.

217 Siehe etwa zum Strafkammertag 2016 die Pressemitteilung vom OLG Stuttgart und die erarbeiteten Thesen, abrufbar unter http://www.olg-stuttgart.de/pb/,Lde/Startseite/Medien/Reform+des+Strafprozesses+_+Praktiker+melden+sich+beim+bundesweiten+_Strafkammertag_+am+16_+Februar+2016+zu+Wort/?LISTPAGE=1178276; zuletzt abgerufen am 15.02.2019. Zum Strafkammertag 2017 siehe die gemeinsame Pressemitteilung unter http://www.olg-stuttgart.de/pb/,Lde/Startseite/Medien/Bundesweiter+Strafkammertag+in+Wuerzburg+-+Richter+erarbeiten+Forderungen+an+Politik+und+Gesetzgebung/?LISTPAGE=1178164; zuletzt abgerufen am 15.02.2019 und *Sandherr*, Zwölf Forderungen für einen effektiveren Strafprozess, DRiZ 2017, 338, 338 ff.

E. § 222a StPO

§ 222a Abs. 1 S. 1 StPO beinhaltet die Pflicht, spätestens zu Beginn der Hauptverhandlung die Besetzung des Gerichts unter Hervorhebung des Vorsitzenden und hinzugezogener Ergänzungsrichter und Ergänzungsschöffen mitzuteilen, sofern das Landgericht oder das Oberlandesgericht in erster Instanz zuständig ist. Auf Anordnung des Vorsitzenden kann die Besetzungsmitteilung auch vor der Hauptverhandlung erfolgen, vgl. § 222a Abs. 1 S. 2 StPO. Der Vorsitzende hat insoweit ein Ermessen. Nach Absatz 2 der Vorschrift kann der Angeklagte, sein Verteidiger oder die Staatsanwaltschaft einen Antrag auf Unterbrechung der Hauptverhandlung stellen, wenn die Besetzungsmitteilung weniger als eine Woche vor Beginn der Hauptverhandlung zugegangen ist. Absatz 3 der Vorschrift regelt das korrelierende Recht auf Akteneinsicht. Es bestand bei Einführung der Norm der Wunsch, diese nur für Großverfahren einzuführen, dies konnte sich aber nicht durchsetzen.[218]

I. Anforderungen an Besetzungsmitteilung

Die Mitteilung über die gerichtliche Besetzung muss nach § 222a Abs. 1 S. 1 StPO spätestens zu Beginn der Hauptverhandlung erfolgen. Nach Satz 2 der Norm liegt es im Ermessen des Vorsitzenden, die Besetzung schon vor diesem Zeitpunkt mitzuteilen. Es ist fraglich, welche Konstellation hier Ausnahme- und Regelfall ist. Aufgrund der Tatsache, dass es sich bei einer gebundenen Entscheidung um eine klare gesetzgeberische Aufgabe handelt, könnte Satz 1 der Norm Satz 2 der Norm vorgehen. Der Wille des Gesetzgebers im Zeitpunkt ihrer Implementation ist nicht eindeutig, die Gesetzgebungsmaterialien sparen die Frage, was hier Regelfall und Ausnahme ist, aus.[219] Dem Gesetzentwurf des Bundesrats seinerzeit ist jedoch zu entnehmen, dass grundsätzlich die Mitteilung über die Besetzung vor der Hauptverhandlung erfolgen sollte.[220] Systematisch wäre es näherliegend, wenn die Regel vor der Ausnahme normiert ist.[221] Nach

218 *Deiters/Albrecht*, in: *Albrecht/Paeffgen/Rudolphi/Wolter*, SK-StPO, 5. Aufl., § 222a, Rn. 4. *Riedel*, Zur geplanten Einführung der vorgezogenen Besetzungsrüge im Strafverfahren, JZ 1978, 374, 376.

219 BT-Drucks. 8/976, (Gesetzentwurf der Bundesregierung) S. 6 „Die Besetzung soll (…) tunlichst mit der Ladung mitgeteilt werden.“

220 BT-Drucks. 8/354, (Gesetzentwurf des Bundesrates) S. 4, 7 ff. befasst sich damit ebenso nicht im Detail, sieht aber vor, dass die Gerichte die Besetzung grundsätzlich zwei Wochen vor der Hauptverhandlung mitteilen sollten.

221 So wie etwa in §§ 226, 229, 231 StPO.

teleologischer Auslegung der Norm kommt man zu dem Ergebnis, dass die möglichst frühzeitige Besetzungsmitteilung der Regelfall sein sollte.[222] Zur Vermeidung einer Verzögerung der Hauptverhandlung durch Unterbrechung müsste es im Sinne der Allgemeinheit sein, dass eine möglichst frühzeitige Besetzungsmitteilung und damit einhergehend die Möglichkeit zur Überprüfung derselben der Regelfall ist. So wird dies auch teilweise in der Literatur gesehen.[223] Zweckmäßigerweise sollte die Besetzungsmitteilung dann mit der Ladung zur Hauptverhandlung (§ 214 S. 1 StPO) erfolgen. Dieses Vorgehen ist in der Praxis auch üblich.[224]

Die Entscheidungen des Gerichts nach § 222a StPO sind nicht anfechtbar.[225] Die Beschwerde ist nach § 305 S. 1 StPO ausgeschlossen.[226] Wird die Besetzung zu spät mitgeteilt, so kann dies nicht durch die Wiederholung der Hauptverhandlung geheilt werden.[227] Die Rügepräklusion besteht dann nicht. Deshalb steht die Möglichkeit zur Revision nach § 338 Nr. 1 StPO den Betroffenen dann offen.[228]

II. Steuerungspotenzial

In der Natur von Ermessensentscheidungen liegt es, dass der durch sie eröffnete Entscheidungsspielraum genutzt wird. So hat hier der Vorsitzende nach pflichtgemäßem Ermessen anzuordnen, wann die Geschäftsstelle des Gerichts die Besetzung den sonstigen Verfahrensbeteiligten mitteilt.[229] Damit besteht

---

222 Vgl. so *Riedel*, Zur geplanten Einführung der vorgezogenen Besetzungsrüge im Strafverfahren, JZ 1978, 374, 378; *Gmel*, in: *Hannich*, Karlsruher Kommentar zur Strafprozessordnung, 7. Aufl., § 222a StPO, Rn. 7, der von „zweckmäßig“ früher Mitteilung spricht.

223 Wie hier nur *Deiters/Albrecht*, in: *Albrecht/Paeffgen/Rudolphi/Wolter*, SK-StPO, 5. Aufl., § 222a, Rn. 9.

224 *Grube*, in: *Satzger/Widmaier/Schluckebier*, Strafprozessordnung, 3. Aufl., § 222a Rn. 10. Verweis auf Ergebnis der rechtstatsächlichen Untersuchung im 3. Kapitel unter C. I.

225 *Schmitt*, in: *Meyer-Goßner/Schmitt*, Strafprozessordnung, 61. Aufl., § 222a, Rn. 25; *Pfeiffer*, Strafprozessordnung, 5. Aufl., Rn. 6.

226 *Schmitt*, in: *Meyer-Goßner/Schmitt*, Strafprozessordnung, 61. Aufl., § 222a, Rn. 25

227 *Schmitt*, in: *Meyer-Goßner/Schmitt*, Strafprozessordnung, 61. Aufl., § 222a, Rn. 6; *Pfeiffer*, Strafprozessordnung, 5. Aufl., Rn. 2; *Britz*, in: *Radtke/Hohmann*, Strafprozessordnung, 2011, § 222a Rn. 7; *Grube*, in: *Satzger/Widmaier/Schluckebier*, Strafprozessordnung, 3. Aufl., § 222a Rn. 17 m.w.N.

228 *Britz*, in: *Radtke/Hohmann*, Strafprozessordnung, 2011, § 222a Rn. 7.

229 *Deiters/Albrecht*, in: *Albrecht/Paeffgen/Rudolphi/Wolter*, SK-StPO, 5. Aufl., § 222a, Rn. 9. *Satzger/Widmaier/Schluckebier*, Strafprozessordnung, 3. Aufl.,§ 222a Rn. 9.

grundsätzlich auch ein Einfallstor für taktische Entscheidungen. Das Gesetz setzt zumindest eine Frist zur Überprüfung der Besetzung von mindestens einer Woche voraus. Dies kann für Verteidiger aber eine sehr kurze Überprüfungszeit sein. Würde ein Vorsitzender die Besetzung bewusst punktgenau eine Woche vor Beginn der Hauptverhandlung mitteilen, so könnte er die Verteidigung in Zeitnot bringen und dadurch benachteiligen.[230]

F. § 222b StPO

Die Norm regelt die Frage, wie ein Besetzungseinwand vorzubringen ist und wie über ihn entschieden wird. Wichtigster Aspekt der Vorschrift ist die Rügepräklusion in § 222b Abs. 1 S. 1 StPO.

I. Anforderungen für die Praxis

1. Präklusion der Revision

Gemäß dem Grundsatz des fair trial soll die Präklusionswirkung nur soweit eingreifen, wie den Verfahrensbeteiligten die Möglichkeit zur Überprüfung der Gerichtsbesetzung gewährt wurde.[231] Voraussetzung für den Eintritt der Präklusion ist, dass die Besetzung des Gerichts den Verfahrensbeteiligten ordnungsgemäß mitgeteilt wurde, genügend Zeit zur Überprüfung bestand und die Verfahrensbeteiligten nicht den Einwand der vorschriftswidrigen Besetzung rechtzeitig erhoben haben. Liegt der Grund für die Nichterhebung der Rüge im Verantwortungsbereich des Gerichts, so ist die Besetzungsrüge im Revisionsverfahren nicht präkludiert. Der Einwand der fehlerhaften Besetzung stellt eine Obliegenheit für die Verfahrensbeteiligten dar.[232] Sie ist keine Pflicht der Beteiligten. Das Gesetz knüpft lediglich negative Folgen an ihre Nichterhebung. Sofern gerichtlicherseits gezielt der Anspruch auf den gesetzlichen Richter umgangen wird, soll gleichwohl bei Einhaltung der §§ 222a, 222b StPO trotz fehlender Rüge die Möglichkeit der Revision gegeben sein.[233] Ein entsprechender Nachweis dürfte aber schwer zu führen sein.

---

230 Die empirischen Befunde der Arbeit spiegeln eine solches taktisches Verhalten in der Praxis aber nicht wieder, dazu näher im 3. Kapitel unter C. III 1) a).

231 BT-Drucks. 8/976, S. 26.

232 *Grube*, in: *Satzger/Widmaier/Schluckebier*, Strafprozessordnung, 3. Aufl., § 222a, Rn. 2; *Jäger*, in: *Löwe/Rosenberg*, Die Strafprozeßordnung und das Gerichtsverfassungsgesetz, 26. Aufl., § 222b, Rn. 18. Dem Gedanken nach angesprochen in BVerfG, Beschluss vom 14.03.1984 – 2 BvR 249/84, NStZ 1984, 370, 371.

233 *Grube*, in: *Satzger/Widmaier/Schluckebier*, Strafprozessordnung, 3. Aufl., § 222a, Rn. 3.

2. *Anforderungen an Art und Weise des Besetzungseinwandes*

Bis zur Vernehmung des ersten Angeklagten zur Sache nach § 243 Abs. 5 S. 1 StPO ist der Besetzungseinwand geltend zu machen. Inhaltlich muss der Einwand wie eine Besetzungsrüge im Revisionsverfahren nach § 344 Abs. 2 StPO begründet werden.[234] Es muss vorgebracht werden, welche rechtlichen Aspekte gerügt werden und welche Tatsachen dem zu Grunde liegen, § 222b Abs. 1 S. 2 StPO. Es müssen sämtliche relevanten Dokumente über die Gerichtsbesetzung Teil des Antrags sein.[235] Der Antrag muss in sich schlüssig sein und dem Gericht ermöglichen, allein auf Grund der vorgebrachten Dokumente entscheiden zu können.[236] Fehlt ein wichtiges Dokument, so ist der Antrag nicht zulässigerweise erhoben.[237] In den Besetzungseinwendungen müssen alle für die Prüfung der Besetzung relevanten Dokumente im Einzelnen bezeichnet sein und deren Inhalt entweder wörtlich oder ihrem wesentlichen Inhalt nach wiedergegeben werden.[238] Dabei genügt es aber auch, wenn sich aus dem Gesamtzusammenhang für das Gericht erschließt, welche Dokumente gemeint sind.[239] Es dürfen nur die Tatsachen vorgetragen werden, die aufgrund zulässiger Ermittlungen bekannt sind.[240] Eine Pflicht zur Ermittlung aller relevanten Dokumente, die

---

234 BGH, Beschluss vom 12.01.2016 – 3 StR 490/15, NStZ-RR 2016, 120, BeckRS 2016, 03747; BGH, Urteil vom 25.10.2006 – 2 StR104/06, NStZ 2007, 536, 536; *Grube*, in: *Satzger/Widmaier/Schluckebier*, Strafprozessordnung, 3. Aufl., § 222b, Rn. 10; *Leitmeier*, Besetzungseinwand und Besetzungsrüge im Strafverfahren, NJW 2017, 2086, 2086.

235 Nach einer Verschärfung der rechtlichen Anforderungen ist mittlerweile eine verteidigungsfreundlichere Auslegung zu erahnen, so etwa in BGH, Beschluss vom 12.01.2016 – 3 StR 490/15, BeckRS 2016, 03747, wo der Geschäftsverteilungsplan des Landgerichts nicht in der Besetzungsrüge vorgetragen wurde und dies auch durch den BGH als nicht nötig erachtet wurde, weil davon auszugehen sei, dass dieser dem Richter geläufig sei.

236 Vergleichbar mit der „Schlüssigkeitsprüfung" beim Revisionsvorbringen, vgl. *Schmitt*, in: *Meyer-Goßner/Schmitt*, Strafprozessordnung, 61. Aufl., § 344, Rn. 21.

237 *Schmitt*, in: *Meyer-Goßner/Schmitt*, Strafprozessordnung, 61. Aufl., § 222b, Rn. 6.

238 Saarländisches OLG, Beschluss vom 02.07.1996 – Ss 49/96 (85/96), StraFo 1996, 150, 150.

239 Saarländisches OLG, Beschluss vom 02.07.1996 – Ss 49/96 (85/96), StraFo 1996, 150, 150. Im konkreten Fall handelte es sich um den Geschäftsverteilungsplan, der zwar beschrieben, aber von der Verteidigung nicht als solcher bezeichnet war.

240 BGH, Urteil vom 09.04.2009 – 3 StR 376/08, NJW 2010, 625, 628.

einen substantiierten Tatsachenvortrag ermöglichen, besteht nicht.[241] Alle Beanstandungen müssen gemäß dem Konzentrationsgrundsatz in § 222b Abs. 1 S. 3 StPO[242] gleichzeitig erhoben werden, ein Nachschieben von Gründen ist nicht möglich.[243] Dabei unterfallen objektiv nicht erkennbare Mängel in der Besetzung nicht der Präklusionswirkung.[244] Offensichtlich müssen die Mängel in der Besetzung gleichwohl nicht gewesen sein.[245] Mängel, die erst im Laufe der Hauptverhandlung erkennbar werden, müssen durch die Verfahrensbeteiligten nicht gerügt werden.[246]

Die Rüge wird außerhalb der Hauptverhandlung schriftlich (§ 222b Abs. 1 S. 4 StPO) und innerhalb dieser mündlich vorgetragen. Dies zwingt Verteidiger mitunter zu langen Ausführungen zu Beginn einer Verhandlung, die das Prozessklima und die Wahrnehmung des Angeklagten beeinflussen können.[247]

Berechtigt zur Geltendmachung des Einwandes sind alle Verfahrensbeteiligten, sowohl Angeklagter als auch Verteidiger haben ein eigenes Antragsrecht.[248] Dies eröffnet taktische Spielräume: so kann zunächst ein Verteidiger im eigenen Namen den Besetzungseinwand erheben. Wird dieser abschlägig beschieden, so kann ein weiterer Verteidiger oder auch der Angeklagte selbst eine weitere Rüge erheben.[249] Dieses Vorgehen ist sinnvoll, wenn die erste Rüge als unzulässig

---

241 *Gmel*, in: *Hannich*, Karlsruher Kommentar zur Strafprozessordnung, 7. Aufl., § 222b, Rn. 8.

242 *Grube*, in: *Satzger/Widmaier/Schluckebier*, Strafprozessordnung, 3. Aufl., § 222b, Rn. 13.

243 BGH, Urteil vom 25.10.2006 – 2 StR104/06, NStZ 2007, 536, 536; *Schmitt*, in: *Meyer-Goßner/Schmitt*, Strafprozessordnung, 61. Aufl., § 222b, Rn. 7 m.w.N.; *Grube*, in: *Satzger/Widmaier/Schluckebier*, Strafprozessordnung, 3. Aufl., § 222b, Rn. 13 m.w.N.

244 BGH, Urteil vom 11.02.1999 – 4 StR 657–98, NJW 1999, 1724, 1724f.; BGH, Beschluss vom 25.04.1995 – 4 StR 173/95, NStZ 1996, 48,48; so auch BVerfG, Beschluss vom 14.03.1984 – 2 BvR 249/84, NStZ 1984, 370, 371.

245 BGH, Urteil vom 17.10.1996 – 4 StR 404/96, NJW 1997, 403, 404; *Gericke*, in: *Hannich*, Karlsruher Kommentar zur Strafprozessordnung, 7. Aufl., § 338, Rn. 10.

246 BGH, Urteil vom 11.02.1999 – 4 StR 657/98, NJW 1999, 1724, 1724; leider ausdrücklich offengelassen, ob nicht auch während der Hauptverhandlung auftretende Besetzungsfehler zu rügen sind BGH NJW 2009, 381, 382. Zum Ganzen *Grube*, in: *Satzger/Widmaier/Schluckebier*, Strafprozessordnung, 3. Aufl., § 222b, Rn. 13.

247 Genauer siehe im Empirischen Teil im 3. Kapitel C. III. 2. und 3.

248 Welche taktischen Überlegungen dazu aus Verteidigersicht anzustellen sind, siehe 3. Kapitel C. III 2. g).

249 *Jäger*, in: *Löwe/Rosenberg*, Die Strafprozeßordnung und das Gerichtsverfassungsgesetz, 26. Aufl., § 222b, Rn. 20.

zurückgewiesen wird. Dann nämlich können ihre Mängel geheilt und sie erneut durch einen weiteren Verteidiger oder den Angeklagten selbst rechtzeitig vorgebracht werden.

3. Entscheidung des Gerichts

Das Gericht entscheidet durch Beschluss in der Besetzung nach § 222b Abs. 2 S. 1 StPO und stellt gegebenenfalls die ordnungsgemäße Besetzung her. Der Zeitpunkt der Entscheidung ist durch den Gesetzgeber nicht geregelt worden, da dieser davon ausging, dass ein Gericht, dessen Besetzung gerügt werde, selbst ein starkes Interesse daran habe, baldmöglichst Klarheit über die Rechtmäßigkeit seiner Besetzung zu gewinnen.[250] Dennoch muss das Gericht nicht sofort entscheiden, sondern kann analog § 29 Abs. 2 StPO die Rüge zurückstellen.[251] Dadurch sind dem Gericht taktische Handlungsspielräume eröffnet. So kann das Gericht etwa darauf spekulieren, dass ein relevantes Dokument für die Besetzungsrüge fehlt, der Antrag also unzulässigerweise erhoben wurde. Ist gleichzeitig aber der in § 222b Abs. 1. S. 1 StPO genannte Zeitpunkt verstrichen, kann sich das Gericht mit der Feststellung der Unzulässigkeit der Rüge begnügen. Befürwortet wird dieses Mittel insbesondere als Werkzeug gegen eine (unliebsame) Konfliktverteidigung, was reichlich kritisch zu sehen ist.[252]

4. Rechtsbehelfe

Gegen den Beschluss des Gerichts ist die Beschwerde nicht zulässig. Dies folgt aus der teilweise fehlenden Beschwer und aus dem Rechtsgedanken des § 305 StPO.[253] Wird die Besetzung von Amts wegen geprüft und beschieden, so soll die Beschwerde nach § 305 StPO demgegenüber aber offen stehen.[254] Mit der

---

250 BT-Drucks. 8/976, S. 47; *Grube*, in: *Satzger/Widmaier/Schluckebier*, Strafprozessordnung, 3. Aufl., § 222b, Rn. 21.

251 *Grube*, in: *Satzger/Widmaier/Schluckebier*, Strafprozessordnung, 3. Aufl., § 222b, Rn. 21.

252 *Grube*, in: *Satzger/Widmaier/Schluckebier*, Strafprozessordnung, 3. Aufl., § 222b, Rn. 21.

253 *Grube*, in: *Satzger/Widmaier/Schluckebier*, Strafprozessordnung, 3. Aufl., § 222b, Rn. 29.

254 OLG Celle, Beschluss vom 02.04.1991 – 3 Ws 93/91 I, NStZ 1991, 553, 553; KG, Beschluss vom 09.01.1980 – 1AR 510/77 – 2 Ws 347/79, MDR 1980, 688, 688 f; zum Ganzen *Grube*, in: *Satzger/Widmaier/Schluckebier*, Strafprozessordnung, 2. Aufl., § 222b, Rn. 30.

Revision kann dann die fehlerhafte Besetzung gerügt werden, nicht aber ein Verstoß gegen § 222b StPO.[255]

5. *§ 76 Abs. 2 und 3 GVG und die Rüge der falschen Besetzung*

Umstritten ist, ob die fehlerhafte Besetzung des Gerichts mit nur zwei Berufsrichtern anstatt mit drei dem Besetzungseinwand unterliegt. Die Problematik rührt daher, dass die Besetzung des Gerichts hinsichtlich der Zahl der Berufsrichter nicht nach § 222a StPO mitzuteilen ist. Die Entscheidung über die Anzahl der Berufsrichter wird regelmäßig mit der Eröffnung des Hauptverfahrens getroffen und mit dem Eröffnungsbeschluss nach § 207 StPO bekannt gegeben.[256] Hinsichtlich einer direkten Anwendung von § 222b StPO bestehen daher zu Recht Bedenken.[257] Befürwortet wird eine entsprechende Anwendung der Norm.[258] Dabei werden die Voraussetzungen einer Analogie als gegeben angesehen. Es läge eine vergleichbare Interessenlage vor, denn die Präklusionsnorm wurde aus prozessökonomischen Gründen eingeführt. Die Aufhebung eines Urteils, das nur an einem Besetzungsfehler krankt, sollte vermieden werden. Dabei umfasse die Besetzung nicht nur die konkrete Richterperson, sondern auch deren Anzahl. § 76 Abs. 2 GVG umfasse insoweit ebenfalls Mängel der Besetzung im organisatorischen Bereich.[259] Betont man hingegen den Ausnahmecharakter der Präklusionsnorm und damit die Tatsache, dass die Vorschrift möglichst eng auszulegen ist, so kann zu Recht an den Voraussetzungen einer Analogie gezweifelt

---

255 *Grube*, in: *Satzger/Widmaier/Schluckebier*, Strafprozessordnung, 3. Aufl., § 222b, Rn. 31.

256 *Schmitt*, in: *Meyer-Goßner/Schmitt*, Strafprozessordnung, 61. Aufl., § 76 GVG, Rn. 8.

257 Für eine direkte Anwendung nur *Katholnigg*, Anmerkung zu BGH, Urteil vom 23.12.1998 – 3 StR 343–98, JR 1999, 304, 305.

258 BGH, Beschluss vom 11.01.2005 – 3 StR 488/04, NStZ 2005, 465, 465; BGH, Urteil vom 23.12.1998 – 3 StR 343–98, NStZ 1999, 367, 367 f. mit Anm. *Rieß*, Anmerkung zu BGH, Urteil vom 23.12.1998, NStZ 1999, 369, 370; *Burhoff*, Handbuch für das strafrechtliche Ermittlungsverfahren, 7. Aufl., Rn. 951. Unentschieden *Schmitt*, in: *Meyer-Goßner/Schmitt*, Strafprozessordnung, 61. Aufl., § 222b, Rn. 3a; *Grube*, in: *Satzger/Widmaier/Schluckebier*, Strafprozessordnung, 3. Aufl., § 222b, Rn. 2, wobei bei § 222a, Rn. 16 die gegenteilige Ansicht vertreten wird; *Haller/Janßen*, Die Besetzungsreduktion bei erstinstanzlichen Strafkammern- Anmerkungen zu den Beschlüssen des BGH vom 14.08. und 16.12.2003, NStZ 2004, 469, 471.

259 Alles BGH, Urteil vom 23.12.1998 – 3 StR 343/98, NStZ 1999, 367, 368.

werden.[260] Insbesondere wird bei den Befürwortern der Analogie die Frage nach einer planwidrigen Regelungslücke außer Acht gelassen.[261]

II. Taktisches Potenzial

Die Darstellung zu §§ 222a, 222b StPO hat gezeigt, dass eine Besetzungsrüge aus Sicht der Verteidigung ein potentiell konfliktträchtiges Instrumentarium sein kann. Ihre Erhebung kann das Prozessklima beeinträchtigen und die Haltung der Verteidigung gegenüber beeinflussen. Gerichtlicherseits wird ein Besetzungseinwand oft als Teil einer nicht im besten Sinne rechtsstaatlichen Verteidigung, sondern als Suche nach „Revisionsfutter" verstanden.[262] Dadurch ist es nicht verwunderlich, dass Verteidiger oftmals restriktiv mit der Erhebung von Besetzungsrügen sind, selbst wenn sie begründete Zweifel an der verfassungsmäßigen Besetzung des Gerichts haben.[263] Gleichzeitig ist aber mit der Möglichkeit, Einwände gegen die Besetzung zu erheben, die prozessuale Prüfpflicht der ordnungsgemäßen Gerichtsbesetzung teilweise auf die Seite der Verteidigung geschoben worden. Erhebt nun aber die Verteidigung trotz Zweifel an der Gerichtsbesetzung keine Einwendung, so beeinträchtigt dies die Garantie des gesetzlichen Richters erheblich.[264]

Damit kann die Frage aufgeworfen werden, ob die Einführung der Präklusion der Besetzungsrüge und damit die Pflicht, schon im Ausgangsverfahren die gerichtliche Besetzung zu Beginn der Hauptverhandlung zu rügen, nicht doch dazu geführt hat, sie inhaltlich zu begrenzen. Dies wäre dann der Fall, wenn Verteidiger trotz Zweifel an der Gerichtsbesetzung keine Einwendung erheben.

---

260 Ebenso *Deiters/Albrecht*, in: *Albrecht/Paeffgen/Rudolphi/Wolter*, SK-StPO, 5. Aufl., § 222b, Rn. 1; *Grube*, in: *Satzger/Widmaier/Schluckebier*, Strafprozessordnung, 3. Aufl., § 222b, Rn. 16; vgl. zum Ausnahmecharakter der Präklusionsnorm BVerfG, Beschluss vom 19.3.2003 – 2 BvR 1540/01, NJW 2003, 3545, 3545.

261 Ebenso *Grube*, in: *Satzger/Widmaier/Schluckebier*, Strafprozessordnung, 3. Aufl., § 222b, Rn. 16; BGH, Urteil vom 11.02.1999 – 4 StR 657/98, NJW 1999, 1724, 1724 bemerkt umgekehrt, dass kein gesetzgeberischer Wille erkennbar ist, die Besetzung nach § 76 Abs. 2 GVG von der Präklusionsregelung auszunehmen.

262 *Leitmeier*, Besetzungseinwand und Besetzungsrüge im Strafverfahren, NJW 2017, 2086, 2086.

263 *Deiters/Albrecht*, in: *Albrecht/Paeffgen/Rudolphi/Wolter*, SK-StPO, 5. Aufl., § 222a, Rn. 2 f.

264 *Deiters/Albrecht*, in: *Albrecht/Paeffgen/Rudolphi/Wolter*, SK-StPO, 5. Aufl., § 222a, Rn. 3, der auch davon spricht, dass daher die Garantie des gesetzlichen Richters von der „Integrität einer unkontrollierten Gerichtspraxis" abhängt.

Die Verfassungsgemäßheit der Präklusionsregelung wiederum wurde damit begründet, dass sie Einwendungen nur zeitlich, nicht aber inhaltlich begrenzt.[265] Hinzu kommt, dass die Pflicht des Gerichts, die Besetzung auch nach Beginn der Hauptverhandlung von Amts wegen zu prüfen, umstritten ist, wie im Folgenden dargelegt wird.

G. § 76 GVG

§ 76 Abs. 2 S. 3 Nr. 3 GVG regelt, dass die Strafkammer die Besetzung von drei Berufsrichtern und zwei Laienrichtern beschließt, wenn dies der Umfang oder die Schwierigkeit der Sache notwendig macht. Hinsichtlich Wirtschaftsstrafsachen ist Absatz 3 zu beachten. Danach ist die Dreierbesetzung in der Regel zu beschließen, wenn die Hauptverhandlung voraussichtlich länger als 10 Tage dauert oder sie als Wirtschaftsstrafkammer zuständig ist. Absatz 3 ist am 01.01.2012 in Kraft getreten.[266] Ziel war es, die auslegungsfähigen Begriffe der Norm wie „Umfang" oder „Schwierigkeit der Sache" zu „konturieren".[267] Auch Absätze 4 und 5 wurden durch dieses Gesetz neu geschaffen und regeln, wann die Kammer erneut im laufenden Verfahren über ihre Besetzung beschließen kann. Die Neuregelung zementiert damit die Zweierbesetzung als Regelbesetzung des Gerichts, obwohl diese Reduzierung zur Deckung des Personalbedarfs nach der deutschen Wiedervereinigung eingeführt wurde[268] und unter verfassungsrechtlichen Gesichtspunkten nicht unproblematisch ist.[269]

I. Anforderungen für die Praxis

Auch eine Verletzung von § 76 Abs. 2 GVG kann die Revision begründen, wenn die Kammer zu Unrecht mit nur zwei Berufsrichtern besetzt war und die Revision nicht gemäß § 338 Nr. 1 Halbs. 2 i.V.m. § 222b StPO ausgeschlossen ist.

---

265 BVerfG, Beschluss vom 14.03.1984 – 2 BvR 249/84, NStZ 1984, 370, 371; BVerfG, Beschluss vom 19.03.2003 – 2 BvR 1540/01, NJW 2003, 3545, 3545; BGH, Beschluss vom 25.04.1995 – 4 StR 173/95, NStZ 1996, 48, 49.

266 BGBl. 2011, Teil I Nr. 64 S. 2554.

267 BT-Drucks. 17/6905 S. 1, 12.

268 *Schlothauer*, Die Besetzung der großen Straf- und Jugendkammern in der Hauptverhandlung, StV 2012, 749, 749.

269 Verfassungsmäßigkeit anerkannt durch BVerfG, Beschluss vom 15.10.1992 – 2 BvR 1076/92, NStZ 1994, 45, 45 f. Anders *Schlothauer*, Die Besetzung der großen Strafund Jugendkammern in der Hauptverhandlung, StV 2012, 749, 749, der von einer „Relativierung" des Anspruchs auf den gesetzlichen Richters spricht.

Damit zusammen hängt die Frage, ob das Gericht auf einen Besetzungseinwand hin die Änderung der Gerichtsbesetzung überhaupt vornehmen darf. Dahinter steht der Gedanke, dass zwar die Präklusionsregelung eine Korrektur im laufenden Verfahren zulassen möchte, aber die Entscheidung über die Besetzung nach der Eröffnung des Verfahrens grundsätzlich nicht mehr möglich sein soll.[270] Dies wird auch als *„Grundsatz über die Unabänderlichkeit der Besetzungsentscheidung“* beschrieben.[271] Dies hängt damit zusammen, dass der Eröffnungsbeschluss in einigen Teilen gemäß § 210 StPO unanfechtbar ist. Die Entscheidung über die Zahl der Berufsrichter gehört dazu aber nicht.[272] Die Frage hat sich etwas entschärft, nachdem das Gesetz seit 2012 in § 76 Abs. 2 S. 2 und Abs. 4 GVG festlegt, dass die Frage der Gerichtsbesetzung nach Eröffnung des Verfahrens getroffen werden kann. Ergeben sich nach Eröffnung des Verfahrens Umstände, die eine Dreier- anstatt der beschlossenen Zweierbesetzung begründen, so kann das Gericht vor Beginn der Hauptverhandlung nach § 76 Abs. 4 GVG die Besetzung erneut beschließen. Dies ist nur konsequent, wenn man sich die Erwägungen des Gesetzgebers bei Einführung des Besetzungseinwandes in Hinblick auf die Prozessökonomie vergegenwärtigt.[273] Gerade in Wirtschaftsstrafsachen kann eine Änderung nötig sein, weil nach Eröffnung des Hauptverfahrens noch bisher unerkannte rechtliche Schwierigkeiten hinzutreten. Dass die Verteidigung mehr Beweisanträge als prognostiziert stellt oder ein vorgesehenes Geständnis nun nicht erfolgt, sind allgemeine Gründe, die eine erneute Besetzungsentscheidung nötig machen.[274] Zu beachten ist, dass eine Änderung der Besetzung vor Beginn der Hauptverhandlung von Amts wegen, danach von Gesetzes wegen nur auf eine Rüge nach § 222b StPO hin möglich ist.[275]

Es schließt sich hier die Frage an, ob nach Beginn der Hauptverhandlung und ohne Besetzungseinwand der Prozessbeteiligten das Gericht von Amts wegen eine erneute Entscheidung über die Besetzung treffen darf. Vertreten wird seit einigen Jahren eine ausnahmsweise mögliche Besetzungskorrektur, sofern die Anfangsentscheidung fehlerhaft war und die ursprüngliche Entscheidung zur

---

270 *Rieß*, Anmerkung zu BGH, Urteil vom 23.12.1998, NStZ 1999, 369, 370.

271 *Ventzke*, Anmerkung zu BGH, Beschluss vom 13.09.2011 – 5 StR 189/11, StV 2012, 196, 197.

272 BGH, Urteil vom 23.12.1998 – 3 StR 343–98, NJW 1999, 1644, 1645.

273 Dazu oben im 2. Kapitel D. I.

274 *Schmitt*, in: *Meyer-Goßner/Schmitt*, Strafprozessordnung, 61. Aufl., § 76 GVG, Rn. 10.

275 *Schmitt*, in: *Meyer-Goßner/Schmitt*, Strafprozessordnung, 61. Aufl., § 76 GVG, Rn. 10 f.

Besetzung nicht mehr sachgerecht erscheint.[276] Teilweise wird die Besetzungsprüfung allein bei objektiver Willkür bejaht.[277] Inhaltlich ist damit dasselbe gemeint, denn in Art. 3 GG liegt das allgemeine Willkürverbot begründet, wonach eine Entscheidung willkürlich sein kann, wenn keine sachgerechten Gründe für sie sprechen.[278] Unklar ist, ob diese Ausnahme nach Einführung der derzeitigen § 76 Abs. 4 und 5 GVG nach dem Willen des Gesetzgebers noch Bestand haben kann. Denn ausweislich der Gesetzesbegründung geht der Gesetzgeber davon aus, dass entweder das Verfahren auszusetzen ist, weil das Gericht sachlich unzuständig geworden ist, oder das Verfahren ist in der begonnenen Besetzung zu Ende zu führen.[279] Betont man hingegen die Prozessökonomie oder die Effektivität der Rechtsprechung, so kann zu Recht daran festgehalten werden, die objektive Willkürschranke beizubehalten und eine durch das Gericht veranlasste Änderung der Gerichtsbesetzung nach Eröffnung der Hauptverhandlung auch unter der neuen Gesetzeslage zuzulassen.[280]

Eine Änderung der Besetzung wird zu Recht sehr restriktiv bejaht. Dahinter steht der Gedanke, dass auch § 76 GVG den gesetzlichen Richter im Sinne von Art. 101 Abs. 1 S. 2 GG mitbestimmt.[281] Den Prozessbeteiligten darf daher grundsätzlich keine Einflussmöglichkeit auf die Gerichtsbesetzung eingeräumt werden.[282] Es ist aber denkbar, dass durch Beweisanträge oder eine Änderung

---

276 Noch zur alten Rechtslage ergangen: BGH, Beschluss vom 29.01.2009 – 3 StR 567/08 NJW 2009, 1760, 1760f.; BGH NStZ 1999, 367, 368 mit Anm. *Rieß*, Anmerkung zu BGH, Urteil vom 23.12.1998, NStZ 1999, 369, 370; dies wird auch vorausgesetzt in BT-Drucks. 17/6905 S. 9f. A.A. BGH, Beschluss vom 14.11.2012 – 3 StR 335/12, NStZ 2013, 181, 181. Zur neuen Rechtslage *Burhoff*, Handbuch für das strafrechtliche Ermittlungsverfahren, 7. Aufl., Rn. 951; *Ventzke*, Anmerkung zu BGH, Beschluss vom 13.09.2011 – 5 StR 189/11, StV 2012, 196, 197.

277 BGH, Urteil vom 31.08.2010 – 5 StR 159/10, NStZ 2011, 54, 54 f.; *Schmitt*, in: *Meyer-Goßner/Schmitt*, Strafprozessordnung, 61. Aufl., § 76 GVG, Rn. 11.

278 *Bettermann*, Der gesetzliche Richter in der Rechtsprechung des Bundesverfassungsgerichts, Archiv des öffentlichen Rechts 1969, 263, 265; *Arndt*, Die Gesetzlichkeit des Richters, DRiZ 1959, 171, 172.

279 BT-Drucks. 17/6905 S. 10. Auch die einzige nach neuer Rechtslage ergangene Entscheidung geht davon aus, dass es sich um eine abschließende Regelung handelt, BGH, Beschluss vom 14.11.2012 – 3 StR 335/12, NStZ 2013, 181, 181.

280 *Schmitt*, in: *Meyer-Goßner/Schmitt*, Strafprozessordnung, 61. Aufl., § 76 GVG, Rn. 11; *Ventzke*, Anmerkung zu BGH, Beschluss vom 13.09.2011 – 5 StR 189/11, StV 2012, 196, 197.

281 *Sigismund/Wickern*, Das Gesetz zur Entlastung der Rechtspflege, wistra 1993, 136, 139.

282 Vgl. BGH, Urteil vom 23.12.1998 – 3 StR 343–98, NStZ 1999, 367, 368; *Ventzke*, Anmerkung zu BGH, Beschluss vom 13.09.2011 – 5 StR 189/11, StV 2012, 196, 197.

der Kooperationsbereitschaft das Strafverfahren schwieriger oder konfliktgeladener wird, was das Gericht zu einer anderen Haltung hinsichtlich der Gerichtsbesetzung veranlassen kann.[283] Insofern haben die Prozessbeteiligten indirekte Einflussmöglichkeiten.

Das Fehlen des Besetzungsrügebeschlusses nach § 76 Abs. 2 StPO ist nach herrschender Ansicht ebenso ein Besetzungsfehler, für den die Präklusionsregelung in § 222b StPO (entsprechend) gilt.[284]

II. Steuerungspotenzial

Den Gerichten soll nach Ansicht des Gesetzgebers kein Ermessen, aber ein weiter Beurteilungsspielraum zustehen, wenn es darum geht zu bestimmen, was unter „Umfang" oder „Schwierigkeit der Sache" zu verstehen ist.[285] Es handelt sich um unbestimmte Rechtsbegriffe, die auslegungsfähig- und bedürftig sind. Die Betonung, dass den Gerichten kein Ermessen, aber ein weiter Beurteilungsspielraum zustehen mag, erscheint teilweise formelhaft. Das Gericht hat im Einzelfall einen erheblichen Handlungsspielraum.[286] Zur Auslegung des Begriffs Umfang werden im Einzelfall quantitative Aspekte wie die Zahl der Angeklagten, der Verteidiger, der Zeugen herangezogen.[287] Geht es um die Frage, ob es sich um eine schwierige Rechtssache handelt, werden qualitative Kriterien angeführt. Gibt es tatsächliche oder rechtliche Verkomplizierungen oder eine schwierige Beweislage, so wird allgemein zu einer auch schwierigen Rechtssache tendiert.[288] Als „Prototyp" wird

---

283 BGH, Beschluss vom 29.01.2009 – 3 StR 567/08, NJW 2009, 1760, 1761; BGH, Urteil vom 23.12.1998 – 3 StR 343–98, NJW 1999, 1644, 1645 f.

284 Ohne sich hinsichtlich entsprechend oder direkt zu entscheiden BGH, Urteil vom 11.02.1999 – 4 StR 657–98, NJW 1999, 1724, 1725.

285 BT-Drucks. 17/6905 S. 8; BGH, Urteil vom 23.12.1998 – 3 StR 343–98, NJW 1999, 1644, 1644; *Rieß*, in: *Dölling* (Hrsg.), Verbrechen Strafe Resozialisierung Festschrift für Heinz Schoech zum 70. Geburtstag, Die reduzierte Besetzung der großen Strafkammer, S. 904 f.; *Sigismund/Wickern*, Das Gesetz zur Entlastung der Rechtspflege, wistra 1993, 136, 139.

286 Siehe auch *Schlothauer*, Die Besetzung der großen Straf- und Jugendkammern in der Hauptverhandlung, StV 2012, 749, 749, der von einer „erheblichen Unschärferelation" spricht.

287 *Rieß*, in: *Dölling* (Hrsg.), Verbrechen Strafe Resozialisierung Festschrift für Heinz Schoech zum 70. Geburtstag, Die reduzierte Besetzung der großen Strafkammer, S. 905.

288 *Rieß*, in: *Dölling* (Hrsg.), Verbrechen Strafe Resozialisierung Festschrift für Heinz Schoech zum 70. Geburtstag, Die reduzierte Besetzung der großen Strafkammer, S. 905.

oftmals ein Wirtschaftsstrafverfahren angesehen.[289] Dem Vorschlag, zur Konkretisierung Regelbeispiele einzufügen, ist der Gesetzgeber nur teilweise gefolgt.[290] Teilweise wird kritisiert, dass § 76 Abs. 3 GVG auch obligatorisch formuliert hätte werden können, weil Wirtschaftsstrafsachen per se in qualitativer Hinsicht schwierig zu bewältigen sind. Denn kleinere und weniger komplexe Wirtschaftsstrafverfahren können ohnehin direkt zum Amtsgericht angeklagt werden.[291]

H. § 338 Nr. 1 StPO

In § 338 Nr. 1 StPO sind die Konstellationen beschrieben, bei denen die falsche Besetzung als absoluter Revisionsgrund gerügt werden kann. Dies kann der Fall sein, wenn entweder die Besetzungsmitteilung falsch geschehen ist (Nr. 1a), der Einwand der Falschbesetzung übergangen oder zurückgewiesen wurde (Nr. 1b), die Hauptverhandlung zur Besetzungsprüfung nicht unterbrochen wurde (Nr. 1c) oder in der festgestellten Falschbesetzung entschieden wurde (Nr. 1d). Nr. 1 ist gegenüber Nr. 2 die speziellere Norm.[292] In diesen Fällen ist die Besetzungsrüge nicht präkludiert. Es handelt sich um einen absoluten Revisionsgrund, d.h. das Urteil beruht per gesetzlicher Vermutung auf dem festgestellten Verfahrensfehler.[293] Dies verdeutlicht zugleich den Stellenwert der Verfahrensnorm aus der Sicht des Gesetzgebers.[294] Die Darstellung der Norm ist wichtig, weil die mögliche Folge eines Besetzungseinwandes eine erfolgreiche Revision sein kann und der revisionsrechtliche Prüfungsumfang auf die Begründungstiefe von Änderungen der Geschäftsverteilung ausstrahlt.

---

289 BGH, Urteil vom 23.12.1998, NJW 1999, 1644, 1646; *Degener*, in: *Albrecht/Paeffgen/Rudolphi/Wolter*, SK-StPO, 5. Aufl., § 76 GVG, Rn. 10.

290 Vgl. BT-Drucks. 17/6905 S. 8 m.w.N.; *Rissing-van Saan*, in: *Amelung* (Hrsg.), Festschrift für Volker Krey zum 70. Geburtstag am 9. Juli 2010, Die Besetzungsreduktion der großen Strafkammern nach § 76 Abs. 2 GVG, § 33b Abs. 2 JGG – als Dauerlösung tauglich?, S. 431, 446; *Schlothauer*, Die Besetzung der großen Straf- und Jugendkammern in der Hauptverhandlung, StV 2012, 749, 750.

291 *Degener*, in: *Albrecht/Paeffgen/Rudolphi/Wolter*, SK-StPO, 5. Aufl., § 76 GVG, Rn. 10; *Schmitt*, in: *Meyer-Goßner/Schmitt*, Strafprozessordnung, 61. Aufl., § 76 GVG, Rn. 6.

292 BGH, Urteil vom 11.02.1999 – 4 StR 657/98, NJW 1999, 1724, 1725; BGH, Urteil vom 12.07.2001 – 4 StR 550/00, NJW 2001, 3062, 3062.

293 *Schmitt*, in: *Meyer-Goßner/Schmitt*, Strafprozessordnung, 61. Aufl., § 338, Rn 1.

294 Vgl. *Frisch*, in: *Albrecht/Paeffgen/Rudolphi/Wolter*, SK-StPO, 5. Aufl., § 338, Rn. 2.

I. Anforderungen für die Praxis

1. Präklusion

Sofern die Mitteilung der Gerichtsbesetzung vorgeschrieben ist, hängt die Zulässigkeit der Besetzungsrüge von der Frage ab, ob die Besetzung rechtzeitig gerügt oder die Rüge entbehrlich gewesen ist (§ 338 Nr. 1 2. Halbs. StPO). Ein Besetzungsfehler muss von den Prozessbeteiligten aber nur gerügt werden, wenn er für sie objektiv erkennbar war.[295] Die Prozessbeteiligten sind nicht verpflichtet, Recherchen oder Überprüfungen oder gar Rügen „ins Blaue hinein" zu unternehmen.[296] Eine solch weitgehende verfahrensrechtliche Prüfungslast kann den Beteiligten nicht auferlegt werden.[297] Das würde die Last der Verfassungsgemäßheit der Gerichtsbesetzung in einer dem Willen des Gesetzgebers zuwider laufenden Art und Weise den Beteiligten aufbürden.[298] Die Präklusionsregelung widerspricht in ihrer Ausgestaltung nach überwiegender Meinung nicht dem Grundgesetz und ist verfassungsgemäß, denn sie beschränkt das Rügerecht der Besetzung nur zeitlich, nicht aber inhaltlich.[299]

2. Falschbesetzung des Gerichts

Hinter § 338 Nr. 1 StPO steht der Anspruch auf den gesetzlichen Richter nach Art. 101 Abs. 1 S. 2 GG und der Parallelnorm in § 16 S. 2 GVG. Dies formt den Überprüfungsmaßstab und die –tiefe und bestimmt die Grenzen der Befugnisse des Revisionsgerichts. Die Norm sichert den Anspruch auf den gesetzlichen Richter nicht absolut, sondern in einem Teilbereich ab.[300] Denn § 338 Nr. 1 StPO umfasst nicht den Bereich der falschen Zuständigkeit des Gerichts oder Konstellationen, in denen ein befangener oder sonst kraft Gesetzes ausgeschlossener Richter an der Urteilsfindung mitgewirkt hat. Beides sind wesentliche Aspekte

---

295 BGH, Urteil vom 17.10.1996 – 4 StR 404/96, NJW 1997, 403, 404; *Gericke*, in: *Hannich*, Karlsruher Kommentar zur Strafprozessordnung, 7. Aufl., § 338, Rn. 10.

296 *Gericke*, in: *Hannich*, Karlsruher Kommentar zur Strafprozessordnung, 7. Aufl., § 338, Rn. 10; *Frisch*, in: *Albrecht/Paeffgen/Rudolphi/Wolter*, SK-StPO, 5. Aufl., § 338, Rn. 59.

297 A.A. *Schmitt*, in: *Meyer-Goßner/Schmitt*, Strafprozessordnung, 61. Aufl., § 338, Rn. 16, der sich auf den Gedanken der Verwirkung bezieht.

298 BT-Drucks. 8/976 S. 26.

299 BVerfG, Beschluss vom 19.03.2003 – 2 BvR 1540/01, NJW 2003, 3545, 3545; BVerfG, Beschluss vom 14.03.1984 – 2 BvR 249/84, NStZ 1984, 370, 370 f; *Schmitt*, in: *Meyer-Goßner/Schmitt*, Strafprozessordnung, 61. Aufl., § 338, Rn. 16 dazu näher oben.

300 *Frisch*, in: *Albrecht/Paeffgen/Rudolphi/Wolter*, SK-StPO, 5. Aufl., § 338, Rn. 9.

des verfassungsrechtlichen gesetzlichen Richters, die durch § 338 Nr. 2 StPO geschützt werden.[301]

Die vorschriftswidrige Besetzung des Gerichts kann sich aus einer Falschbesetzung, aus Fehlern im Geschäftsverteilungsplan und aus Mängeln in der Person der Richter oder der Schöffen ergeben.[302] Ein Verstoß kann zum einen aus einer Verletzung einer einfachrechtlichen Norm resultieren. Dies sind vor allem Normen aus dem Gerichtsverfassungsgesetz, exemplarisch sei hier auf § 59 und § 70 GVG hingewiesen, oder auch Normen des Deutschen Richtergesetzes wie etwa §§ 28, 29 DRiG. Unabhängig davon kann sich auch eine Falschbesetzung ergeben, wenn direkt der Anspruch auf den gesetzlichen Richter nach Art. 101 Abs. 1 S. 2 GG verletzt wurde und das Gericht somit verfassungswidrig besetzt war.

II. Revisionsrechtlicher Prüfungsumfang und -maßstab

Ausgangspunkt der Überprüfungstiefe durch das Revisionsgericht ist die verletzte Norm, die die Besetzung des Gerichts regelt. Dabei nimmt es in qualitativer Hinsicht eine Abstufung vor zwischen einfachrechtlichen Normverstößen und solchen, die darüber hinaus auch mit dem Anspruch auf den gesetzlichen Richter kollidieren.[303] Welchen Prüfungsmaßstab das Revisionsgericht bei der Überprüfung der Gerichtsbesetzung anlegt, hat Auswirkungen darauf, wie in der Praxis mit dem Bestimmtheitsgrundsatz bei Geschäftsverteilungsplänen und ihren unterjährigen Änderungen umgegangen wird und mit welcher Sensibilität gesetzliche Regelungen angewendet werden.

1. Falschbesetzung wegen Verstoßes gegen Art. 101 Abs. 1 S. 2 GG

Zum einen kann es sich um eine gerichtliche Falschbesetzung handeln, deren Falschsein sich direkt aus der Verfassung ergibt.[304] Auch das Grundgesetz ist eine Norm im Sinne von § 338 Nr. 1 StPO.[305] In einem solchen Fall bestimmt der Anspruch auf den gesetzlichen Richter nach Art. 101 Abs. 1 S. 2 GG den Überprüfungsmaßstab. Das Revisionsgericht hat zu prüfen, ob ein Fall der Entziehung

301 *Frisch*, in: *Albrecht/Paeffgen/Rudolphi/Wolter*, SK-StPO, 5. Aufl., § 338, Rn. 9.

302 *Lohse*, in: *Krekeler/Löffelmann/Sommer*, AnwaltKommentar StPO, 2. Aufl., § 338, Rn. 2.

303 Diese Unterscheidung geht auf das Bundesverfassungsgericht zurück, siehe hierzu *Roth*, Das Grundrecht auf den gesetzlichen Richter, S. 207.

304 So erörtert bei einem blinden Richter vgl. BVerfG, Beschluss vom 10.01.1992 – 2 BvR 347/91, NJW 1992, 2075, 2075.

305 *Bohnert*, Beschränkungen der strafprozessualen Revision durch Zwischenverfahren, S. 51.

des gesetzlichen Richters vorliegt. Dahinter steht der Gedanke, dass nicht jeder, der von einem nicht zuständigen Gericht abgeurteilt wird, auch seinem gesetzlichen Richter entzogen wird.[306] Nur wenn aber eine solche Entziehung des gesetzlichen Richters vorliegt, ist in den Schutzbereich von Art. 101 Abs. 1 S. 2 GG auch in unverhältnismäßiger Weise eingegriffen. Dies ist nicht gegeben, wenn das Gericht bloß irrtümlich falsch besetzt war (error in procedendo).[307] Sondern die Revisionsgerichte prüfen, ob die Besetzung des Gerichts (objektiv) willkürlich war.[308] Der Maßstab ist der bundesverfassungsgerichtlichen Judikatur zu Art. 101 Abs. 1 S. 2 GG entnommen.

Der BGH hat sich an der verfassungsrechtlichen Rechtsprechung und deren Maßstäben orientiert.[309] So ist auch zu erklären, dass als Unterfall einer aus Art. 101 Abs. 1 S. 2 GG resultierenden Falschbesetzung die Geschäftsverteilungspläne der Gerichte nunmehr vollumfänglich geprüft werden. Eine Besetzungsrüge kann nicht ohne weiteres auf einen fehlerhaften Geschäftsverteilungsplan gestützt werden. Handelt es sich doch bei einem solchen um einen internen gerichtlichen Organisationsakt, der keine unmittelbare Außenwirkung entfaltet.[310] Die falsche Gerichtsbesetzung und damit die Anwendung des Geschäftsverteilungsplans im konkreten Einzelfall kann nur erfolgreich gerügt werden, wenn sie gleichzeitig den Anspruch auf den gesetzlichen Richter verletzt.[311] Auf die Besetzungsrüge hin werden die Aufstellung oder Änderung und inhaltliche Mängel des Geschäftsverteilungsplans geprüft, wobei eine fehlerhafte Besetzung des Präsidiums nicht ausreicht.[312] Wird vom Geschäftsverteilungsplan abgewichen, so ist die Besetzungsrüge erfolgreich, wenn Willkür oder sonstiger Rechtsmissbrauch anzunehmen sind.[313] Bei der Ausgestaltung des Geschäftsverteilungsplans steht dem Präsidium ein gewisser Beurteilungs- und

306 *Henkel*, Der gesetzliche Richter, S. 84; *Müller*, Anmerkung zu BGH, Urteil vom 26.01.1977 – 2 StR 613/76, NJW 1977, 1889, 1890.

307 BVerfG, Beschluss vom 10.01.1992 – 2 BvR 347/91, NJW 1992, 2075, 2076. *Frisch*, in: *Albrecht/Paeffgen/Rudolphi/Wolter*, SK-StPO, 5. Aufl., § 338, Rn. 16.

308 *Schmitt*, in: *Meyer-Goßner/Schmitt*, Strafprozessordnung, 61. Aufl., § 338, Rn. 6.

309 Seit 2009 übernimmt der BGH den geänderten Prüfungsumfang BGH, Urteil vom 09.04.2009 – 3 StR 376/08, BGHSt 53, 268, 269; NStZ 2009, 651, 651 ff.

310 *Gericke*, in: *Hannich*, Karlsruher Kommentar zur Strafprozessordnung, 7. Aufl., § 338, Rn. 22.

311 BGH, Urteil vom 22.11.1957 – 4 StR 495/57, NJW 1958, 429, 430.

312 *Schmitt*, in: *Meyer-Goßner/Schmitt*, Strafprozessordnung, 61. Aufl., § 338, Rn. 7.

313 *Schmitt*, in: *Meyer-Goßner/Schmitt*, Strafprozessordnung, 61. Aufl., § 338, Rn. 7; *Britz*, in: *Radtke/Hohmann*, Strafprozessordnung, 2011, § 338, Rn. 9; *Kindhäuser*, Anmerkung zu BGH, Urteil vom 29.10.1992 – 4 StR 199/92, JZ 1993, 478, 480. Insofern

Ermessensspielraum zu.[314] Da das BVerfG keine „*Superrevisionsinstanz*“[315] sein darf, darf es nicht die Auslegung und Anwendung einfachrechtlicher Normen prüfen.[316] Geht es aber um Regelungen des Geschäftsverteilungsplanes selbst, dann prüft das BVerfG vollumfänglich die Verfassungsmäßigkeit.[317] Diese Prüfung geht weiter als eine reine Willkürprüfung. Darauf aufbauend prüft nunmehr auch der BGH, als Folge des geänderten Prüfungsumfangs des BVerfG, vollumfänglich,[318] setzt sich also in die Lage des Präsidiums im Zeitpunkt der Planerstellung ex ante.[319] Dieser geänderte Prüfungsumfang ist nichts anderes als ein rapider „*Kurswechsel*“.[320]

2. *Falschbesetzung wegen Verstoßes gegen einfachrechtliche Normen*

Handelt es sich um eine einfachrechtliche Norm, was der Regelfall ist, so prüft das Revisionsgericht, ob der Anwendungsbereich dieser Norm überschritten, sie falsch angewendet oder ausgelegt wurde. Es findet eine vollumfängliche einfachrechtliche Normprüfung statt. Die Gerichte haben über die Jahre eine weitere Einschränkung vorgenommen. Die Rechtsprechung des BGH hat sich

---

anders siehe *Arnold*, Die Wahlbefugnis der Staatsanwaltschaft bei Anklageerhebung, 1. Aufl., S. 40 f.

314 *Niemöller*, Besetzungsfragen und „Willkürformel“, StV 1987, 311, 316. Bei der Erstellung der Geschäftsverteilungspläne steht den Präsidien auch ein Ermessen bei der Ausgestaltung zu, vgl. hierzu BGH, Urteil vom 13.05.1975 – 1 StR 138/75, NJW 1975, 1424, 1425.

315 *Pieroth/Schlink/Kingreen/Poscher*, Grundrechte, 34. Aufl., Rn. 1231.

316 BVerfG, Beschluss vom 16.02.2017 – 2 BvR 2011/16, 2 BvR 2034/16, BeckRS 2017, 100592; BVerfG, Beschluss vom 23.12.2016 – 2 BvR 2023/16, BeckRS 2016, 111809; BVerfG, Beschluss vom 31.05.1990 – 2BvL 12/88, 2 BvL 13/88, 2 BvR 1436/87, BVerfGE 82, 159, 194 f.

317 BVerfG, Kammerbeschluss vom 16.02.2005, 2 BvR 581/03, NJW 2005, 2689, 2689 ff.; BVerfG, Beschluss vom 16.02.2017 – 2 BvR 2011/16, 2 BvR 2034/16, BeckRS 2017, 100592; BVerfG, Beschluss vom 23.12.2016 – 2 BvR 2023/16, BeckRS 2016, 111809.

318 BGH, Urteil vom 21.05.2015 – 4 StR 577/14, NStZ-RR 2015, 288, 288 ff.

319 Diese Änderung des Prüfungsumfangs ist von der Praxis teilweise negativ aufgenommen worden, siehe die empirischen Ergebnisse der Untersuchung im 3. Kapitel C. I. 1. c).

320 *Schmitz*, Rangierkunst oder Entgleisung – Die Besetzungsrüge nach Änderung des Geschäftsverteilungsplanes, StraFo 2016, 397, 398; *Sowada*, Änderung des Geschäftsverteilungsplans (§ 21e Abs. 3 S. 1 GVG) und Beschleunigungsgrundsatz, HRRS 2015, 16, 17 f.

zunehmend dem Prüfungsmaßstab des BVerfG und der von ihr verwendeten Willkürformel angenähert und überträgt diese.[321]

a) Willkürformel und Anwendungsbereich

Es soll an dieser Stelle dargestellt werden, was unter einer Willkürprüfung zu verstehen ist, denn an unterschiedlichen Stellen des empirischen Teils der Arbeit wird diese, mitunter auch kritisch, erwähnt. Es zeigte sich empirisch, dass die Willkürformel in der Praxis schwer greifbar sein kann. Kritiker der Willkürformel heben hervor, dass die Formel der Judikatur einen zu weiten Entscheidungsspielraum bietet und es keine trennscharfe Linie zwischen gerade noch vertretbarem und einer schon nicht mehr vertretbaren Entscheidung gibt.[322] Dies birgt für die Rechtspraxis nicht unerhebliche Unsicherheiten und führt dazu, dass die Rechtsprechung zu verfassungswidrigen Gerichtsbesetzungen einer Einzelfalljudikatur gleicht.[323]

Der BGH prüft de facto auch bei einem einfachrechtlichen Normverstoß, ob der Anspruch auf den gesetzlichen Richter entzogen wurde. Eine Entziehung des gesetzlichen Richters wird angenommen, wenn das gerichtliche Handeln objektiv willkürlich war. Dies ist es dann, wenn die Anwendung der Norm unhaltbar und nicht mehr hinnehmbar ist.[324] Nicht willkürlich ist die Entscheidung,

---

321 *Frisch*, in: *Albrecht/Paeffgen/Rudolphi/Wolter*, SK-StPO, 5. Aufl., § 338, Rn. 16; *Müller*, Anmerkung zu BGH, Urteil vom 26.01.1977 – 2 StR 613/76, NJW 1977, 1889, 1890. Kritisch hierzu *Roth*, Das Grundrecht auf den gesetzlichen Richter, S. 219f., der aber einen reinen grundrechtlichen Blickwinkel einnimmt.

322 *Sowada*, Der gesetzliche Richter im Strafverfahren, S. 216 ff. m.w.N.; *Ostler*, Gesetzlicher Richter und willkürliche Entziehung, JR 1957, 454, der davon spricht, dass der Begriff „völlig schwimmt"; *Sangmeister*, „Objektive Willkür" der Oder-Konten-Rechtsprechung des BFH?, NJW 1996, 827, 829, der meint, dass die eigentliche „Crux der Willkür" darin liege, „dass eigentlich niemand so genau weiß, was eigentlich hierunter zu verstehen ist". *Schmitz*, Rangierkunst oder Entgleisung – Die Besetzungsrüge nach Änderung des Geschäftsverteilungsplanes, StraFo 2016, 397, 397 f. Zur Kritik an der Willkürformel allgemein *Höfling*, Das Verbot prozessualer Willkür, JZ, 955, 955 ff.

323 Ein gutes Beispiel in diesem Kontext ist BGH, Urteil vom 21.12.1983 – 2 StR 495/83, NStZ 1984, 181, 181 f. Dort entschied eine unzuständige Kammer, weil ein Fehler im Geburtsdatum des Angeklagten, der die Zuständigkeit der Kammer ausgelöst hatte, erst in der Hauptverhandlung berichtigt wurde und der Geschäftsverteilungsplan keine Änderung mehr zuließ. Diese Konstellation könnte auch eine unvertretbare Anwendung der Normen sein.

324 *Frisch*, in: *Albrecht/Paeffgen/Rudolphi/Wolter*, SK-StPO, 5. Aufl., § 338, Rn. 17 f.

wenn sie auf einer noch vertretbaren Anwendung der Norm beruht.[325] Dabei ist vorsätzliches Handeln nicht nötig, sondern maßgeblich ist allein die Frage, ob die getroffene Entscheidung im Einzelfall noch gerechtfertigt und vertretbar erscheint.[326] Handelt es sich um eine irrtümliche Falschanwendung, so liegt nach der Rechtsprechung ein reiner error in procedendo vor, vor dem das Verbot der Richterentziehung nicht schützen will.[327] Die Gerichte haben über die Jahre den Begriff der „objektiven Willkür" entwickelt. Betrachtet man das Wort Willkür nach dem natürlichen Sprachempfinden, so mag es zweifelhaft sein, was genau objektive Willkür von subjektiver Willkür abgrenzt und was Sinn und Zweck dieser Unterscheidung ist.[328] Es sei hier, vorgreiflich, die Aussage eines Interviewpartners wiedergegeben: *„Die verstehen Willkür als objektive Willkür. Was fangen sie damit an? Also Willkür im normalen Sprachgebrauch ist immer auch notwendig subjektiv.(…) Aber objektiv willkürlich, damit kann ich wenig anfangen. Also da muss man Jurist sein, um das zu verstehen,(…) ich will nicht sagen, um den Unsinn zu verstehen." (1–5, 314–316, 318–320).*

Würde man den Willkürbegriff subjektiv verstehen, so wäre eine (scharfe) Trennung zwischen Irrtum und Willkür möglich: willkürlich würde vorsätzliches und irrtümlich würde fahrlässiges Handeln bedeuten.[329] Es wäre aber ein Trugschluss, sich dieser einfachen Differenzierung ohne weitere Gedanken anzuschließen. Es gibt verfassungsrechtliche, systematische und auch rein praktische Argumente, die gegen eine subjektive Beurteilung der Willkür sprechen.

Zunächst muss ein vergleichender Blick auf die sonstige grundrechtliche Judikatur geworfen werden. Verfassungsrechtlich ist anzuführen, dass der Willkürmaßstab systematisch gesprochen aus Art. 3 GG resultiert. Zu Art. 3 GG wurde

---

325 *Schmitt*, in: *Meyer-Goßner/Schmitt*, Strafprozessordnung, 61. Aufl., § 338, Rn. 6. *Roth*, Das Grundrecht auf den gesetzlichen Richter, S. 213 m.w.N.

326 *Gericke*, in: *Hannich*, Karlsruher Kommentar zur Strafprozessordnung, 7. Aufl., § 338, Rn. 19.

327 BVerfG, Beschluss vom 30.06.1970 – 2 BvR 48/70, BVerfGE 29, 45, 45. *Gericke*, in: *Hannich*, Karlsruher Kommentar zur Strafprozessordnung, 7. Aufl., § 338, Rn. 19; *Sowada*, Der gesetzliche Richter im Strafverfahren, S. 202 m.w.N. Siehe zur Kritik *Bettermann*, Der gesetzliche Richter in der Rechtsprechung des Bundesverfassungsgerichts, Archiv des öffentlichen Rechts 1969, 263, 280 ff.

328 Vgl. *Sangmeister*, „Objektive Willkür" der Oder-Konten-Rechtsprechung des BFH?, NJW 1996, 827, 829, der von der „Crux" spricht, „dass niemand so genau weiß, was hierunter zu verstehen ist"; *Roth*, Das Grundrecht auf den gesetzlichen Richter, S. 207, 211 f.

329 Vgl. *Sowada*, Der gesetzliche Richter im Strafverfahren, S. 208; *Arnold*, Die Wahlbefugnis der Staatsanwaltschaft bei Anklageerhebung, 1. Aufl., S. 39 m.w.N.

die Willkürprüfung entwickelt und geprägt. Was Willkür ist, bestimmt sich in der grundgesetzlichen Kommentarliteratur anhand objektiver Merkmale.[330] Das Bundesverfassungsgericht nimmt eine Verletzung von Art. 3 GG nach der Willkürformel an, wenn „*kein sachlich einleuchtender Grund*" für die Ungleichbehandlung ersichtlich ist.[331] Maßstab für die Frage eines Verstoßes bzw. eines Eingriffs in den Schutzbereich von Art. 101 Abs. 1 S. 2 GG ist ebenfalls das Willkürerfordernis des Art. 3 GG.[332] Nur wenn willkürliches Verhalten objektiv beurteilt wird, ist somit ein systematischer interpretatorischer Gleichlauf innerhalb der Verfassung zu gewährleisten.

Neben dieser Parallelbetrachtung sprechen sonst bestehende Beweisschwierigkeiten gegen eine subjektive Interpretation des Willkürmerkmals.[333] Denn würde man auf die jeweilige Motivlage abstellen, so würden faktisch nur Fälle strafbarer Rechtsbeugung erfasst werden.[334] Ein solcher Nachweis ist zum einen schwer zu führen, aber auch für die Revisionsgerichte schwer zu überprüfen. Der Rechtsprechung liegt es nicht fern, einen Rückgriff auf objektive Kriterien zuzulassen, wenn ein Nachweis subjektiver nicht zu führen ist.[335] Dieses praktische Argument mag bei der vorliegenden Frage auch eine (nicht unerhebliche) Rolle spielen.

Betrachtet man den Gehalt von Art. 101 Abs. 1 S. 2 GG, insbesondere mit Blick auf dessen Entstehungsgeschichte und dessen Zielrichtung der Vermeidung von Eingriffen der Exekutive, so erscheint es problematisch, subjektive Kriterien in den Garantiegehalt mit aufzunehmen. Der objektive Gehalt des Anspruchs auf den gesetzlichen Richter kann nicht subjektiv modifiziert werden. Es kommt

---

330 *Jarass*, in: *Jarass/Pieroth*, Grundgesetz für die Bundesrepublik Deutschland, 15. Aufl., Art. 3, Rn. 19, 23; *Kirchhof*, in: *Maunz/Dürig*, Grundgesetz, 84. EL., Art. 3 GG, Rn. 264 ff.; *Stree*, Verfassungsbeschwerde bei Verstoß gegen Vorlegungspflicht?, NJW 1959, 2051, 2051; *Sowada*, Der gesetzliche Richter im Strafverfahren, S. 208 m.w.N.

331 Erstmals BVerfG, Urteil vom 23.10.1951 – 2 BvG 1/51, BVerfGE 1, 14, 52.

332 BGH, Beschluss vom 30.07.1996 – 5 StR 288/95, NJW 1997, 204, 204; *Arnold*, Die Wahlbefugnis der Staatsanwaltschaft bei Anklageerhebung, 1. Aufl., S. 38 m.w.N; *Sowada*, Der gesetzliche Richter im Strafverfahren, S. 208 m.w.N. *Marx*, Der gesetzliche Richter im Sinne von Art. 101 Abs. 1 Satz 2 Grundgesetz, S. 83; *Heghmanns*, Auswahlermessen der Staatsanwaltschaft bei Anklageerhebung und gesetzlicher Richter, StV 2000, 277, 278 f.

333 Nur *Sowada*, Der gesetzliche Richter im Strafverfahren, S. 208 f., 818; *Arnold*, Die Wahlbefugnis der Staatsanwaltschaft bei Anklageerhebung, 1. Aufl., S. 39 f.

334 *Sowada*, Der gesetzliche Richter im Strafverfahren, S. 209; *Marx*, Der gesetzliche Richter im Sinne von Art. 101 Abs. 1 Satz 2 Grundgesetz, S. 82.

335 Vgl. *Sowada*, Der gesetzliche Richter im Strafverfahren, S. 209.

nicht darauf an, ob der Begriff der Willkür subjektiv oder objektiv auszulegen ist, sondern jede Willensentscheidung überhaupt bei der Besetzung eines Gerichts im Einzelfall steht dem Anspruch auf den gesetzlichen Richter entgegen.[336] Art. 101 Abs. 1 S. 2 GG schützt das Vertrauen in die Rechtsstaatlichkeit und damit die richtige Besetzung des Gerichts insgesamt.[337] Willkürliche Handlungsweisen, egal ob objektiv oder subjektiv, würden dieses Vertrauen erschüttern. Konsequenterweise wird daher nur sehr vereinzelt die Willkürprüfung anhand subjektiver Kriterien vertreten.[338] Und der Ansatz, insoweit eine trennscharfe Linie zwischen willkürlichem und gerade nicht mehr willkürlichem Handeln zu erreichen, ist wenig zielführend. Was bleibt ist die Tatsache, dass willkürliche Handlungsweisen der Präsidien nur als solche identifiziert werden können, wenn die Rechtsprechung sich in diesem Bereich weiter entwickelt und ausdifferenzierter wird.

b) Neuere Tendenz in der Rechtsprechung zur Willkürformel

Die Willkürformel soll nur dann Anwendung finden, wenn es sich um „*unklare lückenhafte oder auslegungsbedürftige*“ Verfahrensnormen handelt.[339] Hier kommt es auf die oben besprochene Vertretbarkeitsprüfung an. Sofern es sich jedoch um eine klare gesetzliche Normierung handelt, stellen die Gerichte mittlerweile allein auf die objektive Gesetzesverletzung ab.[340] Die Frage, ob darüber hinaus auch eine Entziehung des gesetzlichen Richters nach den Grundsätzen von Art. 101 Abs. 1 S. 2 GG vorliegt, ist dann nicht mehr entscheidend.[341] Als

---

336 Vgl. *Marx*, Der gesetzliche Richter im Sinne von Art. 101 Abs. 1 Satz 2 Grundgesetz, S. 83.

337 *Marx*, Der gesetzliche Richter im Sinne von Art. 101 Abs. 1 Satz 2 Grundgesetz, S. 83.

338 In diese Richtung aber *Kern*, Der gesetzliche Richter, S. 191; Siehe zudem die Verweise bei *Arnold*, Die Wahlbefugnis der Staatsanwaltschaft bei Anklageerhebung, 1. Aufl., S. 39 m.w.N.

339 *Gericke*, in: *Hannich*, Karlsruher Kommentar zur Strafprozessordnung, 7. Aufl., § 338, Rn. 21.

340 BGH, Beschluss vom 23.08.2005 – 1 StR 350/05, NStZ-RR 2006, 214, 215. Sonst nur *Gericke*, in: *Hannich*, Karlsruher Kommentar zur Strafprozessordnung, 7. Aufl., § 338, Rn. 21; in diese Richtung auch *Frisch*, in: *Albrecht/Paeffgen/Rudolphi/Wolter*, SK-StPO, 5. Aufl., § 338, Rn. 16.

341 *Gericke*, in: *Hannich*, Karlsruher Kommentar zur Strafprozessordnung, 7. Aufl., § 338, Rn. 21.

eine solche klare gesetzliche Regelung wurde bisher nur § 76 Abs. 2 GVG angesehen.[342]

Somit ist festzuhalten, dass es neuerdings nicht zwingend für den Erfolg einer Besetzungsrüge ist, dass das Gericht auch willkürlich handelte.[343] Dies ist eine bislang unbemerkte Kehrtwende in der Judikatur des BGH und eine Rückbesinnung auf die Grundsätze, die vor 1972 galten.[344] Diese Neuerung ist deshalb so bedeutend, weil ein willkürliches Verhalten in der Praxis aus Sicht der Verteidigung allzu selten als solches angesehen wird.[345]

I. Zusammenfassung

Ziel dieses Abschnitts war es, das Erkenntnisinteresse der Untersuchung herauszuarbeiten. Die Gewährleistungen des verfassungsrechtlichen Prinzips des gesetzlichen Richters, der eine abstrakt-generelle Vorherbestimmung des Richters im Einzelfall verlangt, werden durch die einfachrechtlichen Normen des GVG und die Geschäftsverteilung des jeweiligen Gerichts ausgefüllt. Durch diesen Konkretisierungsakt bestimmt sich erst die jeweilige Zuteilung von Fall und Richter. Diese Zuteilung trägt den praktischen Bedürfnissen der Gerichte Rechnung. Abstrakt betrachtet schwankt daher die rechtliche Diskussion um die Frage, wie viel eigenen Entscheidungsspielraum dem jeweiligen Gerichtspräsidium einzuräumen ist und wie eng die jeweiligen gesetzlichen, durch die Judikatur gefüllten Vorgaben sein sollen. Dabei taucht mitunter der Hinweis auf die Lauterkeit und die Vertrauenswürdigkeit der Gerichte auf, um nicht gesetzlich geregelte Bereiche zu füllen.[346]

Die Analyse des relevanten normativen Bestandes hat ergeben, dass Steuerungspotenziale bestehen. Die Darstellung von § 21e GVG hat gezeigt, dass

342 BGH, Beschluss vom 23.08.2005 – 1 StR 350/05, NStZ-RR 2006, 214, 215. Siehe auch BGH, Beschluss vom 09.11.2004 – 1 StR 375/04, NStZ-RR 2005, 47, 47.

343 So aber noch vom Generalbundesanwalt argumentiert: BGH, Beschluss vom 23.08.2005 – 1 StR 350/05, NStZ-RR 2006, 214, 215.

344 Eine Änderung der Rechtsprechung hin zu einer Willkürprüfung und Vertretbarkeitskontrolle erfolgte erstmals durch BGH, Urteil vom 27.10.1972 – 2 StR 105/70, NJW 1973, 476, 477. Zur Entwicklung der Judikatur des BGH siehe *Müller*, Anmerkung zu BGH, Urteil vom 26.01.1977 – 2 StR 613/76, NJW 1977, 1889, 1889 f.

345 *Schmitz*, Rangierkunst oder Entgleisung – Die Besetzungsrüge nach Änderung des Geschäftsverteilungsplanes, StraFo 2016, 397, 397, der davon spricht, nach Ansicht älterer Kollegen würde Willkür an Landgerichten im Verteidigungsalltag nicht vorkommen.

346 *Sowada*, Der gesetzliche Richter im Strafverfahren, S. 318.

Steuerungen durch den Geschäftsverteilungsplan und seine unterjährigen Änderungen gerade in Überlastungssituationen möglich sind. Das durch den Geschäftsverteilungsplan bei Gericht etablierte Fallverteilungssystem kann durch die Staatsanwaltschaft zu Steuerungszwecken genutzt werden. Der Mitwirkungsplan eröffnet vergleichbare Potenziale. Praxisrelevanter ist aber die Tatsache, dass Vorsitzende Richter durch die Terminierung der Hauptverhandlung ihre ehrenamtlichen Richter selbst bestimmen können. Dadurch wird in Art. 101 Abs. 1 S. 2 GG eingegriffen. Die Analyse von §§ 222a, 222b StPO hat gezeigt, wo Reformbestrebungen stattfinden. Das Steuerungspotential der Normen ist weniger rechtlich sichtbar, denn dieses zeigt sich erst in den taktischen Erwägungen rund um die Erhebung von Besetzungseinwendungen. § 76 GVG eröffnet Steuerungspotenziale hinsichtlich der Zweier- oder Dreierbesetzung in Wirtschaftsstrafsachen. Die Ausführungen zu § 338 Nr. 1 StPO haben ergeben, dass sich der revisionsrechtliche Prüfungsumfang hinsichtlich Steuerungsmaßnahmen der Landgerichte in Teilbereichen von einer reinen Willkürprüfung zu einer vollumfassenden Entscheidungskontrolle verändert hat. Dadurch erhöht sich der Druck auf die Landgerichte, den Stellenwert des Grundrechts des gesetzlichen Richters vollumfänglich zu beachten.

3. Kapitel: Darstellung und Analyse der empirischen Befunde

Im folgenden Kapitel sollen die empirischen Ergebnisse dieser Untersuchung dargestellt werden. Zu diesem Zweck werden entweder die Aussagen der jeweiligen Interviewperson in indirekter Rede konjunktivisch wiedergegeben oder direkt einzelne Interviewpassagen zitiert. Dies erfolgt zum Schutz der Interviewperson in anonymisierter Form durch eine Zahlenreihenfolge folgenden Formates: 1–3, 568–590. Die erste Zahl bezieht sich auf die Profession der Interviewperson, dabei steht eine eins für Verteidiger, eine zwei für Richter und eine drei für Staatsanwalt.[347] Die nach dem Bindestrich befindliche Zahl ist die individuelle Nummer der Interviewperson und die darauf folgenden Zahlen stellen die jeweiligen Reihennummern der transkribierten Interviewfassung dar.

In diesem empirischen Teil der Arbeit wird zunächst der Begriff der informellen Programme erläutert (unter A.). Eine Definitionsklärung ist wichtig, da an verschiedenen Punkten der Arbeit informelle Programme aufgezeigt werden. Diese sichtbar zu machen ist wichtig, weil es in der Arbeit auch gerade um die Erforschung von informellen Handlungsweisen neben dem Bestand an normativen Regeln geht. Damit ist die Darstellung von informellen Programmen eine sich durch die Arbeit ziehende Thematik. Das Kapitel nutzt als Ausgangsüberlegung die im vorherigen Kapitel dargestellte Annahme, dass der normative Status-quo Einfallstore für Flexibilisierungsbestrebungen bietet. Folglich wird nun erforscht, woher neben der rechtlichen Ausgangslage auch praktisch das Bedürfnis nach einer flexiblen Fallsteuerung herrührt (unter B.), bevor im Folgenden dann auf den Umgang mit diesem Bedürfnis, unterteilt in den gerichtlichen und staatsanwaltschaftlichen Blickwinkel sowie die Sicht der Verteidigung, eingegangen wird (unter C.). Unter D. wird das durch die Empirie sichtbar gewordene Spannungsverhältnis zwischen dem Anspruch auf den gesetzlichen Richter und der Effektivität der Strafrechtspflege näher beleuchtet.

347 Aus Gründen der Anonymisierung wird in der Arbeit allein die männliche Form der jeweiligen Berufsgruppe gewählt. Selbstverständlich wurden auch Frauen interviewt.

A. Informelle Programme

Der Begriff des informellen Programms[348] besticht nicht dadurch, besonders griffig und einfach zugänglich zu sein. Es ist daher an diesem Punkt der Arbeit wichtig zu ergründen, welches Verständnis diesem Begriff im Kontext dieser Untersuchung beigemessen wird. Zunächst mag man geneigt sein, informell mit unzulässig gleichzusetzen, haftet dem Begriff doch an, sich neben dem gesetzlichen System von Regeln auf verborgenes Verhalten zu beziehen. Dieses Verständnis kann verschiedentlich beobachtet werden, so etwa insbesondere in der Diskussion um die Kodifizierung der rechtlichen Parameter der Absprachereglungen im Strafrecht.[349] Ähnlich und als Mittel der Grenzziehung zwischen förderlichem und weniger förderlichem Verteidigungsverhalten benutzt, taucht der Begriff des informellen Programms auch bei der Frage auf, was zu dem Handlungsinstrumentarium des Konfliktverteidigers zu zählen ist.[350] In der Untersuchung soll der Begriff nicht benutzt werden, um legales von illegalem oder förderliches von zweckwidrigem Verhalten zu unterscheiden. Der Begriff soll aber gleichwohl, und im Gleichlauf mit den gerade dargestellten Diskussionen, verwendet werden, um eine Grenzziehung zu ermöglichen. Die in der Arbeit anvisierte Grenze ist aber die zwischen formellem, durch kodifizierte Normen bestimmtem Verhalten im Strafprozess, das gleichläuft mit den Regelungen der StPO und des GVG, und zwischen informellen Handlungsweisen, die nicht normierten Handlungsmustern und nicht artikulierten Regeln entspringen.[351] Dabei

348 Als bedeutend ist der Beitrag von *Hassemer*, Informelle Programme im Strafprozeß, StV 1982, 377, 377 ff. anzusehen.

349 Exemplarisch klingt dieses Verständnis des Begriffs etwa an bei *Hamm*, in: *Nelles* (Hrsg.), Strafverteidigung in Forschung und Praxis, Braucht die StPO, um wieder zu gelten, ein Dealgesetz?, S. 57 ff. Auf S. 58 etwa wird die Frage aufgeworfen, ob die „StPO noch gelte?". *Niemöller/Schlothauer/Weider*, Gesetz zur Verständigung im Strafverfahren, sprechen schon in der Einleitung davon, dass durch die Kodifizierung der Regelungen des Deals eine „scharfe Scheidelinie" zwischen legal und illegal, weil informell, gezeichnet würde, näher auch ab S. 10 ff.; dazu auch *Rückel*, Verteidigertaktik bei Verständigungen und Vereinbarungen im Strafverfahren, NStZ 1987, 297, 297.

350 So etwa bei *Jahn*, „Konfliktverteidigung" und Inquisitionsmaxime, S. 26 und *Krekeler*, Strafrechtliche Grenzen der Verteidigung, NStZ 1989, 146, 146 ff., der informelle Programme vor allem auch als internes Kontrollinstrument und „Selbstbeschränkung" und damit eine Limitierung von Verteidigerverhalten ansieht.

351 *Theile*, Wirtschaftskriminalität und Strafverfahren, S. 96. Dazu auch *Thielmann*, Alan Dershowitz und die ungeschriebenen Regeln des Strafprozesses, HRRS 2016, 349, 349 f. Aus der Kriminalitätsforschung dazu *MacNaughton-Smith*, in: *Lüderssen/Sack* (Hrsg.), Seminar: Abweichendes Verhalten II, Der zweite Code, S. 197 ff.

geht es nicht so sehr darum, eine Limitierung aufzuzeigen, sondern vielmehr darum, einen verborgenen Verhaltenskodex sichtbar zu machen. Die Visualisierung des informellen Regelsets kann daneben auch dazu dienen, aufzuzeigen, wie das formelle Programm in der Praxis eingesetzt und verstanden wird und damit Rückschlüsse auf die kodifizierten Regeln bieten.[352] Das informelle Programm kann sowohl im Gleichlauf als auch im Widerspruch zum formellen Programm stehen.[353] Als Programm wird der Bestand an Regeln verstanden, die nicht explizit formuliert, aber dennoch handlungsleitend sind. Dabei umfasst der Begriff Programm die Annahme, es handele sich um informelle Vorschriften und damit um einen Bereich, der abermals von Regeln durchdrungen ist.[354] Passend ist auch die Beschreibung als *„ungeschriebene Regeln der anwaltlichen Klugheit"*.[355] Der Begriff des informellen Programms kann daher auch mit Strategie umschrieben werden.[356] Damit zielt die Interpretation aber darauf ab, nur für Strafverteidiger zu gelten. Dieses Verständnis liegt dieser Untersuchung nicht zu Grunde. Vielmehr wird davon ausgegangen, dass sich informelle Programme bei dem Handeln aller strafrechtlichen Akteure zeigen, namentlich also auch bei richterlichem und staatsanwaltschaftlichem Handeln.[357]

Zusammengefasst liegt der Arbeit also folgende Definition des informellen Programms zu Grunde: neben dem gesetzlichen Programm von StPO und GVG sind in der Prozesswirklichkeit informelle Regeln und Verhaltensweisen entstanden, die sowohl im Widerspruch, als auch in Konkordanz mit Normen stehen können. Informelle Handlungsweisen haben sich im Verhalten von Verteidigern, aber auch bei staatsanwaltschaftlichem und richterlichem Verhalten gebildet.

---

352 Diese Wirkung informeller Programme wird zu Grunde gelegt von *Theile*, Wirtschaftskriminalität und Strafverfahren, S. 96.

353 Vgl. *Theile/Nippgen/Spiess u. a.*, in: *Theile/Nippgen* (Hrsg.), Die Arbeitsweise der Wirtschaftsstrafkammern, 4. Kapitel Zusammenfassung, S. 346.

354 Siehe zu dieser Interpretation der Definition von *Hassemer*, Informelle Programme im Strafprozeß, StV 1982, 377, 381, *Theile*, Wirtschaftskriminalität und Strafverfahren, S. 96.

355 *Krekeler*, Strafrechtliche Grenzen der Verteidigung, NStZ 1989, 146, 153.

356 So etwa bei *Hassemer*, in: *Hamm/Leipold*, Beck'sches Formularbuch für den Strafverteidiger, 6. Aufl., I. Grenzen zulässiger Strafverteidigung, S. 2. In diese Richtung auch *Petermann*, Strafverteidigung in Wirtschaftsstrafverfahren zwischen Rechtsmissbrauch, Konflikt und Konsens, S. 66 f.

357 Diese Interpretationsrichtung klingt auch an bei *Thielmann*, Alan Dershowitz und die ungeschriebenen Regeln des Strafprozesses, HRRS 2016, 349, 355.

B. Strukturelle Anlagen für flexible Fallsteuerungen

Bevor auf Möglichkeiten und Motive von gezielten Fallsteuerungen eingegangen werden kann, muss an dieser Stelle das gerichtliche (unter I.) und staatsanwaltschaftliche (unter II.) Bedürfnis dazu ergründet werden. Probleme der Gerichtsorganisation potenzieren sich, sofern es um Wirtschaftsstrafverfahren geht. Dies wird unter III. dargestellt.

I. Bedürfnis nach Steuerung auf gerichtlicher Ebene

Die Gerichtsorganisation hat zum einen verfassungsrechtliche Determinanten zu beachten, insbesondere die durch das GVG konkretisierten Gewährleistungen des Anspruchs auf den gesetzlichen Richters, Art. 101 Abs. 1 S. 2 GG. Andererseits muss sie aber auch aufgabengerecht organisiert sein, das heißt sie muss so gestaltet sein, dass sie ihre Aufgaben effektiv und effizient wahrnehmen kann. Dieses Spanungsverhältnis verschärft sich, wenn politische und ökonomische Gesichtspunkte Einfluss haben.[358] Gepaart mit einem hohen Fallaufkommen und einer angespannten Personalsituation entsteht für die Gerichte ein nicht unerheblicher Bewältigungsdruck.

Darauf hat der Gesetzgeber unterschiedlich reagiert: So traf er zunächst die Entscheidung, der Flut an Verfahren einen personell verstärkten Gerichtskörper gegenüber zu setzen. Darauf folgend schuf er rechtliche Instrumentarien, die es erleichtern sollten, Verfahren schneller durchzuführen und zu beenden und sie dadurch insgesamt zu verkürzen. Diese Entwicklung wurde auch als Entformalisierung des Strafrechts bewertet. Zuletzt wurde sichtbar, dass die Verantwortung, für die Bewältigung des Fallaufkommens mit dem vorhandenen Justizapparat zu Recht zu kommen, zunehmend auf die Gerichte verlagert wurde.[359] Dadurch

---

358 *Theile*, in: *Heinz/Rengier/Hilgendorf* (Hrsg.), Festschrift für Wolfgang Heinz, Flexible Fallzuweisung und gesetzlicher Richter (Art. 101 I 2 GG) – eine Problemskizze am Beispiel der Wirtschaftsstrafkammern, S. 903; *Fornauf*, Die Unabhängigkeit der Dritten Gewalt im rechtsstaatlichen Strafrecht, Kritische Vierteljahresschrift 2010, 217, 231; *Landau*, Die Pflicht des Staates zum Erhalt einer funktionstüchtigen Strafrechtspflege, NStZ 2007, 121, 121.

359 Zum ganzen *Wiebel*, Effizienz und Gerichtsverfassung: Der Versuch eines Ansatzes zur Pflege der Rechtspflege, ZRP 1998, 221, 221; *Röhl*, Vom Gerichtsmanagement zur Selbstverwaltung der Justiz, DRiZ 1998, 241, 241 ff. Dazu passt auch die Diskussion um die Selbstverwaltung der Justiz Mitte der 2000er Jahre, angestoßen durch den Richterbund. Dazu *Weber-Grellet*, Selbstverwaltung der Justiz, ZRP 2007, 153, 153 ff.; *Kramer*, Die Selbstverwaltung der Dritten Gewalt, NJW 2009, 3079, 3079 ff. Zum aktuellen Stand der Diskussion *Brosius-Gersdorf*, in: *Röhl/Arnauld/Wittreck u. a.* (Hrsg.),

bildet sich das strukturelle Bedürfnis nach Flexibilität. Es kann zu dem Wunsch führen, Lücken im gesetzlichen Gebilde flexibel nutzen zu wollen, um einen funktionierenden Geschäftsbetrieb erhalten zu wollen. Kommt ein nicht gesetzlich vorgesehener Wissensvorsprung hinzu, beispielsweise über künftige Verfahren, ist es schwer, diesen nicht zu nutzen.

II. Bedürfnis nach Steuerung auf staatsanwaltschaftlicher Ebene

Einem strukturellen Bedürfnis, Verfahren zu steuern, widerspricht es, dass die Staatsanwaltschaft gemäß § 160 Abs. 2 StPO alle Tatsachen, die den Beschuldigten belasten oder entlasten, zu ermitteln hat. Dies dient dem Rechtsschutz des Beschuldigten und gebietet der Untersuchungsgrundsatz.[360] Dabei ist sie in besonderem Maße dem Neutralitätsgrundsatz verpflichtet.[361] Sie wird gerne als „objektivste Behörde der Welt" bezeichnet.[362] Diese Aussage wird aber ganz überwiegend mit einem Augenzwinkern vorgebracht und meist ironisch verwendet.[363] So machte schon *von Liszt* 1901 mit dieser Bezeichnung klar, dass Objektivität nur vorliegen kann, wenn sie mit Weisungsfreiheit gepaart ist.[364] Dies ist aber gerade die streng hierarchisch gegliederte Behörde Staatsanwaltschaft nicht.[365] Ein Staatsanwalt ist nicht nur streng weisungsgebunden, § 146 GVG, sondern steht auch unter interner und gleichsam externer Beobachtung. Verfahren kommen schnell in den Fokus der auch vor allem medialen Öffentlichkeit. Diese Faktoren können zu einem steigenden Erledigungsdruck[366] in

---

Öffnung der öffentlich-rechtlichen Methode durch Internationalität und Interdisziplinarität, Dritte Gewalt im Wandel: Veränderte Anforderungen an Legitimität und Effektivität?, S. 214 ff. Laut einer dort wiedergegebenen Studie würden bundesweit 75% der Richter eine gerichtliche Selbstverwaltung wünschen.

360 *Peters*, Fehlerquellen im Strafprozeß, Eine Untersuchung der Wiederaufnahmeverfahren in der Bundesrepublik Deutschland, 2. Band: Systematische Untersuchungen und Folgerungen, 1. Aufl., S. 213; *Beulke*, Strafprozessrecht, 13. Aufl., Rn. 21.

361 LG Köln, Beschluss vom 14.03.2013 – 116 KLS 2/12, BeckRS 2013, 06336.

362 *Liszt*, Stellung der Verteidigung in Strafsachen, DJZ 1901, 179, 180.

363 Etwa *Editorial*, FD-StrafR 2016, 376841.

364 *Liszt*, Stellung der Verteidigung in Strafsachen, DJZ 1901, 179, 180. Siehe zu der Problematik, dass Einflussnahmen intransparent für Öffentlichkeit und Verteidigung sind *Maier*, Wie unabhängig sind Staatsanwälte in Deutschland?, ZRP 2003, 387, 387, 390f.

365 Vgl. hierzu *Zuberbier/Mayer/Renker-Salamon*, Einführung in die staatsanwaltliche Praxis, S. 13 ff.

366 *Eisenberg*, Kriterien der Eröffnung des strafprozessualen Hauptverfahrens, JZ 2011, 672, 677; Zur Begrifflichkeit *Hergenröder*, Das staatsanwaltschaftliche Verfahren, S. 149.

Hinsicht auf die Abarbeitung des Fallaufkommens führen.[367] Zudem kann der öffentliche Erwartungsdruck zunehmen.[368] Neben einer angespannten Personalsituation ist damit das Bedürfnis angelegt, Fälle zügig erledigen zu wollen. Damit steigt die strukturelle Neigung, Verfahren zu einem bestimmten Gericht steuern zu wollen. Hinzu kommt, dass in der Staatsanwaltschaft das Selbstbildnis vorzufinden ist, quasi auf Seiten des Gerichts zu stehen.[369] Dies wiederum führt dazu, dass eine mögliche Fallsteuerung zu einem favorisierten Gericht als weniger problematisch angesehen wird. Diese Faktoren und Tendenzen führen dazu, dass die Staatsanwaltschaft ein Bedürfnis entwickeln kann, Fälle im Rahmen des Möglichen zielgenau steuern zu wollen.[370]

III. Besonderheiten von Wirtschaftsstrafverfahren

Die Untersuchung zielt darauf ab, zu erheben, welche Steuerungsmöglichkeiten in Hinblick auf das Fallkaufkommen bei Gericht und Staatsanwaltschaft bestehen und wie die Verteidigung ihrerseits damit umgeht. Dabei wurde bewusst der Fokus auf Wirtschaftsstrafverfahren gelegt,[371] was sich auch bei der Auswahl der Experten widerspiegelte. Es wurden Richter aus Wirtschaftsstrafkammern, Staatsanwälte aus Schwerpunktstaatsanwaltschaften und Wirtschaftsstrafverteidiger interviewt.

Sinn und Zweck dieser Einschränkung war die Überlegung, dass umso spezialisierter ein Bereich ist, desto klarer Fallsteuerungen zu Tage treten können. Es stand die These am Anfang der Untersuchung, dass Steuerungsmöglichkeiten und damit Manipulationsmöglichkeiten in Rechtsbereichen, bei denen auf gerichtlicher Seite eine überschaubare Anzahl an Kammern zuständig ist, Anklagen weit überwiegend von spezialisierten Schwerpunktstaatsanwaltschaften kommen und zudem eine geringe Anzahl spezialisierter Strafverteidiger tätig ist, besonders greifbar sind. Unter diesem Blickwinkel sind daher die nachfolgend dargestellten Ergebnisse zu sehen. Das bedeutet auch, dass sie mitunter nicht verallgemeinerungsfähig sind.

367 *Zuberbier/Mayer/Renker-Salamon*, Einführung in die staatsanwaltliche Praxis, S. 13 ff.

368 Zu beidem und den Begrifflichkeiten *Eisenberg*, Beweisrecht der StPO, 10. Aufl., Rn. 740.

369 Dies zeigte sich bei der empirischen Untersuchung, näher dazu im 3. Kapitel unter E.

370 Dazu im 3. Kapitel unter C. II.

371 Zum Begriff der Wirtschaftsstrafverfahren, der dieser Untersuchung zugrunde liegt, siehe oben 1. Kapitel A.

1. *Merkmale der Verfahren*

Fragte man die Interviewpersonen nach den Besonderheiten von Wirtschaftsstrafverfahren, so konnte man ganz überwiegend das Wort *„komplex"* hören. So seien die Fälle oftmals komplex, was den Sachverhalt und damit den Umfang der Beweismittel, den Aktenumfang und die rechtliche Materie angeht (3–1, 228 ff.; 3–2, 269 ff.). Typischerweise würden wirtschaftsstrafrechtliche Fälle Querverbindungen zwischen verschiedenen Rechtsbereichen aufweisen und seien von den tangierten Rechtsfragen oftmals schwierig.[372] So könne es sein, dass mehrere Unternehmen und Privatpersonen beteiligt seien und besondere Ermittlungsmaßnahmen nötig würden, die unterschiedliche, besonders auszuwertende Beweismittel zu Tage fördern würden. Die Fälle können besonderes Fachwissen fordern und damit zu einer Selektion der in diesem Bereich tätigen Personen führen. Nicht zuletzt fände auch eine Selektion dadurch statt, dass der typische Angeklagte in Wirtschafsstrafverfahren über überdurchschnittlich viel Finanzmittel verfügen würde. Dies führt zum einen zu einer *„anderen Klientel"* (3–2, 289). Oder zum anderen dazu, wie ein Anwalt vermutete:

> *„[...] man spricht immer wieder davon, dass Wirtschaftsstrafsachen deswegen so schwierig sind, weil manchmal das Geld da ist, um auch teure Verteidiger zu bezahlen, die dann, [...] über einen Monat, oder länger, auch mal eine Besetzungsrüge vorbereiten können. Das ist vielleicht bei anderen Strafsachen nicht so der Fall. Also wenn sie sozusagen die vermutete finanzielle Ausstattung eines Angeklagten beim Schwurgericht nehmen, die wird schlechter sein als bei der Wirtschaftsstrafkammer." (1–5, 1179–1187)*

Dass die Verfahren oftmals in der Öffentlichkeit stehen, ist wiederum nach Ansicht der Interviewpartner kein Unterscheidungsmerkmal, wenn man an Hauptverhandlungen von Kapitalverbrechen denken würde. Vielmehr sei in Wirtschaftsstrafsachen nur ein steigender öffentlicher Erwartungsdruck und eine Zunahme an Ermittlungseifer zu verzeichnen.[373]

2. *Strukturelle Anfälligkeit für Fallsteuerungen*

Die Untersuchung ergab, dass in Wirtschaftsstrafsachen überdurchschnittlich oft Fälle vorkommen, die sich, was den Umfang der Fälle angeht, deutlich von der Masse der sonstigen Verfahren abheben. Diese Großverfahren treten in Bezug zu allgemeinen Strafsachen gehäuft auf (1–1, 1145 ff.; 1–2, 1078 ff.; 1–3,

---

372 Vgl. auch *Nippgen/Petermann*, in: *Theile/Nippgen* (Hrsg.), Die Arbeitsweise der Wirtschaftsstrafkammern, 3. Kapitel: Empirische Befunde, S. 332.

373 Genauer siehe im 3. Kapitel unter C. II. 2. e) (i).

1324 ff.; 2–1, 307 ff.; 3–1, 245 ff.). Die dargestellte sachliche und rechtliche Komplexität der Verfahren begünstigt Reduktionstendenzen in allen Stufen des Verfahrens.[374] Diese Tendenz schürt den Wunsch nach Entledigung des Falles und, wenn nicht möglich, nach Entschlankung des Prozessstoffes. Im Rahmen des Ermittlungsverfahrens, noch unter Leitung der Staatsanwaltschaft, kann dies zu umfangreicheren Beweissicherungsmaßnamen und Beweisauswertungen führen (vgl. 1–1, 1179 ff.). Im Zwischen- und Hauptverfahren sind ebenfalls die Auswirkungen umfangreicher Verfahren zu spüren. Großverfahren, die geeignet sind den geltenden Geschäftsverteilungsplan zu sprengen, sind häufiger.

> *„Also […] die Großverfahren, die völlig aus dem Ruder laufen, sind gehäufter." (2–1, 307–308)*
>
> *„Sie sind im Prinzip natürlich oft umfangreich. Und zwar in Einzelfällen. Es gibt die durchschnittlichen Wirtschaftsstrafverfahren, die, würde ich mal sagen, zehn Verhandlungstage dauern. Es gibt natürlich auch welche, gerade bei einem geständigen Angeklagten, die sind dann auch in 3,4,5 Verhandlungstagen zu Ende. Aber gerade bei Wirtschaftsstrafverfahren gibt's dann halt auch viele, die sich über mehrere Monate hinziehen. Und wenn man dann natürlich die Turnuszuteilung hat, wo jeder ein Verfahren bekommt, ist natürlich der Unterschied zwischen einem Ein-Jahresfall und einem Fünftagesfall manchmal schwierig zu händeln." (2–273, 246–255)*

Damit ist aus gerichtlicher Sicht eine unterjährige Geschäftsverteilungsplanänderung oftmals nötig, was die Gefahr unzulässiger Einzelfallzuweisungen und damit das Manipulationspotential erhöht.[375] So werden strukturelle Einfallstore für Fallsteuerungen geöffnet und damit Manipulationsmöglichkeiten geschaffen.

C. Umgang mit dem Bedürfnis nach Fallsteuerung

Wurde im vorherigen Abschnitt die strukturelle Herkunft des Bedürfnisses, Fälle flexibel zu handhaben, erläutert, wird im Folgenden nun dargestellt, wie die Gerichte (unter I.), die Staatsanwaltschaft (unter II.) und die Verteidigung wiederum (unter III.) damit umgehen.

I. Möglichkeit zur Fallsteuerung auf gerichtlicher Ebene

Die Untersuchung hat gezeigt, dass die Gerichte in dreierlei Hinsicht die Möglichkeit haben, Verfahren zu bestimmten Kammern oder Richtern zu steuern.

---

374 Ausführlicher siehe *Nippgen/Petermann*, in: *Theile/Nippgen* (Hrsg.), Die Arbeitsweise der Wirtschaftsstrafkammern, 3. Kapitel: Empirische Befunde, S. 25 ff.

375 Vgl. hierzu *Velten*, in: *Albrecht/Paeffgen/Rudolphi/Wolter*, SK-StPO, 5. Aufl., § 21e GVG, Rn. 36.

Dies sind die Errichtung der Geschäftsverteilungspläne und der kammerinternen Mitwirkungspläne sowie die Terminierung der Verfahren unter dem Aspekt der Besetzung der ehrenamtlichen Richter.[376] Auf diese drei Möglichkeiten soll im Folgenden aus Sicht der interviewten Experten näher eingegangen werden.

1. Fallsteuerung durch Geschäftsverteilungsplan

Durch den Geschäftsverteilungsplan hat das Präsidium die Möglichkeit, die Grundpfeiler der Geschäftsverteilung am Gericht zu regeln. Die Erstellung eines Jahresgeschäftsverteilungsplanes ist für das Präsidium die wichtigste Aufgabe. Es ist nicht unbeliebt, Präsidiumsmitglied zu sein.

> *„ (…) man bekommt einen Überblick über die ganze Bandbreite der Geschäfte im Landgericht und kann da halt Einfluss nehmen.“ (2-2/3, 41–43)*

Inhaltlicher Ansatzpunkt ist eine gerechte Verteilung der Arbeitslast, der Geschäftsbelastung (2–1, 132 ff., 2–2/3, 134 ff.). Das setzt eine Prognoseentscheidung voraus und ist damit notwendigerweise mit Unsicherheiten belastet.

> *„Wir versuchen natürlich immer zu antizipieren, was im nächsten Jahr möglicherweise an Geschäften anfällt. Aber es ist teilweise wirklich schwierig, schwer vorhersehbar.“ (2–2/3, 154–156)*

Wichtigste Entscheidung ist hierbei die Wahl des Fallverteilungssystems, also ob etwa ein Buchstaben- oder Turnussystem gewählt wird. In der Praxis hat sich dies auf eine Entweder-oder-Lösung verengt, andere Systeme wurden bei den untersuchten Gerichten nicht praktiziert. Gesetzgeberisches Leitbild ist der Geschäftsplan, der einmal im Jahr im Voraus das Fallaufkommen während des Kalenderjahres regeln soll. Änderungen sind nur als Ausnahmefall in den gesetzlich geregelten Fällen vorgesehen, vgl. § 21e Abs. 3 GVG. In der Praxis ist das Präsidium regelmäßig gezwungen, den Geschäftsverteilungsplan während des laufenden Geschäftsjahres anzupassen. Das steht zwar im Widerspruch zu § 21e Abs. 1 S. 2 GVG und damit dem Willen des Gesetzgebers. Jedoch sind anders die Änderungen im Personalwesen oder die Bewältigung des Fallaufkommens unter Wahrung des Beschleunigungsgrundsatzes, der Effektivität der Rechtspflege und des Anspruchs auf den gesetzlichen Richters nicht zu bewerkstelligen. Dabei

376 Zu der Konstellation, dass durch Terminierung des Vorsitzenden sich erst die konkrete Besetzung der Kammer ergeben kann BVerfG, Beschluss des Plenums vom 08.04.1979 – 1 PBvU 1/95, JR 1997, 278, 281, mit Anm. *Katholnigg*, Anmerkung zu BVerfG, Beschluss des Plenums vom 08.04.1997 – 1 PBvU 1/95, JR 1997, 284, 284.

handelt es sich um eine Situation, die für die Justizverwaltung nicht neu ist und kritisiert wird.[377]

a) *Plansteuerung durch Wissensvorsprung*

Das Präsidium hat theoretisch die Möglichkeit, bei Erstellung des Jahresgeschäftsverteilungsplanes den Plan auf kommende Verfahren einzustellen. Dies kann in der Weise geschehen, dass eine Kammer neu geschaffen und mit entsprechender Kompetenz besetzt wird, um ein zukünftiges Verfahren dieser Kammer zuzuteilen. Oder aber es kann der Turnusschlüssel entsprechend darauf eingestellt werden, bestimmte zukünftige Verfahren bestimmten Kammern zuzuweisen. Dies kann nur geschehen, wenn das Präsidium bei Erstellung des Jahresgeschäftsverteilungsplanes weiß, welche Verfahren im kommenden Jahr angeklagt werden.

Der Fokus der Untersuchung lag daher insoweit darauf, die Herkunft dieses Wissens zu eruieren. Es zeigte sich, dass dies auf unterschiedlichste Weise entstehen kann.

Auf diese Thematik angesprochen konnten die interviewten Richter, die gleichzeitig Präsidiumsmitglieder waren, mitteilen, dass es absehbar sein kann, welche Fälle auf das Gericht zukommen. Die Informationen erlangen sie durch Pressemitteilungen, informelle Gespräche mit Kollegen der Staatsanwaltschaft oder durch Vorbefassungen bei Haftfällen.

> *„Ja, das ist zum Teil absehbar. Also die Staatsanwaltschaft macht ja auch Pressemitteilungen. Oder die informelle Kommunikation zwischen Kollegen, wenn man weiß, dass die in einer Abteilung an einem großem Verfahren sitzen, das in absehbarer Zeit auch zur Anklage führen muss, wenn die in Haft sind, weiß man, dass was auf uns zukommt." (2–1, 493–495)*

Das für Fallsteuerungen relevante Wissen zu erlangen ist einfacher, wenn eine direkte Kommunikation zwischen Gericht und Staatsanwaltschaft stattfindet. Ein Staatsanwalt konnte von einer Absprache zwischen Richtern, Präsidenten und leitenden Oberstaatsanwälten berichten. Inhalt dieser ist es, dem Gericht von komplexen Haftsachen vor Anklageerhebung zu berichten, um diesem so zu ermöglichen, sich geschäftsverteilungsmäßig darauf einzustellen.

> *„[…] da gibt's auch inzwischen so eine Verständigung der Landrichter, der Landgerichtspräsidentin vor allen mit den Leitenden Oberstaatsanwälten. Gerade, wenn komplizierte,*

---

377 Siehe hierzu *Peters*, Anmerkung zu BGH, Urteil vom 12.04.1978 – 3 StR 58/78, JR 1979, 82, 82, der insofern das richterliche Erprobungs- und Beförderungssystem anprangert und feststellt, dass ein „Landgericht kein Rangierbahnhof" sei.

wenn Haftsachen kommen oder eben sehr komplexe Verfahren, dass die auch eine Möglichkeit haben zu reagieren. Und zum Beispiel eine Hilfsstrafkammer eröffnen können. Also wir sind gehalten, aus Beschleunigungsgründen bei Haftsachen darauf zu achten und zu drängen, jede Möglichkeit zu nutzen, um die Dauer der Untersuchungshaft so kurz wie möglich zu halten. Und eine Möglichkeit davon ist auch, dass man eben dem Landgericht vorher signalisiert, in einem Monat oder in eineinhalb sind wir fertig, und dann kommt die Anklage. Und die wird umfangreich und ihr müsst vielleicht euch eine Kapazität überlegen, wo ihr das hin steckt. Dass man konkret aufgrund dieser Information etwas gemacht hätte, ist mir nicht bekannt. Aber das Oberlandesgericht ist da sehr sehr streng, bei der Sechs- oder Neun- oder Zwölf-Monats-Haftprüfung. Und das war ausdrücklich mal auch quasi vorgesehen oder ist vorgesehen, als Möglichkeit, um dann bei Gericht dafür zu sorgen, dass das Verfahren halt schneller bearbeitet werden kann. Aber das ist eigentlich der einzige Fall. Dass die möglicherweise eben reagieren können und sagen können, unsere Wirtschaftsstrafkammern sind voll, alle, die verhandeln meinetwegen auch gerade etwas Längeres, was man nicht unterbrechen kann. Und wir brauchen jetzt eine Hilfsstrafkammer. Die wir eben nur für dieses Verfahren jetzt schaffen, damit da nichts anbrennt. Das ist ausdrücklich so vorgesehen. Und ansonsten redet man, informell gibt's natürlich diese Information schon öfter. Man kennt die Kollegen ja." (3–2, 705–731)

Dass sich die Gerichte auf künftige Verfahren einstellen, vermutete auch ein weiterer Staatsanwalt (3–1, 698 ff.).

Den deutlichsten Fall eines gesetzgeberisch nicht vorgesehenen Wissensvorsprungs bei Gericht konnte ein Anwalt berichten. Er schilderte aus eigener Erfahrung einen Fall, in dem es im Stadtstaat A gängige Praxis war, dass die Staatsanwaltschaft zum Ende des Jahres an das zuständige Landgerichtspräsidium eine Liste von großen Verfahren schickte, die sie im kommenden Jahr plante anzuklagen. Die jeweiligen Namen der Angeklagten wurden nicht ausdrücklich genannt. Ein Rückschluss aus den genannten Aktenzeichen in Verbindung mit der gerichtlichen Vorbefassung durch Beschlüsse im Ermittlungsverfahren ermöglichte dem Gericht gleichwohl eine Individualisierung und damit, weil zu dieser Zeit noch das Buchstabensystem etabliert war, einen möglichen Zuschnitt von Kammern durch den Geschäftsverteilungsplan (1–3, 373 ff.). Diese Praxis konnte nur mittels einer Besetzungsrüge und entsprechender Recherchetätigkeiten engagierter Verteidiger aufgedeckt werden.

Aus Sicht der Verteidiger ist es ebenfalls wenig realitätsnah anzunehmen, Präsidien würden sich trotz des Wissens um kommende Verfahren nicht bei Erstellung des Jahresgeschäftsverteilungsplanes bemühen, abzusehende Überlastungen oder auch Überforderungen zu beheben.

„Die laufen ja nicht blind und taub und stumm durch die Gegend, sondern die wissen, da kommt etwas." (1–5, 386–387)

b) *Steuerung durch Fallverteilung*

Die Frage, ob und wie eine Steuerung des Falles zu einer bestimmten Kammer möglich ist, hängt davon ab, welches Verteilungssystem gewählt ist. Es sind grundsätzlich mehrere Systeme denkbar: so können die Fälle etwa nach Buchstaben, nach dem Wohnsitz des Angeklagten, nach Sachgebieten oder nach dem zeitlichen Eingang des Verfahrens verteilt werden.[378] Bei den untersuchten Landgerichten wird heute nur noch das Rotationssystem, auch Turnusprinzip genannt, praktiziert. Es zeigte sich, dass früher mehrheitlich das Buchstabensystem etabliert war, aber Anfang der 2000er Jahre die Gerichte zunehmend auf das Turnussystem umgestellt haben (1–4, 283 ff; 2–1, 591 f.; 2–2/3, 182–185).[379]

Diese Untersuchung will aufzeigen, welches Manipulationspotential dem Buchstaben- und Turnussystem immanent ist.[380] Darzustellen, ob und wie häufig Manipulationen vorkommen, ist nicht Ziel der Arbeit. Das kann die Untersuchung aufgrund ihres Zuschnitts nicht leisten. Sie kann allein dazu beitragen, die Möglichkeiten der Fallsteuerung aufzuzeigen, die dadurch gegeben sind, dass Lücken oder Flexibilisierungselemente genutzt werden.

(i) Manipulationspotential des Buchstabensystems

Die Zuweisung nach Buchstaben hat den augenscheinlichen Vorteil, dass es sich um ein relativ sicheres und einfach zu handhabendes Zuweisungskriterium handelt. Es wird im Geschäftsverteilungsplan geregelt, welche Kammer welche Verfahren eingeteilt nach Buchstaben, bestimmend nach dem ersten Buchstaben des Nachnamens des Angeschuldigten, zu verhandeln hat.[381] Probleme ergeben sich dann, wenn die Anklageschrift mehrere Angeschuldigte enthält. Dann bedarf es Sicherungsvorkehrungen. Es muss im Vorhinein im Geschäftsverteilungsplan geregelt sein, nach welchen Kriterien die Zuteilung zu erfolgen hat

---

378 *Kissel/Mayer*, Gerichtsverfassungsgesetz, 9. Aufl., § 21e, Rn. 150 ff. Bei Rechtsmittelgerichten ist auch die Verteilung nach dem Gericht/Spruchkörper der Vorinstanz denkbar, Rn. 153. *Sowada*, Der gesetzliche Richter im Strafverfahren, S. 311.

379 1963 zählte das Rotationsprinzip noch nicht einmal zu den gängigen Systemen, vgl. BGH, Urteil vom 10.07.1963 – VIII ZR 204/61, NJW 1963, 2071, 2073. Heute schon *Schmitt*, in: *Meyer-Goßner/Schmitt*, Strafprozessordnung, 61. Aufl., § 16 GVG, Rn. 4.

380 Diese beiden Systeme auch als die heute gängigen dargestellt *Schmitt*, in: *Meyer-Goßner/Schmitt*, Strafprozessordnung, 61. Aufl., § 16 GVG, Rn. 4.

381 Der Geschäftsverteilungsplan muss selbstverständlich zusätzliche Auslegungskriterien für unklare Namenszusätze, Schreibweisen etc. beinhalten. *Sowada*, Der gesetzliche Richter im Strafverfahren, S. 320; *Kissel/Mayer*, Gerichtsverfassungsgesetz, 9. Aufl., § 21e, Rn. 150.

bzw. welcher Nachname eines Angeschuldigten die Zuständigkeit einer Kammer auslöst. Dafür gibt es unterschiedliche Möglichkeiten. Das gängigste ist die Anknüpfung an den ältesten Angeschuldigten.[382] Früher war es jedoch üblich, an der in der Anklageschrift genannten Reihenfolge der Angeschuldigten festzuhalten, sofern keine Anhaltspunkte dafür vorlagen, dass die Staatsanwaltschaft die Reihenfolge willkürlich bestimmt hatte.[383] Die Willkürgrenze wurde etwa dann als überschritten angesehen, als die Staatsanwaltschaft durch die Reihenfolge der Angeschuldigten in der Anklageschrift versucht hatte, zu einer nicht überlasteten Kammer zu kommen.[384] Insoweit maßte sie sich Befugnisse des Präsidiums an, dessen Kernaufgabe die gerechte Auslastung der Kammern ist.

Eine Anlehnung an die in der Anklageschrift durch die Staatsanwaltschaft gewählte Reihenfolge der Angeschuldigten wirft verfassungsrechtliche Probleme auf.[385] Das Verteilungssystem des jeweiligen Gerichts muss gegen Einflussnahmen außerhalb des Gerichts stehender Behörden ein Schutzsystem etablieren.[386] Der Grundsatz des gesetzlichen Richters fordert eine möglichst eindeutige Richterbestimmung im Vorhinein nach abstrakt-generellen Kriterien, die gewährleisten, dass das Verfahren blindlings, ohne persönlichen Einfluss, an den gesetzlichen Richter gelangt. Kann die Staatsanwaltschaft durch die Reihenfolge der Angeschuldigten in der Anklageschrift oder aber durch die Aufnahme eines Angeschuldigten in die Anklageschrift die zuständigen Richter bestimmen, so widerspricht dies diesen Grundsätzen.[387] Es widerspricht Art. 101 Abs. 1 S. 2 GG einer Behörde, die zudem außerhalb des Gerichts steht, diesen vermeidbaren Freiraum zu gewähren.[388] Dieses Manipulationspotential nehmen neuerdings auch Gerichte so war.[389]

Den interviewten Verteidigern war das Manipulationspotential des Buchstabensystems bewusst. Manipulationen hinsichtlich der Frage, welcher Angeschuldigte von der Staatsanwaltschaft an den Anfang der Anklageschrift gesetzt wurde, waren den Interviewpartnern bekannt. Das Manipulationspotential schilderten sie anhand entsprechender Fälle.

---

382 Zu weiteren Möglichkeiten *Sowada*, Der gesetzliche Richter im Strafverfahren, S. 321.

383 So gebilligt durch RGSt 28, 215 ff.; BGH, Urteil vom 03.07.1958 – 4 StR 174/58, NJW 1958, 1503, 1503; *Sowada*, Der gesetzliche Richter im Strafverfahren, S. 320 ff.

384 OLG Nürnberg, Beschluss vom 11.12.1962 – Ws 456/62, NJW 1963, 502, 502 f.

385 *Schmitt*, in: *Meyer-Goßner/Schmitt*, Strafprozessordnung, 61. Aufl., § 16 GVG, Rn. 5.

386 LG Köln, Beschluss vom 14.03.2013 – 116 KLS 2/12, BeckRS 2013 06336.

387 *Sowada*, Der gesetzliche Richter im Strafverfahren, S. 321.

388 *Sowada*, Der gesetzliche Richter im Strafverfahren, S. 321.

389 LG Köln, Beschluss vom 14.03.2013 – 116 KLS 2/12, BeckRS 2013, 06336.

„Also das Buchstabensystem ist natürlich sehr manipulationsanfällig. Da kann ich natürlich da, das geht natürlich immer, ach dann klage ich doch den an. Der ist dann der älteste. Dann komme ich zur 17. Kammer oder zur fünften.“ (1–3, 543–546)

„[…] mein Eindruck ist […] nicht, also dass das System [Anm. IV: Turnussystem] sehr missbraucht wird. Also das war eher der Fall, als es nach dem Anfangsbuchstaben des ältesten Angeklagten ging.“ (1–4, 326–329)

„Früher ging man nach Buchstabenprinzip vor. Also Alphabet und der Älteste. Da haben wir auch öfter mal gesagt, ja da habt ihr einen gesucht, den ältesten ausgesucht, damit ihr zur richtigen Kammer kommt.“ (1–5, 283–286)

Die Verteidiger konnten Fälle schildern, bei denen Angeschuldigte bewusst zu dem einzigen Zweck in die Anklage mit aufgenommen wurden, um die Zuständigkeit einer bestimmten Kammer, in sachlicher und örtlicher Hinsicht, auszulösen.

„Beim Buchstabensystem, haben sie es viel krasser, weil da ist die Frage: wer steht oben. Das geht ja immer nach, wenn sie mehrere Angeklagte haben, 5, 6, 7, 8, ist es Sache der Behörde. Normalerweise geht es entweder nach alphabetisch oder der Hauptbeschuldigte steht vorne. Aber wir haben auch manchmal Leute gehabt, die völlig, die überhaupt keine Rolle spielten, die Nebenbeteiligte waren, die nach oben gezogen wurden. Damit man zu einem gewissen kommt. In der großen Kreisstadt C hatte ich hier mit meinem Kollegen den Fall, da haben die jemanden mit 50, 60 Beschuldigten, da haben die 12 oder 13 Leute auf die Anklagebank gesetzt. Und haben einen, der also wirklich am wenigsten damit zu tun hatte, hatten die also sozusagen mit auf die Anklage gesetzt. Damit man überhaupt die örtliche Zuständigkeit hinkriegt. Weil die anderen gar nicht örtlich, für die anderen gar nicht örtlich zuständig war. Das ist am ersten Tag abgetrennt worden.“ (1–2, 323–336)

„Der war irgendeine Figur, der hat eine Wette abgegeben, und der älteste aber war. Weil er einen Wettschein abgegeben hat. Das war derjenige, der noch reingenommen wurde, um zu einer bestimmten Kammer zu kommen.[…] der kam am ersten Hauptverhandlungstag gar nicht, also wusste nicht, was er da sollte, usw. Ja und das ist natürlich, das ist manipulationsanfällig“ (1–4, 292–302)

„Klar kann die Staatsanwaltschaft dann immer noch gegen den abtrennen. Und wir haben uns in dem Verfahren ja auch gefragt, wir haben ja nicht nur fünf Beschuldigte, sondern wir hatten ja einen Reigen von elf oder was weiß ich elf oder 16 Beschuldigten. Und die Auswahl war aus unserer Sicht, aus der Sicht extrem willkürlich. Weil wir hatten nun wirklich den kleinsten Fisch im Boot. Während andere […] die sind heute noch nicht angeklagt. Auch da hat die Staatsanwaltschaft Steuerungsmöglichkeiten.“ (1–6, 476–483)

Augenscheinlich war für die Verteidigung eine Manipulation der Zuständigkeit, wenn es keinen vernünftigen sachlichen Grund für die Auswahl der Angeschuldigten gab, aber wiederum durch die Auswahl eine Kammer zuständig wurde, für die Gründe, auch offensichtlich sachlicher Natur, sprachen. Noch offensichtlicher wurde dies, wenn das Verfahren des die Zuständigkeit begründenden

Angeschuldigten zeitnah nach Anklageerhebung abgetrennt wurde, wie gerade geschildert.

Die Manipulationsgefahr ist wiederum bei Wirtschaftsstrafverfahren besonders groß, da dort die Fälle häufig eine Mehrzahl an Beschuldigten haben. Dadurch kann die Staatsanwaltschaft die Möglichkeit haben, mehrere Angeschuldigte in die Anklageschrift mit aufzunehmen.

(ii) Manipulationspotential des Turnussystems

Bei diesem System, auch Rotationssystem oder rollierendes System genannt, ist der zeitliche Eingang des Verfahrens zuständigkeitsbestimmend.[390] Die Verfahren werden den Kammern im Turnus nach einem bestimmten, im Geschäftsverteilungsplan niedergelegten Schlüssel verteilt.[391] Nach dem zeitlichen Eingang der Verfahren bekommen diese fortlaufend ein Aktenzeichen zugeteilt. Nach diesem Aktenzeichen bestimmt sich die Zuständigkeit. Der Geschäftsverteilungsplan muss Vorkehrungen dafür treffen, dass Justizangestellte auf die Verteilung der Aktenzeichen zu den einzelnen Verfahren keinen Einfluss haben. Insbesondere muss die Konstellation, dass zeitgleich mehrere Verfahren bei der Eingangsregistratur eingehen, erfasst sein.[392]

Die Möglichkeit, durch Turnusänderungen zukünftige Verfahren gerichtlich zuzuweisen, ist zwar systemimmanent, dieses Manipulationspotential ist aber im Rahmen der Untersuchung nicht als reales praktisches Problem wahrgenommen worden.

Gerichtliche Steuerung kann aber auch dergestalt geschehen, dass eine Kammer neu gegründet wird und zu einem bestimmten Zeitpunkt in den Turnus eintritt. Besteht zwischen Gericht und Staatsanwaltschaft ein Informationsaustausch über zukünftige Verfahren, so kann die Staatsanwaltschaft eine Anklage punktgenau bei einer neugegründeten Kammer platzieren.[393]

---

390 *Sowada*, Der gesetzliche Richter im Strafverfahren, S. 313.

391 Vgl. etwa den Geschäftsverteilungsplan des Hanseatischen Oberlandesgerichts Bremen.

392 *Sowada*, Der gesetzliche Richter im Strafverfahren, S. 313 ff.; OLG Saarbrücken, Beschluss vom 02.07.1996 – Ss 49/96 (85/96), StraFo 1996, 150, 150 f.

393 Dies war auch der Vorwurf etwa im Sal. Oppenheim-Verfahren 2013 am LG Köln. Dort wurde durch die Verteidigung vorgetragen, dass die Staatsanwaltschaft bewusst die Anklageerhebung verzögert habe, um ein bestimmtes Verfahren zu einer bestimmten Wirtschaftsstrafkammer zu bekommen, vgl. LG Köln, Beschluss vom 14.03.2013 – 116 KLS 2/12, BeckRS 2013, 06336.

Als reale Manipulationsmöglichkeit wurde in der Untersuchung die staatsanwaltschaftliche Nutzung des Turnusprinzips wahrgenommen. Möchte man als Staatsanwaltschaft bei Nutzung des Turnussystems einen Fall gezielt zu einer Kammer lozieren, so muss die Staatsanwaltschaft in dem Moment der Anklageerhebung wissen, welche Kammer das nächste Verfahren zugeteilt bekommt. Im Verhältnis zum Buchstabensystem bedarf es daher eines nicht unerheblichen Aufwandes und Wissensvorsprungs.

> *„In Stadtstaat A ist es jetzt so, dass es nach deren Eingangszahlen geht. Und natürlich kann eine Staatsanwaltschaft, die sich koordiniert, gerade in Spezialabteilungen, kann sagen, okay, wir reichen jetzt die Anklage zuerst ein, dann wissen wir, danach ist die Ordnungsnummer zuständig, dafür wollen wir die haben. Und wir tragen die genau in der Reihenfolge ein, dass uns niemand dazwischen kommt. Wenn ich da eine Stunde Abstand habe, dann kriege ich das hin. Das ist vollkommen klar.“ (1–4, 302–309)*

Ein Verteidiger konnte von einem Fall berichten, bei dem die zeitliche Spanne von fünf bis sechs Wochen zwischen Anklageerstellung und -einreichung entsprechende Vermutungen der Verteidigung hervorrief.

> *„Weil unsere Anklage, die hatte noch die Besonderheit, dass zwischen dem Datum, das die Anklage trug und dem Eingang bei der Turnusgeschäftsstelle, ich glaube es waren fünf Wochen oder so etwas. […] und im Vergleich mit allen anderen in dem zeitlichen Umfeld zur Turnusgeschäftsstelle eingereichten Anklagen, da waren immer zwei oder drei Tage maximal dazwischen. Also Datum der Anklage, zwei, drei Tage später geht sie bei der Turnusgeschäftsstelle ein. Und wir haben uns gesagt, warum braucht unsere Anklage so lange? Ist es möglich, dass sie liegen gelassen wurde und hat man eine andere vorgezogen? Was natürlich zu einer anderen Kammer führt. Das sind alles Verdächtigungen, denen wir nachgehen.“ (1–5, 301–312)*

Vereinfachend wirkt abermals die Spezialzuständigkeit der Wirtschaftsstrafkammern. Umso weniger Kammern im Turnus sind, desto einfacher kann prognostiziert werden, welche Kammer die nächst zuständige ist. In der Untersuchung konnte an zwei Landgerichten ermittelt werden, wie viele Anklagen für die Wirtschaftsstrafkammern in der Regel jährlich eingingen und wie viele Wirtschaftsstrafkammern diesen gegenüber standen. Für das eine Landgericht in der großen Kreisstadt B waren dies in einem Jahr 16 und im folgenden Jahr 27 Verfahren für fünf Wirtschaftsstrafkammern (1–6, 332–333). Bei einem anderen Landgericht sah dies in der Schilderung eines Staatsanwaltes so aus:

> *„Die kriegen, das haben sie uns vor kurzem mal statistisch berichtet, die haben jetzt im letzten Jahr von uns 50 Landgerichtsanklagen bekommen, die Wirtschaftsstrafkammern. Da haben wir im Moment sechs Stück. Wobei eine dauerhaft aus dem Turnus draußen ist, die kriegt keine neuen Verfahren dazu, weil sie in so einem Altverfahren festhängt.“ (3–2,317–322)*

Das Wissen über den Turnusstand bei Gericht kann entweder durch persönliche Kontakte und einen Wissensaustausch zwischen Gericht und Staatsanwaltschaft, aber auch durch entsprechende Dokumentationsmaßnahmen bei der Staatsanwaltschaft entstehen.[394] Es wäre zwar denkbar, dass die Staatsanwaltschaft eine Liste des aktuellen Turnusstandes führt, realitätsnah ist das aber nicht.[395] Viel wahrscheinlicher ist in den Augen der Interviewpartner, dass die Staatsanwaltschaft die Möglichkeit hat, zu einem bestimmten Zeitpunkt den Turnusstand bei Gericht zu erfahren, um dann prognostizieren zu können, welche Kammer das nächste Verfahren zugewiesen bekommt. Dann hat die Staatsanwaltschaft die Möglichkeit, entsprechend ihrer jeweiligen Motivlage zu überlegen, ob die turnusmäßig als nächste zuständige Kammer damit korreliert.[396]

> Dies konnte auch ein Staatsanwalt bestätigen: *„Wahrscheinlich könnte man den Turnusstand rauskriegen, […] aber theoretisch wäre das möglich, dass man hier feststellt, durch eine Umfrage oder so, wann ging die letzte Anklage durch und welche Kammer hat die bekommen." (3–1, 556; 569–572)*

Entscheidend war in den Augen der Verteidiger, dass die Staatsanwaltschaft – theoretisch- die Möglichkeit hat, zu einem bestimmten Zeitpunkt den Turnusstand bei Gericht zu erfahren. Der Vorwurf der Verteidiger zielte nicht in die Richtung, dass sie davon ausgingen, dass die Staatsanwaltschaft regelmäßig eine Parallelliste der angeklagten Verfahren mit den korrelierend zuständigen Kammern führt. Der Vorwurf war nicht individueller Art, sondern abstrakt auf das Turnussystem bezogen. Die Verteidiger wollten die Lücken des Systems schildern und nicht die Unredlichkeit der Behörde Staatsanwaltschaft anprangern.

> *„Und wenn das so wenig sind, dann besteht für die Staatsanwaltschaft, meines Erachtens, die Möglichkeit, das nachzuzeichnen. Nachzuzeichnen heißt nicht, das ist nicht misszuverstehen, das wollten die immer so verstehen, zu unseren Ungunsten, dass sich da jetzt der Abteilungsleiter hinsetzt und eine Liste führt, so darf man sich das nicht vorstellen. Sondern es bedeutet, er setzt sich zu einem bestimmten Zeitpunkt hin und kann sagen, aha, jetzt haben wir hier eine Anklage. Sag mir mal, welches eure letzten Anklagen gewesen sind. Also dass man auf einen bestimmten Stichtag hin, sich das recherchieren kann. Heißt nicht notwendig Liste führen." (1–6, 334–343)*

---

394 Siehe dazu 3. Kapitel C. II. 2 d).

395 Dass Listen über den Turnusstand geführt werden können, wurde schon 1963 vor dem BGH thematisiert, aber mit der Argumentation, dies wäre ein schwere Verletzung der Dienstpflichten, als fernliegend angesehen. Vgl. BGH, Urteil vom 10.07.1963 - VIII ZR 204/61, NJW 1963, 2071, 2071 ff.

396 Genauer zu den unterschiedlichen Motiven der Staatsanwaltschaft siehe unten 3. Kapitel C. II. 2. e).

Den auch in diese Richtung gehenden Vorwurf der Verteidiger im Sal. Oppenheim-Prozess hat das Landgericht Köln mit dem Argument abgelehnt, Fallsteuerungen durch die Staatsanwaltschaft seien nicht ernsthaft zu befürchten, insbesondere sei zu berücksichtigen, dass die Staatsanwaltschaft in besonderem Maße dem Neutralitätsgebot verpflichtet sei.[397] Mit den Worten eines Verteidigers hört sich dies aber so an:

> *„Also im Prinzip ist ja die Überlegung […] die gehen einfach nur im Wesentlichen mit dem Argument um, dass nicht sein kann, was nicht sein darf, mehr nicht. Also dass man das System nicht beeinflussen können soll und es deswegen, abstrakt jedenfalls, dem Missbrauch nicht zugänglich ist, das habe ich bis heute nicht verstanden." (1–5, 287–293)*

Einen Beitrag in Richtung Fallsteuerung kann auch die Organisation der Staatsanwaltschaft liefern. So wurde als problematisch von Verteidigern bewertet, wenn landesweit alle Anklagen durch die Hände nur einer Schwerpunktstaatsanwaltschaft gehen.

> *„Und d.h. also alle Wirtschaftsstrafsachen werden, wenn die örtliche Staatsanwaltschaft meint, das ist eine Wirtschaftsstrafsache, dient sie es der Schwerpunktstaatsanwaltschaft der Wirtschaftsstrafsachen in der großen Kreisstadt A, D oder E an. Wenn die das auch meinen, und das schwankt natürlich notgedrungen mit der Geschäftslage. Die einen geben es gerne ab, weil sie überlastet sind, die anderen nehmen es nicht gerne an, weil sie überlastet sind. Und das Maß der Überlastung ist unterschiedlich. Aber es wird durchweg immer ganz hoch eingeschätzt. So. Der Hauptabteilungsleiter Wirtschaftsstrafsachen in der großen Kreisstadt A hat den Überblick. Bei dem laufen alle Wirtschaftsstrafsachen durch, wenn sie angeklagt werden. So, und jetzt richten Sie mal einen Turnus ein, der so ungefähr funktioniert wie im Spielcasino der Spieltisch. Das ist ja die Vorstellung von Turnus. Dass ich nie weiß, kommt rot und schwarz, gerade oder ungerade oder sonst was. Sie haben eine kleine statistisch irrelevante Grundgesamtheit von Verfahren. Und Sie haben auf der anderen Seite vielleicht vier Wirtschaftsstrafkammern. Und der Vorsitzende oder der Hauptabteilungsleiter Wirtschaft bei der Staatsanwaltschaft weiß, die letzte Anklage in einer Wirtschaftsstrafsache zu einer der nach Turnus ausgewählten Kammern das war am 10. März. Und die ging zur Kammer C. Dann weiß er, die nächste geht zu D. Jetzt kann er sich doch sagen, jetzt krieg ich da die eine Anklage, wenn die zur Kammer D kommt, das ist doch gar nicht richtig. Die sind mir zu umständlich oder was weiß ich was. Dann kann er es steuern." (1–5, 256–280)*

397 LG Köln, Beschluss vom 14.03.2013 – 116 KLS 2/12, BeckRS 2013, 06336. In diese Richtung schon BGH, Urteil vom 10.07.1963 – VIII ZR 204/61, NJW 1963, 2071, 2071 ff.

Es zeigt sich abermals, dass Spezialisierung und damit auch personelle Konzentrationen Einfallstor für ein durchschaubares und damit manipulationsanfälliges System sind.

Das Zeitalter der Computerisierung hat daneben einen weiteren Beitrag geleistet, das System durchschaubarer zu gestalten. So bekommt die anklagende Staatsanwaltschaft automatisch von dem Eingangsregister der Gerichte eine Rückmeldung, welches Verfahren zu welcher Kammer geht. Die Staatsanwaltschaft hat damit, dem Grundsatz nach, die Möglichkeit, Monitoring zu betreiben (alles 1–4, 460 ff.).

Die Regelungen des Geschäftsverteilungsplanes dürfen keine vermeidbaren Lücken lassen. Das heißt, insbesondere für den Fall des gleichzeitigen Eingangs von Akten in der Geschäftsstelle des Gerichts müssen die Geschäftsverteilungspläne entsprechende Regelungen bereithalten. Dies ist kein neues Phänomen, sondern schon 1960 in der Rechtsprechung diskutiert.[398] Trotzdem konnten Interviewpartner von Vorkommnissen berichten, die den zeitlichen Eingang von Akten betrafen, auf unterschiedlichen Ebenen. Es wird vermutet, dass sich diese Art von Zuteilungsproblemen in Zukunft, in Anbetracht erweiterter technischer Möglichkeiten, häufen werden.[399] Dies ist plausibel, stellt man sich die Möglichkeiten elektronischer Einreichung von Akten vor.

Anschaulich konnte ein Verteidiger aus dem Gerichtsbezirk eines Stadtstaates berichten, dass ähnliche Probleme auch immer noch aktuell bei der Zuteilung von Schöffen auftreten.

> *„[…] da laufen viele Verteidiger rum, die Besetzungsrügen machen. Dass man eigentlich davon ausgehen kann, das funktioniert mit den Schöffen. Aber auch da hat man festgestellt, ein Fehler. Das hatte was damit zu tun, mit der Situation, wenn mehrere Anforderungen verschiedener Strafkammern, was bei so einem großen Landgericht immer vorkommen kann, gleichzeitig eingehen. […] Und zwar vor allem gleichzeitig vor Dienstbeginn der Schöffenstelle. Weil nämlich dann die das Problem hatten, dann haben die das alles in so*

398 BGH, Urteil vom 17.08.1960 – 2 StR 237/60, NJW 1960, 2109, 2109. Siehe hierzu auch BGH, Urteil vom 10.07.1963 – VIII ZR 204/61, NJW 1963, 2071, 2071 ff. Bei gleichzeitigem Eingang von Verfahren wurden diese Sachen von einem Beamten der Geschäftsstelle mit einer fortlaufenden Kennziffer versehen. Dies musste er ohne Kenntnis des Registerstandes vornehmen. Die Sachen wurden dann zur Registratur weiter geleitet, wo sie dann mit Ordnungszahlen versehen wurden, fortlaufend von 1–6. Nach diesen Ordnungszahlen wurden sie dann nach dem normalen Turnusprinzip auf die Kammern verteilt.

399 *Kissel/Mayer*, Gerichtsverfassungsgesetz, 9. Aufl., § 21e, Rn. 155.

einem großen Korb gehabt. Und haben dann alles, was bis dahin eingegangen war, als die Schöffengeschäftsstelle morgens um sieben geöffnet hatte, angenommen.“ (1–3, 219–233)

Auch Interviewpartner aus der Staatsanwaltschaft schilderten, dass letztlich für den genauen zeitlichen Eingang der Akten bei Gericht die Geschäftsstelle verantwortlich sei. Insbesondere wenn bei ihr mehrere Akten gleichzeitig eingehen und ausgefertigt werden müssen, entscheidet sie eigenständig, welche Akte wann bei Gericht eingeht. Eine klare Regelung zur Bearbeitungsreihenfolge existiert in den untersuchten Staatsanwaltschaften nicht. Dies sind Situationen, in denen Fallsteuerungen möglich sind.

„Sie bearbeitet die dringlichste. Wenn es zum Beispiel eine Haftsache gäbe, hätte Haft immer Vorrang. Und ansonsten bearbeitet sie eigenständig. Also wir geben keine Reihenfolge vor. Also es könnte, […] meinetwegen am gleichen Tag zwei Anklagen zum Landgericht, und sie fertigt erst die eine ab und die geht vielleicht mit der Morgenpost noch zum Landgericht. Und die dort dann zuerst ein. Und die zweite Anklage wird nachmittags fertig gemacht und geht erst am nächsten Morgen bei Gericht ein. Hat sozusagen die Geschäftsstelle vorgegeben, in welcher Reihenfolge die bei Gericht eingehen.“ (3–2, 239–248)

Die Beispiele geben Situationen wieder, bei denen der Geschäftsverteilungsplan bzw. die Schöffenzuteilung Lücken aufwiesen, die nicht notwendig und eigentlich regelbar waren. Die Lücken wurden durch eine menschliche Handlung bzw. Entscheidung gefüllt. Gegen dieses, den Anforderungen des gesetzlichen Richters an abstrakt-generelle Regelungen zuwider laufende System haben sich die Verteidiger erfolgreich wehren können. Die menschliche Mitwirkung im Ablauf des Gerichts ist nicht auszuschließen. Aber es muss Schutzvorkehrungen geben, dass das System nicht missbraucht wird. Wichtig dafür ist die räumlich-organisatorische Trennung von mit der Zuteilung von Fällen oder Schöffen befassten Stellen.[400] Kritisch wurde von einem Interviewpartner beschrieben, dass es zu Mutmaßungen führen kann, wenn die Schöffengeschäftsstelle und die Geschäftsstelle der Kammer personalidentisch sind (1–5, 1276 ff.). Gibt es dann noch Anhaltspunkte für eine Auswahl der Schöffen aus unsachlichen Gründen, wird das System aus Sicht der Verteidigung willkürlich.

Den interviewten Verteidigern kam es darauf an, Fälle zu schildern, die die Manipulierbarkeit und damit auch die Einfallstore von willkürlichen Entscheidungen darstellen. Individuelle Steuerungen darzulegen, war nicht ihr Anliegen (1–5, 1285 ff.).

---

400 Vgl. BGH, Urteil vom 10.07.1963 – VIII ZR 204/61, NJW 1963, 2071, 2071 ff. und die Wichtigkeit der Trennung von Registratur und Geschäftsstelle. Dazu auch *Kissel/Mayer*, Gerichtsverfassungsgesetz, 9. Aufl., § 21e, Rn. 154 f.

(iii) Bewertung der Systeme durch die Interviewpersonen

Geht es um die Bewertung der einzelnen Verteilungssysteme, so war die Ansicht der interviewten Verteidiger hinsichtlich der jeweiligen Vor- und Nachteile uneinheitlich.

Einige gingen davon aus, dass das Buchstabensystem manipulationsanfälliger sei.

> *„Beim Turnussystem hat er die Manipulationsmöglichkeit einfach zu warten. Sich mit Kollegen abzustimmen. Beim Buchstabensystem haben sie es viel krasser, weil da ist die Frage, wer steht oben." (1–2, 321–324)*

> *„Also das Buchstabensystem ist natürlich sehr manipulationsanfällig. Da kann ich natürlich da, das geht natürlich immer, ach dann klage ich doch den an. Der ist dann der Älteste." (1–3, 543–545)*

Abgesehen davon wurde das Buchstabensystem auch deshalb als nicht vorteilhaft angesehen, weil man aufgrund der Abhängigkeit des Gerichts vom Nachnamen des Angeklagten mit denselben Angeklagten immer dasselbe Gericht habe (1–1, 188 ff.).

Für andere ist ein System, das die Fälle nach Aktenzeichen verteilt, für Fallsteuerungen anfälliger. Bei den interviewten Verteidigern klang die Bewertung möglicher Fallsteuerungen so:

> *„Geht eigentlich nur bei Nummern. Also ich meine wenn's nach Nachnamen und Regionen geht, kann ich mir nicht vorstellen, wie man da Einfluss nehmen will, es sei denn, man hat […] jetzt eher die Auswahl also, zu welchem Gericht man als Staatsanwalt geht." (1–1, 472–475)*

> *„Früher ging man nach dem Buchstabenprinzip vor. Also Alphabet und der Älteste. Da haben wir auch öfter mal gesagt, ja da habt ihr einen gesucht, den Ältesten ausgesucht, damit ihr zur richtigen Kammer kommt. Aber das ist, glaube ich, schwieriger zu bewerkstelligen als den Turnus zu verfolgen." (1–5, 283–287)*

Es wurde bei den Stellungnahmen betont, dass die Größe des Gerichts für die Frage, wie Fallsteuerungen möglich sind, eine große Rolle spielt. Je spezialisierter und regionaler und damit je kleiner das Gericht und je geringer die Anzahl der möglichen zuständigen Kammern, desto einfacher sind Manipulationen möglich.

> *„[…] bei den Gerichten, bei denen das Rotationsprinzip eingeführt worden ist, ist die Manipulationsmöglichkeit, jedenfalls innerhalb einer sozusagen einer Gerichtsstufe, ist relativ gering bis ausgeschlossen. Das können sie gar nicht, ich meine in den Fällen, in denen ein kleineres Landgericht vielleicht nur eine oder zwei Wirtschaftsstrafkammern hat. Bei zwei Wirtschaftsstrafkammern zum Beispiel, da weiß die Staatsanwaltschaft: Aha, da haben wir gerade eine Anklage hingeschickt, an die Wirtschaftsabteilung, da ist jetzt*

> *die fünfte zuständig, zur dritten wollen wir nicht, warten wir mal ab, bis da eine andere Anklage gelandet ist, dann ist die andere wieder dran, dann schicken wir unsere nach. Da kann man natürlich dann schon manipulieren. Bei so großen Landgerichten wie Berlin, Hamburg, München, Frankfurt halte ich das für ganz, ganz, ganz gering möglich. Selbst in diesem Spezialbereich. Und in allgemeinen Strafkammern sowieso." (1–3, 246–259)*

Insgesamt zeigte sich, dass keines der beiden untersuchten Systeme aus der Sicht der Verteidiger klar vorzugswürdig ist. Beide bieten jeweils besondere Einfallstore für menschliche Entscheidungen und Fallsteuerungen. Die Verteidiger waren sich einig, dass es im Grunde notwendig wäre, ein neues Fallverteilungssystem zu finden. Dass dies schwierig zu bewerkstelligen ist, war ihnen bewusst.

> *„Also das ist, ich glaube, sie werden aber ein vollkommen manipulationunanfälliges System, was gleichzeitig den Bedürfnissen der Gerichte nach einer halbwegs gerechten Verteilung der Dinge der Kammern, wird man vermutlich schwer finden können." (1–4, 309–315)*

Anschaulich zog ein Anwalt einen Vergleich zwischen dem Anliegen des Turnussystems, Fälle gerecht und unvorhersehbar zu verteilen, und einem Spielcasino, bei dem der Zufall über die Zuteilung entscheidet.

Sie machten deutlich, dass das aktuell oftmals praktizierte Turnussystem den Eindruck erweckt, man könnte manipulieren. Fokus einer neuen Regelung sollte daher sein, den Anschein der Manipulierbarkeit klar auszuschließen.

> *„Auch da hat die Staatsanwaltschaft Steuerungsmöglichkeiten. Jede Steuerungsmöglichkeit können Sie sicherlich nie ausschließen. Aber man sollte doch mindestens ein System finden, was nach außen den Anschein ausschließt. […] Dass da nicht der Eindruck entstehen kann, da könnte man manipulieren." (1–6, 483–488)*

Ein neues System müsste gleichzeitig, um für die Gerichte praktikabel zu sein, eine gleichmäßige Arbeitsverteilung ermöglichen. Nur so wären häufige unterjährige Geschäftsverteilungsplanänderungen zu vermeiden. Wie erwähnt war früher mehrheitlich das Buchstabensystem etabliert. Anfang der 2000er Jahre stellten die Gerichte zunehmend auf das Turnussystem um (1–4, 283 ff.; 2–1, 591 f.; 2–2/3, 182–185). Die Umstellung machten sich die Gerichte nicht leicht, wie ein Interviewpartner schildern konnte:

> *„Und dann hat man natürlich lange hin und her überlegt, wenn man jetzt den Turnus macht oder so wenigen Kammern, ist es dann nicht vorhersehbar, wohin das kommt. Weil gesetzlicher Richter." (2–2/3, 189–191)*

Als Argument für diese Umstellung wurde die Schwierigkeit genannt, eine gleichmäßige Auslastung der Spruchkörper zu erreichen. Die möglichst gleichmäßige

Verteilung der Arbeitslast ist auch das Hauptargument in der Literatur, das für die Einführung eines rollierenden Systems spricht.[401]

Nicht unberücksichtigt werden soll die Haltung der interviewten Richter hierzu. Das Buchstabensystem hat auch für sie Nachteile beinhaltet. Der wesentlichste betraf die Tatsache, dass das Buchstabensystem zu unterjährigen Geschäftsverteilungsplanänderungen zwang, um die gleichmäßige Belastung der Kammern zu erreichen.

> *„Es gab immer am Jahresende, oder möglicherweise schon während des Jahres, großen Ausgleichsbedarf, weil es dann vom Zufall abhängt, wie die Anfangsbuchstaben dann zufällig sind. Dann kann es etwa sein, dass eine Kammer fünf Sachen in der Zeit kriegt und die andere Kammer in der Zeit nichts. Weil halt die alle mit A bis K anfangen. Das war die Schwierigkeit." (2–1, 276–281)*

Aus Sicht der interviewten Richter und Staatsanwälte ist das Turnusprinzip dem Buchstabensystem überlegen (3–1, 629 ff.). Nicht nur wegen einer gleichmäßigeren Auslastung, sondern auch wegen der in ihren Augen geringeren Steuerungsmöglichkeiten.

> *„Aber wir haben ja nicht nur Anklagen von der Staatsanwaltschaft der großen Kreisstadt A, im Schwurgerichtsbereich könnte man vielleicht noch sagen, ja das kann man sich irgendwie ausrechnen, sondern wir haben auch, und zwar immer wieder, Verweisungen aus der Hauptverhandlung vom Amtsgericht. Die kein Mensch vorhersagen kann. Und dann ist das ist dann auch ein Zufallsfaktor. Abgesehen davon, dass die Staatsanwaltschaft aber natürlich auch riesengroß ist. Und Informationen über den Stand des Turnus nicht nach außen gegeben werden dürfen. Es gibt so verschiedene Schutzmechanismen, die man auch eingebaut hat. Und dann hat man gesagt, nee dann versuchen wir es im Turnus. Und es ist jetzt auch schon viele Jahre im Turnus, und es funktioniert einigermaßen gut." (2–2/3, 191–203)*

Die Manipulationsanfälligkeit des Buchstabensystems wurde von ihnen erkannt (auch 2–2/3, 282 ff.), aber auch mit Hinweis auf die Redlichkeit und die Arbeitsauslastung der Staatsanwaltschaft abgelehnt.

> *„Also wenn man es ganz extrem sieht, ist das Buchstabensystem eher ein bisschen kritischer. Denn da ist theoretisch denkbar, dass die Staatsanwaltschaft bei mehreren Angeklagten einen der, dessen Anfangsbuchstaben nicht passt, entweder dazu oder rein nimmt. Ist aber abwegig. Weil, die wollen die Sachen erledigen. Die wollen jetzt nicht, wenn die zusammengehören, würden die die nicht willkürlich auseinander trennen. Aber ganz theoretisch wäre es möglich. Während es beim Turnus, […] schwieriger ist, ja." (2–1, 289–300)*

---

401 *Kissel/Mayer*, Gerichtsverfassungsgesetz, 9. Aufl., § 21e, Rn. 154. *Sowada*, Der gesetzliche Richter im Strafverfahren, S. 311.

„Weil es letztlich für mehr Ausgleich gesorgt hat. Wir hatten ja früher in manchen Bereichen zum Beispiel beim Schwurgericht zwei Kammern, auch dieses Buchstabensystem. Und das hat ganz oft nicht richtig funktioniert, dann hat, was weiß ich, dann gab's Buchstaben, wo halt viele Nachnamen mit anfangen, wenn die Kammer, die den Buchstaben hatte, hat dann ganz plötzlich ganz viele Fälle gekriegt. Aber das war nicht immer so. Und dann musste man mehr ausgleichen als heute." (2–2/3, 182–189)

Die bessere Auslastung der Gerichte wurde aber in der Untersuchung von Verteidigern kritisch gesehen und als ein Scheinargument abgetan. Deutlich formulierte ein Anwalt:

„Ja klar. Die Auslastung. [...] Aber es funktioniert doch nicht. [...] Es wird permanent unterjährig wird durch einzelne Entscheidungen des Präsidiums rein regiert. [...] Nur hilft das Turnussystem nix. Da ist scheiß egal, welches System ich habe, das vermeide ich mit gar keinem System. Mit gar keinem System. Also der Vorteil, der behauptet wird, dass damit eine bessere Auslastung der Kammern gewährleistet wird, das halte ich für ein Gerücht. Das glaube ich nicht." (1–6, 502–514)

Was bleibt, ist die Frage, welches System allen Interessen gerecht werden kann. Die Frage nach konkreten Vorstellungen hinsichtlich eines praktikablen Systems konnte von den Interviewpartnern nicht beantwortet werden.

„Ich würde sagen, das Turnussystem ist marode und ermöglicht und macht zu große Gestaltungsspielräume. [...] Man könnte also Systeme finden, nach Geburtsjahren der Angeklagten oder was auch immer. Ich mein` die haben ja früher auch willkürlich ausgesucht, als wir auch noch andere Systeme hatten. Wer der erste Angeklagte ist oder der erste Anfangsbuchstabe usw., das öffnet ja alles Manipulationsmöglichkeiten. Ich meine, man sollte ein System finden, was schon aus der Akte der Staatsanwaltschaft nicht manipulierbar festlegt, wohin was kommt." (1–6, 460–471)

c) Steuerung durch unterjährige Geschäftsverteilungsplanänderungen

Dem Grundsatz nach soll der Geschäftsverteilungsplan einmal im Jahr die Geschäfte des folgenden Jahres verteilen, so das Jährlichkeitsprinzip in § 21e Abs. 1 S. 2 GVG.[402] Dazu in enger Verbindung steht der Stetigkeitsgrundsatz, der sich aus § 21e Abs. 3 GVG ergibt und statuiert, dass der Geschäftsplan, außer in den gesetzlich normierten Ausnahmefällen, nicht unterjährig abzuändern ist.[403] Dies wird auch als Veränderungssperre bezeichnet.[404] Der

402 *Kissel/Mayer*, Gerichtsverfassungsgesetz, 9. Aufl., § 21e, Rn. 97.

403 *Kissel/Mayer*, Gerichtsverfassungsgesetz, 9. Aufl., § 21e, Rn. 96; *Sowada*, Der gesetzliche Richter im Strafverfahren, S. 255.

404 *Kissel/Mayer*, Gerichtsverfassungsgesetz, 9. Aufl., § 21e, Rn. 108.

Vorauswirkungsgrundsatz sichert zudem den Anspruch auf den gesetzlichen Richter in personeller und zeitlicher Hinsicht ab.[405]

Diese drei Grundpfeiler der gerichtlichen Geschäftsverteilung kommen in der Justizpraxis an ihre Grenzen. So wurde in der Untersuchung virulent, dass der Geschäftsplan im Regelfall nicht mehr für ein Jahr im Voraus Gültigkeit besitzt. Vielmehr war das Präsidium regelmäßig gezwungen, sich mehrmals im Jahr zu treffen und den Geschäftsverteilungsplan abzuändern (2–1, 221 ff.). Ein Verteidiger schilderte, dass im Stadtstaat A der Geschäftsverteilungsplan des Landgerichts in der Regel alle drei Wochen abgeändert wird (3–1, 328 ff.). Auch Richter an Landgerichten, die zugleich Präsidiumsmitglieder waren, schilderten dies:

> *„Nein, wir haben alle zwei Monate […] Sitzung. Und es gibt dauernd ähnliche Probleme, die im Laufe des Jahres gelöst werden müssen. Es wäre schön, wenn wir nur einmal im Jahr Präsidiumssitzung hätten, es ist ein ständiges Geschäft." (2–1, 758–761)*

> *„[…] dann wird dann jeden Monat, je nach Wechsel, die ja am Landgericht häufig sind, werden der Geschäftsverteilungsplan neu beschlossen bzw. die Änderung beschlossen." (2–2/3, 102–105)*

> *„Man versucht sein Bestes, aber deshalb gibt's auch immer wieder Änderungen."(2–2/3, 142–143)*

Die Untersuchung hat ergeben, dass unterjährige Geschäftsverteilungsplanänderungen eine offenbar deutschlandweit betriebene Praxis ist. Die Verteidiger haben sich auf diese Situation eingestellt. So gehört der Blick in den aktuellen Geschäftsplan am Beginn jeder Verteidigung zum Standard dazu (1–1, 114 ff.). Damit ist zugleich deutlich, dass das in § 21e Abs. 1 S. 2, Abs. 3 GVG gesetzlich angelegte Regel-Ausnahme-Verhältnis[406] in der Praxis umgekehrt wurde.[407] In der Justizwirklichkeit ist die Regel der unterjährig abgeänderte Geschäftsverteilungsplan und nicht der Jahresgeschäftsverteilungsplan (1–2, 151; 1–3, 401 f.; 1–4, 204; 1–5, 545 ff). Es wäre zu weitgehend, zu behaupten, dass das

---

405 *Kissel/Mayer*, Gerichtsverfassungsgesetz, 9. Aufl., § 21e, Rn. 98 f. Zu allem auch *Gubitz/Bock*, Die Besetzungsrüge nach Geschäftsplanänderung, NStZ 2010, 190, 190 f.

406 Dafür spricht die Verwendung des Wortes „nur" in § 21e Abs. 3 S. 1 GVG und die Systematik der Norm.

407 Dafür, dass es sich um ein Regel-Ausnahme-Verhältnis handelt BGH, Beschluss vom 22.03.2016 – 3 StR 516/15, BeckRS 2016, 09680 Rn. 16; *Valerius*, in: *Graf*, BeckOK GVG, 1. Ed., § 21e GVG, Rn. 2; *Velten*, in: *Albrecht/Paeffgen/Rudolphi/Wolter*, SK-StPO, 5. Aufl., § 21e GVG, Rn. 36; *Kissel/Mayer*, Gerichtsverfassungsgesetz, 9. Aufl., § 21e, Rn. 108 ff.; *Gubitz/Bock*, Die Besetzungsrüge nach Geschäftsplanänderung, NStZ 2010, 190, 191. Sich dazu nicht verhaltend *Schmitt*, in: *Meyer-Goßner/Schmitt*, Strafprozessordnung, 61. Aufl., § 21e GVG, Rn. 1 ff.

Jährlichkeitsprinzip damit ein leeres Statut ohne Inhalt sei. Der Jahresgeschäftsverteilungsplan formt auch weiterhin das Grundgerüst der Geschäftsverteilung am Gericht vor. Er regelt den grundsätzlichen Gang der Verfahrensakten, legt somit das Fallverteilungssystem fest und bestimmt das Vertretersystem. Trotzdem wird deutlich, dass der Gesetzgeber bei Einführung der Norm ein anderes Leitbild vor Augen hatte, als das heutzutage in der Praxis gezeichnete.[408]

Im Folgenden sollen die Gründe für solche unterjährigen Änderungen und die Art und Weise dieser Änderungen näher untersucht werden.

(i) Gründe für eine unterjährige Planänderung

Gesetzlich kann der Geschäftsverteilungsplan nach § 21e Abs. 3 S. 1 GVG geändert werden, wenn Richter über- oder unterlastet sind, Personalwechsel angezeigt sind oder Richter verhindert sind. Ob diese gesetzliche enumerative Auflistung abschließend ist, ist strittig.[409] In der Untersuchung sind die diskutierten zusätzlichen Konstellationen aber nicht relevant geworden, sie werden deshalb nicht berücksichtigt.[410]

Es zeigte sich bei der Untersuchung, dass in der Wahrnehmung der Interviewpartner der Geschäftsverteilungsplan überwiegend aus zwei Gründen unterjährig abgeändert werden musste. Zum einen waren dies Änderungen im Personalwesen. Das heißt Um- und Neubesetzungen innerhalb der Richterschaft, Abordnungen an andere Gerichte, aber auch Mutterschutz- und Elternzeiten (2–1, 223 f.; 2–2/3, 389 ff.; 1–2, 155 ff.).

Zum anderen waren Änderungen nötig aufgrund von Strafverfahren, die einen großen Arbeitsaufwand mit sich brachten, umfangreich waren und zu Überlastungssituationen führten (2–2/3, 395 ff.). Der Eingang solcher Verfahren, die geeignet sind den Geschäftsverteilungsplan zu „sprengen“, führt dann

---

408 Die heutige Norm wurde in ihren wesentlichen Grundzügen durch BGBl. Teil I ab S. 1077 Gesetz zur Neufassung des Gerichtsverfassungsgesetzes vom 09.05.1975 eingeführt. Dort wurde auch der Gedanke des Jahresgeschäftsverteilungsplanes neu artikuliert. Die vorherige Regelung § 63 Abs. 1 und 2 GVG e.F. (eingeführt durch BGBl. I 455, S. 460 f.) statuierte nur, dass der Geschäftsverteilungsplan vor Beginn des Jahres beschlossen wird, aber nicht, dass er für ein Jahr Gültigkeit besitzt.

409 Für eine abschließende Aufzählung nur *Velten*, in: *Albrecht/Paeffgen/Rudolphi/Wolter*, SK-StPO, 5. Aufl., § 21e GVG, Rn. 36. Für eine nicht abschließende Aufzählung und damit die h.M. BGH, Urteil vom 07.06. 1977 – 5 StR 224/77, NJW 1977, 1696, 1696 f. Dazu insg. *Valerius*, in: *Graf*, BeckOK GVG, 1. Ed., § 21e GVG, Rn. 2.

410 Zu den Konstellationen siehe *Velten*, in: *Albrecht/Paeffgen/Rudolphi/Wolter*, SK-StPO, 5. Aufl., § 21e GVG, Rn. 36 f.

mittelbar zu einer Überlastungssituation und damit zu einer Überlastungsanzeige eines Kammervorsitzenden (2–273, 408 ff.). Eine solche Anzeige ist nicht unbedingt eine förmliche Überlastungsanzeige, sondern, da die Richter mit Präsidiumsmitgliedern im Gespräch sind, wird das Präsidium auch von sich aus tätig, wenn es eine Überlastung einer Kammer wahrnimmt (2–1, 236 ff.).

(ii) Maßnahmen der unterjährigen Geschäftsverteilung

Grundsätzlich hat der Gesetzgeber den Präsidien nur vorgeschrieben, bei welchen Ausnahmesituationen eine unterjährige Geschäftsverteilungsplanänderung eintreten kann. Gesetzlich vorgegeben ist nicht, welche inhaltlichen Änderungen vorzunehmen sind. Dies steht im Ermessen des Gerichts.[411] Die Maßnahmen sind daran zu messen, ob sie geeignet sind, die Effizienz des Geschäftsablaufs wiederherzustellen oder zu erhalten.[412] § 21e Abs. 3 GVG schlägt vor, dass in dem Fall gestörter Effizienz die Geschäfte umzuverteilen sind oder der Spruchkörper personell zu verstärken ist.[413] Daneben hat sich in der Praxis etabliert, bei Überlastungssituationen Hilfsstrafkammern vorübergehend zu bilden.[414] Neben der Turnusänderung ist die Einrichtung von nicht ständigen Spruchkörpern in der Praxis ein viel genutztes Mittel, um Überlastungssituationen zu beheben.

(1) Turnusänderung

Muss bei Wahl des Turnusprinzips als Fallverteilungssystem der Geschäftsverteilungsplan unterjährig geändert werden, so kann dies durch eine Änderung des Turnus geschehen. Mit Turnusänderungen wird in der Regel auf Überlastungssituationen reagiert. Dabei können Kammern für eine Zeit aus dem Turnus ausscheiden oder eine bestehende Kammer in den Turnus integriert werden (alles 2–1, 273; 421 ff.). Dabei ist von Vorteil, wenn das Präsidium absehen kann, dass eine Turnusänderung notwendig wird. Große, bereits eingegangene Umfangsverfahren erleichtern insofern also die Prognoseentscheidung des Präsidiums.

„Es war in den letzten Jahren öfters mal erforderlich, in Wirtschaftsstrafverfahren auch, dass man dann eine Kammer aus dem Turnus für Haftsachen rausnehmen musste. Aber

---

411 *Kissel/Mayer*, Gerichtsverfassungsgesetz, 9. Aufl., § 21e, Rn. 78; *Gubitz/Bock*, Die Besetzungsrüge nach Geschäftsplanänderung, NStZ 2010, 190, 191.

412 *Grube*, Anm. BGH, Beschluss vom 07.01.2014 – 5 StR 613/13, StraFo 2014, 121, 124.

413 Vgl. *Velten*, in: *Albrecht/Paeffgen/Rudolphi/Wolter*, SK-StPO, 5. Aufl., § 21e GVG, Rn. 56.

414 Gegen die Gesetzmäßigkeit solcher Hilfsstrafkammern *Velten*, in: *Albrecht/Paeffgen/Rudolphi/Wolter*, SK-StPO, 5. Aufl., § 21e GVG, Rn. 57 f.; *Gubitz/Bock*, Die Besetzungsrüge nach Geschäftsplanänderung, NStZ 2010, 190, 192.

> *das ist […] der Vorteil, dass […] in Wirtschaftsstrafverfahren […] es im Regelfall so rechtzeitig absehbar ist, dass man es ändern kann.“ (2–1, 310–315)*

Eine Turnusänderung ist aber nur möglich, wenn das oder die Verfahren, die geeignet sind, den Geschäftsablauf endgültig zu stören, noch nicht bei Gericht eingegangen sind. Eine Turnusänderung kann nur für die Zukunft vorgenommen werden. Das Spannungsverhältnis mit dem Anspruch auf den gesetzlichen Richter ist geringer, wenn die Turnusänderung nur für zukünftig eingehende Strafsachen gilt. Denn dann betrifft die Änderung nicht die Umverteilung bereits anhängiger und damit schon zu dem gesetzlichen Richter gelangter Verfahren.[415]

> *„[…] wenn man es absehen kann, ist das unter dem gesetzlichen Richter insofern kein Problem, als man dann den Turnus ändert, und das dann abstrakt im Vorhinein. Und das ist kein Problem. Das Problem ist halt, wenn zwei, drei Sachen aus dem Ruder laufen, es kommt eine neue Strafsache dazu, und das war unabsehbar, einfach darauf zu reagieren.“ (2–1, 226–231)*

(2) Hilfsstrafkammer

Die Bildung von Hilfsstrafkammern ist in der Praxis verbreitet.[416] Sie wird nötig, wenn, wie gerade geschildert, eine auf die Zukunft gerichtete Turnusänderung nicht mehr Abhilfe schaffen kann. Dadurch wird das Präsidium gezwungen, auch bereits anhängige Verfahren umzuverteilen. Sind alle existierenden Kammern an ihrer Leistungsgrenze angelangt, bleibt nur, eine Hilfsstrafkammer zu bilden.

> *„Oder aber, […] dass man den Turnus nicht ändern kann, weil sie alle am Rande ihrer Leistungsfähigkeit sind, dann kann ich niemanden entlasten. Da haben wir im Einzelfall jetzt wieder eine Hilfsstrafkammer bilden müssen, das kommt vor.“ (2–1, 315–320)*

Neben verfassungsrechtlichen Bedenken[417] ist das Bilden einer Hilfsstrafkammer auch rein praktisch nicht einfach. So werden, in der ganz überwiegenden Zahl der Fälle, nicht neue Richter bei Gericht angestellt, sondern die Besetzung des neuen Spruchkörpers muss aus dem bestehenden Personalkörper gebildet werden (2–1, 179 ff.). Bevor das Präsidium Richter zwangsweise versetzt, wird in der Regel versucht, freiwillige Richter zu suchen, wie ein Richter schildern konnte.

---

415 Genauer siehe oben im 2. Kapitel unter B. II. 2.

416 *Ignor/Deßner*, in: *Hamm/Leipold* Beck'sches Formularbuch für den Strafverteidiger, 6. Aufl., § 222a StPO VIII. M. 1 Übersicht.

417 Siehe oben im 2. Kapitel unter B. II. 2.

„Da sucht man Helden. Also muss man gucken, wer in dem Zeitraum nicht so selber mit Haftsachen belastet ist, dass er mal ein halbes Jahr was anderes machen kann.[…] Alles nicht vergnüglich, weil das die Helden zu suchen wenig Spaß macht. Und für die Helden, die dann in den sauren Apfel beißen, es auch eine Änderung oder eine Zusatzbelastung ist." (2–1, 333–335; 344–347)

Nicht immer konnte dabei die fachliche Präferenz berücksichtigt werden, auch Zivilrichter mussten in der Vergangenheit zu Beisitzern einer Hilfs(wirtschafts-)strafkammer gemacht werden (2–1, 342 ff.). Im Kontext des zum Teil hoch spezialisierten Wirtschaftsstrafrechts kann auch dies zu einem Wissensungleichgewicht der Verfahrensbeteiligten beitragen.[418]

Wichtig mag auch ein weiterer Aspekt sein, den ein Verteidiger hervorbrachte. So schilderte er, dass seiner Erfahrung nach eine Hilfsstrafkammer auch bewusst gebildet wurde, um Altfälle aufzuarbeiten und die bestehenden Kammern damit zu entlasten.

„[…] es gibt vor allen Dingen alle Jahre wieder eine sogenannte „Rumpelkammer", die die Altlasten, weil die Landgerichte praktisch nur dazu kommen, die Haftsachen zu machen. Und dann gibt es sozusagen Sachen, die vergammeln förmlich, die ohne Haft sind. Und dann wird so eine Aufräumkammer gebildet, die diese Sachen dann übernimmt. Und das sind dann teilweise Sachen, wo die Anklage vier Jahre her ist. Und die dann im Prinzip aufräumen sollen." (1–4, 190–197)

(3) Spannungsverhältnis mit dem Anspruch auf den gesetzlichen Richtern

In der Untersuchung konnten mehrere Präsidiumsmitglieder aus unterschiedlichen Landgerichtsbezirken befragt werden. Es zeigte sich, dass bei unterschiedlichen Gerichten auch eine unterschiedliche Wahrnehmung hinsichtlich des Gefährdungspotentials des Anspruchs auf den gesetzlichen Richter bei unterjährigen Geschäftsverteilungsplanänderungen besteht. So war sich das eine Präsidium der verfassungsrechtlichen Problematik besonders bewusst, die damit einhergeht, wenn eine Überlastungssituation einer Kammer schon eingetreten ist. Das Präsidium legte äußersten Wert darauf, dass Turnusänderungen dann nur für zukünftig eingehende Verfahren stattfinden sollten. Es war den Richtern wichtig, alle bereits eingegangenen Verfahren bei dem jeweiligen gesetzlichen Richter zu belassen. Um dies zu erreichen, wurde auch in einem Fall kreativ gedacht und nicht nur, klassischerweise, der Turnus geändert, sondern auch eine Kammer personell verstärkt. Dies führte zu einer Überbesetzung der Kammer, aber damit zu einer höheren Erledigungsquote (alles 2–2/3, 421 ff.).

418 Dazu schon im 3. Kapitel unter B. III.

Am anderen Landgericht war man sich zwar des Spannungsverhältnisses mit dem gesetzlichen Richter bei Umverteilung anhängiger Verfahren ebenso bewusst, jedoch wurde die Umverteilung anhängiger Verfahren, sofern keine Überlastungssituation einer Kammer vorlag, als wünschenswerte Änderung wahrgenommen (2–1, 174 ff.). Dies mag auch mit einer anderen Fehlerkultur und einem anderen Selbstverständnis einhergehen.

(4) Bewertung durch die Verteidigung

Unterjährige Geschäftsverteilungsplanänderungen stellen die Verteidigung vor ganz rein praktische Probleme.[419] Sie müssen in Kenntnis des aktuellen Geschäftsplanes sein, um die Änderungen zurückverfolgen zu können. Im Übrigen sahen die interviewten Verteidiger die Errichtung von Hilfsstrafkammern als weitaus problematischer als Turnusänderungen an.

Stellt sich ein Gericht auf kommende Verfahren durch eine Hilfsstrafkammerbildung ein, so kann, sofern die Kammer nur für ein Verfahren und eventuell sogar direkt vor Anklageerhebung eingerichtet wird, eine Verletzung des Anspruchs auf den gesetzlichen Richter eintreten. Dieser verbietet jede Einzelzuweisung von Fällen. Dennoch wurde von Seiten der Verteidigung vermutet, dass oftmals unterjährige Geschäftsplanänderungen verkappte Einzelzuweisung seien (1–2, 183 ff.; 1–4, 204 ff.). Insbesondere die Bildung von Hilfsstrafkammern sei anfällig, sofern es auch um die Umverteilung bereits anhängiger Verfahren geht. Auch in der Rechtsprechung kann man Fälle finden, bei denen eine verkappte Einzelzuweisung von Fällen bei Maßnahmen der Umverteilung bereits anhängiger Verfahren erkannt wurde.[420]

> *„Also die Thematik ist absolut, also ist eine Sauerei. Also der Gesetzgeber muss halt sagen, dass er diese Einzelzuweisung will. Das ist eine rechtspolitische Frage. Aber so wie es in der Praxis läuft, ist es eine Umgehung, letztlich eine unzulässige Austricksung des gesetzlichen Richters." (1–2, 191–195)*

So führten auch Verteidiger aus, dass eine Hilfsstrafkammer ihrer Wahrnehmung nach schon in der Vergangenheit zielgerichtet für ein bestimmtes Verfahren gebildet wurde (1–5, 342 ff.).

---

419 Dazu näher unten 3. Kapitel C. III. 1.

420 BGH, Beschluss vom 10.06.2014 – 3 StR 57/14, NStZ 2014, 668, 668 ff. ausdrücklich als unzulässige Einzelzuweisung beschrieben, mit Anmerkung *Wollschläger*, Anmerkung zu BGH, Beschluss vom 10.06.2014 – 3 StR 57/14, StV 2015, 100, 100 ff.; BVerfG, Beschluss vom 16.02.2005 – 2 BvR 581/03, NJW 2005, 2689, 2689 ff.

„Da also, da war es richtig so, da hat man, so habe ich das auch beanstandet, dass eine bestimmte Strafkammer, damals gab es bei den Wirtschaftsstrafkammern wohl noch kein Rotationsprinzip, dann hat man eine bestimmte Strafkammer zusammengestellt, bei der man gedacht hat, die kann das besser als die, wo es sonst hingekommen wäre. Das war ganz offensichtlich so." (1–3, 367–373)

Die Verteidiger fanden teilweise klare Worte um auszudrücken, was sie über die Bildung und den Umgang der Gerichte mit Hilfsstrafkammern empfinden.

„Also ein Riesenproblem bei den Besetzungen sind diese Sonderzuweisung, die Hilfsstrafkammern. Da wird auch viel Schindluder getrieben, das muss man auch sagen." (1–2, 102–104)

„[…] also wir haben eigentlich immer nur die Fragen eigentlich der kurzfristigen Entlastung mit dem teilweise manipuliert wird, potenziell manipuliert wird. Das kriegen wir schon mit." (1–4, 183–185)

Eine andere Frage ist, wie die Verteidiger das Vorgehen der Gerichte inhaltlich bewerten. Verständnis für die Motive bestanden teilweise, insbesondere wenn Neubesetzungen aus fachlichen Gründen geschahen.

„Und dann hat man, man wusste, es kommt etwas, man hat eine gebildet. Und hat mit Sicherheit mit achtbaren Gründen auch die Kammer besetzt. […] Also jemand, dem man mit Recht zugetraut hat, mit wirtschaftlichem Sachverstand eine Wirtschaftsstrafkammer leiten zu können. Mit organisatorischen Fähigkeiten, das ist alles unbestritten. […] Ich halte es für eine zulässige Überlegung, dass sie sagen, wir sind eh knapp mit unseren Wirtschaftsstrafkammern, wir müssen unbedingt noch eine weitere haben. […] Das könnten durchaus achtbare Motive gewesen sein, nur das hindert ja nicht, dass ein System, wie der Turnus, bei einer solchen kleinen Grundgesamtheit von Fällen, ein absolut durchschaubares ist." (1–5, 347–349; 350–353; 387–390; 353–356)

Das grundsätzliche Verständnis für die gerichtlichen Erwägungen bei unterjährigen Planänderungen zeitigt aber gleichwohl keine Konsequenzen in der Hinsicht, nicht mit allen rechtlich verfügbaren und taktisch angebrachten Mitteln dagegen vorzugehen.

„Natürlich nicht. […] Jeder macht seins." (1–3, 423;427)

(iii) Entwicklung der rechtlichen Anforderungen an unterjährige Planänderungen

Die Rechtsprechung hat über die Jahre ihre Judikatur zu Fragen der Geschäftsverteilung zunehmend verfeinert.[421] Dies zum einen hinsichtlich formaler

---

421 Siehe etwa *Gubitz/Bock*, Die Besetzungsrüge nach Geschäftsplanänderung, NStZ 2010, 190, 190 ff.

Fragen. Die Dokumentationsanforderungen betreffen nicht den Jahresgeschäftsverteilungsplan, sondern die unterjährigen Änderungen. An dieser Stelle sollen die empirischen Daten zu dieser Thematik dargestellt, nicht die Entwicklung der Rechtsprechung nachgezeichnet werden.[422]

Hinsichtlich der Frage, wie genau Abänderungen des Geschäftsverteilungsplanes unterjährig zu begründen sind, erwartet die Rechtsprechung zunehmend mehr Angaben zu den tatsächlichen Begebenheiten innerhalb des Gerichts. Dies bedeutet für manche Gerichte keine nennenswerte Änderung ihrer ursprünglichen Vorgehensweise. Eine nur etwas ausführlichere Begründung von bspw. Überlastungssituationen stellt für sie keine Schwierigkeit dar.

> *„Also die Überlastung wurde eigentlich schon immer, immer konkret dargestellt. Vielleicht wird es heute etwas ausführlicher gemacht als früher. Aber früher wurde das eigentlich auch. Man muss es ja auch nachprüfen." (2–2/3, 545–547)*

Anders bei anderen Gerichten, dort beschwerte sich ein Interviewpartner sehr über die geänderten Anforderungen:

> *„Gerade in den letzten Jahren ist das durch die Rechtsprechung des BGH ein bisschen arg schwierig geworden. Allerdings nicht beim Jahresgeschäftsverteilungsplan, sondern im Rahmen der Änderungen während des laufenden Geschäftsjahres. Also die formalen Anforderungen an den Jahresgeschäftsverteilungsplan sind relativ einfach. Der wird in der Beschlussform schriftlich fixiert. Und die Begründung ergibt sich aus dem Protokoll. Das ist normales Geschäft, das ist nichts besonderes, keine besonderen Anforderungen. Die meines Erachtens überzogenen Anforderungen an die, die der BGH, neuerdings hat er das noch mal angezogen, an die unterjährigen Änderungen. Dass man also bei Belastungssituation im Laufe des Jahres im Strafrecht nur begrenzt Änderung machen kann. Das ist in einem Ausmaß angezogen worden, was die Handhabung außerordentlich erschwert." (2–1, 158–170)*

Es wurde deutlich, dass Gerichte auf unterjährige Änderungen angewiesen sind.

> *„Selbst ein großes Gericht wie wir ist bei der chronisch knappen Personaldecke mit zufällig sich häufenden Haftsachen beispielsweise, also insbesondere häufige Haftsachen, nicht in der Lage, dass die bestehenden Kammern nach der bestehenden Zuständigkeit die fristgerecht erledigen. Also da gibt es dann zwei Möglichkeiten, wenn das absehbar ist und keine neuen Sachen da sind, dann kann man, dass dann relativ unproblematisch, theoretisch auf andere Kammern verteilen. Aber wenn die […] genauso belastet sind, entsteht da prophylaktisch wenig Möglichkeiten. Wenn dann eine Kammer überlastet ist, dann hat man nur die Möglichkeit, eine Hilfsstrafkammer zu bilden. Die muss man irgendwo ausschneiden. Und das muss meines Erachtens auch sein, denn sonst würde man die Leute auf freien Fuß setzen, und dann macht der BGH ein Buhei, was nicht nachvollziehbar ist*

---

422 Siehe dazu im 2. Kapitel unter B. I. 3.

an Voraussetzungen. Da hat man manchmal das Gefühl, dass der BGH meint, dass die Präsidien mit Mafiamitgliedern besetzt sind. Als ob die nichts anderes im Kopf hätten, als irgendwelche illegalen den gesetzlichen Richter verstellenden Maßnahmen zu ergreifen. Tatsächlich ist es so, dass man sich mit den Gegebenheiten abfinden muss. Und in irgendeiner Weise Personal für eine abstrakte, aber auch für eine konkrete Überlastungssituation herbeizuführen." (2–1, 170–190)

Diese Aussage vermittelt gleichzeitig wiederum einen Einblick in das Selbstbild eines Gerichts. Die Anforderungen der Rechtsprechung an die detaillierte Dokumentation der Gründe wurden von diesem Interviewpartner auch als Misstrauensbeweis den im Präsidium tätigen Richtern gegenüber bewertet. Die Aussage macht deutlich, dass die Meinung besteht, dass die Tatsache, dass in einem Präsidium allein Richter beschäftigt sind und diese für die Einhaltung der Gesetze zuständig sind, ausreicht, um auf die Ordnungsgemäßheit des Geschäftsverteilungsplanes dem Grunde nach zu vertrauen. Dies mag im Einzelfall durchaus der Fall sein. In diesen Kontext gehört auch die Problematik der, aus Sicht der Verteidigung oft nicht ausreichenden, Dokumentation von gerichtsinternen Entscheidungen. Aus Sicht der interviewten Verteidiger hat die Qualität der Geschäftsverteilungspläne über die Jahre zugenommen (1–2, 251 ff.; 1–5, 565 ff.). Nicht zuletzt hängt die Dokumentation aber im Einzelfall von den jeweiligen Gepflogenheiten bei Gericht ab. Dies bedeutet, dass Routinen sich schwer ändern können. Und abermals ist das Selbstbild des Gerichts mitentscheidend. Hinsichtlich der Abgabe dienstlicher Erklärungen bemerkte ein interviewter Anwalt:

„Nein das wird […] praktisch […] nie eingehalten, also ganz selten. Es gibt auch die, die Frage dann von dienstlichen Erklärungen dazu, die werden nicht abgegeben, die werden nicht dokumentiert. […] also wir haben jetzt das vor kurzem mal probiert, daran zu kommen, in einer so einer Sache. Wo die Zuständigkeitsverteilung plötzlich wechselte, durch eine Entlastungsanzeige, die uns eigentlich verspätet für den Eingang erschien. Und wir haben das nicht bekommen, obwohl wird insistiert haben, was sie da genau gemacht haben. Uns ist auch irgendwo gesagt worden an einer Stelle vom Vizepräsidenten, dass wir da auch keinen Anspruch hätten. Das gab es ja. Und das ist noch nicht so lange her." (1–4, 219–222; 227–234)

Noch größere Verärgerung hat aber die Entwicklung der rechtlichen Überprüfung der Entscheidungen des Gerichts, hin zu einer umfassenden Rechtmäßigkeitskontrolle, hervorgerufen.

„Also der Gipfel ist, das ist stehende Rechtsprechung, das fürchte ich, wird sich nicht so schnell ändern, dass der BGH nicht auf Ermessensfehlgebrauch oder auf Willkür überprüft, selbst das ist sehr fernliegend, dass ein Präsidium, das aus acht Richtern besetzt ist, willkürlich jetzt irgendwas macht. Wir sind ja keine wie gesagt ja keine Mafiabande, sondern ein

> *Gericht. Dass man da eine Willkürgrenze, das lässt sich hören, das muss ja prophylaktisch wirken. Er prüft es nicht auf Ermessensausübung, sondern er prüft es uneingeschränkt nach. Setzt sich also in die Situation des Präsidiums. Er will alle Fakten uneingeschränkt zur Verfügung haben. Und natürlich in den Entscheidungen, die ich gelesen habe, stellt er fest, dass irgendwas noch nicht voll durchdacht war. Und dann platzt ein Strafverfahren. Wo, also das ist schlechterdings nicht nachvollziehbar, und Sie sehen auch, dass ich mich leicht echauffiere." (2–1, 190–203)*[423]

Der Interviewpartner stellt sich gegen die Tendenz, dass der BGH im Zeitpunkt seiner Entscheidung alle Informationen, die dem Präsidium im Zeitpunkt seiner Entscheidung über Änderungen des Geschäftsverteilungsplanes zur Verfügung gestanden haben, kennen muss. Damit argumentiert er gleichzeitig für einen rechtlichen Bereich für das Präsidium, der nicht voll gerichtlich überprüfbar sein soll.[424] Dies ist aus der Überzeugung gespeist, ein unabhängiges Richtergremium könne nicht manipulieren, wie die folgende Aussage verdeutlicht:

> *„Ich hab mich ja vorhin beklagt, dass der BGH jetzt die jetzige Regelung, wenn die vernünftig gehandhabt würde, wenn also da nicht der BGH sein Ermessen an das Ermessen des Präsidiums setzen würde, und das Ermessen akzeptieren, dann wäre schon viel gewonnen. Eine größere Flexibilität, die sagen würde, die Manipulationsverhinderung, die durch die strengen Regelungen verfassungsrechtlich eher gefordert sind, sind auch erfüllt, wenn ein unabhängiges Gremium aus Richtern, wie das Präsidium es ja darstellt, aus sachlichen Gründen eine gewisse Änderung machen würde, das ist auch noch akzeptabel. Das wäre sicher im Einzelfall nützlich. Wenn man nicht ganz so streng wie jetzt gebunden wäre." (2–1, 519–529)*

d) *Konzentrationsgrundsatz*

Durch § 74c Abs. 3 GVG besteht die Befugnis, Wirtschaftsstrafkammern zu bilden. Gemäß dem Wortlaut von § 74c Abs. 1 S. 1 a.E. GVG ging der Gesetzgeber von nur einer Wirtschaftsstrafkammer aus.[425] Dies entspricht nicht mehr gängiger Praxis und auch fünf oder mehr Wirtschaftsstrafkammern sind an großen

423 Zu der Tatsache, dass der Willkürvorwurf als persönlicher Schuldvorwurf aufgefasst wird, auch *Roth*, Das Grundrecht auf den gesetzlichen Richter, S. 213.

424 In der Literatur wird insofern die Beschreibung bemüht, dem Präsidium dürften keine „zu engen Fesseln angelegt werden" *Kissel/Mayer*, Gerichtsverfassungsgesetz, 9. Aufl., § 21e, Rn. 111; vgl. die Kritik hierzu *Gubitz/Bock*, Die Besetzungsrüge nach Geschäftsplanänderung, NStZ 2010, 190, 191.

425 *Theile*, in: *Heinz/Rengier/Hilgendorf* (Hrsg.), Festschrift für Wolfgang Heinz, Flexible Fallzuweisung und gesetzlicher Richter (Art. 101 I 2 GG) – eine Problemskizze am Beispiel der Wirtschaftsstrafkammern, S. 899.

Landgerichten keine Seltenheit mehr. Weitere Wirtschaftsstrafkammern können nur dann gebildet werden, wenn das Fallaufkommen, das hinsichtlich Erfahrung und Spezialisierung einer Befassung durch eine Wirtschaftsstrafkammer bedarf und die Kapazitäten nur einer Kammer übersteigt. Ein „Bodensatz" allgemeiner Strafsachen darf gleichwohl den Kammern für eine gleichbleibende Auslastung übertragen werden.[426] Trotzdem gibt es Fälle, bei denen eine Wirtschaftsstrafkammer zulässigerweise mit 50%, die andere nur mit 21% bzw. 36 % mit Wirtschaftsstrafsachen befasst war.[427] Die Verteidiger in der Untersuchung gaben an, dass die Konzentrationsmaxime früher wiederholt Gegenstand von Besetzungsrügen und damit vermuteter Fehlsteuerungen der Gerichte war (1–5, 218 ff.). Heute würde das Prinzip in der Praxis aus Sicht der Verteidigung keine Rolle mehr spielen. Man würde es mitprüfen, aber sehr selten rügen (1–3, 272 ff.).

„Das sehe ich nicht mehr, dass das heute noch, mit dem holt man keinen Hund hinterm Ofen vor." (1–5, 235–236)

2. *Fallsteuerung durch Mitwirkungsplan*

Die rechtlichen Anforderungen an einen Mitwirkungsplan laufen parallel mit denen an den Geschäftsverteilungsplan.[428] Es handelt sich bei dem Mitwirkungsplan keineswegs um ein rechtlich zu vernachlässigendes Gerichtsinternum.[429] Die Kammer, und nicht mehr nur der Vorsitzende wie früher,[430] ist gleichsam als verlängerter Arm des Gesetzgebers anzusehen.[431] Dies bedeutet, dass auch durch den Mitwirkungsplan der gesetzliche Richter definiert und in einem letzten Schritt, quasi als letzte Regelungsstufe,[432] festgelegt wird. Der Mitwirkungsplan muss vor Beginn des Geschäftsjahres abstrakt-generell die Kammerbesetzung und die Zuteilung der eingehenden Verfahren auf sie regeln. Bei überbesetzen

426 Zum Begriff BGH, Urteil vom 29.05.1987 – 3 StR 242/86, NJW 1988, 1397, 1397; BGH, Beschluss vom 25.04.2014 – 1 StR 13/13, NJW 2014, 2295, 2296, 2296; Zum Ganzen *Theile*, in: *Heinz/Rengier/Hilgendorf* (Hrsg.), Festschrift für Wolfgang Heinz, Flexible Fallzuweisung und gesetzlicher Richter (Art. 101 I 2 GG) – eine Problemskizze am Beispiel der Wirtschaftsstrafkammern, S. 899 ff.

427 BGH, Beschluss vom 25.04.2014 – 1 StR 13/13, NJW 2014, 2295, 2296.

428 *Roth*, Das Grundrecht auf den gesetzlichen Richter, S. 188.

429 *Kissel/Mayer*, Gerichtsverfassungsgesetz, 9. Aufl., § 21g, Rn. 4.

430 *Kissel/Mayer*, Gerichtsverfassungsgesetz, 9. Aufl., § 21g, Rn. 4, 21 ff.

431 Vgl. *Roth*, Das Grundrecht auf den gesetzlichen Richter, S. 186.

432 *Kissel/Mayer*, Gerichtsverfassungsgesetz, 9. Aufl., § 21g, Rn. 9, 15, 16.

Spruchkörpern kann die Erstellung der spruchkörperinternen Besetzung im Einzelfall schwierig sein.

Dass es mitunter nicht einfach ist, vor Beginn des Geschäftsjahres eine gerechte Verteilung der Fälle unter Berücksichtigung der Zuteilung der Richter innerhalb der Kammer zu erreichen, konnte die Untersuchung deutlich zeigen. Überbesetzte Spruchkörper sind in der Gerichtswirklichkeit an der Tagesordnung, nehmen jedoch, wie Interviewpartner angaben, über die Jahre ab. Zugenommen hat aber, dass die Spruchkörper zwar nicht rechnerisch überbesetzt sind, aber unterschiedliche Kammermitglieder mit einer unterschiedlichen Arbeitslast den Kammern zugeteilt sind.[433] Der kammerinterne Geschäftsverteilungsplan soll regeln, auf welche Sitzgruppe welche Fälle nach welchen Kriterien verteilt werden. Ein Vorsitzender Richter einer großen Wirtschaftsstrafkammer schilderte die Problematik anschaulich. In seinem konkreten Fall hatte seine Kammer sechs verschiedene Sitzgruppen, auf diese wurden nach der Endziffer des Aktenzeichens die eingehenden Verfahren verteilt. Dabei gab es einige 0,5 und 0,75 Stellen zu berücksichtigen. Nach eigenen Angaben benötigte er für die Erstellung des Mitwirkungsplanes einen ganzen Arbeitstag (alles 2–2/3, 1214 ff.).[434] Auch wenn sich die Regelung 1999 geändert hat, so erstellt in der Gerichtspraxis der Vorsitzende auch weiterhin den Plan. Es stimmen zwar alle Kammermitglieder über den Plan ab, rechnerisch nachvollziehen oder Änderungen vornehmen würden Beisitzer in der Regel wohl nicht, wie man aus den Interviews den Eindruck erlangen konnte.

In der Untersuchung wurde noch ein weiterer Aspekt genannt, wie Fallsteuerungen durch den Mitwirkungsplan möglich wären. Angespielt wurde auf die Diskussion um das 10-Augen-Prinzip.[435] Dahinter steht die Kritik an der Situation, dass beim BGH neben dem Berichterstatter in der Regel nur der

---

433 Exemplarisch sei auf den Geschäftsverteilungsplan des Landgerichts Stuttgart aus dem Jahre 2016 hingewiesen. Dabei waren Mitglieder den Kammern, neben ganzen Stellen, nach folgender Arbeitslast zugeteilt: 0,1; 0,2; 0,25; 0,3; 0,5; 0,55; 0,7; 0,75; 0,8; 0,9. Dies verdeutlicht in besonderem Maße die Ausdifferenziertheit eines Mitwirkungsplanes, der allen gesetzlichen Anforderungen an Bestimmtheit und Abstraktheit gerecht werden soll.

434 Siehe zu den unterschiedlich praktikablen Modellen *Kissel/Mayer*, Gerichtsverfassungsgesetz, 9. Aufl., § 21g, Rn. 7. Der Vorsitzende aus dem Interview schilderte das Modell a).

435 *Fischer*, in: *Herzog/Neumann* (Hrsg.), Festschrift für Winfried Hassemer, Beratungsgeheimnis, Sondervoten, Richterbilder, S. 1001 ff.; *Fischer/Eschelbach/Krehl*, Das 10-Augen-Prinzip, StV 2013, 395, 395 ff.; *5. Strafsenat BGH*, Zur Beratung von Revisionsentscheidungen im Beschlussverfahren, NStZ 2013, 563; *Fischer/Eschelbach/Krehl*, Erwiderung auf Basdorf u.A., NStZ 2013, 563, 563 ff.; *Lamprecht*, Ein Gericht,

Vorsitzende die Akten kennt. Durch die Tatsache also, wer Berichterstatter und wer Beisitzer bei überbesetzen Senaten oder Kammern wird, sind Fallsteuerungen, in Hinblick auf den Ausgang des Verfahrens, möglich (alles 1–3, 462 ff.).[436]

3. *Steuerung durch Gerichtsbesetzung (§ 76 Abs. 3 GVG)*

In den Kontext gerichtlicher Steuerungsmöglichkeiten gehört auch die Besetzung des Gerichts mit drei Richtern gemäß § 76 Abs. 2 S. 3 Nr. 3, Abs. 3 GVG anstatt mit zwei Berufs- und zwei Laienrichtern. Es handelt sich gemäß § 76 Abs. 3 GVG vom Umfang und der Schwierigkeit der Sache nach um einen Fall für eine Dreierbesetzung, wenn die Hauptverhandlung voraussichtlich länger als 10 Tage dauert oder die große Wirtschaftsstrafkammer zuständig ist. Eingefügt wurde die Norm erst 2012,[437] als Reaktion auf ein spektakuläres Verfahren.[438] Die Reduzierung auf zwei Berufsrichter war 1993 in Kraft getreten, als Folge der Wiedervereinigung Deutschlands und der daraufhin angespannten Personalsituation.[439] Mit der Reduzierung der Besetzung um eine volle Richterstelle kann auch ein Verlust fachlicher Kompetenz, jedenfalls aber eine Reduzierung der Qualität des Erkenntnisverfahrens einhergehen.[440] Ist zweifelhaft, welche

---

zwei Lager, NJW 2013, 3563, 3563 ff. Siehe auch *Fischer*, Der Einfluss des Berichterstatters auf die Ergebnisse strafrechtlicher Revisionsverfahren, NStZ 2013, 425, 425 ff.

436 Für die verfassungsrechtlich und strafrechtliche Diskussion um die Frage, welche Prinzipien bei der Bestimmung des Berichterstatters gelten und welchen Grad der „Blindlingszuweisung“ anzulegen ist, siehe etwa *Wiebel*, Die Bestimmung des Berichterstatters, BB 1995, 1197, 1197 ff. Noch immer ungeklärt ist, ob auch die Bestimmung des Berichterstatters abstrakt-generell im Vorhinein durch den Mitwirkungsplan erfolgen muss. Siehe zum Meinungsstand *Sowada*, Der gesetzliche Richter im Strafverfahren, S. 456; *Schmitt*, in: *Meyer-Goßner/Schmitt*, Strafprozessordnung, 61. Aufl., § 21g GVG, Rn. 1 f.

437 BGBl. 2011, Teil I Nr. 64, S. 2554.

438 BGH, Beschluss vom 07.07.2010 – 5 StR 555/09, NJW 2010, 3045, 3045 ff. Die Angeklagten waren ein Richter und Oberstaatsanwalt, die in einem früheren Verfahren durch eine Festnahme eines Rechtsanwalts während einer Hauptverhandlung Schlagzeilen gemacht hatten und nun der Rechtsbeugung und Freiheitsberaubung angeklagt waren. Trotz dieser nicht alltäglichen Rechtsmaterie, eines komplexen Ermittlungsmaterials und der möglichen dienstrechtlichen Folgen beschloss das Gericht dennoch die reduzierte Besetzung.

439 *Weber*, Vier Augen sehen mehr als zwei, ZRP 1997, 134, 134 f.

440 BT-Drucks. 12/1217, S. 46 f.; BGH, Beschluss vom 07.07.2010 – 5 StR 555/09, NJW 2010, 3045, 3047.

Besetzung im Einzelfall sachgerecht ist, ist aus diesen Gründen die Dreierbesetzung vorzuziehen.[441]

In der Untersuchung zeigte sich, dass mit Einführung von § 76 Abs. 3 GVG und der dahinter stehenden BGH-Entscheidung der Wahrnehmung der interviewten Verteidiger nach im Wirtschaftsstrafrecht die Zweierbesetzung nur bei verständigten Wirtschaftsstrafverfahren angeordnet wird. Konnten sich die Prozessbeteiligten nicht einigen, ist der Angeklagte nicht geständig und handelt es sich um komplexe, umfangreiche Verfahren, was in der Mehrzahl der Wirtschaftsstrafverfahren der Fall ist, so tagt die Kammer in der Dreierbesetzung (alles 1–2, 29 ff.; 1–5, 581 ff.; 2–2/3, 360 ff.; 3–2, 557 ff.). Der Wahrnehmung interviewter Richter nach wird in nicht mehr als 10 % der Wirtschaftsstrafsachen in der Zweierbesetzung getagt (2–2/3, 360).

> *„Und seither, Richter sind vorsichtige Menschen und tun alles, um nicht aufgehoben zu werden. Und gehen eher auf Sicherheit. Und machen es zu dritt. Also zu zweit macht man heute verständigte Verfahren. Das ist der Klassiker. Und ansonsten, wenn man es nicht sicher weiß, eher drei." (1–5, 589–503)*

Die Dreierbesetzung ist in der ganz überwiegenden Zahl der Wirtschaftsstrafverfahren, von denen die Interviewpartner berichten konnten, der Regelfall geworden (2–1, 353 ff.). Dafür sprechen auch sachliche Gründe. Interessant war die Sichtweise eines Anwaltes, der damit den Wegfall einer Lehrstelle für einen Proberichter befürchtete:

> *„Und wir haben die Möglichkeiten, mit zwei Richtern eine Strafkammer auszustatten, auch unter dem Aspekt kritisiert, dass der dritte vielleicht ein Assessor ist. Der es mitbekommt, wie der Alte es macht. Das ist eine Lernstation. Und wenn Sie sagen, meinetwegen aus Budgetgründen, das war ja der Fall, Sie reduzieren auf zwei, dann streichen Sie eine solche Lehrstelle."(1–5,1035–1040)*

Daneben wurde angeführt, dass ein dritter Richter, der nicht wie der Vorsitzende mit der Verfahrensleitung oder wie der Berichterstatter mit der Notierung der Beweisaufnahme und der Darstellung der Beweismittel, insbesondere Urkundsbeweisen, beschäftigt ist, vorteilhaft ist (2–2/3, 333 ff.; 3–2, 585 ff.), weil er rechtlich mitdenken und auch mitschreiben kann, wenn der Berichterstatter mit technischen Dingen ausgelastet ist. Diese Situationen fanden Richter sehr erleichternd und präferierten damit im Ergebnis klar die Dreierbesetzung (2–2/3, 325 ff.). Mit den Worten eines Staatsanwaltes hörte sich dies so an:

---

441 BGH, Beschluss vom 07.07.2010 – 5 StR 555/09, NJW 2010, 3045, 3046 f.

„Ich persönlich find's beruhigender, wenn die zu dritt verhandeln, sag ich Ihnen ehrlich." (3–2, 581–582)

In der Untersuchung zeigte sich, dass in der ganz überwiegenden Zahl der Fälle Wirtschaftsstrafsachen aufgrund Komplexität und Umfang eine Dreierbesetzung nötig machen. Warum der Gesetzgeber bei Einführung der Norm in Wirtschaftsstrafsachen die Dreierbesetzung als Regelfall, aber nicht als zwingend eingeführt hat und damit einer Forderung der Anwaltschaft nicht nachgekommen ist (1–2, 29 ff.), erschließt sich somit nicht.

4. *Fallsteuerung durch Terminierung*

a) *Phänomen der Schöffenauswahl*

In der Untersuchung wurde ein Problembereich virulent, der bei der Planung des Forschungsvorhabens so nicht erwartet wurde.[442] Dies ist das Spannungsverhältnis zwischen den Anforderungen des gesetzlichen Richters und der Möglichkeit des Vorsitzenden, durch die Terminierung der Verfahren die ehrenamtlichen Richter im Einzelfall zu bestimmen.

Wie schon dargestellt,[443] ist nicht gesetzlich geregelt, wie die konkrete Zuweisung der ehrenamtlichen Richter zu einem Fall konkret zu erfolgen hat.[444] Es ist allein in §§ 45 Abs. 1 und 2, 77 GVG bestimmt, dass durch Auslosung die ehrenamtlichen Richter auf die Sitzungstage des Jahres verteilt werden. Es gibt keine Vorgaben hinsichtlich der Frage, wie bestimmt wird, welcher Fall an welchem Sitzungstag behandelt wird und damit auch nicht, welche ehrenamtlichen Richter an welchen Verfahren beteiligt sind.[445] In dem Zeitpunkt, an dem eine Anklage bei Gericht eingeht, ist abstrakt generell nicht vorherbestimmt, welche Schöffen diesen Fall mit entscheiden. Erst der Vorsitzende bestimmt mit seiner Terminierung der Sache, welche ehrenamtlichen Richter Teil des Gerichts und damit zum gesetzlichen Richter im Sinne von Art. 101 Abs. 1 S. 2 GG werden.

Zu diesem Zeitpunkt kann der Vorsitzende aber einsehen, welche ehrenamtlichen Richter an welchem Sitzungstag ihr Amt ausüben. Dies ist ein erhebliches

---

442 Schon damit argumentiert, dass diese Manipulationen in der Praxis vorkommen würden, *Roth*, Das Grundrecht auf den gesetzlichen Richter, S. 205.

443 Dazu oben 2. Kapitel C. II. 2.

444 *Katholnigg*, Anmerkung zu BVerfG, Beschluss des Plenums vom 08.04.1997 – 1 PBvU 1/95, JR 1997, 284, 285; *Berkemann*, Anmerkung zu BVerfG, Beschluss des Plenums vom 08.04.1997 – 1 PBvU 1/95, JR 1997, 281, 284.

445 *Roth*, Das Grundrecht auf den gesetzlichen Richter, S. 200 ff.

Manipulationspotenzial.[446] Ein Verteidiger konnte von einer großen Wirtschaftsstrafsache berichten. Das Verfahren musste neu aufgerollt werden und bei Neubeginn des Verfahrens waren es die gleichen Schöffen wie bei Beginn des Verfahrens am Anfang.[447] Die Schöffen hatten sich schon terminlich auf ein langes Verfahren eingestellt und waren in dieser Hinsicht sehr geeignet.

> *„Die kriegen auf alle ihre Verhandlungstage für das ganze Jahr ihre Schöffen. Und die Schöffen, die wir dann am Beginn, was weiß ich, am 20. Februar […] hatten, waren per Zufall, oder sonst wer wollte es, als wir wieder begonnen haben fünf Monate später, waren es dieselben." (1–5, 1260–1264)*

Zu diesem Phänomen ein weiterer Anwalt:

> *„Ich wollte einfach an diesen Zufall nicht glauben, da fängt diese umfangreiche neue Hauptverhandlung drei Monate später an und zieht genau dieselben Schöffen hinzu. Und, tut mir leid, das, ich bin ein misstrauischer Mensch, das erweckt in mir so viel Misstrauen dass ich sage, das guck ich mir dann auch mal an." (1–6, 68–73)*

Die Terminierung in Kenntnis der Schöffenzuteilung ist ein Einfallstor für eine Schöffenauswahl anhand zweckwidriger Motive. Der Vorsitzende kann über die Besonderheiten der Schöffen informiert sein, insbesondere etwa was ihre möglicherweise bestehenden querulatorischen Eigenschaften angeht oder auch gerade ihre persönliche Situation in Hinblick auf ihre zeitliche Verfügbarkeit. So mag es einfacher sein, einen im Ruhestand befindlichen Schöffen als Mitglied des Gerichts zu haben, als einen im Berufsleben zeitlich sehr eingebunden Schöffen, bei dem sich das Gericht dann auch mit dem Arbeitgeber auseinander setzen müsste. Die Motivation, solche Unannehmlichkeiten zu vermeiden, wäre nachvollziehbar.

> *„Was ganz oft gemacht wurde, wo sie auch nicht rankommen mit einer Besetzungsrüge, ist, der Vorsitzende muss terminieren in einem großen Verfahren. Er guckt sich an seinen Plan hier welche Schöffen für welchen Tag. Und dann sagt der Ach, da sitzt der, der wieder dabei, der ist auch ein Querulant, da habe ich keine Lust, mit dem hier ein halbes Jahr zu verhandeln. Und der Herr hat ein Alkoholproblem, dann fällt er mir aus auf halber Strecke. […] Aber hier der, da habe ich doch die beiden Rentner, die haben viel Zeit, da kriege ich kein Problem mit dem Arbeitgeber. Die sind auch von stabiler Gesundheit. Da fang ich an. Ich hab schon erlebt, dass Vorsitzende das auch so gesagt haben. Das da an den Tag von*

---

446 *Roth*, Das Grundrecht auf den gesetzlichen Richter, S. 205. In diese Richtung auch *Leisner*, „Gesetzlicher Richter" – vom Vorsitzenden bestimmt?, NJW 1995, 285, 286 f.

447 Siehe zu dieser Thematik auch BGH, Urteil vom 09.08.2007 – 3 StR 96/07, NJW 2007, 3364, 3365.

> *mir aus, das ist besser an den Tagen. Da haben wir die und den, den kennen wir schon, die sind gut."* (1–3, 915–927)

Damit eine solche Fallsteuerung zu bestimmten Schöffen durch Terminierung möglich ist, sind zwei Voraussetzungen nötig. Erstens muss der Vorsitzende die Liste der zu Jahresbeginn ausgelosten Schöffen bei Terminierung kennen. Und zweitens muss er bereits Informationen über die jeweiligen Schöffen, etwa hinsichtlich zeitlicher Auslastung, Einstellung oder Neigung, Fragen zu stellen und auf das Verfahren Einfluss zu nehmen, besitzen. Letzteres ist in der Regel nur möglich, wenn er bereits die Schöffen im Verfahren erlebt oder sie sonst wie bei Gericht bekannt sind. Naturgemäß kann er kein Wissen über alle verfügbaren und zugeteilten Schöffen besitzen. Hinsichtlich der Frage, ob der Vorsitzende die Liste der verfügbaren Schöffen kennt, merkten die interviewten Verteidiger an:

> *„Ja klar, die werden ja zugelost. Die müssen ja gelost werden zu Beginn jeden Jahres. Und dass die Hauptschöffen, jedenfalls wenn sie nicht jetzt krank werden oder aus anderen Gründen gestrichen werden aus der Liste. Dann wissen Sie genau, an dem Tag habe ich diese Schöffen. Das geht ja immer, die Schöffen, die für den ersten Sitzungstag zugelost werden, die sitzen dann da. Möglicherweise fünf Jahre, wenn die Hauptverhandlung so lang geht. Und das überlegt sich mancher Vorsitzender schon genau, ob ich den beiden, die das letzte Mal schon so eine, schon so eine Schererei, die immer blöd Fragen gestellt haben, wo man sagt, um Gottes Willen, dann kriegen sie noch einen Ablehnungsantrag. Also das wird so gemacht. Da können sie gar nichts machen. Also wenn sie es nicht nachweisen können. Und ihnen das, was weiß ich, schriftlich gegeben hat. Oder ihnen erzählt und nachher zu seinem Wort steht. Da können sie gar nichts machen."* (1–3, 932–945)

Damit sind auch zwei weitere Aspekte angesprochen. Abermals zeigt sich, dass sich der Wunsch nach Fallsteuerung, sofern sie durch eine Offenheit im Gesetz oder eine Lücke im Geschäftsverteilungsplan möglich sind, im Bereich des Wirtschaftsstrafrechts potenziert. Je länger und umfangreicher die Verfahren sind, desto folgenschwerer sind die Entscheidungen hinsichtlich der personellen Besetzung, die zu Anfang des Verfahrens getroffen werden. Und desto geneigter mag ein Vorsitzender sein, ehrenamtliche Richter gezielt zu bestimmen. Des Weiteren wird die Frage der Nachweisbarkeit angesprochen. Es handelt sich bei der Terminierungspraxis um einen Bereich, der von einer gerichtlichen Außenperspektive und damit aus Sicht der Verteidigung schwer einsichtig ist. Die Dokumentationsgenauigkeit liegt letztlich im Bereich der persönlichen Arbeitsweise und kann nicht kontrolliert werden. Anhaltspunkte für Fallsteuerungen können zwar gegeben sein, einen Nachweis zu führen ist aber für die Verteidigung oft unmöglich.

Die Möglichkeit des Vorsitzenden, bei Terminierung die Liste der zugeteilten Schöffen zur Verfügung zu haben, ist eine Konsequenz der Einführung der

§§ 222a, 222b StPO gewesen. Denn die Vorsitzenden wurden so gezwungen, vor Beginn der Hauptverhandlung die Besetzung des Gerichts, einschließlich der ehrenamtlichen Richter, den Verfahrensbeteiligten mitzuteilen. Somit müssen sie nach Änderungen der rechtlichen Situation selbst darüber wachen, ob die Schöffen richtig ausgewählt, das heißt bei Verhinderung ausreichend entschuldigt und die richtigen Vertreter bestellt sind. Ob diese Konsequenz bei Einführung der Normen bedacht wurde, kann bezweifelt werden. Jedenfalls führte die Änderung zu einer gesteigerten Kenntnis über die zur Verfügung stehenden Schöffen und eröffnet daher ein theoretisches Manipulationspotential.

b) Rechtliche Rechtfertigung

Es werden im Wesentlichen drei Argumente angeführt, die die Freiheit der Terminierungspraxis des Vorsitzenden rechtlich rechtfertigen sollen.[448] Zunächst wird argumentiert, dass die Schöffen den Vorsitzenden in der Regel nicht persönlich bekannt seien.[449] Dadurch habe der Vorsitzende auch nicht die Möglichkeit, ihr entsprechendes Entscheidungsverhalten zu antizipieren und eine gezielte Besetzung der Richterbank durchzuführen. Daneben wird darauf verwiesen, dass ehrenamtliche Richter eine untergeordnete Rolle im Geschäftsalltag der Gerichte einnehmen und an weitaus weniger Sitzungstagen als Berufsrichter teilnehmen.[450] Zudem müsse bei den ehrenamtlichen Richtern berücksichtigt werden, dass sich die ehrenamtliche Tätigkeit im Rahmen des Zumutbaren halten solle. Die Schöffen würden für ihre Tätigkeit allenfalls eine geringe Aufwandsentschädigung bekommen, auf der anderen Seite dürften sie aber nur in den gesetzlich vorgesehenen Ausnahmefällen die Bestimmung als Laienrichter im konkreten Fall ablehnen.[451]

Alle Argumente können aus tatsächlichen und rechtlichen Gründen, unter Heranziehung der empirischen Ergebnisse dieser Untersuchung, widerlegt werden und überzeugen daher nicht.

Das erste Argument, Laienrichter seien den Vorsitzenden nicht bekannt, kann durch die Darstellung der Empirie im Rahmen der Grenzen der Verallgemeinerungsfähigkeit und Reliabilität der Daten dieser Untersuchung widerlegt

---

448 Dazu schon kurz oben 2. Kapitel C. II 2.

449 *Berkemann*, Anmerkung zu BVerfG, Beschluss des Plenums vom 08.04.1997 – 1 PBvU 1/95, JR 1997, 281, 284; *Roth*, Das Grundrecht auf den gesetzlichen Richter, S. 203.

450 *Katholnigg*, Anmerkung zu BVerfG, Beschluss des Plenums vom 08.04.1997 – 1 PBvU 1/95, JR 1997, 284, 285; *Roth*, Das Grundrecht auf den gesetzlichen Richter, S. 203 f.

451 *Katholnigg*, Anmerkung zu BVerfG, Beschluss des Plenums vom 08.04.1997 – 1 PBvU 1/95, JR 1997, 284, 285; *Roth*, Das Grundrecht auf den gesetzlichen Richter, S. 204.

werden.[452] Zum einen wurde schon in der Literatur eine Steuerung insofern vermutet,[453] zum anderen zeigte sich, dass Richter durchaus Kenntnisse über Laienrichter erhalten können. Dies ist etwa möglich durch ein am Gericht vorhandenes und verbreitetes Wissen oder aus vorherigen Fällen. Motive, bestimmte Schöffen vorzuziehen, sind denkbar, was die zeitliche Verfügbarkeit der Schöffen angeht oder in Hinblick auf das Maß ihrer Motivation, am Verfahren aktiv mitzuwirken.

Der zweite Punkt spielt darauf an, dass eine Beeinflussung, wer Schöffe wird, aufgrund ihrer verfahrensrechtlichen Stellung von so untergeordneter Bedeutung ist, dass ein Eingriff in Art. 101 Abs. 1 S. 2 GG von ganz geringem Gewicht sei.[454] Folgte man dieser Argumentation, würde man den Schutzumfang des gesetzlichen Richters relativieren. Hierzu besteht keine Notwendigkeit, wenn man sich §§ 30, 77 GVG vor Augen führt, die das gleiche Stimmrecht von Laien- und Berufsrichtern regeln.

Was die Zumutbarkeit angeht, sind selbstverständlich die grundrechtlichen Positionen der Schöffen aus Art. 12 GG und Art. 2 GG mit den Bedürfnissen der Strafrechtspflege in Einklang, in praktische Konkordanz zu bringen. Daneben ist aber nicht ersichtlich, dass eine schriftliche Vorherbestimmung der Frage, nach welchen Kriterien die eingehenden Fälle auf die Sitzungstag verteilt werden, die Position der Schöffen beeinträchtigen würde. Die Belastung wird dadurch gering gehalten, dass die Sitzungstage im Voraus zu Jahresbeginn bestimmt werden und die Schöffen sich insoweit auf ihre Verhandlung einrichten können. Die Frage genau, oder nach welchen Kriterien die Sitzungstage bestimmt werden, beeinträchtigt daher den Schöffen im Ergebnis nicht. Der einzige Unterschied besteht darin, dass bei einer schriftlichen Vorherbestimmung zu der Frage, welches Verfahren an welchem Verhandlungstag zu beginnen hat, die Entscheidungsfreiräume der Vorsitzenden beschränkt werden.[455] Dies scheint ein gangbarer Weg zu sein, Alternativen zum geltenden System sind denkbar, so könnten die Schöffen etwa ausgelost oder allein von der Schöffengeschäftsstelle dem konkreten Verfahren zugeteilt werden.[456]

---

452 Siehe insofern im methodischen Bezugsrahmen der Unterschung 1. Kapitel B. II.

453 *Katholnigg*, Anmerkung zu BVerfG, Beschluss des Plenums vom 08.04.1997 – 1 PBvU 1/95, JR 1997, 284, 285, der davon spricht, dass die Richter ihre „Pappenheimer“ schon kennen würden. *Roth*, Das Grundrecht auf den gesetzlichen Richter, S. 205.

454 Vgl. *Roth*, Das Grundrecht auf den gesetzlichen Richter, S. 203 ff.

455 Vgl. zum Ganzen auch *Roth*, Das Grundrecht auf den gesetzlichen Richter, S. 205 f.

456 *Katholnigg*, Anmerkung zu BVerfG, Beschluss des Plenums vom 08.04.1997 – 1 PBvU 1/95, JR 1997, 284, 285 f. der schon 1997 den Gesetzgeber anmahnte, über Alternativen zum geltenden Recht nachzudenken und der selbst alternative Modelle vorschlug.

5. Zwischenergebnis

In diesem Abschnitt wurde empirisch auf die Möglichkeiten zur Fallsteuerung auf der gerichtlichen Ebene geblickt. Es zeigte sich, dass die gesetzlichen Regelungen an unterschiedlichen Stellen Manipulationspotentiale beinhalten, die auch, in unterschiedlicher Häufigkeit, in der Praxis genutzt werden. Zudem zeigte sich, dass sich neben den gesetzlichen Regelungen informelle Verhaltensmuster gebildet haben.

Die gesetzlichen Regelungen des GVG zur Erstellung des jährlichen Geschäftsverteilungsplanes setzen voraus, dass die Planerstellung in Unkenntnis zukünftiger Verfahren zu geschehen hat. Denn ein Geschäftsverteilungsplan kann nur dann Ausdruck des gesetzlichen Richters sein und Vertrauen genießen, wenn er abstrakt-generell gilt. Es zeigte sich empirisch, dass mitunter ein solch unzulässiger Wissensaustausch zwischen Staatsanwaltschaft und Gericht zu verzeichnen ist. Inwiefern wiederum Geschäftspläne auf dieses Wissen abgestimmt wurden, konnte nicht gezeigt werden. Als informelles Programm hat sich bezüglich des Jahresgeschäftsverteilungsplanes auch gezeigt, dass unterjährige Planänderungen üblich sind und nicht mehr, wie gesetzlich vorgesehen, eine Ausnahme darstellen. Damit hat sich in der Praxis das gesetzlich vorgesehene Regel-Ausnahmeverhältnis umgekehrt.

Blickt man auf die einzelnen Maßnahmen der unterjährigen Planerstellung, so fällt auf, dass oftmals Hilfsstrafkammern gebildet werden, um die Effizienz des Geschäftsbetriebs bei Gericht aufrecht zu erhalten. Sie können dadurch zur Dauerlösung bei Überlastungssituationen werden, was wiederum dem gesetzlichen Programm widerspricht. Dieses sieht Hilfsstrafkammern gesetzlich nicht vor, sondern allein die Rechtsprechung erkennt die Bildung von Hilfsstrafkammern als adäquates Mittel im Sinne von § 21e Abs. 3 S. 1 GVG an, wenn es vorübergehend nötig ist, nur so einen funktionierenden Gerichtsbetrieb aufrecht zu erhalten. Die Erkenntnisse dieser Untersuchung deuten aber darauf hin, dass Hilfsstrafkammern dazu genutzt werden, eine unzulängliche Geschäftsplanung zu Beginn des Geschäftsjahres auszugleichen.

Trotz Einführung von § 21g Abs. 1 GVG wird der Mitwirkungsplan vom Kammervorsitzenden erstellt und durch Beschluss aller Kammermitglieder in Kraft gesetzt.[457] Die gesetzliche Intention der Regelung lag aber darin, eine echte Beteiligung aller Kammermitglieder zu erreichen. Dies ist, wie die Untersuchung zeigen konnte, in der Praxis nicht der Fall.

---

457 Dies ist erst seit Einführung der Norm Ende 1999 der Fall, vgl. BGBl. 1999, Teil I Nr. 59, S. 2599, zuvor beschloss allein der Vorsitzende den Plan.

Wichtigste Erkenntnis dieses Abschnitts ist das Manipulationspotential der Terminierungspraxis von Großverfahren. Vorsitzende haben die Möglichkeit, durch die Terminierung des Beginns der Hauptverhandlung in Kenntnis der ausgelosten Schöffenliste nebst ihrer Sitzungstage die ehrenamtlichen Richter zu bestimmen. Dies macht dann Sinn, wenn Informationen über die Schöffen bekannt sind. Wenn ein Großverfahren neu beginnen muss, liegen diese Informationen augenscheinlich vor. Solche gezielten Manipulationen konnten mehrere Verteidiger schildern. Einflussnahmen dieser Art sichtbar zu machen, ist aber aus Verteidigerperspektive schwierig. Abermals potenziert sich die rechtliche Tragweite, wenn es um wirtschaftsstrafrechtliche Großverfahren geht.

II. Möglichkeit zur Fallsteuerung auf staatsanwaltschaftlicher Ebene

Die Möglichkeit, ein bestimmtes Verfahren im Einzelfall zu einer von der Staatsanwaltschaft favorisierten Kammer zu steuern, besteht und ist kein neues Phänomen der heutigen Zeit.[458] So kam schon 1962 eindrucksvoll ein Verfahren zum OLG Nürnberg.[459] In dem Ausgangsverfahren hatte die Staatsanwaltschaft versucht, das Verfahren zu einer bestimmten Kammer zu steuern, indem sie die Reihenfolge der Beschuldigten in der Anklageschrift nach ihrem Ermessen festlegte. Entscheidendes Motiv war die Motivation, das Verfahren anstatt von der eigentlich zuständigen, aber stark überlasteten Kammer von einer Kammer mit freien Kapazitäten verhandeln zu lassen. Die Staatsanwaltschaft argumentierte, dass es sich dabei um keine sachfremden Erwägungen, sondern vielmehr um justizgemäße Gründe gehandelt habe.[460] Diese kleine Fallschilderung macht deutlich, was Dreh und Angelpunkt der rechtlichen Erwägungen ist, wenn es um die Bewertung des fallsteuernden Anklageverhaltens der Staatsanwaltschaft geht. Nämlich zunächst die Frage, welcher Art die Motive der Staatsanwaltschaft sind und was Maßstab für die gerichtliche Überprüfung der Gründe ist. Das besondere Merkmal dieses Rechtsbereiches ist, dass er von einer Abwesenheit

---

458 Dieses Phänomen konnten fast alle interviewten Verteidiger bestätigen. So 1–2, 206 ff.; 1–3, 295 ff.; 1–4, 275, 283 ff.,1–5, 283 ff. Es ist auch in der Literatur diskutiert, so etwa *Temming*, Anmerkung zu OLG Frankfurt, Beschluss vom 14.02.1986 – 1 Ws 27/85, StV 1986, 331, 331 f.; *Fahl*, Rechtsmissbrauch im Strafprozess, S. 209 f.

459 OLG Nürnberg, Beschluss vom 11.12.1962 – Ws 456/62, NJW 1963, 502, 502 f. Bei diesem Verfahren fällt auch die Fehlerkultur positiv auf: die Staatsanwaltschaft hat die Manipulation und ihre Gründe dafür offen zugegeben, das Gericht wiederum ist damit auch offen umgegangen. Eine solch transparente Entscheidung ist danach nicht mehr zu dieser Materie erfolgt.

460 OLG Nürnberg, Beschluss vom 11.12.1962 – Ws 456/62, NJW 1963, 502, 502.

von Normen geprägt ist. Das staatsanwaltschaftliche Handeln hat aber Auswirkungen auf die Zuständigkeit der Gerichte und kommt damit in einen Bereich, der normativ von Art. 101 Abs. 1 S. 2 GG durchdrungen ist. Damit ist auch die gerichtliche Überprüfungsmöglichkeit offen.

Die Staatsanwaltschaft hat die Möglichkeit, durch interne Handlungen zu steuern oder gezielt Fälle durch ihr Anklageverhalten zu einer gewünschten Kammer zu lozieren. Auf diese Möglichkeiten soll im Folgenden näher eingegangen werden.

1. Behördeninterne Mechanismen

Abgesehen von dem reinen nach außen erscheinenden Anklageverhalten der Staatsanwaltschaften gibt es interne Möglichkeiten der Fallsteuerung. So können Akten bewusst liegen gelassen oder von Abteilung zu Abteilung geschoben werden, wie ein Anwalt anschaulich beschreiben konnte (1–1, 1189–1196). Dieses Vorgehen wirkt sich mittelbar auch auf die Behandlung der Fälle aus, so wird ein Verfahren kurz vor der Verjährungsgrenze oftmals schneller eingestellt (1–1, 1206) oder es landet in einem „Überarbeitungsstapel" von einem „abgesoffenen Referat" (1–1, 1196, 1198). Abgesehen davon hat es die Staatsanwaltschaft in der Hand, die Fälle für das Gericht zuzuschneiden, die Beweise vor zu sondieren und damit entscheidende Weichenstellungen vorzunehmen (1–1, 1206–1231).[461] Aus der Tatsache heraus, dass die Zuständigkeit für Verfahren bei Gericht gesetzlich bzw. normativ geregelt sind, die Zuständigkeiten bei der Staatsanwaltschaft aber sich rein informal behördenintern vollziehen, bestehen auf Verteidigerseite erhebliche Bedenken (1–1, 1207).

Die Staatsanwaltschaft hat ein eigenes (Initiativ-)Recht bei der Verbindung und Trennung von Verfahren nach §§ 2, 3, 4, 13 StPO und bei der Beschränkung der Strafverfolgung nach §§ 154, 154a StPO. Dies sind wichtige Möglichkeiten, Verfahren zuzuschneiden.[462] Fokus ist im Folgenden jedoch das staatsanwaltliche Anklageverhalten.

---

461 *Peters*, Fehlerquellen im Strafprozeß, Eine Untersuchung der Wiederaufnahmeverfahren in der Bundesrepublik Deutschland, 1. Band Einführung und Dokumentation, 1. Aufl., S. 516 ff.

462 Dazu etwa *Theile*, in: *Heinz/Rengier/Hilgendorf* (Hrsg.), Festschrift für Wolfgang Heinz, Flexible Fallzuweisung und gesetzlicher Richter (Art. 101 I 2 GG) – eine Problemskizze am Beispiel der Wirtschaftsstrafkammern, S. 895 ff.; *Roth*, Das Grundrecht auf den gesetzlichen Richter, S. 128 ff.

2. *Anklageverhalten*

Im Folgenden soll beleuchtet werden, welche Möglichkeiten der Fallsteuerung durch das Anklageverhalten der Staatsanwaltschaft bestehen. Dabei sind die Möglichkeiten der Staatsanwaltschaft gemeint, die ihr der jeweilige Geschäftsverteilungsplan des zuständigen Gerichts eröffnet. Dies ist zum einen die Möglichkeit, durch ein Abwarten der Erhebung der Anklage die gewünschte Kammer qua Turnussystem zu erreichen. Zum anderen sind damit aber auch die Handlungsspielräume gemeint, die der Staatsanwaltschaft beim Zuschnitt der Angeklagten oder bei der Reihenfolge der Angeklagten innerhalb der Anklageschrift eröffnet sind. Ausgangspunkt ist hierbei immer das jeweilige Fallverteilungssystem des Geschäftsverteilungsplanes des anvisierten Gerichts. Wie schon erörtert gibt es in der Regel das Turnus- oder das Buchstabensystem. Die jeweiligen Vor- und Nachteile sind beleuchtet worden. Im Folgenden soll es daher um die Darstellung der Motivlage der Staatsanwaltschaft hinter einer Fallsteuerung und um die Frage, wie die Staatsanwaltschaft an die hierfür nötigen Informationen kommt, gehen. Zunächst soll aber eine dogmatische Einordnung erfolgen und die Parallele zu den „beweglichen Zuständigkeiten" aufgezeigt werden. Handelt es sich dabei doch um die bislang bekannteste Form der staatsanwaltschaftlichen Wahlfreiheit. Damit rückt die Untersuchung in diesem Punkt von ihrem bisherigen Konzept ab, nur Bereiche von Fallsteuerungen zu beleuchten, die gesetzlich nicht vorgesehen sind, und stellt einen Bereich von rechtlich vorgesehener staatsanwaltschaftlicher Flexibilität dar. Dadurch kommt auch der gerichtliche Überprüfungsmaßstab in den Fokus, der zwischen den einzelnen Wahlmöglichkeiten differieren kann.

a) *Fallsteuerungsmöglichkeit kraft Gesetzes: bewegliche Zuständigkeiten*

Klassischer Problembereich, wenn man auf die staatsanwaltschaftliche Wahlmöglichkeit hinsichtlich des zuständigen Gerichts bzw. des Spruchkörpers blickt, sind die unter dem Begriff „bewegliche Zuständigkeiten" diskutierten Konstellationen.[463] Darunter wird typischerweise das Wahlrecht der Staatsanwaltschaft

463 Das Bundesverfassungsgericht hat die verfassungsrechtliche Rechtfertigung der beweglichen Zuständigkeiten anerkannt, weil zwingende sachliche Gründe (im Kern die Effizienz des Rechtsschutzes und das Gebot gerechter Strafzumessung) dies gebieten. Dazu vor allem BVerfG, Urteil vom 19.03.1959 – 1 BvR 295/58, NJW 1959, 871, 871 f.; BVerfG, Beschluss vom 19.07.1967 – 2 BvR 489/66, NJW 1967, 2151, 2151. Zum Streitstand allgemein *Roth*, Das Grundrecht auf den gesetzlichen Richter, S. 108 ff. m.w.N.

zwischen mehreren sachlich oder örtlich zuständigen Gerichten zusammengefasst. Dieser Oberbegriff ist insofern missverständlich, als dass er die rechtlichen Unterschiede, was die jeweilige Normstruktur und den gerichtlichen Überprüfungsmaßstab zwischen örtlichen und sachlichen Zuständigkeitsregelungen angeht, verwischt.[464] Begrifflich wird zumeist schemenhaft von einem Ermessen der Staatsanwaltschaft gesprochen,[465] ohne jedoch zu beleuchten, wo dieses Ermessen normativ verankert ist oder was der rechtliche Überprüfungsmaßstab ist.[466] Unstrittig ist den beweglichen Zuständigkeiten aber gleichwohl gemein, dass sie der Staatsanwaltschaft eine normativ angelegte Wahl des zuständigen Gerichts ermöglichen, unerheblich, ob diese Wahl, wie im Folgenden erörtert, auf unbestimmten Rechtsbegriffen oder einem Ermessensspielraum beruht. Dies trennt sie zugleich von der „Wahlfreiheit" der Staatsanwaltschaft, die durch eine Nutzung der Flexibilisierungselemente des gerichtlichen Geschäftsverteilungsplanes entstehen kann und nicht durch eine per Gesetz angelegte Wahlmöglichkeit.

(i) Örtliche Zuständigkeiten

Die örtliche Zuständigkeit wird in §§ 7 ff. StPO geregelt. Zwischen mehreren Gerichtsständen hat die Staatsanwaltschaft ein Wahlrecht.[467] In diesem Fall hat der Gesetzgeber bewusst keine Priorisierung oder Hierarchieregelung getroffen,[468] abgesehen von § 12 StPO, was verfassungsrechtlich in Hinblick auf Art. 101 Abs. 1 S. 2 GG bedenklich ist.[469] Der Staatsanwaltschaft steht damit ein

---

464 So etwa wird nur auf die sachlichen Zuständigkeiten eingegangen in *Beulke*, Strafprozessrecht, 13. Aufl., Rn. 45 oder auch *Ellbogen*, in: *Knauer*, Münchener Kommentar zur Strafprozessordnung, 1. Aufl., § 1, Rn. 10 ff. Bei *Roth*, Das Grundrecht auf den gesetzlichen Richter, S. 108 wird wiederum noch die funktionelle Zuständigkeit angesprochen.

465 *Schmitz, Torsten P. B*, Bewegliche Zuständigkeiten der StPO und das Prinzip des gesetzlichen Richters, S. 32 m.w.N.

466 Einen Versuch wagt *Schmitz, Torsten P. B*, Bewegliche Zuständigkeiten der StPO und das Prinzip des gesetzlichen Richters, S. 30 ff.

467 *Schmitt*, in: *Meyer-Goßner/Schmitt*, Strafprozessordnung, 61. Aufl., Vor § 7, Rn. 10.

468 BGH, Beschluss vom 11.10.1957 – 2 ARs 167/57, NJW 1957, 1809, 1810; OLG Frankfurt am Main, Beschluss vom 24.01.2014, 3 Ws 2 3224, 5 KLs- 4424 Js 11790/12, BeckRS 9998, 65986; *Heghmanns*, Auswahlermessen der Staatsanwaltschaft bei Anklageerhebung und gesetzlicher Richter, StV 2000, 277, 277.

469 So auch OLG Hamm, Beschluss vom 10.09.1998 – 2 Ws 376/98, NStZ-RR 1999, 16, 16 ff.; *Satzger*, Die Zuständigkeit der Gerichte in Strafsachen, Jura 2016, 620, 625 m.w.N. Zum Meinungsstand insgesamt *Arnold*, Bewegliche Zuständigkeit versus

Auswahlermessen zu.[470] Überträgt man die Grundsätze der verwaltungsrechtlichen Überprüfung von Ermessensfehlern, was aufgrund der Einordnung des Strafrechts als Teil des öffentlichen Rechts und der Einheit der Rechtsordnung angezeigt ist, so kann die Entscheidung der Staatsanwaltschaft gerichtlich allein auf Ermessensfehler überprüft werden. Die Staatsanwaltschaft ist Teil der Exekutive, vgl. § 147 GVG.[471] Es findet damit keine volle gerichtliche Überprüfung der staatsanwaltschaftlichen Entscheidung statt. Zudem werden bei der Frage, was eine reine Ermessensprüfung im Strafrecht bedeutet, die Besonderheiten des Strafrechts virulent.[472] So werden Entscheidungen, wie etwa die staatsanwaltschaftliche Abschlussverfügung, in aller Regel nicht begründet, was die gerichtliche Überprüfung der angestellten Überlegungen und Motive erschwert.[473] Damit besteht ein Graubereich der gerichtlichen Kontrolldichte. Es kann nur das Ergebnis der staatsanwaltschaftlichen Anklage überprüft werden, die Staatsanwaltschaft macht ihre Entscheidung nur konkludent durch Anklageeinreichung klar.[474] Gibt es sachliche Gründe, die dafür sprechen, die Anklage zu diesem Gericht zu erheben, wie etwa die Verfügbarkeit von Beweismitteln, so endet die gerichtliche Überprüfung der Entscheidung an dem Zwecke der örtlichen Zuständigkeitsregelungen.[475] Kann die Entscheidung der Staatsanwaltschaft mit Zweckmäßigkeitsgesichtspunkten begründet werden, so spielen die möglicherweise entscheidenden anderen Kriterien und Motive keine Rolle. Diese bleiben unsichtbar. Formelhaft wird in der hierzu ergangenen Leitentscheidung des OLG Hamm darauf rekurriert, dass ein strenger Maßstab bei der Überprüfung anzulegen ist und alle Umstände des Einzelfalls abzuwägen sind, dass es also zu prüfen gilt, ob sachlich gerechtfertigte Gründe für die Wahl der Staatsanwaltschaft bestehen.[476] Im Grundsatz bemühen die Gerichte, unabhängig von

---

gesetzlicher Richter, ZIS 2008, 92, 92 f. Anders bereits BGH, Urteil vom 04.10.1956 – 4 StR 294/56, NJW 1957, 33, 33.

470 OLG Hamm, Beschluss vom 10.09.1998 – 2 Ws 376/98, NStZ-RR 1999, 16, 16 ff.; OLG Stuttgart, Beschluss vom 16.10.2015 – 4 Ws 338/15, NStZ-RR, 84, 85.

471 BVerfG, Urteil vom 20.02.2001 – 2 BvR 1444/00, NJW 2001, 1121, 1123.

472 *Schmitz, Torsten P. B*, Bewegliche Zuständigkeiten der StPO und das Prinzip des gesetzlichen Richters, S. 38 ff.

473 *Heghmanns*, Auswahlermessen der Staatsanwaltschaft bei Anklageerhebung und gesetzlicher Richter, StV 2000, 277, 278.

474 *Sowada*, Der gesetzliche Richter im Strafverfahren, S. 645.

475 *Schmitz, Torsten P. B*, Bewegliche Zuständigkeiten der StPO und das Prinzip des gesetzlichen Richters, S. 39 f.; *Sowada*, Der gesetzliche Richter im Strafverfahren, S. 643.

476 OLG Hamm, Beschluss vom 10.09.1998 – 2 Ws 376/98, NStZ-RR 1999, 16, 17.

der jeweiligen Wortwahl, erneut die durch das Bundesverfassungsgericht entwickelte Willkürformel.[477]

(ii) Sachliche Zuständigkeiten

Kommt man im Zusammenhang mit dem Begriff der beweglichen Zuständigkeiten auf die sachlichen Zuständigkeiten zu sprechen, so wird damit vor allem auf §§ 24 Abs. 1 Nr. 3, 74 Abs. 1 S. 2 GVG angespielt.[478] Es dürfen aber in diesem Kontext weder § 74a GVG unerwähnt bleiben,[479] noch § 74c Abs. 1 S. 1 GVG.[480] In Abgrenzung zu den beweglichen örtlichen Zuständigkeiten gibt es bei den beweglichen sachlichen Zuständigkeiten kein Ermessen der Staatsanwaltschaft auf Rechtsfolgenebene.[481] Die jeweilige Rechtsfolge der genannten sachlichen Zuständigkeitsvorschriften ist vielmehr zwingend. Auf Tatbestandsebene agiert der Gesetzgeber aber mit unbestimmten Rechtsbegriffen, die der Staatsanwaltschaft einen Freiraum und damit eine „Wahl" des zuständigen Gerichts ermöglichen. Ihr steht aber gleichwohl kein Beurteilungsspielraum zu, sondern die Entscheidung der Staatsanwaltschaft unterliegt einer vollen gerichtlichen Kontrolle (vgl. § 209 StPO) und nicht nur einer mit der Ermessensfehlerüberprüfung vergleichbaren reinen Beurteilungsfehlerkontrolle.[482] Inhaltlich haben die

---

477 OLG Frankfurt am Main, Beschluss vom 24.01.2014, 3 Ws 2 3224, 5 KLs- 4424 Js 11790/12, BeckRS 9998, 65986. Bereits BVerfG, Beschluss vom 25.10.1966 – 2 BvR 291, 656/64, NJW 1967, 99, 100. *Sowada*, Der gesetzliche Richter im Strafverfahren, S. 645 f., der aber davon ausgeht, dass es sich hierbei um eine reine Ermessensschranke und damit nicht um die zu Art. 101 Abs. 1 S. 2 GG entwickelte Willkürformel.

478 Zum Verfassungsrechtlichen Meinungsstand siehe *Roth*, Das Grundrecht auf den gesetzlichen Richter, S. 109 ff.

479 So *Beulke*, Strafprozessrecht, 13. Aufl., Rn. 45.

480 *Theile*, in: *Heinz/Rengier/Hilgendorf* (Hrsg.), Festschrift für Wolfgang Heinz, Flexible Fallzuweisung und gesetzlicher Richter (Art. 101 I 2 GG) – eine Problemskizze am Beispiel der Wirtschaftsstrafkammern, S. 897 f.

481 Siehe hierzu die Leitentscheidung des BVerfG, Urteil vom 19.03.1959, 1 BvR 295/58, BVerfGE 9, 223 ff.; *Ellbogen*, in: *Knauer*, Münchener Kommentar zur Strafprozessordnung, 1. Aufl., § 1, Rn. 10 ff.; *Schmitt*, in: *Meyer-Goßner/Schmitt*, Strafprozessordnung, 61. Aufl., § 24 GVG, Rn. 9.

482 Siehe hierzu die Leitentscheidung des BVerfG, Urteil vom 19.03.1959, 1 BvR 295/58, BVerfGE 9, 223 ff.; KG Berlin, Beschluss vom 23.12.1996, 1 AR 504/95 – 4 Ws 206/96, 4 Ws 206/96, BeckRS 1996, 12810; HansOLG Hamburg, Beschluss vom 01.11.1994 – 1 Ws 288/94, NStZ 1995, 252, 252f.; *Beulke*, Strafprozessrecht, 13. Aufl., Rn. 45. Von einem Beurteilungsspielraum ausgehend nur *Hellmann*, Strafprozessrecht, 2. Aufl., Rn. 589 f.

Gerichte zu überprüfen, ob justizgemäße Gesichtspunkte für die Entscheidung der Staatsanwaltschaft sprechen und sie frei von sachfremden Einflüssen ist.[483] Das Bundesverfassungsgericht hat damit faktisch eine Willkürprüfung angestellt.[484] Die Fachgerichte haben aber hier, anders als etwa bei der Auslegung der unbestimmten Rechtsbegriffe von § 76 Abs. 2 GVG[485] oder bei der Frage des Auswahlermessens der Staatsanwaltschaft zwischen mehreren örtlich zuständigen Gerichten, wie gerade dargestellt, den Maßstab des Bundesverfassungsgerichts nicht übernommen. Soweit ersichtlich, findet in der Praxis eine vollumfängliche Nachprüfung der Entscheidung der Staatsanwaltschaft statt, die nicht auf eine reine Willkürprüfung beschränkt ist.[486]

(iii) Darstellung der dazugehörigen empirischen Daten

Die rechtliche Diskussion rund um die beweglichen Zuständigkeiten erfolgt in der Literatur primär normativ bzw. verfassungsrechtlich. Es liegen bislang in nur sehr begrenztem Umfang rechtstatsächliche Erkenntnisse vor.[487] So fehlen Erkenntnisse dazu, wie die Staatsanwaltschaft in der Praxis mit ihrem Handlungsspielraum umgeht, ob also die verfassungsrechtlichen Bedenken überhaupt zum Tragen kommen.[488] Zudem fehlt in der Diskussion ein Blick auf die weiteren Verfahrensbeteiligten, insbesondere die Verteidigung und deren spezifische Haltung zu dem Themenbereich. Diese Forschungslücke soll durch die Darstellung der empirischen Ergebnisse dieser Untersuchung versucht werden, etwas zu schließen.

---

483 Vgl. BVerfG, Urteil vom 19.03.1959, 1 BvR 295/58, BVerfGE 9, 223, 223 ff.

484 BVerfG, Urteil vom 19.03.1959, 1 BvR 295/58, BVerfGE 9, 223, 230 f.

485 Dazu 2. Kapitel H. II. 2. b).

486 BGH, Urteil vom 20.05.2001 – 1 StR 504/00, NStZ 2001, 495, 496; OLG Hamburg, Beschluss vom 01.11.1994 – 1 Ws 288/94, NStZ 1995, 252, 252 f.; OLG Jena, Beschluss vom 15.09.2015 – 1 Ws 182/15, NStZ 2016, 375, 376; Als Willkürprüfung bezeichnet, aber eine volle gerichtliche Überprüfung durchgeführt BGH, Beschluss vom 27.07.1999 – 4 StR 336–99, NStZ 1999, 578, 578; BGH, Beschluss vom 10.02.1998 – 1 StR 760/97, NStZ-RR 1998, 336, 336.

487 Bereits kritisiert durch *Dästner*, Zur Gewähr des gesetzlichen Richters im Strafverfahren, RuP 1981, 18, 21 f.

488 Siehe insofern *Arnold*, Die Wahlbefugnis der Staatsanwaltschaft bei Anklageerhebung, 1. Aufl., zu § 26 GVG. *Dästner*, Zur Gewähr des gesetzlichen Richters im Strafverfahren, RuP 1981, 18, 19.

(1) Staatsanwaltschaftlicher Umgang mit Handlungsspielraum aus Sicht der Verteidigung

Viele Verteidiger gaben an, dass die Staatsanwaltschaft, wenn sie aufgrund von beweglichen Zuständigkeiten sachlich oder örtlich ein Wahlrecht hinsichtlich des zuständigen Gerichts hat, dieses Wahlrecht taktisch nutzt (1–1, 527–528; 1–2, 434 ff; 1–3, 725 ff.; 1–4, 532 ff.; 1–5, 656 ff). Ihrer Ansicht nach wird dort *„an Schrauben gedreht"* (1–3, 725) und die Auswahl des Gerichts wird von Motiven bestimmt, die *„ihren Fall quasi am besten voranbringt"* (1–1, 527–528). Teilweise wird sogar die gerichtliche Auswahl des Gerichts durch die Staatsanwaltschaft als *„willkürlich"* beschrieben (1–5, 660).

Es wurde deutlich geschildert, dass die Entscheidung, welches Gericht die Staatsanwaltschaft als das zuständige wählt, weitreichende Folgen haben kann. Kritisch sahen die Verteidiger vor allem, wenn es mehrere örtlich zuständige Gerichte gab. So wurden wirtschaftsstrafrechtliche Fälle geschildert, bei denen es aufgrund der Deliktsstruktur deutschlandweit begründete Gerichtsstände gab (1–4, 538 ff.). Dies wird für Verteidiger dann zum Problem, wenn die Gerichte verschieden mit den Fällen umgehen.[489] Ihrer Wahrnehmung nach gibt es regional sehr große Unterschiede zwischen den Gerichten (1–2, 436 ff.). Die Unterschiede bestehen zum einen erwartungsgemäß bei der Strafzumessung, also der jeweiligen Strafmaßhärte der Gerichte (1–2,455; 1–3, 715 ff.; 1–4, 546 ff.), zum anderen aber auch *„sogar in der Frage, wie mit dem objektiven Tatbestand umgegangen wird"* (1–2-, 453–455). Außer einem auf Deutschland bezogenen Nord-Süd-Gefälle, was die Strafzumessung, außer bei Steuerdelikten, angeht, wurde anschaulich geschildert, dass es manchmal an der Stadtgrenze liegen kann, ob der Mandant einen Haftbefehl oder eine Haftstrafe bekommt oder nicht (1–3, 735 ff.; 1–2, 443 ff.).[490]

Hinsichtlich der beweglichen sachlichen Zuständigkeit konnten die Verteidiger weniger Erfahrungen zum Anklageverhalten der Staatsanwaltschaft schildern. Dies liegt zum einen an dem Tätigkeitszuschnitt der ausgewählten, auf das Wirtschaftsstrafrecht spezialisierten Experten und zum anderen am Fokus der Untersuchung auf Wirtschaftsstrafsachen. Trotzdem wurde geschildert, dass auch in diesem Bereich die *„Verurteilungsgeneigtheit"* einer Kammer entscheidend ist und es mitunter wünschenswert aus Sicht der Staatsanwaltschaft sein

---

489 Unterschiede können auch in fachlicher Kompetenz bestehen, vgl. hierzu *Lobmüller*, Richterliche Erfahrungsmängel als Besetzungseinwand, StV 2015, 246, 246 ff.

490 So angedeutet in OLG Hamm, Beschluss vom 10.09.1998 – 2 Ws 376/98, NStZ-RR 1999, 16, 16 ff.

kann, lieber an einer allgemeinen Strafkammer (1–2, 221 ff.) oder sogar einem Schöffengericht (1–2, 299 ff.) anzuklagen als an einer Wirtschaftsstrafkammer, wobei wiederum die Gerichte die Möglichkeit haben, aus ihrer Sicht nicht in ihre Zuständigkeit fallende Verfahren zu verweisen (3–1, 383 ff.)

In der Untersuchung wurde virulent, dass der Staatsanwaltschaft auch durch den materiellrechtlichen Zuschnitt der Anklage Steuerungsmöglichkeiten zur Verfügung stehen. Möchte sie bewusst zu einer Wirtschaftsstrafkammer anklagen, so besteht die Möglichkeit, ein Delikt aus dem Katalog des § 74c Abs. 1 S. 1 GVG aufzunehmen, um etwaige Beurteilungsspielräume, wie sie § 74c Abs. 1 S. 1 Nr. 6a) GVG eröffnet, zu beschränken. Dies hat auch dann weitergehende Konsequenzen, sofern es um eine mögliche Revision und damit einen späteren, aus Sicht der Staatsanwaltschaft günstigen BGH-Senat geht (alles 1–3, 305 ff.).

Daneben kann die Motivation selbstverständlich auch spiegelbildlich verlaufen, das heißt die Motivation bestehen, gerade nicht zu einer Wirtschaftsstrafkammer, sondern einer allgemeinen Strafkammer anzuklagen (1–2, 212 ff., 221 ff.). Als Motive für die Überlegungen konnten die Verteidiger Fälle schildern, in denen zum einen die vermutete härtere Sanktionierung und zum anderen eine schnellere Verhandlung des Falles ausschlaggebendes Motiv war (1–2, 221 ff., 299 ff.).

> *„Und dort sind sie dann bewusst immer zu einer allgemeinen Strafkammer gegangen, weil sie wussten, dass die härter sanktioniert. Also ja das ist ein Punkt, […] da weiß ich auch, dass das viele Richter sehr kritisch sehen. Also wie gesagt, das wird auch in der Richterschaft kritisch gesehen. Weil da weiß keiner dann letztlich, ob er mit einer Betrugs- oder Untreuegeschichte zu der einen oder anderen Kammer geht. Das liegt allein in dem Ermessen des Staatsanwalts." (1–2, 223–230)*

Zusammenfassend hat aus Verteidigersicht die Wahl des zuständigen Gerichts durch die Staatsanwaltschaft immens wichtige praktische Bedeutung. Dass die Staatsanwaltschaft mit ihrer Verantwortung verantwortungsvoll umgeht, wurde von den Verteidigern nicht gesehen.

(2) Bewertung des rechtlichen Status-quo durch Verteidigung und Gericht

Das staatsanwaltschaftliche Anklageverhalten gibt der Verteidigerschaft *„immer wieder Anlass, […] tätig zu werden"* (1–5, 656–657). Grund dafür ist aus Sicht der Experten die übermäßige Weite der Zuständigkeitsnormen.

> *„Weil das einfach […] zum Forum Shopping hinausläuft." (1–4, 533–534)*

Teilweise wird daher ein Reformbedarf seitens des Gesetzgebers gesehen (1–3, 759) und gerügt, dass das Gesetz unnötig flexibel ausgestaltet wurde (1–1, 551 ff.). Trotz der harten Kritik an der gesetzlich eröffneten Wahlmöglichkeit der Staatsanwaltschaft ist bemerkenswert, dass die Verteidiger im Grunde davon ausgehen, dass dieser *„quasi justizinterne Bereich“* (1–1, 56–565) gesetzlich nicht viel klarer geregelt werden kann.

> *„Und ich glaube nicht, dass man das gesetzlich noch klarer hinbekommt. Da würden sie die jetzige Fassung des Gesetzes durch eine andere ersetzen, die aber auch nicht besser ist.“* (1–5, 688–690).

Die diesbezügliche Weite des Gesetzes wurde als Problem empfunden, obwohl als noch größeres Problem die jeweilige Herangehensweise der Staatsanwaltschaft artikuliert wurde. Es wurde deutlich, dass die Weite des Gesetzes aus Sicht der Verteidigung nur dann zum Problem wird, wenn es auf der anderen Seite eine Staatsanwaltschaft gibt, die für Fallmanipulationen offen ist und die die ihr zustehenden Einflussmöglichkeiten auch gewillt ist, zu nutzen. Da das Gesetz im Bereich der Zuständigkeitsregelungen, aufgrund durch den Gesetzgeber nicht vorherzusehender Fallgestaltungen, offen formuliert ist,[491] ist es manipulationsanfällig. Kumuliert das mit einer zu Manipulationen bereiten Staatsanwaltschaft, tritt ein Zustand ein, der dem Anspruch auf den gesetzlichen Richter nicht gerecht wird und damit quasi die gesetzlichen Zuständigkeitsbestimmungen – durch die Hintertür – verfassungswidrig macht.[492]

> *„Also in gewisser Weise ist es ja schon austauschbar, wo man landet. Und es ist einfach so, wenn man 'ne taktisch denkende Staatsanwaltschaft hat, dann zieht sich das durch alles durch. Da hat man eher das Problem, dass man eine taktisch denkende Staatsanwaltschaft hat oder eine aggressiv agierende, als dass jetzt eine gewisse Flexibilität herrscht.“ (1–1, 545–550)*

Zusätzlich wurde angemerkt, dass eine stärkere Beteiligung der Verteidigung wünschenswert wäre. Vorgeschlagen wurde etwa, ein Anhörungsrecht für die Ansicht der Verteidigung zu schaffen (1–1, 563).[493]

Die Interviews mit Richtern waren hierzu wenig ergiebig. Alleine ein Verteidiger konnte von Gesprächen berichten, in denen auch Richter die Wahlmöglichkeit der Staatsanwaltschaft, beim Amts- oder Landgericht, oder der Allgemeinen- oder Wirtschaftsstrafkammer anzuklagen, kritisch sahen. (1–2, 223 ff.)

---

491 *Sowada*, Der gesetzliche Richter im Strafverfahren, S. 648.

492 Zu diesem Gedanken OLG Hamm, Beschluss vom 10.09.1998 – 2 Ws 376/98, NStZ-RR 1999, 16, 17.

493 Für eine Kontrollmöglichkeit der Entscheidung der Staatsanwaltschaft *Sowada*, Der gesetzliche Richter im Strafverfahren, S. 648.

(3) Standpunkt Staatsanwaltschaft

Die Untersuchung ergab, dass den Staatsanwälten die Offenheit des Gesetzes bei den beweglichen Zuständigkeiten bewusst ist. Die durch den Gesetzgeber geschaffene Wahlmöglichkeit bewerteten sie als eine für sie freie Wahl.

> *„Ob der Fall jetzt zum Schöffengericht geht, weil wir sagen da gibt`s drei Jahre und sechs Monate, oder zum Landgericht, weil wir sagen vielleicht gibt`s auch vier Jahre und sechs Monate. Das ist ja schon so eine weiche Grenze." (3–2, 1216–1219)*

So wirkte es, als sei es an der Tagesordnung, bei beweglichen Zuständigkeiten Gründe in die Wahl des zuständigen Gerichts einfließen zu lassen, die nicht die durch den Gesetzgeber vorgesehenen sind.

> *„Weil gerade die Straferwartung häufig auch relativ einen großen Spielraum zulässt. Da wird man schon natürlich sich überlegen, über die rein juristischen Argumente hinaus, welches Gericht das kriegt." (3–2, 1222–1224)*

Hinsichtlich sachlicher beweglicher Zuständigkeitsnormen, also primär der Frage, ob eine Wirtschaftsstrafsache zum Landgericht oder zum Schöffengericht angeklagt wird, war aus Sicht der Staatsanwälte entscheidend, wie das Schöffengericht mit dem Fall umgeht, ob der Richter also aufgrund des Fallzuschnitts und seiner zeitlichen Anforderungen eher zur Verständigung oder zur Einstellung neigt und ob dadurch der gewünschte Abschluss des Verfahrens erreicht werden kann oder nicht.

> *„Und bestimmte Fälle kann ein Schöffenrichter nicht behandeln. […] es macht keinen Spaß, ihm 150 Kisten zu schicken. Der muss, der hat ja einen viel höheren Eingang als ein Landgericht. Wann soll er das lesen und verhandeln?" (3–2, 1240–1241; 1245–1247)*

Daneben war es aus Sicht der Staatsanwaltschaft auch wichtig, wo ein Verfahren schneller verhandelt werden konnte. Neben diesen Kapazitätserwägungen wurde betont, dass es Verfahren geben kann, die die Staatsanwaltschaft gerne ohne großes Aufsehen „praktisch geräuschlos" durchverhandelt haben möchte.

> *„Aber ich will nicht ausschließen, dass man manchmal auch sagt, gerade beim Schöffengericht geht's häufig auch unkomplizierter und schneller. Weil die natürlich auch stärker gucken, dass man eine Verständigung hin bekommt, oder irgendwie sie natürlich auch besser damit kokettieren können, auch gegenüber der Verteidigung, dass sie halt nicht in der Lage sind, das Verfahren streitig durchzuführen. Ob man da nicht vielleicht doch Lösungen findet?" (3–2, 1245–1254)*

Eine staatsanwaltschaftliche Steuerungsmöglichkeit ist umso einfacher, je überschaubarer die Anklagemöglichkeiten sind. Umso kleiner der Kreis der tätigen Personen ist, desto einfacher ist eine Lozierung der Fälle und desto einfacher vorherzusehen, wie der Fall behandelt wird.

„Immer wenn man es personalisieren kann, sind die Gedanken natürlich nicht ganz abwegig […] wenn es an einer Person hängt, dann ist es natürlich immer gefährlich." (3–2, 1261–1263, 1273–1274)

Es ist bemerkenswert, dass Gedanken über die Frage, wie „unkompliziert" und zügig ein Gericht Fälle verhandelt, nicht als Umgehung der Gewährleistungen des gesetzlichen Richters angesehen werden. Vielmehr war in den Aussagen der Staatsanwälte erkennbar, dass sie die ihnen eröffnete Wahlfreiheit als gesetzlich völlig frei empfunden. *„Und wir umgehen damit nicht den gesetzlichen Richter." (3–2, 1265–1266)*

Diese Äußerung ist überraschend, bedenkt man doch die Tatsache, dass bewusst andere als die *„rein juristischen"* Gründe für die Anklageerhebung maßgeblich sein können (3–2, 1222–1224).

Dies ist umso bemerkenswerter, als dass bei der Wahl des zuständigen Gerichts Motive wie die Frage, wie schnell der Fall verhandelt werden konnte, oder die Frage der Sachkompetenz als kein im Rahmen des Gesetzes zulässiges Argument angesehen wurde.

b) Kritik am Begriff der beweglichen Zuständigkeiten

Unter dem Begriff der beweglichen Zuständigkeiten werden, wie erörtert, die Wahlmöglichkeiten der Staatsanwaltschaft hinsichtlich örtlicher oder sachlicher Zuständigkeiten diskutiert. Außer Acht gelassen wird, dass die Staatsanwaltschaft auch bei der Frage, zu welcher Kammer angeklagt wird, mitunter die Möglichkeit hat, verschiedene Kammern zu wählen. Die Zuständigkeit der einzelnen Kammer wird uneinheitlich entweder der funktionellen[494] oder der geschäftsplanmäßigen Zuständigkeit zugeordnet.[495] Sie ist damit auch eine Zuständigkeit, die unter dem Oberbegriff der beweglichen Zuständigkeiten mitdiskutiert werden sollte. Denn: Die Ausgangslage ist vergleichbar. Sofern die Staatsanwaltschaft die Möglichkeit hat, zwischen mehreren Gerichten oder auch Kammern zu wählen, handelt es sich um eine Zuständigkeit, die in ihrem Einflussbereich liegt und damit um eine, im Sinne des Oberbegriffs, bewegliche.

---

494 Für die Zuordnung zur funktionellen Zuständigkeit *Beulke*, Strafprozessrecht, 13. Aufl., Rn. 38; *Sowada*, Änderung des Geschäftsverteilungsplans (§ 21e Abs. 3 S. 1 GVG) und Beschleunigungsgrundsatz, HRRS 2015, 16, 16.

495 Von einer eigenen geschäftsplanmäßigen Zuständigkeit ausgehend *Schmitt*, in: *Meyer-Goßner/Schmitt*, Strafprozessordnung, 61. Aufl., Vor § 1, Rn. 7. Für diese Einordnung auch schon OLG Nürnberg, Beschluss vom 11.12.1962 – Ws 456/62, NJW 1963, 502, 502 f. Der gesetzliche Richter ist nicht nur das erkennende Gericht abstrakt, sondern auch die im Einzelfall zur Entscheidung berufenen Richter vgl. BVerfG, Beschluss vom 30.03.1965, 2 BvR 431/60, BVerfGE 18, 428, Rn. 10.

Es gibt sowohl gemeinsame Ausgangspunkte als auch Trennendes zwischen den genannten Zuständigkeiten. Gemeinsam ist den Zuständigkeitsnormen, dass sie den gesetzlichen Richter absichern sollen und damit einfachrechtlich den grundgesetzlichen Anspruch auf den gesetzlichen Richter, Art. 101 Abs. 1 S. 2 GG, schützen. Bei der örtlichen und sachlichen Zuständigkeit ist die Wahlmöglichkeit normativ durch den Gesetzgeber angelegt. Anders verhält es sich bei der Frage der Zuständigkeit der einzelnen Kammer. Diese wird durch den jeweiligen Geschäftsverteilungsplan des Gerichts bestimmt. Welches System der Fallverteilung auf die einzelnen Spruchkörper gilt, hat der Gesetzgeber nicht geregelt. Lediglich die allgemeinen Grundsätze für die Aufstellung des Geschäftsverteilungsplanes, geregelt in §§ 21e ff. GVG, sind den Präsidien bei der Aufstellung des Geschäftsverteilungsplanes an die Hand gegeben. Damit ist die Möglichkeit, die jeweilige Kammer durch die Anklage der Staatsanwaltschaft zu beeinflussen, nicht direkt normativ durch den Gesetzgeber geschaffen, sondern durch die jeweiligen Präsidien im Rahmen des im Geschäftsverteilungsplan gewählten Fallverteilungssystems. Damit kann es weder um ein Auswahlermessen, noch um die Auslegung eines unbestimmten Rechtsbegriffes gehen, sondern Maßstab für eine gerichtliche Überprüfung ist allein und direkt Art. 101 Abs. 1 S. 2 GG. Dadurch besteht grundsätzlich eine volle gerichtliche Kontrollmöglichkeit.

Bei der Wahlmöglichkeit der Staatsanwaltschaft hinsichtlich örtlich oder sachlich zuständiger Gerichte wird auch von einem Wahlrecht gesprochen. Dies impliziert, dass der Staatsanwaltschaft ein *legitimes Wahlrecht* zusteht. Blickt man auf die geschäftsplanmäßige Zuständigkeit, so mag es zweifelhaft sein, ob der Staatsanwaltschaft auch dort ein solches *legitimes Wahlrecht* zugesprochen werden kann. Dies hängt zunächst davon ab, welches Fallverteilungssystem im Geschäftsverteilungsplan angelegt ist. Ist das Buchstabensystem gewählt, so regelt der Geschäftsverteilungsplan in der Regel auch, welcher Angeklagte bei mehreren Angeklagten in der Anklageschrift zuerst zu nennen ist und damit auch die Zugehörigkeit zu einer bestimmten Kammer auslöst. Dies ist oftmals der älteste Angeklagte, wie die Untersuchung gezeigt hat. Regelt der Geschäftsverteilungsplan nicht die Reihenfolge der Angeklagten, so besteht eine Lücke im Geschäftsverteilungsplan und die Staatsanwaltschaft hat grundsätzlich ein legitimes Wahlrecht, welchen Angeklagten sie zuerst in der Anklageschrift nennen möchte.[496] Dabei ist sie nicht völlig frei, sondern, da im Geltungsbereich von

---

496 BGH, Urteil vom 03.07.1958 – 4 StR 174/58, NJW 1958, 502, 503; *Herzog*, Über bewegliche Zuständigkeitsregelungen, instrumentelle Zuständigkeitswahl und das Prinzip des gesetzlichen Richters, StV 1993, 609, 610, Fn. 2.

Art. 101 Abs. 1 S. 2 GG, ist ihre Entscheidung gerichtlich überprüfbar. Sofern die Staatsanwaltschaft erkennbar sachfremde Erwägungen anstellt, überschreitet sie ihre Kompetenzen.[497] Bemerkenswert ist, dass nur eine veröffentlichte Entscheidung existiert, in der die Staatsanwaltschaft offen darstellte, dass sie bewusst die Liste der Angeklagten zusammengestellt hat, um eine im Verhältnis zur eigentlich zuständigen Kammer weniger belastete Kammer zu erreichen. Die Entscheidung wurde kassiert mit der Begründung, dass es sich um „prozeßökonomisch und kriminalpolitisch durchaus beachtenswerte Erwägungen" handeln würde, es jedoch Angelegenheit des Präsidiums sei, die Geschäfte zu verteilen.[498]

Mehrheitlich haben die Landgerichte spätestens Anfang der 2000er Jahre hingegen auf das Turnussystem umgestellt (1–4, 283 ff.; 2–1, 591 f.; 2–2/3, 182–185). Danach bestimmt der zeitliche Eingang der Anklage, welche Kammer zuständig ist. Im Geschäftsverteilungsplan ist damit keine Lücke. Es wird davon ausgegangen, dass die Staatsanwaltschaft, sofern eine Anklage fertig ist, diese bei Gericht einreicht und keine Verzögerung aus taktischen Gründen verursacht wird. Es sind vielmehr keine justizgemäßen Gründe erkennbar, die eine Verzögerung der Anklage begründen könnten. Danach besteht bei dem Turnussystem kein legitimes Wahlrecht der Staatsanwaltschaft. Und jede Verzögerung der Erhebung einer fertigen Anklage würde damit eine unzulässige Fallsteuerung vermuten lassen.

Als Ergebnis kann festgehalten werden, dass das Anklageverhalten der Staatsanwaltschaft, sofern sie dadurch Einfluss auf die Fallzuteilung zur jeweiligen Kammer bei Gericht haben kann, unter dem Begriff der beweglichen Zuständigkeiten mitdiskutiert werden sollte. Gemeinsam mit den klassischerweise darunter diskutierten Konstellationen ist, dass auch durch die geschäftsplanmäßige Zuständigkeit der Anspruch auf den gesetzlichen Richter abgesichert wird und dadurch grundsätzlich derselbe gerichtliche Überprüfungsmaßstab anzulegen ist. Trennend ist gleichwohl, dass sich die Wahlmöglichkeit nicht durch formales Gesetz, sondern durch den Geschäftsverteilungsplan ergibt und dass ein legitimes Wahlrecht der Staatsanwaltschaft nur beim Buchstaben-, nicht aber beim Turnussystem denkbar ist.

---

497 OLG Nürnberg, Beschluss vom 11.12.1962 – Ws 456/62, NJW 1963, 502, 503.

498 OLG Nürnberg, Beschluss vom 11.12.1962 – Ws 456/62, NJW 1963, 502, 503. Das Phänomen als solches wurde aber schon in BGH, Urteil vom 03.07.1958 – 4 StR 174/58, NJW 1958, 1503 angesprochen.

c) *Fallsteuerungsmöglichkeit durch Geschäftsverteilungsplan*

Die Staatsanwaltschaft kann Lücken im Geschäftsverteilungsplan für eine zielgerichtete Anklage nutzen. In der Untersuchung wurde deutlich, dass dies nicht ein allein theoretisch bestehendes Manipulationspotential ist.

> *„Aber es sind natürlich keine Fälle, die man jeden Tag hat, aber die passieren. Und das sind auch keine totalen Exoten."* (1–2, 350–352)

Die zielgenaue Platzierung von Fällen ist ein Phänomen, das, entgegen anderslautender Vermutungen in der Literatur,[499] existiert (1–2, 321 ff.; 1–3, 543 ff.; 1–5, 267 ff). Anschaulich konnten aus der Riege der Verteidiger Fälle geschildert werden, in denen die Möglichkeiten, die das Buchstabensystem für die Staatsanwaltschaft bietet, auch genutzt wurden. So wurden Fälle geschildert, bei denen die Auswahl der späteren Angeklagten aus dem Pulk der Beschuldigten aus Sicht der Verteidigung sachlich völlig willkürlich geschah und allein zu dem Zweck erfolgen konnte, die Zuständigkeit eines bestimmten Gerichts zu begründen (1–2, 321 ff.; 1–3 563–565). Auch hinsichtlich des Turnussystems wurde anschaulich geschildert, wie die Staatsanwaltschaft die Lücken des Systems nutzen kann. Verfolgt man die in der Rechtsprechung und damit in der Literatur auftauchenden Verfahren in diesem Zusammenhang, so könnte man zu dem Schluss kommen, dass die gezielte Fallsteuerung durch die Staatsanwaltschaft und Besetzungsrügen im Strafprozess in den letzten Jahren wieder, nach einem Höhepunkt in den späten 50er/frühen 60er Jahren, zugenommen hat.[500] Diese Vermutung hat die

---

499 *Temming*, Anmerkung zu OLG Frankfurt, Beschluss vom 14.02.1986 – 1 Ws 27/85, StV 1986, 331, 331.

500 BGH, Urteil vom 03.07.1958 – 4 StR 174/58, NJW 1958, 1503; OLG Stuttgart, Urteil vom 08.07.1960 – 1 Ss 244/60, NJW 1960, 2353, 2353; OLG Nürnberg, Beschluss vom 11.12.1962 – Ws 456/62, NJW 1963, 502, 503; OLG Hamm, Beschluss vom 10.09.1998 – 2 Ws 376/98, NStZ-RR 1999, 16, 16 f.; zur unveröffentlichten Entscheidung des KG Berlins, Beschluss vom 26.06.1997 – 1 AR 773/97 – 5 Ars 12/97, *Sowada*, Der gesetzliche Richter im Strafverfahren, S. 643 f.; LG Köln, Beschluss vom 14.03.2013 – 116 KLS 2/12, BeckRS 2013, 06336; zur Besetzungsrüge im „Hilpert-Prozess" 2012 *van der Kraats*, Platzt der Hilpert-Prozess?, www.pnn.de/brandenburg-berlin/612270; dazu auch http://www.tagesspiegel.de/ berlin/besetzungsruege-gegen-strafkammer-prozess-gegen-hilpert-beginnt-mit-verzoegerung/6048842.html; beides zuletzt abgerufen am 15.02.2019. Die Verteidigung rügte unter anderem, dass die Staatsanwaltschaft die Möglichkeit hatte und genutzt haben könnte, ihre Anklage zielgenau bei der ihr genehmeren Kammer zu platzieren. Diese Phänomene wurde auch rechtstatsächlich beobachtet in *Theile/Nippgen*, Die Arbeitsweise der Wirtschaftsstrafkammern, S. 47, 49 f.; *Herzog*, Über bewegliche Zuständigkeitsregelungen, instrumentelle Zuständigkeitswahl und das Prinzip des gesetzlichen Richters, StV 1993, 609, 610.

Untersuchung nicht bestätigen können. Die Interviewpartner waren vorsichtig mit quantitativen Überlegungen zu der Frage, ob Fallsteuerungen zugenommen haben könnten. Es wurde aber bei den Interviewpersonen vermutet, dass sich eine größere Sensibilisierung der Fachöffentlichkeit für Fallmanipulationen der Staatsanwaltschaft entwickelt hat (1–2, 425 ff.) und dass möglicherweise der Wunsch nach Fallsteuerung bei der Staatsanwaltschaft zugenommen hat. Dies wäre eine Begründung für die nach der Literaturauswertung bestehende Annahme, Fallsteuerungen könnten quantitativ zugenommen haben.

d) Eruierung der Informationsherkunft

Sofern die Fallzuteilung bei den Gerichten anhand des Nachnamens des ersten Angeklagten erfolgt (Buchstabensystem), hat die Staatsanwaltschaft bei Anklageerstellung alle nötigen Informationen für eine mögliche Fallsteuerung zu einer bestimmten Kammer.

Anders sieht dies aus, sofern ein Turnussystem bei Gericht etabliert wurde. Dann muss die Staatsanwaltschaft, wenn sie das Verfahren gezielt bei einer bestimmten Kammer platzieren möchte, im Zeitpunkt der Anklageeinreichung wissen, welche Kammer turnusmäßig das nächste eingehende Verfahren zugewiesen bekommt. Dafür braucht die Staatsanwaltschaft genaue Informationen über den Turnusstand. Diese sind nicht einfach dem Geschäftsverteilungsplan zu entnehmen, noch kann – grundsätzlich – ein einfacher Anruf bei der Geschäftsstelle/Eingangsregistratur des Landgerichts weiterhelfen, regeln doch die meisten Geschäftsverteilungspläne die Pflicht, Informationen über den jeweiligen Turnusstand nicht herauszugeben.[501] Diese Verschwiegenheitsklausel wird freilich dann Makulatur, wenn die Geschäftsstelle des Gerichts der Geschäftsstelle der Staatsanwaltschaft mitzuteilen hat, bei welcher Kammer das Verfahren anhängig ist. Eine solche Regelung stellt etwa § 41 Abs. 2 S. 5 Aktenordnung NRW dar. Denn kennt man die Zuständigkeit der letzten eingereichten Anklage, lässt sich mit einiger Wahrscheinlichkeit prognostizieren, welche Kammer die nächste Anklage zugewiesen bekommt. Im Sal. Oppenheim-Verfahren vor dem Landgericht Köln setzte die Kammer einem solchen Vorwurf

501 Etwa ausdrücklich geregelt im Geschäftsverteilungsplan Stuttgart 2016 S. 67 Ziffer C I. (85). Anlage 2 zum Geschäftsplan des LG Berlins 2016, S. 192, Ziffer 3. Siehe auch LG Köln, Beschluss vom 14.03.2013 – 116 KLS 2/12, BeckRS 2013 06336. Wobei auch bei Geschäftsverteilungsplänen, die dieses Auskunftsverweigerungsrecht nicht ausdrücklich regeln, ein solches als allgemeines Prinzip anerkannt ist. Davon jedenfalls sind die Interviewpartner ausgegangen.

der Verteidigung folgende Argumente entgegen: es seien zunächst auch andere Anklagen von anderen Hauptabteilungen der Staatanwaltschaft möglich, zudem sei die Staatsanwaltschaft in besonderem Maße der Neutralität verpflichtet. Ferner würde es gerichtsinterne Verfahrensabgaben und unterjährige Turnusänderungen geben.[502] Diese wiederum müssen veröffentlicht werden und kommen so zur Kenntnis der Staatsanwaltschaft und Abgaben können selten sein. Wäre eine hauptabteilungsübergreifende Kommunikation bei der Staatsanwaltschaft möglich und eine solche ist denkbar, dann bleibt als letztes Argument der Verweis auf die Neutralitätspflicht. Beispiele der Fallsteuerung, wie sie auch diese Untersuchung zeigen, erschüttern jedoch das Vertrauen in eine solch neutrale Haltung der Staatsanwaltschaft und der Verweis auf ihre rechtlich zugewiesene Haltung überzeugt nicht.

Abgesehen von einer Kommunikation auf Ebene der Geschäftsstellen können Informationen über zukünftige oder eingegangene Verfahren auch anders geteilt werden. Klassischerweise geschieht dies, nach Auswertung der Untersuchungsergebnisse, bei Unterhaltungen in der Kantine oder auf dem Gang, also bei informalen Gesprächen zwischen Kollegen. Dabei trägt die oft vorzufindende räumliche Situation nicht unerheblich dazu bei. So befinden sich die Staatsanwaltschaft und das Gericht oftmals im selben Gebäude, teilen sich eine Kantine (1–1, 59 ff.; 1–2, 394 ff.) und offene Türen. Zudem wird der Austausch zwischen beiden Behörden gezielt durch Veranstaltungen und Treffen gefördert, es gibt Justizfußballgruppen (1–1, 657), gemeinsame Weihnachtsfeiern (1–7, 369 ff.) und runde Tische (1–1, 670 f.).

Als besonders anfällig wurde das in einigen Bundesländern praktizierte System der personellen Durchlässigkeit zwischen Richterschaft und Staatsanwaltschaft angesehen. Dieses System begünstigt persönliche Beziehungen. Staatsanwaltschaft und Gericht sehen sich als eine Einheit an, auch im Prozess. Man verlässt sich auf die Gegenseite und legt ihr nicht unnötig Steine in den Weg. Aus Sicht der Verteidigung wird dies sehr kritisch gesehen (1–6, 654 ff.). Anschaulich hat dies ein norddeutscher Verteidiger geschildert:

> *„Das ist ja alles ein Filz, Staatsanwaltschaften und Gerichte. Wir haben hier in Norddeutschland, da haben wir eine strikte Trennung. Inquisitionsprozess, Anklage und Verfolgung und urteilende Behörde war dieselbe, in einer Funktion vereinigt. Und dann hatten wir eine schöne Reform, nach französischem Vorbild, im Zuge der Aufklärung und dann haben die das getrennt. Und da unten ist noch nicht's getrennt. Man weiß nie, was da sich im Hintergrund politisch, auf welchen Ebenen auch immer, abspielt. Welche Allianzen,*

502 LG Köln, Beschluss vom 14.03.2013 – 116 KLS 2/12, BeckRS 2013 06336.

was es da gibt, auch mit Verteidigern, das kennt man nicht, wer da mit wem Parteifreund ist und so." (1–6, 660–669)

Demgegenüber war die Ansicht süddeutscher Verteidiger eher, dass diese Durchlässigkeiten zwischen Staatsanwaltschaft und Gericht auch ihre positiven Aspekte haben. So meinte ein süddeutscher Verteidiger:

„Ja schon, man kennt sich eher. Wobei ich eher sagen würde, der Vorteil ist, dass man halt auch weiß, wie der andere arbeitet. Und deswegen eigentlich ein bisschen mehr Verständnis für die Gegenseite aufbringt und man weiß, was die Alltagsprobleme beim jeweils anderen sind." (1–1, 444–448)

Erstaunliches wurde daneben aus einem Stadtstaat berichtet. Am Ende des Jahres schickte dort die ansässige Staatsanwaltschaft an das zuständige Landgerichtspräsidium eine Liste von großen Verfahren, die die Staatsanwaltschaft plante, im kommenden Jahr anzuklagen. Die jeweiligen Namen der Angeklagten wurden nicht ausdrücklich genannt. Ein Rückschluss aus den genannten Aktenzeichen in Verbindung mit der Vorbefassung durch Beschlüsse im Ermittlungsverfahren ermöglichte dem Gericht gleichwohl eine Individualisierung und damit, weil zu dieser Zeit noch das Buchstabensystem etabliert war, einen möglichen Zuschnitt von Kammern durch den Geschäftsverteilungsplan (1–3, 373 ff.). Diese Praxis konnte nur mittels einer Besetzungsrüge und entsprechender Recherchetätigkeiten engagierter Verteidiger aufgedeckt werden.

Das Zeitalter der Computerisierung hat daneben einen weiteren Beitrag geleistet, das System durchschaubarer zu gestalten. So bekommt die anklagende Staatsanwaltschaft automatisch von dem Eingangsregister der Gerichte eine Rückmeldung, welches Verfahren zu welcher Kammer geht. Da die Staatsanwaltschaft weiß, hinter welchem Aktenzeichen sich welches Aktenvolumen verbirgt, ist der Grad der Überlastung prognostizierbar. Die Staatsanwaltschaft hat damit, dem Grundsatz nach, die Möglichkeit, Monitoring zu betreiben (alles 1–4, 460 ff.).

Zusammengefasst ist es nach Ansicht der Verteidiger ohne weiteres möglich, für die Staatsanwaltschaft an die nötigen Informationen zu kommen (1–2, 394). Aus Sicht der Verteidigung ist der Schulterschluss zwischen Staatsanwaltschaft und Gericht naturgemäß eng und die Verteidiger gehen davon aus, dass weder alle Gespräche zwischen der Staatsanwaltschaft und dem Gericht aktenkundig gemacht werden, noch dass die Verteidigung davon Kenntnis bekommt (1–1, 423 ff.)

„D.h. die haben Jahrzehnte miteinander zu tun. Die wissen genau, wer wie ausgelastet ist. Die sind, also die rufen innerhalb der Abteilung an und und wer ist im Moment beim Richter soundso und wie ist deren Auslastung. Also und der sagt dann schon, ich habe jetzt das Verfahren und im Zweifel sprechen Sie mit dem Richter in der Kantine. […] Aber diese

enge Bindung zwischen Staatsanwaltschaft und Richterschaft, da kommen sie auch nicht rein."(1–2, 409–416)

„Man kann da als Verteidiger nur mutmaßen. Und das Gras wachsen hören. Der Schulterschluss zwischen Staatsanwaltschaft und Gericht ist ja ohnehin sehr eng."(1–3, 645–647)

„[...] natürlich dass die Staatsanwaltschaften sehr genau wissen, aus ihrem Alltag, besser als jeder andere außer dem Richter, ob eine Kammer überhaupt in der Lage ist, ein Verfahren zeitnah zu führen. Wir haben hier [in der großen Kreisstadt B] eine wahnsinnige Überbelastung der Wirtschaftsstrafkammern." (1–2, 274–278)

Insgesamt wurde deutlich, dass umso näher der Grad der persönlichen Bekanntschaft ist, desto durchlässiger der Informationsfluss ist. Je überschaubarer die Anzahl der beteiligten Personen ist, desto einfacher ist eine mögliche Fallsteuerung. Ein großer Faktor ist dabei die Tatsache, dass sowohl die Anzahl der auf Justiz- als auch auf Verteidigerseite im Strafrecht tätigen Personen überschaubar und begrenzt ist und dass diese Faktoren im Wirtschaftsstrafrecht noch einmal besonders kumulieren. In diesem Bereich gibt es zum einen in den Ländern konzentrierte Schwerpunktstaatsanwaltschaften im Sinne von § 143 Abs. 4 GVG, die sich an den nach § 74c Abs. 3 GVG an den Landgerichten eingerichteten spezialisierten Wirtschaftsstrafkammern orientieren. Dadurch hat der Leitende Staatsanwalt die Möglichkeit, einen Überblick über den Stand der jeweiligen Verfahren zu erlangen und damit zu antizipieren, zu welcher Kammer welches Verfahren kam und damit künftig gelangt. Zum anderen ist auch die Zahl der auf der Justiz und staatsanwaltschaftlichen Seite tätigen Richter und Staatsanwälte begrenzt, was eine persönliche Bekanntschaft begünstigt und damit einen möglichen Informationsfluss erleichtert. Damit ist zugleich auch ein strukturelles Problem angesprochen. Denn je spezialisierter die Strafjustiz ist, desto überschaubarer ist der Kreis möglicher Fallzuweisungen. Dieser Zustand eröffnet wiederum konkrete Manipulationsmöglichkeiten und damit eine genaue Lozierung von Fällen.

e) Motivlage der Staatsanwaltschaft bei Fallsteuerungen

Hinter einer staatsanwaltschaftlichen Fallsteuerung können verschiedenste Gründe liegen. Und hinter jedem offensichtlichen Grund können verschiedenste Motivationen stehen. In der Untersuchung haben sich, sofern man zunächst die Ergebnisse im Grobraster betrachtet, folgende Gründe als bestimmend herausgestellt: der Wunsch nach einer „harten" Kammer, was das Strafmaß betrifft; die Sachkompetenz des Gerichts; eine zeitnahe Befassung mit dem Fall und der Umgang mit Beweisen. Im Folgenden sollen diese Hauptgründe näher beleuchtet und die jeweils dahinter stehende Motivation einzeln betrachtet werden. Danach soll auf ein mögliches Zusammenspiel der jeweiligen Motive bei der

Entscheidung der Staatsanwaltschaft eingegangen werden, ob es also eine Bündelung der Motive oder ein singulär vorherrschendes Motiv gibt.

Betont werden muss an dieser Stelle, dass die Darstellung der Motivlage der Staatsanwaltschaft primär auf Angaben der interviewten Verteidiger basiert. Unter 3. Kap. C. II. 2. g) wird auf weitere Ausführungen der interviewten Staatsanwälte geblickt.

(i) Strafmaßhärte

Blickt man auf die Motive der Staatsanwaltschaft, die hinter einer konkreten Fallsteuerung stehen können, so wird einem als augenscheinlichstes Motiv der Wunsch nach einer – aus Sicht eines Beschuldigten und seines Verteidigers – „harten", beziehungsweise einer verurteilungsgeneigten Kammer einfallen. Dies konnte auch die Untersuchung bestätigen. So sprachen fast alle Verteidiger, in unterschiedlichen Nuancen, davon, dass oftmals ausschlaggebendes Motiv der Staatsanwaltschaft für eine Fallsteuerung der Wunsch nach einer hohen Strafe, einer in diesem Sinne hohen Verurteilungswahrscheinlichkeit, sei (1–7, 342 f.).

> *„Und dort sind sie dann bewusst immer zu einer allgemeinen Strafkammer gegangen, weil sie wussten, dass die härter sanktioniert." (1–2, 223–225)*

> *„Sicherlich gibt es […] auch das Motiv, dass man sich sagt, bei dem kriegen wir nicht die Strafe, die wir gerne hätten. Da ist die Gefahr, dass der das am Ende mal frei spricht." (1–3, 582–585)*

Auch aus Sicht eines Staatsanwaltes gibt es in Hinblick auf die Art und Weise der Verurteilung unterschiedliche Kammern bei Gericht: *„Und bei der Härte […] sind sie auch verschieden. Es gibt mindestens eine Kammer, die meines Erachtens die Aufgabe im Blick hat und versucht, auf Straftaten eine Strafe zu setzen. Bei den meisten anderen Kammern schwächt sich das schon ein bisschen ab."(3–1, 454–458)*

Solche im Strafmaß harten Kammern eignen sich aus Sicht der Staatsanwaltschaft hervorragend, um Präzedenzfälle zu schaffen. So konnten Verteidiger anschaulich schildern, wie die Staatsanwaltschaft bei bestimmten Gerichten versucht hat, Pilotverfahren zu platzieren, um damit über die Jahre eine Änderung der Strafmaßhöhe bei bestimmten Straftaten zu erreichen. Es handelte sich dabei um ähnlich gelagerte Verfahren, in der Regel Eigentumsdelikte gegen bestimmte Rechtsgüter, bei denen die Staatsanwaltschaft eine offensichtlich höhere Sanktionierung anstrebte. Es wurde geschildert, dass dieser Wunsch sich tatsächlich realisieren ließ.

„Pilotverfahren, also sprich wenn Staatsanwaltschaften Projekte haben, das gab es ja ja hier in […] als viele Autos geklaut wurden, da hat sich die Staatsanwaltschaft vorgenommen, es soll so eine Regel eingeführt werden, so eine informelle,[…] pro Auto ein Jahr so sinngemäß. […] Und das haben die auch über kurz oder lang hinbekommen. Und da bieten sich bestimmte Kammern, die vom Strafmaß auch eher sportlich rangehen, die bieten sich da natürlich für so ein Projekt eher an.“ (1–4, 345–349; 353–355)

Die Verteidiger bezogen die Aussagen zum Strafmaß zunächst allein auf Verurteilungen von natürlichen Personen, verstanden eine „harte“ Strafe also im Sinne einer hohen Anzahl an Tagessätzen oder einer (hohen) Freiheitsstrafe. Die Untersuchung förderte aber auch zu Tage, dass Motivation der Staatsanwaltschaft mitunter auch eine hohe Geldbuße, gerichtet gegen juristische Personen sein kann. Dabei wurde als handlungsleitendes Motiv der Wunsch vermutet, dass am Ende des Verfahrens eine möglichst große Abschöpfungssumme zu stehen hat.

„Ja und das bringt einen ganz neuen Aspekt quasi in diese Wirtschaftsstrafverfahren rein und das ist dann häufig, mir scheint das Ziel ist, wir wollen unbedingt diese Geldbuße haben. Und dann biegen wir den Fall halt so hin, dass wir da hinkommen. Und die Einzelaburteilung oder so die Tatbestände, die dahinter stehen, die sind dann eher so ein bisschen zweitrangig.“ (1–1, 351–356)

Kommt es einem Staatsanwalt vornehmlich auf eine hohe Unternehmensgeldbuße an, treten Aspekte, die für eine Einzelaburteilung von natürlichen Personen wichtig sind, zwangsläufig in den Hintergrund. Damit werden aber mitunter zugleich Grundpfeiler des Strafverfahrens, ausgerichtet an der Tatproportionalität, spezialpräventiven Gesichtspunkten und am Begriff individueller Schuld in kritischer Weise verkürzt. Das Verfahren wird dann auf das Unternehmen ausgerichtet und die Motive der Staatsanwaltschaft reduzieren sich auf eine am Ende auf dem Papier stehende hohe Zahl. Damit kann eine Entindividualisierung des Strafrechts einhergehen.[503]

„Das ist eine Entpersonalisierung des Strafrechts. Natürlich!“ (Projekt Arbeitsweise der Wirtschaftsstrafkammern, 3–2, 1641)

Eine hohe Geldbuße bringt unter Umständen mediale Aufmerksamkeit und Anerkennung innerhalb der eigenen Behörde mit sich. Damit können in die gerichtlichen Verfahren individuelle Gründe und persönliche Eitelkeiten eines

503 Zu dogmatischen Schutzmechanismen innerhalb des Strafprozesses gegen eine solche Entindividualisierung *Hirsch*, in: *Hilgendorf* (Hrsg.), Die deutschsprachige Strafrechtswissenschaft in Selbstdarstellungen, Hans Joachim Hirsch, S. 149 f.

Staatsanwaltes Einzug halten.[504] Dass gerade diese individuellen Folgewirkungen und Interessen zum Teil auch handlungsleitendes Motiv eines Staatsanwaltes waren, konnte ein Verteidiger anschaulich schildern.

> *„Das ist in der Tat sehr karriereförderlich, wenn man damit hausieren geht, ich bin der Typ, der das geschafft hat. […] Weil […] dass irgendwie immer noch so einen Coolnessstempel gibt, wenn man jetzt eine große Millionensumme im Unternehmen abgeschöpft hat." (1–1, 348–350; 338–340)*

Aber auch ein (ehemaliger) Staatsanwalt konnte bestätigen, dass sich die Motivation bei der Verfolgung von Wirtschaftsstrafdelikten von der Suche nach individueller Schuld in Richtung Sanktionierung von Unternehmen entwickelt und sich dies über die Jahre sehr verändert hat (1–7, 259 ff.). Diese Tendenz mag auch damit zusammen hängen, dass, wie von mehreren Verteidigern so wahrgenommen, der Eifer bei der Verfolgung von Wirtschaftsdelikten über die Jahre zugenommen hat. Das bedeutet weg von individueller Schuld, rückt die Verantwortung von Unternehmen zunehmend in den strafrechtlichen Fokus.

> *„Wir sehen schon in Wirtschaftsstrafsachen […] besonderen Eifer. Und das ist, meines Erachtens, sozusagen die Gegenbewegung. Zuerst hat man über Jahrhunderte sich den Vorgängen in der Wirtschaft überhaupt nicht gewidmet. […] Und heute stellen wir, ich meine einen Ausschlag des Pendels in die andere Richtung fest. Da wird zu viel gemacht. Und die Kontrolle ist schwer." (1–5, 504–507; 525–527)*[505]

(ii) Sachkompetenz

Neben der Strafmaßhärte wurde am zweithäufigsten der Wunsch der Staatsanwaltschaft nach einer kompetenten Kammer genannt. Damit zusammen hängt auch der Wunsch nach einem Kammervorsitzenden, der ausreichend organisatorische Fähigkeiten hat, einen – auch umfangreichen – Prozess durchzuverhandeln. Sachverstand und Organisationsfähigkeiten wurden von allen Verteidigern als wichtiger Aspekt einer etwaigen staatsanwaltschaftlichen Fallsteuerung genannt. Dabei ist es auch wichtig, eine Kammer zu bekommen, die ein revisionsfestes Urteil erzeugen kann. Dass dies nicht selbstverständlich ist, konnte ein Anwalt schildern:

> *„Andererseits hat die Staatsanwaltschaft natürlich auch manchmal das Gefühl, hier gibt's Strafkammern, die sind mit bestimmten Prozessen schlechterdings überfordert. Das*

504 So auch bei *Zuberbier/Mayer/Renker-Salamon*, Einführung in die staatsanwaltliche Praxis, S. 23 f. beobachtet.

505 Dazu insgesamt auch *Redaktion*, FD-StrafR 2016, 37765.

können die nicht. Da fehlt ihnen die Kompetenz. […] Und wenn sie ein Urteil zustande bringen, wird es sowieso in 80% der Fälle wieder aufgehoben. Solche Wirtschaftsstrafkammern […] hat's gegeben." (1–3, 585–588; 594–597)

Der Wunsch nach einem Urteil, das Bestand hat, ist naturgemäß aufgrund der angespannten Personalsituation innerhalb der Behörde Staatsanwaltschaft eher groß. So wurde anschaulich geschildert, woher das Bedürfnis nach einer kompetenten Verhandlungsleitung kommt:

„[…] weil die Auswahl, so wie ich das bei der Staatsanwaltschaft sehe, ist ja schon, ist ja sehr selektiv. Die schaffen's ja gar nicht, so viele Sachen zur Anklage zu bringen, dass sie die, die sie auswählen, dann eigentlich auch gerne bis zum Ende durchverhandelt sehen. Und dann auch nicht wollen, dass sie baden gehen, weil jetzt da bei Gericht geschlampt wird und solange liegen bleibt, bis man so kurz vor der absoluten Verjährung dann noch versucht, den Fall mal zu verhandeln." (1–1, 267–274)

Der rege Personalwechsel, der innerhalb der Staatsanwaltschaft und insbesondere der Wirtschaftsabteilung oftmals an der Tagesordnung ist, wie Interviewpartner aus der Staatsanwaltschaft bestätigen konnten, trägt dazu sein Wesentliches bei. Neben der angespannten Personalsituation waren die Interviewpartner der Ansicht, dass der Wunsch nach einer kompetenten Kammer auch daher rührt, dass im Wirtschaftsstrafrecht tätige Staatsanwälte und Richter nicht immer das nötige Fachwissen besitzen.[506] Um im Wirtschaftsstrafrecht kompetent handeln zu können, sei es unabdingbar, die wirtschaftlichen Zusammenhänge und Aspekte der jeweiligen Fälle nachvollziehen zu können.

„[…] weil das auch so ist, dass in den Wirtschaftsstrafkammern nicht immer Leute drin sitzen, die auch wirklich Ahnung von der Sache haben. Es ist halt manchmal so, dass sie vom Familiengericht rüber kommen und jetzt sehr wenig Wirtschaftsbezug haben. Und sich noch so schwach an's Strafrecht erinnern. Und das ist ja gerade bei so einer aktienrechtlichen sehr komplizierten Streitigkeit, oder so, nicht so vorteilhaft." (1–1, 278–284)

Dass dieses Spezialwissen nicht jeder Staatsanwalt besitzt, wurde auch von den Interviewpartnern aus der Staatsanwaltschaft offen kommuniziert. Ein solches Wissen würde entstehen zum einen durch Praxiserfahrung oder Fortbildungen. Zum anderen aber auch von dem individuellen Engagement des Dezernenten abhängen, das wenig beeinflussbar sei (3–1, 54 ff.).

„Aber wenn einer nicht will, dann wird er nicht gezwungen." (3–1, 67–68)

---

506 Zu diesem Komplex schon *Nippgen/Petermann*, in: *Theile/Nippgen* (Hrsg.), Die Arbeitsweise der Wirtschaftsstrafkammern, 3. Kapitel: Empirische Befunde, S. 37 ff.

Die Bereitschaft, sich dieses Spezialwissen anzueignen, bringt nicht Jedermann mit sich. Nach Ansicht der Interviewpartner handelt es sich bei dem Wirtschaftsstrafrecht um eine innerhalb der Justiz eher unbeliebte Rechtsmaterie. Das zeigt sich auch darin, dass die Stellenbesetzung schwer fällt und der ausdrückliche Wunsch, dort beruflich eingesetzt zu werden, selten artikuliert wird. Aus Sicht eines Staatsanwaltes hörte sich dies so an:

> *„Bei den meisten Kollegen ist es [Anm. IV: das Wirtschaftsstrafrecht] unbeliebt, weil es eine schwierige komplexe Arbeit ist. Die nicht honoriert wird. Also sie bekommen nicht mehr Gehalt, weil sie die schwierige Arbeit machen. Sie können das gleiche Gehalt bekommen und Tag aus Tag ein nur Trunkenheitsfahrten im Straßenverkehr oder Ladendiebstähle, ganz einfache Dinge machen. Die auch menschlich nicht belastend sind. […] Dann suchen sich natürlich viele entweder einfachere Stellen oder besser Karriere geeignete Stellen. […] Und in dem Sinn ist es ganz furchtbar schwierig, gute Leute zu kriegen." (3-1, 73-79; 86-88; 119-120)*

Auch aus Sicht eines Richters ist die Situation bei Gericht vergleichbar:

> *„Also es gibt immer mal wieder welche, wobei gerade auch bei den Einstellungen der Wunsch, nicht Wirtschaftsstrafrecht zu machen, vorherrscht." (2-2/3, 279-281)*

Dass es bei Gerichten unterschiedlich kompetente Kammern gibt,[507] wurde deutlich auch aus Sicht eines Staatsanwaltes geschildert:

> *„Die Kammern sind unterschiedlich kompetent. […] Und sind unterschiedlich engagiert." (3-1,432; 437)*

Bleibt also im Ergebnis nur eine Stellenbesetzung gegen den Wunsch des Versetzten, kann dies mitunter mit einer mangelnden Bereitschaft, sich in diese Spezialmaterie einzuarbeiten, gepaart sein.

> *„Und denen hat das überhaupt kein Spaß gemacht. Die sind da einfach reingesteckt worden in die Wirtschaftsabteilung. Von daher war das fachliche nicht so förderlich für die Motivation." (1-7, 73-76)*

Damit treffen in der Justizwirklichkeit eine komplexe Rechtsmaterie, wie das Wirtschaftsstrafrecht, auf oftmals anzutreffende fehlende fachliche Kenntnisse innerhalb von Staatsanwaltschaft oder Gericht zusammen. Auf der anderen Seite sind aber oftmals Anwälte in diesem Bereich sehr spezialisiert, was zu einem entsprechenden fachlichen Ungleichgewicht führen kann. Und damit auch nochmals begründet, warum der Wunsch nach einer kompetenten Kammer aus Sicht der Staatsanwaltschaft so bedeutend ist.

---

507 Vgl. hierzu auch *Lobmüller*, Richterliche Erfahrungsmängel als Besetzungseinwand, StV 2015, 246, 246 ff.

(iii) Zeitliche Komponente

Kommt ein Fall zur Anklage, so wurde bereits festgehalten, dass dem in der Regel eine Selektion der Staatsanwaltschaft voraus gegangen ist. Die personelle Knappheit trifft in dieser Behörde in besonderem Maße auf ein immer größeres Fallaufkommen. Damit einher geht der Druck auf die Dezernenten, das Fallaufkommen abzuarbeiten. Dieser Zustand wird auch als „Erledigungsdruck“ bezeichnet.[508] Dass eine zügige Abarbeitung des Fallaufkommens nur dann geschafft werden kann, wenn nicht jeder Fall aufwendig ausermittelt und zur Anklage gebracht wird,[509] konnten die Interviewpartner anschaulich schildern.[510]

> *„Also strukturell einfach [...] unterbesetzt. Und schwach besetzt.“ (1–7, 70–71)*

> *„Also das fachliche ist eher Riesenumfangsverfahren, totale Arbeitsüberlastung, so dass man mit der Arbeit überhaupt nicht hinterher kommt. Und die Arbeit eher liegen lässt, weil man sowieso nicht hinterherkommt.“ (1–7, 64–67)*

Wie ausgeführt, ist der Wunsch wenig verbreitet, in den Wirtschaftsabteilungen der Staatsanwaltschaften zu arbeiten. Dies führt unter anderem dazu, dass viele Assessoren in diesem Bereich tätig sind und damit eine hohe Personalfluktuation zu verzeichnen ist. Da die angeklagten Fälle oftmals aber eine komplexe Materie betreffen und viel Einarbeitung bedürfen, kann ein Personalwechsel weitreichende Konsequenzen haben, wie ein Anwalt anschaulich schildern konnte:

> *„Ja, vor allem weil bei der Staatsanwaltschaft ein großes Problem ist, der Wechsel im Personal. Und wenn das zwei Jahre liegen bleibt, dann ist wahrscheinlich bei der Staatsanwaltschaft schon gar keiner mehr da, der die Sache quasi als Anklage geschrieben hat. Und dann muss das irgendjemand anderes vertreten, und das ist äußerst misslich für das gesamte Verfahren. Deswegen ist eine zeitnahe Verhandlung für die äußerst gut. Außerdem die haben dann auch den Kontakt noch zu den Anwälten und wissen dann, wie`s weitergeht. Und wenn das jetzt wirklich jahrelang dauert und dann ein Wechsel gerade in*

---

508 Vgl. *Eisenberg*, Beweisrecht der StPO, 10. Aufl., Rn. 740; *Eisenberg*, Kriterien der Eröffnung des strafprozessualen Hauptverfahrens, JZ 2011, 672, 677; *Hergenröder*, Das staatsanwaltschaftliche Verfahren, S. 149.

509 Dafür, dass aber die schnellste Form der Erledigung die Anklage sei *Eisenberg*, Beweisrecht der StPO, 10. Aufl., Rn. 740; *Eisenberg*, Kriterien der Eröffnung des strafprozessualen Hauptverfahrens, JZ 2011, 672, 677.

510 Schon bereits 1972 wurde die übermäßige Arbeitsbelastung der Staatsanwaltschaft und damit einhergehende Folgen für die Verfahren, wie ungenügende Außermittlung und der Druck, Verfahren einzustellen, untersucht und angeprangert, siehe hierzu *Peters*, Fehlerquellen im Strafprozeß, Eine Untersuchung der Wiederaufnahmeverfahren in der Bundesrepublik Deutschland, 2. Band: Systematische Untersuchungen und Folgerungen, 1. Aufl., S. 214 ff.

der Staatsanwaltschaft da ist, dann ist das zwar unproblematisch formal, aber inhaltlich 'ne Katastrophe. Gerade bei so komplexen Verfahren, die halt nicht so schnell sich mal auch in ein paar Tagen anlesen lassen." (1-1, 300-312)

Blickt man auf die Personalsituation und das Fallaufkommen bei Gericht, so ist die Situation vergleichbar. Bei den meisten Landgerichten sind die Wirtschaftsstrafkammern über Jahre vollständig ausgelastet.

„Wir haben hier in der großen Kreisstadt B eine wahnsinnige Überbelastung der Wirtschaftsstrafkammer […] und die sind alle dicht. Also wir haben jetzt die Situation, dass bei uns im Prinzip im Moment, und noch einige andere Gerichte wo das genauso ist, also eigentlich nur die Haftsachen noch verhandelt werden." (1-2, 277-283)

Anschaulich berichtete auch ein Staatsanwalt:

„Die kriegen, das haben sie uns vor kurzem mal statistisch berichtet, die haben jetzt im letzten Jahr von uns 50 Landgerichtsanklagen bekommen, die Wirtschaftsstrafkammern. […] Und sie haben noch 60 Verfahren von uns, die sie noch gar nicht verhandelt haben. Also den Bestand eines Jahres sozusagen, der liegt sowieso noch beim Landgericht. Also wenn wir jetzt was Neues anklagen, und es ist keine Haftsache oder aus einem anderen Grund besonders eilig, dann dauert das auch erst mal natürlich."(3-2, 317-327)

Diese Situation begünstigt somit den Wunsch nach einer Kammer mit freien Kapazitäten. Insbesondere bei Verfahren, in denen eine große mediale Aufmerksamkeit zu erwarten ist. Eine rasche Hauptverhandlung kann dort besonders wichtig sein, wie Verteidiger anmerkten (1-1, 290 ff.).

Dennoch ist zu bedenken, dass eine Überlastungssituation mitunter schwer prognostizierbar ist. So kann eine Kammer zwar bei Anklageerhebung vielleicht einen Leerlauf haben. Dieser Zustand kann sich aber jederzeit durch eine Überlastungsanzeige einer anderen Kammer ändern, wie ein Verteidiger aus eigener Erfahrung schildern konnte (1-4, 424 ff.)

(iv) Umgang mit Beweisen

Als weitere Motivation für eine gezielte Fallsteuerung durch die Staatsanwaltschaft wurde der Wunsch nach einer Kammer artikuliert, die mit den Beweisen im Sinne der Staatsanwaltschaft umgeht. Das kann zum einen bedeuten, dass eine Kammer aus Sicht der Staatsanwaltschaft dann besonders vorteilhaft ist, wenn sie viele Beweise durch das Selbstleseverfahren einbringt. Dies ist günstig, weil somit die Verteidigung ihrerseits unter dem Druck stehen kann, entlastende bzw. aus ihrer Sicht für den Mandanten vorteilhaftere Urkunden auch zum „Selbstleseordner" beizusteuern. Zudem kann es für Schöffen, und auch die Öffentlichkeit in der Hauptverhandlung, anstrengend sein, etwa Aufzeichnungen von Telefonüberwachungen anzuhören. Oder, wie das ein Anwalt auf den Punkt gebracht hat:

„[...] will dann eine Kammer alle Telefonate in der Hauptverhandlung abspielen, nervtötend für die Staatsanwaltschaft, und stellt auch einiges in Frage." (1–4, 403–405)

Insgesamt könnten der Umgang einer Kammer mit Beweisen, die Verfahrensorganisation bzw. die Prozessökonomie insgesamt ein Kriterium für die Wahl der Staatsanwaltschaft sein (1–4, 409 f.). Damit ist es für die Staatsanwaltschaft wichtiger, auf den Umgang der Kammer mit dem Verfahren im prozessualen Sinne zu achten, als auf den Umgang der Kammer mit materiellen Fragen.

„[...] was die Staatsanwaltschaft viel mehr interessiert, als materiellrechtliche Kompetenz, ist der prozessuale Umgang mit ihrer Anklage." (1–4, 399–401)

Zudem ist die menschliche Komponente eines Strafrichters zu bedenken. Neben einer unterschiedlichen Herangehensweise hinsichtlich der Verfahrensorganisation besteht auch ein unterschiedlicher Umgang mit Beweisen. Ob ein Richter bestimmten Zeugen glaubt oder nicht, ist eine individuelle Frage. Diese Tatsache kann die Staatsanwaltschaft auch gezielt für sich nutzen. Aus der Sicht eines Verteidigers klingt das so:

„[...] sie haben ja durch unterschiedliche Richterpersönlichkeiten auch unterschiedliche Zweifelgewohnheiten. Der eine hält Zweifel für eine Schwäche und zweifelt nie, und der andere grübelt halt mehr und zweifelt mehr. So und wenn ich ein Staatsanwalt wäre mit einer schwachen Beweislage, dann will ich halt nicht zum Grübler kommen." (1–4, 338–343)

(v) Motivbündel oder singuläre Motivation

Die Motive der Staatsanwaltschaft können singulär sein, das heißt bei einer gezielten Fallsteuerung kann nur ein Wunsch Ziel der Steuerung sein. Demgegenüber können handlungsleitend bei einer Fallsteuerung auch mehrere Motive, quasi als Motivbündel vereinigt, sein.

Der Wunsch nach einer harten Strafkammer wurde am häufigsten als singuläres Motiv genannt. Nicht verwunderlich ist daher, dass auch bei den genannten Motivbündeln die Strafmaßhärte mit entweder Kapazitätserwägungen, Sachkompetenz oder dem Umgang mit Beweisen und der Beweissituation gepaart am häufigsten genannt wurde.

Die Interviewpartner gaben an, dass letztlich auch jedes der genannten Motive im Einzelfall aufeinander treffen kann. Dies artikulierte ein Anwalt folgendermaßen:

„Ich kann mir gut vorstellen, dass die Staatsanwaltschaft sagt, der Vorsitzende ist mir zu gründlich, das will ich nicht. Und der ist nicht ordentlich genug, oder mit dem habe ich mich schon mal gefetzt, oder der hat verquaste Rechtsansichten, oder der hat immer schon so und so und so entschieden in der Sache. Also ich kann mir gut vorstellen, dass es für eine Staatsanwaltschaft auch andere Gründe geben kann, so ein Verfahren zu steuern." (1–6, 622–629)

f) Bewertung der Motive

Es soll im Folgenden versucht werden, die Motive der Staatsanwaltschaft zu bewerten. Eine solche Bewertung setzt zwangsläufig voraus, als Betrachter einen Standpunkt einnehmen zu müssen, um einen Maßstab für die Überprüfung der Motive zu erlangen.

Geht es um die Bewertung der Motive der Staatsanwaltschaft, so kann zum einen der Blick eines Verteidigers gewählt werden. In der Untersuchung wurde deutlich, dass die Verteidiger großteils die Motive der Staatsanwaltschaft nachvollziehen konnten. Insbesondere in Hinblick auf Sachkompetenz und eine souveräne Verhandlungsführung konnten die Anwälte den Wunsch nach Fallsteuerungen verstehen.

„[...] Das könnten durchaus achtbare Motive gewesen sein." (1–5, 353–354)
„Andererseits hat die Staatsanwaltschaft natürlich auch manchmal das Gefühl, hier gibt's Strafkammern, die sind mit bestimmten Prozessen schlechterdings überfordert. Das können die nicht. Da fehlt ihnen die Kompetenz. Die werden nie fertig. [...] also so eine Kritik der Staatsanwaltschaft an verschiedenen Strafkammern, die gibt's natürlich. Also das sind dann durchaus, könnte man sagen, sachbezogene Überlegungen." (1–3, 585–592)

Deutlich wurde in den Untersuchungsergebnissen, dass zwar Motive der Fallsteuerung für einige Interviewpartner nachvollziehbar waren, dies aber gleichwohl nicht bedeutet, dass Fallsteuerungen als solche gebilligt wurden. In dieser Hinsicht bezogen die Anwälte klar Stellung. Der Leitgedanke von Art. 101 Abs. 1 S. 2 GG ist nun einmal der verfassungsmäßige, an abstrakten Kriterien vorherbestimmte Richter und nicht derjenige, der am kompetentesten, zügigsten und souveränsten agiert.[511]

Die Untersuchung kann keine Erkenntnisse dazu liefern, wie Fallsteuerungen von der Richterschaft wahrgenommen werden. Dazu konnten die Interviewpartner nichts Ergiebiges mitteilen. In der veröffentlichten Rechtsprechung ist

---

511 *Theile*, in: *Heinz/Rengier/Hilgendorf* (Hrsg.), Festschrift für Wolfgang Heinz, Flexible Fallzuweisung und gesetzlicher Richter (Art. 101 I 2 GG) – eine Problemskizze am Beispiel der Wirtschaftsstrafkammern, S. 892, 898.

aber zu finden, dass hinter der Steuerung eines Falles zu einer Kammer, die, in Abgrenzung zu der eigentlich verfassungsmäßigen Kammer, zeitliche Ressourcen für das Verfahren hatte, „prozessökonomisch und kriminalpolitisch durchaus beachtenswerte Erwägungen" stehen können.[512]

g) Standpunkt der Staatsanwaltschaft

Die Darstellung des Anklageverhaltens der Staatsanwaltschaft, die Möglichkeit der Fallsteuerung und die Motive hierfür wurden bislang vornehmlich aus Sicht der Verteidigung geschildert. Nicht unberücksichtigt sollen die Ergebnisse der Interviews mit Staatsanwälten bleiben. Wie schon in der Literatur bemerkt, handelt es sich in diesem Bereich um Bestrebungen und Motivationen, die zum Teil weder aktenkundig noch sonst überprüfbar dokumentiert werden und vornehmlich staatsanwaltschaftsintern ablaufen.[513] Dies erschwert empirische Untersuchungen.

Gefragt nach Faktoren, die den Zeitpunkt der Anklage beeinflussen, wurden die Personalsituation und die Komplexität der Verfahren von Staatsanwälten genannt. Der Zeitpunkt der Anklage wurde als letzter Baustein einer Reihe von Reaktionen bezeichnet, als zwangsläufig am Ende eines Entwicklungs- und Entscheidungsprozesses stehendes Ereignis.

> *„Sie müssen sich so eine Anklage wie eine Schwangerschaft und eine Geburt vorstellen. Also die Ermittlungen sind die Schwangerschaft […]. Und das wird nicht verzögert. Wenn sie dran kommen, wenn sie so weit kommen, dass sie nieder kommen können. Dann macht man das fertig.[…] Aber das ist so, so erfolgt der Geburtsprozess. Oder der Werdeprozess." (3–1, 525–527; 531–533; 541–542)*

Durch die Untersuchung wurde deutlich, dass eine Nachzeichnung des Turnusstandes aus Sicht der Staatsanwälte möglich wäre. So würde man als Staatsanwaltschaft innerhalb von einem oder zwei Tagen nach Anklageeinreichung ein Aktenzeichen vom Gericht bekommen. Damit würde man relativ schnell wissen, welche Kammer zuständig sei. Gepaart mit der Tatsache, dass über große Fälle und die zuständigen Kammern staatsanwaltschaftsintern gesprochen wird, wäre das Führen einer eigenen Statistik möglich (3–1, 674 ff.).

---

512 OLG Nürnberg, Beschluss vom 11.12.1962 – Ws 456/62, NJW 1963, 502, 503. Die Besonderheit dieser Entscheidung ist schon erörtert worden, s.o.

513 *Trüg*, Anmerkung zu OLG Frankfurt am Main, Beschluss vom 24.01.2014, 3 Ws 2 3114, 5 KLs- 4424 Js 11790/12, BeckRS 9998, 65989.

„Wahrscheinlich könnte man den Turnusstrand rauskriegen, […] Aber theoretisch wäre das möglich, dass man hier feststellt, durch eine Umfrage oder so, wann ging die letzte Anklage durch. Und welche Kammer hat die bekommen." (3–1, 556; 569–572)
„Aber wenn wir ein großes Verfahren anklagen, wird natürlich darüber gesprochen, wer's gekriegt hat. Das ist natürlich kein Geheimnis dann. Das wissen die anderen dann auch." (3–2, 680–682)

Ein Nachzeichnen des Turnusstandes ist damit nach Ansicht der interviewten Staatsanwälte möglich, dennoch gäbe es Gründe, die den Turnus bei Gericht in nicht vorherzusehendem Maße beeinflussen würden. Dies sind zum einen Anklagen von anderen Staatsanwaltschaften in Flächenländern, Abgaben innerhalb desselben Gerichts und kurzfristige Entlastungen und sonstige Änderungen im Geschäftsverteilungsplan. Fallmanipulationen durch Anklagen etwa zu einem anderen als dem eigentlich zuständigen sachlichen Gericht sahen die Staatsanwälte ebenso eher als hypothetische Möglichkeit an. Ein solches Vorgehen würden die Gerichte, intern durch die Abgabe der Fälle an das eigentlich zuständige Gericht, verhindern (3–2, 415 ff.).

Durch die Interviews mit Staatsanwälten ist auch eine (theoretische) Manipulationsmöglichkeit zu Tage getreten, die zunächst nicht erwartet wurde. Fertige Anklagen werden von dem zuständigen staatsanwaltschaftlichen Dezernenten bei der zuständigen Geschäftsstelle zur Ausfertigung abgegeben. Gehen bei dieser gleichzeitig mehrere ein, so muss diese entscheiden, welche der Anklagen zuerst bearbeitet und zu Gericht weitergeleitet wird. Der Eingang bei Gericht wiederum bestimmt, sofern das Turnusprinzip etabliert ist, die zuständige Kammer.

„Sie bearbeitet die dringlichste. Wenn es zum Beispiel eine Haftsache gäbe, hätte Haft immer Vorrang. Und ansonsten bearbeitet sie eigenständig. Also wir geben keine Reihenfolge vor. Also es könnte […] meinetwegen am gleichen Tag zwei Anklagen zum Landgericht, und sie fertigt erst die eine ab, und die geht vielleicht mit der Morgenpost noch zum Landgericht und die geht dort dann zuerst ein. Und die zweite Anklage wird nachmittags fertig gemacht und geht erst am nächsten Morgen bei Gericht ein. Hat sozusagen die Geschäftsstelle vorgegeben, in welcher Reihenfolge die bei Gericht eingehen. […] Klar beim gesetzlichen Richter, eine feste Reihenfolge… Da könnte man jetzt sagen, das steuert unsere Geschäftsstelle, welche Anklage dann. Also die weiß zwar nicht, wer es kriegt, aber durch die Reihenfolge der Abfertigung geht es, kann das vorkommen, dass sie eben zu unterschiedlichen Zeitpunkten dort eingehen." (3–2, 239–255)

3. Zwischenergebnis

In diesem Abschnitt wurden aus empirischer Sicht die staatsanwaltschaftlichen Steuerungsmöglichkeiten und die dahinter stehenden Motive untersucht. Es zeigte sich, dass gesetzliche Freiräume nicht nur zu den gesetzlich vorgesehenen Zwecken genutzt werden. Damit haben sich informelle Handlungsweisen gebildet, die auf ein informelles Programm schließen lassen. Zum einen zeigte sich, dass die gesetzgeberisch vorgesehenen Freiräume bei der Wahl zwischen mehreren sachlich oder örtlich zuständigen Gerichten nicht nur aus den gesetzlichen vorgesehenen Gründen genutzt werden, sondern auch Fragen der Organisationsfähigkeit, gerichtlichen Auslastung und der gerichtlichen Verhandlungsführung eine Rolle spielen. Diese Gründe können auch entscheidend sein, wenn eine strategisch denkende Staatsanwaltschaft versucht, ein bestimmtes Verfahren zu einer bestimmten Kammer zu lozieren, indem sie die im Geschäftsverteilungsplan angelegten Möglichkeiten zur Steuerung nützt. Dieses Vorgehen ist insgesamt ein Bereich, der sich im Informellen abspielt.

In diesem Abschnitt wurde die Fallsteuerungsmöglichkeit zu einer bestimmten Kammer mit den beweglichen Zuständigkeiten in Bezug gesetzt. Die verfassungsrechtliche Diskussion rund um die beweglichen Zuständigkeiten hat die Problematik zum Inhalt, dass eine außerhalb des Gerichts stehende Behörde Einfluss auf den gesetzlichen Richter im Einzelfall nehmen kann. Ein somit erfolgender Eingriff in Art. 101 Abs. 1 S. 2 GG ist aber gerechtfertigt,[514] da die klassischen beweglichen Zuständigkeiten durch den Gesetzgeber in der StPO und dem GVG angelegt sind bzw. der Gesetzgeber seine Einschätzungsprärogative zur Ausgestaltung des normgeprägten Grundrechts in dieser Art und Weise genutzt hat. Anders ist dies aber bei den in der Untersuchung herauskristallisierten sonstigen Möglichkeiten der Staatsanwaltschaft, Fälle zu steuern. Diese sind nicht im Gesetz angelegt, sondern werden möglich aufgrund einer Offenheit der geschäftsverteilungsmäßigen Regelungen. Diese wiederum besteht, weil die gesetzgeberische Umsetzung der Gewährleistungen des gesetzlichen Richters dort endet, wo der Freiraum für individuelle Regelungen der bei Gericht anfallenden Arbeiten beginnt. Es bleibt aber zu fragen, ob diese gerade beschriebene Regelungsstufe tatsächlich richtig bestimmt wurde und ob nicht detailliertere und genauere Regelungen noch genügend eigenes Gerichtsmanagment zulassen würden. Dies kann nach der Darstellung der empirischen Daten fraglich sein, gehört aber in den Bereich der gesetzgeberischen Ausgestaltungsfreiheit.

---

514 Die Gerichte prüfen gem. § 16 StPO nochmals ihre Zuständigkeit, daher kann der gesetzlicher Richter durch die StA nicht komplett entzogen werden, vgl. §§ 16, 12 Abs. 2 StPO, dazu auch BVerfG, Beschluss vom 30.03.1965 – 2 BvR 341/60, BVerfGE 18, 423, 428.

Gesetzliche Freiräume sind immer manipulationsanfällig.[515] Trifft dies zusammen mit einer zu Manipulationen bereiten Staatsanwaltschaft, tritt ein Zustand ein, der dem Anspruch auf den gesetzlichen Richter nicht gerecht wird.[516] Die Verfassungsmäßigkeit der gesetzlichen Regelungen und der Geschäftsverteilungspläne hängt damit davon ab, ob die Staatsanwaltschaft sachgerechte Erwägungen anstellt. Tut sie dies nicht, können die gesetzlichen Regelungen – quasi durch die Hintertür – verfassungswidrig werden. Eine echte Kontrollmöglichkeit gibt es nicht, denn die gerichtliche Zuständigkeitsprüfung nach §§ 12 Abs. 2, 16 StPO ist einer bloßen Ermessenskontrolle vergleichbar. Das gesetzliche System baut damit auf die Rechtmäßigkeit des staatsanwaltschaftlichen Handelns.[517] Dieses Vertrauen kann aber nach den Ergebnissen dieser Untersuchung erschüttert sein. Entschärfend wirkt, dass die hinter staatsanwaltschaftlichen Fallsteuerungen stehenden Gründe vielfach für die Verteidigung nachvollziehbar sind.

III. Umgang der Verteidigung mit Fallsteuerungen

Wie dargelegt ist die Verteidigung mit der gerichtlichen oder staatsanwaltschaftlichen Möglichkeit, Fälle gezielt zu gewünschten Richtern zu steuern, in unterschiedlichster Weise konfrontiert. Sobald die Verteidigung zu der Erkenntnis kommt, dass eine Umgehung des gesetzlichen Richters bei einem konkreten Fall geschehen ist, kann sie dagegen vorgehen. Innerhalb des Ausgangsverfahrens vor dem Landgericht muss sie gemäß § 222a Abs. 1 S. 1 StPO bis zum Beginn der Vernehmung des ersten Angeklagten zur Sache die Besetzung mittels eines Besetzungseinwandes[518] rügen. Ändert das Gericht auf diesen Einwand hin die Besetzung nicht, so hat die Verteidigung die Möglichkeit, gemäß § 338 Nr. 1 StPO im Rahmen der Revision eine Besetzungsrüge zu erheben. Auf die Voraussetzungen von Besetzungseinwand und -rüge soll im Folgenden unter 1. eingegangen werden. Danach soll unter 2. auf die besondere Prozesssituation bei einer Besetzungsrüge und die damit eröffneten taktischen Spielräume geblickt werden. Wird eine Besetzungsrüge erhoben, so kann dies Auswirkungen unterschiedlichster Art auf den Prozess haben, wie dies unter 3. geschildert wird. Es wurde im Laufe der Interviews immer wieder ein Zusammenhang zwischen

515 *Sowada*, Der gesetzliche Richter im Strafverfahren, S. 648.

516 Zu diesem Gedanken OLG Hamm, Beschluss vom 10.09.1998 – 2 Ws 376/98, NStZ-RR 1999, 16, 17.

517 *Sowada*, Der gesetzliche Richter im Strafverfahren, S. 648.

518 Wird oft auch, eigentlich inkorrekt, als Besetzungsrüge bezeichnet. Eine Besetzungsrüge ist erst die Rüge der vorschriftswidrigen Besetzung im Revisionsverfahren.

Konfliktverteidigung und Besetzungsrüge hergestellt, darauf soll unter 4. eingegangen werden. Zum Schluss soll unter 5. ein abstrakteres Bild gezeichnet werden und die Entwicklung und aktuellen Reformbestrebungen der Besetzungsrüge dargestellt werden.

1. Besetzungseinwände und -beschluss

Die Besetzung des Gerichts kann in unterschiedlichen Punkten angreifbar sein. Konzentrieren möchte sich die Untersuchung hier auf eine mögliche Falschbesetzung der Berufsrichter. Die Fragen der Besetzung der ehrenamtlichen Richter außer Acht zu lassen, bedeutet, damit (wahrscheinlich) die in der Praxis häufigsten angreifbaren Aspekte der Gerichtsbesetzung bei Besetzungsrügen unberücksichtigt zu lassen. Dies ist aber dem Zuschnitt der Forschungsfrage geschuldet und den vorhandenen empirischen Befunden und wird bewusst in Kauf genommen.

a) Informationen über die Gerichtsbesetzung

Die Voraussetzung jeder Besetzungsprüfung ist die Mitteilung der konkreten Besetzung des Spruchkörpers. Spätestens zu Beginn der Hauptverhandlung vor einem Land- oder Oberlandesgericht muss die Besetzung des Gerichts mitgeteilt werden, § 222a Abs. 1 S. 1 StPO. Werden Mitteilungsvorschriften verletzt, so greift die Präklusionswirkung von § 338 Nr. 1 2. Halbs. StPO nicht durch. Wie die Untersuchung zeigen konnte, ist die Mitteilung zu Beginn der Hauptverhandlung nicht der Regelfall. In der ganz überwiegenden Zahl der Fälle wird die Besetzung auf Anordnung des Vorsitzenden schon vor der Hauptverhandlung mitgeteilt (1–2, 551 ff.; 1–3, 833 ff.; 1–4, 616).[519] Dies noch nicht mit dem Eröffnungsbeschluss, weil zu diesem Zeitpunkt die Schöffen noch nicht feststehen, aber oftmals mit der Ladung zu den Hauptverhandlungsterminen in schriftlicher Form (1–1, 587 ff.; 1–2, 544 ff., 1–4, 605 ff.). Wird die Besetzung unter Unterschreitung der Wochenfrist mitgeteilt, so liegen dafür weniger taktische Gründe als eine oftmals kurzfristige Änderung der Besetzung des Gerichts vor (1–4, 605 ff.).

Es kann auch vorkommen, dass die Besetzung des Gerichts überhaupt nicht mitgeteilt wird. Diese Situation ist aus Sicht der Verteidigung nicht zwingend nachteilhaft, führt es doch dazu, dass eine mögliche in der Revision vorzubringende Besetzungsrüge nicht präkludiert ist, vgl. §§ 222b Abs. 1. S. 1 StPO, 338

519 So auch *Klemke/Elbs*, Einführung in die Praxis der Strafverteidigung, 3. Aufl., Rn. 669.

Nr. 1a) StPO. Konsequenterweise bevorzugen manche Verteidiger diese Situation. Denn will ein Gericht die Besetzung nicht prüfen lassen, so wird auch ein möglicher Unterbrechungsantrag entsprechend § 222a Abs. 2 StPO häufig abschlägig beschieden (1–3, 775 ff.; 1–4, 638 ff.).

„[…] der längst pensionierte Richter von der Strafkammer in […] sagte, warum soll ich eine Besetzungsmitteilung machen? Ich weiß auch, dass wir richtig besetzt sind. Und wenn sie's nicht glauben, können sie es immer noch prüfen, hinterher. Der Vorteil ist ja, wenn er nicht mitteilt und wenn die Mitteilung nicht gerügt wird, dann habe ich alles Recht." (1–5, 738–743)

Eine taktisch späte Mitteilung, um etwa Verteidigern die Prüfung der Besetzung zu erschweren, wurde von keinem Verteidiger geschildert.[520] Die Verteidiger machten eher deutlich, dass die Gerichte in der Regel in diesem Verfahrensstadium sehr bemüht seien, die Interessen und Rechte der Verteidigung zu wahren. Anders wurde das nur hinsichtlich kleinerer Verfahren geschildert:

„Das kann bei solchen Fällen, müssen sie ja mal sehen, wenn die einen Fall haben, der ist sehr glasklar, der bräuchte auch vor dem Landgericht nur ein Vormittag für, dann fangen diese Schludrigkeiten an. Und dann kann es auch schon mal sein, dass die Besetzung zu spät mitgeteilt wird."(1–2, 553–557)

Die gesetzlich vorgesehene Woche zur Besetzungsprüfung kann mitunter für den Anwalt sehr kurz sein. Eine Prüfung der Besetzung ist ein nicht unerheblicher zeitlicher Aufwand, wobei nach Ansicht der Interviewpartner häufige Besetzungsprüfungen den Aufwand verkürzen (1–4, 640 ff.).

„Also wenn sie es wirklich bis zum Ursprung aller Dinge prüfen wollen und über Land fahren wollen, wenn sie ein beschäftigter Verteidiger sind, da kann eine Woche verdammt wenig sein. Manchmal gibt es ganz komplizierte Konstellationen." (1–3, 814–817)

Wie geschildert, hatten oftmals Verteidiger auch mehr als eine Woche für die Besetzungsprüfung Zeit. Trotzdem meinte ein Verteidiger, aus Sicht der Justiz sei eine sehr frühzeitige Mitteilung über die Besetzung förmlich eine Einladung zu rügen.

„Ja um Gottes Willen nicht zu früh. Weil das wird als Einladung begriffen." (1–5, 778–779)

Für eine umfassende Besetzungsprüfung muss sich der Verteidiger weitere Informationen besorgen. Neben sämtlichen relevanten Änderungen und Fassungen des Geschäftsverteilungsplanes können dies je nach angreifbarem Ziel zusätzlich

520 Eine gerichtlicherseits taktisch späte Besetzungsmitteilung schildert aber *Sommer*, Maßnahmen des Strafverteidigers in der Hauptverhandlung, ZAP F 22, 101, 105.

Schöffenwahlunterlagen und Unterlagen zur konkreten Schöffenbestellung sein. Die Bandbreite der zu überprüfenden Unterlagen ist enorm.[521] Dabei sind die Geschäftsstellen der Gerichte unterschiedlich hilfsbereit, wie Verteidiger berichten konnten, und es kann mühsam sein, alle Unterlagen zusammenzusuchen (1–2, 248 f.). So genügt nicht immer ein Telefonat, sondern die Gerichte verlangen teilweise schriftliche Anforderungen. Auch sind nicht immer alle aktuellen Fassungen des Geschäftsverteilungsplanes online verfügbar, sondern es ist nur möglich, in die gesetzlich vorgeschriebene Fassung bei Gericht Einsicht zu nehmen nach § 21e Abs. 9 GVG. Wie tief der jeweilige Verteidiger die Richterbestellung analysiert, differiert. So sah ein Anwalt etwa die Analyse bis zum letzten Baustein der Richterbestimmung als Teil einer richtigen und guten Verteidigung an und beschrieb anschaulich, dass er in dieser Hinsicht keine Mühen scheute.

> *„Also wenn Sie richtig, ich würde sagen, bis zum Grund, also wenn Sie zu allen Amtsgerichten kurven müssen, um sich die Wahlprotokolle anzuschauen. Und fangen vielleicht auch noch an zu gucken, ob da weitere im Verantwortungsbereich der Justiz liegende Dinge, […] früher bin ich dazu immer noch zu den Gemeindevertretungen gegurkt. Und wie sind denn hier die Beschlüsse, mit denen sie die Vorschlagslisten aufgestellt haben. Und die waren dann häufig nicht da, war das Quorum gewahrt und so." (1–3, 805–812)*

Dennoch bleibt als Quintessenz bestehen:

> *„Also da wo ich die Sachen brauchte, war das jetzt nicht so, dass man mich durch ein Kafkaeschkes Dorf geschickt hat." (1–4, 598–600)*

b) Inhaltliche Anforderungen an die Besetzungseinwände

Die Form- und Begründungsanforderungen an einen Besetzungseinwand orientieren sich an den Anforderungen einer revisionsrechtlichen Besetzungsrüge. Zwar kann der Einwand, wenn er innerhalb der Hauptverhandlung erhoben wird, mündlich dargelegt werden, zweckmäßigerweise geschieht dies aber in schriftlicher Form, die sich ebenfalls nach §§ 345 Abs. 2, 390 Abs. 2 StPO richtet.[522] Besonders von Bedeutung ist § 222b Abs. 1 S. 2 StPO, der sich ebenfalls an § 344 Abs. 2 S. 2 StPO orientiert, und bestimmt, dass neben rechtlichen Erwägungen auch alle relevanten Tatsachen darzustellen sind. Um die

---

521 *Sommer*, Maßnahmen des Strafverteidigers in der Hauptverhandlung, ZAP F 22, 101, 105; *Ignor/Sättele*, in: *Hamm/Leipold*, Beck'sches Formularbuch für den Strafverteidiger, 6. Aufl., VIII Tätigkeit in der Hauptverhandlung, L. Besetzungsfragen; *Klemke/Elbs*, Einführung in die Praxis der Strafverteidigung, 3. Aufl., Rn. 664 ff.

522 *Schmitt*, in: *Meyer-Goßner/Schmitt*, Strafprozessordnung, 61. Aufl., § 222b, Rn. 5 f.

Rechtswidrigkeit der Gerichtsbesetzung darzulegen, sind etwa daher die relevanten Passagen der Geschäftsverteilungspläne, aller Änderungsbeschlüsse und eventuell dienstliche Erklärungen vorzutragen. Ein Nachschieben von Gründen rechtlicher oder auch tatsächlicher Art ist unzulässig. Es mag zwar strittig sein,[523] ob auch die erst nach Vernehmung des Angeklagten bemerkte, schon zu Prozessbeginn bestehende Falschbesetzung des Gerichts noch gerügt werden kann. Jedenfalls können Gerichte dies in der Praxis verweigern.[524] Ein Kenntnismangel bezüglich einer Falschbesetzung kann begründbar allein in der Sphäre des Anwalts liegen. Damit ist zugleich die auf dem Verteidiger lastende Verantwortung von besonderem Gewicht.

Die Darstellung der relevanten Unterlagen macht einen Besetzungseinwand oft sehr umfangreich. Wird er in der mündlichen Verhandlung vorgetragen, so kann ein solcher Vortrag mehrere Stunden in Anspruch nehmen. Der Prozess wird daher zu Beginn, noch vor Vernehmung des Angeklagten zur Sache, ganz erheblich verlängert. Nicht selten entschieden sich daher die interviewten Verteidiger, einen Besetzungseinwand schon vor Beginn der Hauptverhandlung schriftlich zu erheben oder jedenfalls anzukündigen, dass er zu Prozessbeginn gestellt werden würde (1–3, 1041 ff.). Die interviewten Strafverteidiger schilderten, dass der Prozess der Besetzungsprüfung umfangreich und schwierig sein kann (1–2, 494 ff.) und sehr formalistisch ist (1–5, 133 ff.). Alle relevanten tatsächlichen und rechtlichen Aspekte sind in Gänze vorzutragen.

> *„Eine Besetzungsrüge ist ein absolut, wenn man so will, feinsinniges Instrument. Muss man ja richtig viel Arbeit, und mit hohem Aufwand dann auch formaljuristischer Kompetenz auch. Da können Sie nicht irgendwie mit der Faust auf den Tisch schlagen und mit großem Geschrei im Gerichtssaal sagen, das ist eine Schweinerei, hier sind die falschen Richter, da wurde manipuliert. Damit können sie keine Besetzungsrüge begründen." (1–3, 987–994)*

Die Strafverteidiger waren sich bewusst, dass es keine zweite Chance der Begründung des Besetzungseinwandes gibt. Dies und die Tatsache, dass

---

523 Gegen ein Nachschieben von Gründen, trotz anfänglicher Mangelhaftigkeit der Besetzung *Gmel*, in: *Hannich*, Karlsruher Kommentar zur Strafprozessordnung, 7. Aufl., § 222b, Rn. 9; *Schmitt*, in: *Meyer-Goßner/Schmitt*, Strafprozessordnung, 61. Aufl., § 222b, Rn. 7; a.A. *Hamm*, Die Besetzungsrüge nach dem Strafverfahrensänderungsgesetz 1979, NJW 1979, 135, 137.

524 So vertritt *Schmitt*, in: *Meyer-Goßner/Schmitt*, Strafprozessordnung, 61. Aufl., § 222b, Rn. 7 klar, dass jegliches Nachschieben unzulässig sei, weil ein Kenntnismangel nur auf einer unzureichenden Prüfung der Besetzungsunterlagen zu Prozessbeginn beruhen kann.

Besetzungseinwände erhoben werden, auch um die Möglichkeit einer späteren Revision zu erhalten, erhöhen den Druck auf die Arbeitsgenauigkeit.

> *„Das ist manchmal bisschen mühselig. Zumal sie ja, sie machen die Besetzungsrüge nicht nur um die Besetzung zu rügen, sondern auch um einen etwaigen Revisionsgrund in petto zu haben. Dementsprechend müssen wir das auch sehr umfassend darstellen. Also diese Besetzungsrügen, diese Anträge, die sind lang. Die sind wirklich lang. Die sind sehr technokratisch [...].“ (1–2, 492–497)*

Verteidiger werden gezwungen, nicht nur alle – aus ihrer Sicht – durchgreifenden Argumente gegen die Besetzung des Gerichts vorzubringen, sondern auch jegliche Hilfsargumente. Damit setzte sich ein Anwalt folgendermaßen auseinander:

> *„Und so wird man gezwungen im Prinzip eine Besetzungsprüfung über die schlagenden Gründe. Was man [bei] Gericht gelernt hat, wenn das Wesentliche zieht, muss ich nicht diese ganzen Hilfsargumente bringen. Und das ist tatsächlich dann aufwändig, dass der Gesetzgeber einen zwingt, alle potentiellen Hilfsargumente, Hilfsanträge usw. vorzubringen. Andererseits, vielleicht auch nicht ganz unverständlich, weil wegen der Belastung der Justiz. Aber angemessen finde ich es nicht.“ (1–4, 812–819)*

Einig waren sich die Interviewpartner, dass die Anforderungen an eine fundierte Besetzungsrüge sehr hoch sind und damit die Grenzen desjenigen, was von Anwälten erwartbar und leistbar ist, tangieren (1–1, 758 ff.). Den Antworten der Anwälte war durchgängig die Haltung zu entnehmen, sich als Anwalt, der die Besetzung des Gerichts prüft, in einer Konfliktsituation mit dem Gericht zu befinden. Auch konnte man die Vermutung erahnen, dass die Anforderungen an die Nachprüfungen und die Begründung der gerichtlichen Falschbesetzung formal sehr hoch seien, um die gerichtliche Besetzung zu halten und damit die Funktionsfähigkeit der Gerichte nicht zu beeinträchtigen. Es war den Antworten zu entnehmen, dass sich die Anwälte von der gerichtlichen Judikatur eher in die Enge gedrängt als unterstützt fühlen. Mit den Worten eines Anwaltes hörte sich dies so an:

> *„[...] die Hürde gerade auch dessen, was nachweisbar und leistbar ist für einen Anwalt oder Angeklagten, gerade auch ein Anwalt kann nicht auch zwei Wochen lang auf Beweissuche gehen und was dann noch alles für Verstrickungen dahinter stehen, also das finde ich das schon formal sehr hohe Anforderungen. Die irgendwie eher davon getragen sind, Funktionsfähigkeit der Justiz auf jeden Fall zu erhalten. Da wäre manchmal auch ein bisschen verfassungsgerichtliche Unterstützung nicht schlecht.“ (1–1, 795–802)*

Es war den Antworten teilweise zu entnehmen, dass aus Sicht der Verteidigung die Hürde für einen begründeten Besetzungseinwand höher läge als an einen abzuweisenden Antrag. Strukturell sahen sie die Hürden für die Anträge der Verteidigung höher an als für Beschlüsse des Gerichts.

> *„Irgendwelche Anträge, da was zu ändern, werden immer unter dem Augenschein betrachtet, wie kann man es abweisen. Nicht die Frage, könnte was dran sein oder so, sondern wie kann man's abweisen. Ach und wenn wir keinen Grund zum Abweisen finden, naja gut dann müssen wir's durchlassen. Und das ist natürlich auch so eine Perspektive, die schon allein dazu führt, dass die nicht sonderlich erfolgreich sind. Und, es ist schon so ein bisschen, ich finde ein bisschen ungerecht auch gegenüber der Pflicht, die der Anwalt hat und was der alles können soll und so, im Vergleich dessen, darf sich halt das Gericht ziemlich viel erlauben. Und ein Staatsanwalt natürlich noch viel mehr." (1–1, 809–818)*

Wichtig ist in diesem Kontext auch, dass es eine unterschiedliche Herangehensweise an Besetzungseinwände gibt. Die hier interviewten Verteidiger waren der Ansicht, Anträge bei Gericht zu stellen, wenn sie von deren Begründetsein überzeugt waren. Dies führte dazu, dass sie die Besetzung des Gerichts in Tiefe prüften und die entsprechenden Besetzungseinwände rechtlich argumentativ darstellten. Sie konnten gleichwohl davon berichten, dass ein anderer Umgang mit Besetzungseinwendungen von anderen Vertretern ihrer Profession durchaus gepflegt wird.

> *„Ja also das ist bei, wie gesagt, wenn eine Besetzungsrüge nicht nur für die Galerie ist, es gibt natürlich viele Galerieanträge. Genauso wie es viele Beweisanträge gibt, die von vornherein zum Scheitern verurteilt sind, die man nur macht, um den Mandanten eine Show zu bieten, um den oder um dem Gericht irgendwas zu suggerieren, was man für ein toller Hecht ist." (1–2, 730–735)*

c) Gerichtliche Beschlüsse zu Besetzungseinwänden

Die Begründungstiefe, mit der die Gerichte sich in ihren Beschlüssen mit den Besetzungseinwänden der Verteidiger auseinander setzen, differiert in der Wahrnehmung der interviewten Verteidiger sehr. Ein Teil der Verteidiger schilderte Situationen, in denen sich die Gerichte in ihren Beschlüssen mit den Argumenten der Verteidigung inhaltlich stark auseinander setzten, der Großteil war jedoch, was die Begründungstiefe und die Argumentation in den Beschlüssen anging, unzufrieden.

Ein Teil der Verteidiger gab an, dass sich die Gerichte an der Begründung des Besetzungseinwandes der Verteidiger orientierten. Ihre Begründungstiefe war oft spiegelbildlich der Begründung des Einwandes. Argumentierte man als Anwalt rechtlich stark, konnte man einen entsprechend argumentativ starken fundierten Beschluss erwarten (so teilweise auch 1–3, 1014; 1028 ff.).

„Weil die Besetzungsrügen ja sehr, sag ich mal, auch technokratisch aufgebaut sind, sind die Beschlüsse immer so ein bisschen Spiegelbild der Anträge. D.h. das Gericht also, je nachdem wie der Antrag ist, wie umfassend, und wie stark er ist, im Sinne von rechtlich stark, dass er überzeugend ist, sind die Beschlüsse, ist meine Erfahrung, dann durchaus relativ begründungsstark auch." (1–2, 719–724)

Demgegenüber schilderte ein Großteil der interviewten Anwälte Situationen, in denen die Gerichte – auch auf fundierte Besetzungseinwände – mit einer kurzen Begründung reagierten.[525]

„Oder es sagt eben, dann ist das ganz kurz, du hast recht. Also das haben wir ganz ganz oft. Also Besetzungsrügen sind überproportional, wenn man selber davon überzeugt ist, gehen sie in aller Regel auch durch." (1–2, 738–741)

Sofern es sich nicht um die Feststellung der gerichtlichen Fehlbesetzung, die durchaus mit kurzer Begründung möglich ist, handelte, sahen die interviewten Anwälte kurze Begründungen kritisch.

„In aller Regel, also ganz oft bekommt man auch auf umfangreiche […], Besetzungsrügen Beschlüsse, die lauten: der Besetzungseinwand wird zurückgewiesen. Das Gericht ist ordnungsgemäß besetzt. Das ist die ganze Begründung. Das liegt daran, dass die meisten Gerichte davon nichts verstehen. Und sich wirklich sagen, soll ich mich hier mit so einem Scheiß beschäftigen, das verstehen wir sowieso nicht. Aber wir kennen die Rechtsprechung des BGH, der wird irgendwie schon einen Weg finden, mit auch dieser Besetzungsrüge." (1–3, 1014–1022)

Ablehnende Beschlüsse sind aus Sicht der Verteidiger oftmals nicht substantiiert genug und Gerichte neigen ihrer Ansicht nach dazu, normative Floskeln zu benutzen (1–4, 828 ff.). Es wird deutlich, dass Gerichte dazu tendieren, ihr gefundenes Ergebnis argumentativ abzusichern. Das führt dazu, dass sie sich teilweise mit den Argumenten der Verteidigung nicht auseinander setzen. Die Verteidiger kamen in den Interviews an unterschiedlicher Stelle zu der Ansicht, dass Gerichte bei Besetzungsfragen in besonderem Maße ergebnisorientiert argumentieren. Da die Gerichte dazu tendieren, ihre Besetzung für verfassungsgemäß zu halten. Dies ist ein strukturelles Problem: wäre das Gericht von der Falschbesetzung überzeugt, hätte es vor Prozessbeginn die ordnungsgemäße Besetzung herbeigeführt. Da es das nicht getan hat, steht es den Bedenken der Verteidiger tendenziell skeptisch gegenüber.

---

525 Siehe hierzu auch *Klemke/Elbs*, Einführung in die Praxis der Strafverteidigung, 3. Aufl., Rn. 673, der beschreibt, dass ein Besetzungsantrag vom Gericht häufig als lästig und unnötig angesehen wird.

„Also dass die das prinzipiell halten wollen wie es ist, dass, da geht man ja schon davon aus. Und dass die dann manchmal auch Sachen an den Haaren herbei ziehen, an die man dann vielleicht nicht gedacht hat, und die das dann trotzdem halten, damit muss man auch rechnen.“ (1–1, 758–762)

Es wird hier das Selbstverständnis des Gerichts relevant. Ein Besetzungseinwand ist ein rein verfassungsrechtlicher Angriff gegen das Gericht als solches, nicht gegen die Persönlichkeit der Richter. Schnell wird ein Besetzungseinwand nach Ansicht der interviewten Verteidiger aber persönlich aufgefasst. Dies mag ein weiterer Grund dafür sein, dass Gerichte dazu neigen können, Besetzungseinwände mit knapper Begründung zu verwerfen. Man stößt an dieser Stelle erneut auf eine Argumentation, die auf dem Begriff des Vertrauens aufbaut. Das bedeutet: bewusste Falschbesetzungen oder Falllozierungen durch die Staatsanwaltschaft dürfen nicht sein und können daher auch nicht vorliegen. Lücken, die der Geschäftsverteilungs- oder Mitwirkungsplan öffnet, können nach dieser Sichtweise nicht bestehen, denn den Justizorganen ist grundsätzlich darin zu vertrauen, auch mögliche Fallsteuerungen und damit Besetzungsmanipulationen nicht vorzunehmen.

„Also im Prinzip ist ja die Überlegung, mit der das Landgericht unsere Besetzungsrüge verworfen hat. Die gehen einfach nur im Wesentlichen mit dem Argument um, dass nicht sein kann, was nicht sein darf. Mehr nicht. Also dass man das System nicht beeinflussen können soll und es deswegen, abstrakt jedenfalls, dem Missbrauch zugänglich ist, das habe ich bis heute nicht verstanden.“ (1–5, 287–293).

2. *Besetzungsrügen und Taktik*

In diesem Abschnitt wird auf die taktischen Erwägungen hinter Besetzungseinwendungen und -rügen geblickt (unter a)), und die Motivlage beleuchtet (unter b)), bevor näher auf die Verfahrenskonstellationen geblickt wird (unter c)). Dabei spielen auch die Erfolgschancen der Rüge und etwaige Zweifel (unter d)) und die Verteidigerkultur (unter e)) eine Rolle. Ob Besetzungsrügen tatsächlich ein Mittel der alten Strafverteidigerkultur sind, wird unter f) erörtert, bevor auch auf gerichtliche Taktik analog § 29 StPO eingegangen wird (unter g)). Im anschließenden Zwischenergebnis wird das sichtbar gewordene informelle Programm beleuchtet (unter h)).

a) Besetzungsanalyse und Taktik

Eine gerichtliche Besetzung zu prüfen, ist inhaltlich[526] und zeitlich für Verteidiger herausfordernd. Sich dafür zu entscheiden und sie dem Mandanten mitunter

526 Zu den inhaltlichen Punkten und den entsprechend zu untersuchenden Materialien siehe *Ignor/Sättele*, in: *Hamm/Leipold*, Beck'sches Formularbuch für den

teuer in Rechnung zu stellen, ist das Ergebnis eines Abwägungsprozesses. Es sind dabei die jeweiligen Besonderheiten des Mandats und die Verteidigungskultur des Anwalts in Einklang zu bringen. Die interviewten Verteidiger schilderten demzufolge unterschiedliche Herangehensweisen bezüglich der Überprüfung der gerichtlichen Besetzung. Für einen Teil der Verteidiger gehörte die Prüfung der Gerichtsbesetzung routinemäßig zum Standardvorgehen dazu und zum *„State of the Art"* einer ordentlichen, fundierten Verteidigertaktik (1–1, 106 ff.; 1–2, 36 ff.). Andere Verteidiger prüften die Besetzung nur, wenn zusätzliche Anhaltspunkte gegeben waren. Wenn es auf ein verständigtes Verfahren hinauslief und zusätzlich nur eine Pflichtverteidigerbestellung bestand, war die Motivation für eine Besetzungsprüfung nachvollziehbarerweise geringer (1–3, 72 ff.). Zusätzlich wurden verschiedene Faktoren genannt, die Anlass für eine Besetzungsprüfung geben und zu der Prüfung einer potentiellen Besetzungsrüge führen können. Bei streitigen Verfahren gaben die Verteidiger an, immer besonders umfangreich solche Überprüfungen vorzunehmen. Als streitig wurde in diesem Zusammenhang auch ein Verfahren verstanden, das nur potentiell streitig ist. Sofern eine feste Absprache vor Verhandlungsbeginn nicht geschlossen war und es damit prognostisch zu einem umfangreichen Verfahren kommen konnte, war die Motivation, die gerichtliche Besetzung zu prüfen, höher als bei einem auf einen Deal sicher hinauslaufendes Verfahren. Bei diesen Antworten muss abermals betont werden, dass es sich um fast ausschließlich im Wirtschaftsstrafrecht tätige Anwälte handelte. Die Motivation, Hauptverhandlungen zu meiden, ist in diesem Bereich, wie Anwälte schilderten, besonders hoch. Gepaart mit der bereits geschilderten Motivation überlasteter Staatsanwälte, sich umfangreicher und komplexer Verfahren zu entledigen, ist es im Bereich des Wirtschaftsstrafrechts besonders möglich, Verfahren vor Beginn der Hauptverhandlung zu verständigen. In diesem Kontext ist auch die Angabe eines Anwaltes von nur 10–15% streitiger Verfahren zu verstehen, die eine umfangreiche Besetzungsprüfung nötig machen würden (1–3, 475).

> *„Ja also bei jedem Verfahren, bei dem wir nicht, ich würde nicht sagen bei jedem streitigen Verfahren, bei denen sowieso. Aber jedem Verfahren, wo wir nicht eine 100-prozentig einvernehmliche Lösung, also ein Deal in trockenen Tüchern haben, prüfen wir es immer." (1–3, 467–470)*

Abgesehen von der jeweiligen Verfahrensprognose wurde als weiterer Aspekt genannt, durch die Prüfung der Besetzung zu ermitteln, ob zu der Person der

Strafverteidiger, 6. Aufl., VIII Tätigkeit in der Hauptverhandlung, L. Besetzungsfragen.

jeweiligen Richter persönliche Kontakte bestehen oder persönliche und fachliche Informationen eruierbar sind.

> *„Also immer, also ich schaue regelmäßig noch mal nach, ob die Geschäftsverteilung noch so ist wie sie war bei dem Fall wie beim letzten Aktenstand. Weil es ist einfach so, es ist auch glaube ich kein Geheimnis, dass man manchmal durchaus auch auf einen Wechsel hofft. Wenn man mit dem derzeitigen Gericht nicht ganz glücklich ist. Weil die jetzt seit, was weiß ich, wie in einem Fall eine harte Linie fahren oder es in einem Fall der Richter ist, der sich in einem super komplexen Verfahren toll auskennt, der hätte kein Problem, noch mal ein Verfahren mit Hauptverhandlung durchzuführen. Und ich bin mir zum Beispiel sicher, wenn ein neuer Richter kommt, der nichts anderes machen möchte, als das Ding vom Tisch zu haben. Das erhöht die Vergleichschancen massiv. Genau deswegen schaut man eigentlich in den Geschäftsverteilungsplan rein. Es ist auch, einfach jeder hat so seinen persönlichen Stil und die Welt ist ziemlich klein in der strafrechtlichen Szene. Und deswegen ist es auch gar nicht schwierig, irgendwie ein Kontakt zu finden, der den nochmal persönlich kannte und man sich dann auch überlegen kann, wie geht man taktisch da vor." (1–1, 114–130)*

Die Frage, ob die Besetzung des Gerichts geprüft wird, ist damit, insbesondere weil sie umfangreich ist und Zeit und Geld in nicht zu vernachlässigender Weise beansprucht, bereits Teil der jeweiligen Verteidigungsstrategie. Und die Gründe, warum die Besetzung des Gerichts geprüft wird, können mitunter von denjenigen, die für die Rüge der Besetzung des Gerichts sprechen, nicht getrennt werden. Ist die Prozesstaktik auf ein konsensuales Verfahren ausgerichtet und ist Sinn und Zweck gerade die öffentliche Hauptverhandlung zu meiden, wird eine Besetzungsprüfung aus Sicht der Verteidigung nur sekundär in Betracht kommen. Insbesondere die Möglichkeit, die Besetzung zu rügen, um den Nährboden für Vergleichsverhandlungen zu bereiten, kann Teil der Strategie sein. Dadurch, dass eine Besetzungsprüfung dem Gericht schon vor Hauptverhandlungsbeginn signalisiert, dass es sich um Anwälte handelt, die in besonderem Maße gewillt sind, das ihnen durch die StPO gegebene Rüstzeug zu verwenden, mag diese Prüfung den Weg in Richtung Gespräche mit dem Gericht auf Augenhöhe ebnen.

> *„Also wir holen uns die Geschäftsverteilung, wir schreiben ganz normal das Gericht an, fragen, wir hätten gern die Besetzungsunterlagen, also die Geschäftsverteilung, die Schöffenwahlunterlagen, gegebenenfalls die entsprechenden Sonderhefte, die es dazu gibt. Und fragen das bei Gericht an, und dann weiß das Gericht auch gleich, was die Uhr geschlagen hat. Das sind Anwälte, die sich das angucken wollen." (1–2, 482–487)*

> *„Allerdings in der Richtung ein Punkt ist, wenn sie auswärts verteidigen und niemand kennt sie da, und sie kommen als erstes hin und sagen, ich möchte die Schöffenunterlagen sehen, ich möchte die Schöffenwahl prüfen. Dass es schon einen gewissen Eindruck bei*

Gericht macht, dass es da jemand sehr sehr ernst nimmt. Und dass es nicht so la pour l`art gehen wird." (1–4, 699–704)

In diesem Kontext ist auch die Aussage eines Anwaltes zu verstehen, der die Besetzung des Gerichts prüft, um ein eventuell vorhandenes Argumentationsmaterial zu haben (1–5, 725 ff.). Dies ist wichtig für die Frage einer etwaigen Verständigung, aber auch einer eventuellen späteren Revision.

„Also, ich kenne Besetzungsrügen eigentlich nur aus relativ umfangreichen Verfahren. Wo die Verteidigung darum bemüht ist, alles zu überprüfen, was es zu überprüfen gibt. Und wenn sie zum Ergebnis kommt, die Besetzung, die Geschäftsverteilung hat eine Lücke, dass eben dann auch macht. Weil man am Anfang eines eben meist umfangreichen Verfahrens, eines bedeutenden Verfahrens nicht weiß, was man alles noch benötigen kann." (1–5, 121–127)

Umso umfangreicher und wichtiger die Verfahren sind, umso geneigter waren die Anwälte, eine detaillierte Besetzungsprüfung zu machen. Dies zum einen, weil umfangreiche Verfahren mit einer höheren Wahrscheinlichkeit (zumindest teilweise) zu einer Revision führen können, aber auch, weil Besetzungseinwände erfolgversprechender sind und der gesamten Art und Weise, wie Großverfahren von allen Verfahrensbeteiligten betrieben werden, entsprechen (1–1, 42 ff.).

„Ja also große Verfahren werden einfach mit mehr Detailtreue betrieben. Und von allen Seiten und deswegen schaut man auch viel konkreter drauf, wo was hin kommt und wer womit dann beschäftigt ist." (1–1, 52–55)

Abgesehen davon wurde als Grund für eine Besetzungsprüfung genannt, dass es Konstellationen des Geschäftsverteilungsplanes oder der Besetzung des Spruchkörpers und der Zuständigkeit der Kammer geben kann, die Anwälte dazu veranlassen können, an Fallmanipulationen zu glauben. Besteht eine solche Konstellation, die das anwaltliche Misstrauen weckt, würde der Aufwand einer Besetzungsprüfung sich lohnen, so ein Anwalt (1–6, 59 ff.).

Zusammenfassend ist festzuhalten, dass nach Meinung der Verteidiger eine umfangreiche Besetzungsprüfung zu einer ordentlich fundierten Verteidigung dazu gehört, sich aber tatsächlich ein informelles, dem zuwider laufendes Regelset entwickelt hat. Nach diesem informellen Programm wird eine Besetzung in der Praxis nur dann geprüft, wenn sie zum jeweiligen Verteidigungsstil und der jeweiligen Verteidigungstaktik passt. Nur wenn der Verteidigungsstil darauf ausgerichtet ist, einen schuldigen Beschuldigten zu verteidigen und das Verfahren nicht konsensual geführt werden sollte, es also auf eine streitige Hauptverhandlung hinaus läuft, passt es aus anwaltlicher Sicht, die Besetzung überhaupt umfangreich zu prüfen. Handelt es sich darüber hinaus um ein besonders umfangreiches Verfahren, das auch von den anderen Beteiligten mit Detailtreue geführt wird, und ist absehbar, dass es auf eine mögliche Revision hinaus laufen kann, sind dies weitere Gründe, die Besetzung des Gerichts zu prüfen. Dann nämlich braucht eine gute Verteidigung Argumentationsmaterial für alle Eventualitäten des Verfahrens. In diesem Kontext ist auch die folgende Aussage zu verstehen:

> *„Theoretisch, theoretisch es ist lege artis, man soll immer mal prüfen. Aber ich habe relativ selten eine Hauptverhandlung, wenn ich die habe, dann sind die sehr umfangreich und häufig ist es dann so, dass ich, wenn ich merke, ich habe einen guten Draht zum Gericht oder zum Vorsitzenden und ich merke, wenn es in die streitige Hauptverhandlung geht, in eine Strategie, wenn ich meine, dass mein Mandant verurteilt wird, dann verteidige ich den ja anders. Dann versuche ich ein Deal zu machen, dann versuche ich ein Geständnis zu machen, da verteidige ich ja nicht streitig. Wenn ich also in eine streitige Verhandlung gehe, will ich auch einen Freispruch haben. Das ist so. Dann gehört es eigentlich zu den Kunstregeln, sich mit allem zu befassen. Wenn ich aber sehe oder den Eindruck habe, ich habe ein offenes, ein wirklich offenes Gericht, mit dem ich eine gute Kommunikationskultur pflegen kann und wo ich eine echte Chance habe, das Gericht zu überzeugen davon, dass mein Mandant unschuldig ist, dann mache ich das nicht."* (1–6, 83–98)

b) Motivlage bei Besetzungseinwendungen und Besetzungsrügen

Die häufigste Antwort auf die Frage, warum Anwälte Besetzungseinwendungen erheben, lautete, um einen möglichen Revisionsgrund zu erlangen (1–1, 745 ff.; 1–2, 494; 1–3, 74 ff.).[527] Da das Ziel eine für den Mandanten bestmögliche Verteidigung ist, möchte der Anwalt alles in seiner Macht stehende tun, um die Revisionschancen für den Mandanten zu erhöhen.[528] Zugleich ist er auch verpflichtet, dem Mandanten eine sachgerechte Verteidigung zu sichern. Dazu zählt es auch, alle möglicherweise erfolgversprechenden Angriffsmittel zu nutzen.[529] Dazu kann es gehören, Besetzungseinwendungen zu erheben, auch wenn der Anwalt über deren Konsequenzen nur mutmaßen kann. Erhebt er die Rügen nicht, kann es haftungsrechtliche Konsequenzen geben (1–2, 65–78). Dass er mit

527 In der Literatur wurde die Besetzungsrüge auch schon als „Revisions-Vehikel" bezeichnet, *Kissel*, Anmerkung zu BGH, Urteil vom 19.12.1990 – 2 StR 426/90, StV 1993, 398, 398.

528 Laut Aussage eines Staatsanwaltes wird in Wirtschaftsstrafsachen in etwa 70–75% der Verfahren eine Revision eingelegt. Die Staatsanwaltschaft legt in 15 – 20% der Verfahren, auch manchmal zunächst um die Revisionsfrist zu wahren, selbst das Rechtsmittel ein (3–2, 474 ff.).

529 *Widmaier/Norouzi*, in: *Müller* (Hrsg.), Münchener Anwalts-Handbuch Strafverteidigung, § 9 Die Hauptverhandlung im Blickwinkel der Revision, Rn. 1 ff.

Besetzungseinwendungen zugleich auch den verfassungsrechtlichen Anspruch auf den gesetzlichen Richter des Mandanten geltend macht, war in den Augen der interviewten Verteidiger Ausgangspunkt und notwendige Konsequenz. Es war aber nicht als alleinstehendes Motiv einer Besetzungseinwendung auszumachen.

> *„Einen anderen [Anm.IV: als einen Revisionsgrund zu schaffen] gibt es nicht. Glaube ich nicht. Also wir sind ja nicht sozusagen die Gralshüter von besonders, besonders nachhaltigen Geschäftsverteilungsplänen. Das ist für uns, ich will jetzt nicht sagen, abschätzig sagen, Spielmaterial, […] aber es ist strategisch gedacht Material, über das ich verfügen können will, wenn ich am Ende gezwungen bin, weil das Ergebnis nicht passt, eine Revision bestreiten zu können." (1–5, 451–457)*

> *„Sondern eine Besetzungsrüge ist, wenn man so will, wie ich es als als Verteidiger sehe, ein Mittel sogar verfassungsrechtlich abgesicherten Anspruch auf den gesetzlichen Richter geltend zu machen. Der, wenn er verletzt wird, Revisionschancen eröffnet. Ja, das ist eigentlich das Wesentliche. Ja, das geht im Prinzip darum […] anders gesagt, es ist nicht so, dass man seinem Mandanten einen möglichen Revisionsgrund durch eigene Nachlässigkeit nehmen will." (1–4, 667–673)*

Eine Revision ist ein Rechtsmittel, das in der weit überwiegenden Zahl der Fälle nicht erfolgreich ist.[530] Bedenkt man dies, so lässt sich fragen, warum eine Revision gleichwohl wichtigster Aspekt einer Besetzungseinwendung ist. Vorausgesetzt, eine Besetzung wird gerügt, weil der Anwalt tatsächlich von der verfassungswidrigen Besetzung des Gerichts überzeugt ist,[531] so sind die Chancen, einen stattgebenden Beschluss und falls nicht, eine erfolgreiche Revision zu erreichen, in den Augen der interviewten Experten höher als dies bei anderen zu rügenden Verfahrensfehlern der Fall ist. Immerhin handelt es sich um einen absoluten Revisionsgrund.

> *„Also Besetzungsrügen sind überproportional, wenn man selber davon überzeugt ist, gehen sie in aller Regel auch durch. Weil das nämlich […] eine technokratische Frage ist. Weil man sehr gut nachprüfen kann. Also wir geben Besetzungsrügen auch ab, wenn wir davon überzeugt sind und dann gehen die aus meiner Erfahrung auch in aller Regel durch." (1–2, 739–744)*

Kommt es dazu, dass die Argumente des Anwalts das Revisionsgericht überzeugen, es also zu einer Neuverhandlung kommt, so ist diese Situation in den Augen der interviewten Verteidiger immer positiv für den angeklagten Mandanten.

---

530 *Widmaier/Norouzi*, in: *Müller* (Hrsg.), Münchener Anwalts-Handbuch Strafverteidigung, § 9 Die Hauptverhandlung im Blickwinkel der Revision, Rn. 1.

531 Siehe zu Zweifeln und Besetzungsrügen unten 3. Kapitel C. III. 2. d).

Dies kann zwar nicht rechtlich festgemacht werden, aber ein psychologischer Aspekt bezüglich der neu zuständigen Richter in der Hinsicht, Dinge milder zu sehen und Beweise anders zu bewerten, wurde betont. Darüber hinaus ist die zeitliche Komponente zu bedenken, dies nicht nur in Hinblick auf ein faires Verfahren, sondern auch was den Beweiswert der einzelnen Beweismittel angeht (dazu 1-7, 382 ff.).[532] Oder anders ausgedrückt:

> *„Eine erfolgreiche Revision hat ebenso wie eine lange Verfahrensdauer noch keinem Mandanten geschadet. Das heißt am Ende aller Tage ist mein Eindruck, ohne dass ich den jetzt statistisch belegen könnte, dass was Besseres dabei rauskommt. Die Karten werden neu gemischt. Man hat neue Chancen. […] Zum ersten Karten werden neu gemischt, neue Chancen. Zum zweiten, die Strafverfolgungsbehörden verlieren natürlich mit Dauer des Verfahrens, je länger das dauert, auch den Biss und den Ehrgeiz da unbedingt was zu erreichen, in der Regel." (1-6, 387-392; 415-418)*

Dies konnte auch ein interviewter Staatsanwalt bestätigen:

> *„Weil die Fälle noch älter geworden sind, noch umfangreicher, weil die Kammer, die das jetzt bearbeiten muss, wahrscheinlich das Gefühl hat, so was wie der […] Mülleimer der anderen zu sein. […] Ich hab noch keinen Fall erlebt, […] wo die neue Kammer nicht gesagt hat, naja gut, nach der Aufhebung müssen wir jetzt aber ein vernünftiges Ergebnis finden. Das heißt, wenn es vorher ohne Bewährung gab, jetzt mit Bewährung. Und die neuen Kammern setzen das praktisch auch immer durch. Unter anderem […] verhandeln sie's einfach nicht und noch länger von der Tat wegkommen. Dann ist irgendwann klar, dass es nicht ohne Bewährung ausgeht." (3-1, 894-905)*

Sofern Besetzungseinwendungen erhoben werden, um dem Mandanten Revisionschancen zu sichern, so ist das eine Motivation, die über den aktuellen Prozess hinaus in die Zukunft gerichtet ist. Es handelt sich dabei um ein „Sicherheitsnetz", das gespannt werden muss, sofern die Hauptverhandlung nicht das gewünschte Ergebnis bringt.[533] Für den Ausgangsprozess, in der Regel also das landgerichtliche Verfahren, kann die Rüge der verfassungswidrigen Gerichtsbesetzung wichtiger Teil einer Prozesstaktik sein.

> *„[…] die Besetzungsrüge ist immer so ein einerseits Vorarbeit auf eine Revision, ein mögliches Argument, das man sich für eine Revision schafft, was gelegentlich auch in der Hauptverhandlung schon von segensreicher Wirkung ist." (1-3, 76-79)*

---

532 Vgl. dazu *Klemke/Elbs*, Einführung in die Praxis der Strafverteidigung, 3. Aufl., Rn. 665.

533 *Widmaier/Norouzi*, in: *Müller* (Hrsg.), Münchener Anwalts-Handbuch Strafverteidigung, § 9 Die Hauptverhandlung im Blickwinkel der Revision, Rn. 1.

So führten die interviewten Anwälte aus, dass ein Anwalt, der die Gerichtsbesetzung rügt, dem Gericht signalisieren würde, dass er über ein fundiertes juristisches Wissen verfügt und mit den Besonderheiten der StPO vertraut ist. Dadurch würde man als Anwalt Sachverstand vermitteln, aber auch gleichzeitig aufzeigen, dass man gleichwohl gewillt sei, die Interessen des Mandanten in einer, auch wenn nötig konfrontativen Weise zu vertreten. Man würde zeigen, auf die Einhaltung aller Verfahrensnormen in besonderem Maße acht zu geben. Da Einwendungen gegen die Besetzung auch gleichzeitig dem Gericht signalisieren, dass eine spätere Revision aus Sicht der Verteidigung nicht ausgeschlossen ist, würde man als Anwalt Ernsthaftigkeit vermitteln.

„Und dann wissen die gleich schon mal, dass man auch ganz gut Jura kann. Und das ist ja manchmal auch schon eine gute Voraussetzung, dann einen vernünftigen Deal hinzukriegen." (1–2, 681–684)

„[...] ich [Anm. IV: würde Besetzungsrügen] auch nur aus dem Grunde machen, dass man denen zeigt, man durchschaut Sachen. Und man spielt dann einfach bisschen mehr auf Augenhöhe. Auch wenn es natürlich nicht durchgreift." (1–4, 735–738)

Hat man so dem Gericht vermittelt, dass man als Anwalt über juristischen Sachverstand verfügt und bereit ist, die der Verteidigung durch die StPO zur Verfügung stehenden Instrumente zu nutzen, so kann dies zu einer anderen Art von Prozess führen. Das Gericht würde einen als Anwalt ernster nehmen, wie einige Gesprächspartner betonten (1–4, 699–704). Dies kann dazu führen, mit dem Gericht und Vertretern der Staatsanwaltschaft mehr auf Augenhöhe zu argumentieren. Liegt diese Situation vor, so kann das bedeuten, dass der Weg zu Gesprächen und damit auch zu potentiellen Absprachen zugunsten des Mandanten geebnet wird. Ganz konkret schilderte ein Anwalt die Situation, dass das Gericht einen Besetzungseinwand abschlägig beschieden hatte, aber sich gleichwohl nicht sicher war, ob diese Entscheidung einer revisionsgerichtlichen Überprüfung standhalten würde. Dies führte dazu, dass das Gericht gesprächsbereiter war als es ohne den Besetzungseinwand gewesen wäre.

„Wenn ein Gericht das Gefühl hat, wir sitzen hier auf und wir wandeln hier auf dünnem Eis, denn die Besetzungsrüge ist ja eigentlich doch schon substantiiert. Wir geben ihr aber nicht statt. Merkt aber selber, dass sie ein bisschen schwimmen. Das kommt natürlich vor. Dann sind die gelegentlich etwas, etwas mehr kompromissbereiter als sonst." (1–3, 84–89)

Es zeigte sich, dass aus Sicht der Verteidigung nicht so sehr entscheidend war, wie das Gericht mit dem einzelnen Besetzungseinwand umging, wichtiger war es, dem Gericht die eigene Kompetenz zu signalisieren. Eine Möglichkeit, dies zu vermitteln, war in den Augen der Verteidiger einen gut recherchierten und begründeten Besetzungseinwand zu erheben. Hat man dies als Taktik über eine gewisse Zeit gemacht, so hat man bei dem lokal zuständigen Gericht einen entsprechenden Eindruck hinterlassen, quasi eine *„gewisse Duftmarke"* hinterlassen.

> *„Da setzen sie mit so einer Besetzungsrüge, wie das […], von dem ich gerade sprach, immer nannte, man hat dann auch so eine gewisse Duftmarke. Denn wenn die gut begründet ist, dann sieht das Gericht, da ist jemand, der versteht was von den Dingen. Und begegnet ihm mit einem ganz anderen Respekt und hört ihre sonstigen Argumente auch mit einer ganz anderen, sagen wir mal Aufmerksamkeit an als sonst. Also das ist jedenfalls gelegentlich ein Nebeneffekt, den man nicht unterschätzen sollte." (1–3, 92–100)*

Neben dem Motiv, einen späteren Revisionsgrund zu schaffen oder dem Gericht seine Fachkenntnisse zu vermitteln, kann es weitere Gründe geben für Besetzungseinwände, die nur im Einzelfall wichtig sein können. So schilderte ein Anwalt, dass Besetzungseinwendungen auch sinnvoll sein können, um die mögliche Untersuchungshaft des Mandanten zu verkürzen.

> *„[…] weil, wenn der Mandant in Haft ist und da sich eine staatlich verschuldete notwendige Verfahrensverzögerung bei einem Besetzungseinwand greifen würde, habe ich die Chance, Mandanten aus der Haft, Beschleunigungsgebot, zu bekommen. Ja dann mach ich das. Und zwar unabhängig, ob ich dann von der Kammer weg will oder nicht." (1–4, 725–730)*

Zusammengefasst bleibt als Quintessenz bestehen:

> *„[…] aber ich finde, wir machen eine Besetzungsrüge, weil wir diesen armen Mandanten haben. Und in der wir verhindern müssen, dass er rechtskräftig zu was weiß ich für einer Strafe verurteilt wird. Und da ist die Besetzungsrüge ein nicht zu unterschätzendes Mittel, das sozusagen den gewaltigen Strom der Straflust bricht und ihm vielleicht in der Revision zum Erfolg verhilft. Bei neuem Start kriegen Sie immer ein besseres Ergebnis, meistens." (1–3, 1411–1418)*

c) Ungeeignete Konstellationen für Besetzungsrügen

Vergleichbar mit den Argumenten, die gegen eine Besetzungsprüfung vor Beginn der Hauptverhandlung sprechen, kann es Verfahrenskonstellationen geben, die einen Anwalt davon abhalten können, Einwände gegen die Besetzung des Gerichts zu artikulieren. Dies insbesondere dann, wenn ein Deal mit dem Gericht *„in trockenen Tüchern ist"* (1–2, 60 ff.) und die Verteidigung mit dem Gericht eine Lösung gefunden hat, die für den Mandanten zufriedenstellend ist. Dann ist die Motivation, generell Anträge zu stellen, gering, beziehungsweise sofern ein (protokollierter) Deal vorliegt, würde ein Antrag gegen die Besetzung des Gerichts bei den Verfahrensbeteiligten auf großes Unverständnis stoßen (1–3, 51 ff.).

Ist man als Anwalt der Ansicht, einen schuldigen Mandanten zu verteidigen, so birgt eine potentiell konfrontative Verteidigung, zu der auch Besetzungseinwände gehören können, ein nicht unerhebliches Risiko. In dieser Situation kann es aus anwaltlicher Sicht Sinn machen, „Schadenswiedergutmachung" zu betreiben und weitestgehend konsensual zu verteidigen. Dies erklärte ein Anwalt näher:

> *„Aber es gibt auch Verteidiger, die verteidigen sehr viel, wie soll ich sagen, Schuldige in Anführungszeichen, Mandanten, wo man einfach sieht, naja, nach Aktenlage, gut gut wir kriegen ein Urteil. Und dann, dann sucht man den Deal. Wenn ich ein Mandanten habe, der mir ein Geständnis ablegt, hier in diesen Mauern, dem würde ich nie sagen, jetzt gehen wir mal in eine streitige Hauptverhandlung und versuchen den Prozess zu torpedieren. Dem würde ich mal gleich sagen, so leg lieber mal ein Geständnis ab, und du legst jetzt mal du… ziehst die Hose aus und legst die mal auf den Tisch und sagst mal, wo du Geld hast, und und und. Dann versuchen wir mal den Schaden wieder gutzumachen. Wenn's um so ein Delikt geht. Versuche mal hier ein vernünftiges Ergebnis rauszukriegen. Und das setzt natürlich auch immer ein irgendwo, ein Deal voraus. D.h. ich muss erst mal ein guten Draht zur Staatsanwaltschaft, zu den Strafverfolgern kriegen und mich dann mit der Staatsanwaltschaft einigen und dann sucht man sich das Gericht aus. Und es hat da gar keinen Sinn, Besetzungsfragen zu prüfen, wenn ich von vornherein auf eine konsensuale Erledigung aus bin. Gar keinen Sinn. Also Besetzungsfragen zu prüfen hat nur einen Sinn, wenn ich eine streitige Hauptverhandlung will. Aus meiner Sicht." (1–6, 222–241)*

Das Risiko, die Stimmung bei Gericht durch eine Rüge zu beeinträchtigen, sollte die Entscheidung über die Frage, ob Einwände gegen die Besetzung erhoben werden, nicht beeinflussen, so die Anwälte.

> *„Also ich meine, Strafrecht hat normal generell nicht die beste Stimmung. Weil da ist der Staat, der den Mandanten unter Umständen hoch verurteilt. Also ich glaube und ich halte überhaupt nichts davon, wir müssen das alles machen, damit sich alle glücklich fühlen. Dann können sie auch lächeln, alles ist total schön, und am Ende kriegen sie trotzdem vier Jahre. Und ja und dann haben sie die Besetzungsrügen nicht gestellt, das wäre doch ein grober Fehler. Das wäre doch ein ganz grober Fehler, die nicht gestellt zu haben." (1–2, 668–675)*

Die Interviewpersonen wurden gefragt, wie sie mit einer Verfahrenskonstellation umgehen würden, bei der sie sehen würden, dass das Gericht nicht das verfassungsmäßige im Sinne von Art. 101 Abs. 1 S. 2 GG ist, das Gericht aber gleichwohl für den Mandanten, aus welchen Gründen auch immer, vorteilhaft wäre. Ob ein Gericht vorteilhaft ist oder nicht, kann nach Ansicht mancher Verteidiger erst am Ende einer Hauptverhandlung mit Gewissheit beurteilt werden. Demzufolge war für sie die Ausgangsvermutung, ein vorteilhaftes Gericht zu haben, kein maßgeblicher Grund, der sie von der Erhebung eines vorliegenden

Besetzungseinwandes abhalten würde (1–4, 722 ff.). Das Risiko, sich eines durchgreifenden Revisionsgrundes zu entledigen, wurde als generell zu hoch bewertet (1–3, 872 ff.).

> *„Das ist schwierig. Ob die Kammer vorteilhaft ist, weiß ich am Ende. Und vorher, ich guck mir nicht die Nase vom Vorsitzenden an, ob das passt. Ich hab vielleicht Erfahrung in anderen Sachen. Das ist ein Richter, der hört zu. Aber damit ist ja noch nichts gesagt. Also das ist eigentlich etwas, was mich nicht beeindruckt." (1–5, 788–792).*

Diese Situation ist eine Risikobewertung und Prognoseentscheidung. Da letztlich Leidtragender der Mandant ist, sollte diese Konstellation ausführlich mit dem Mandanten beraten werden und es obliege letztlich diesem, sich für oder gegen eine Besetzungsrüge zu entscheiden. So kann es Konstellationen geben, bei denen, in Absprache mit dem Mandanten, Anträge gegen die Besetzung des Gerichts sehenden Auges nicht gestellt werden. Diese Situation sei aber häufiger, wenn es um die Frage persönlicher Befangenheit gehe, so ein Anwalt (1–2, 699 ff.). Die Frage, ob ein Besetzungseinwand erhoben werden soll oder nicht, muss mit der jeweiligen Prozesstaktik und den Interessen des Mandanten in Einklang gebracht werden. Mandanten können die Tragweite der Entscheidung nach Ansicht der interviewten Verteidiger eher nicht abschätzen. Manche Mandanten möchten, dass der Anwalt *„auf den Tisch haut"* (1–1, 696–697), andere möchten aus Vorsicht, dass der Anwalt keinerlei Anträge stellt, die Entscheidung in das Ermessen des Anwalts stellen (1–2, 643 ff.).

In der Literatur wird empfohlen, vor jedem Besetzungseinwand zu prüfen, welcher Richter der eigentlich verfassungsmäßige wäre und dann zu prüfen, ob dieser Richter vorteil- oder nachteilhafter für den Mandanten ist.[534] Dies mag einfach sein, wenn es sich um ein Gericht handelt, bei dem die Zuständigkeit zwischen einer sehr begrenzten Zahl an Kammern schwankt. In der Untersuchung schilderte jedoch kein Anwalt, eine solche Überprüfung bei der Besetzungsprüfung des Gerichts auch tatsächlich anstellen zu können, egal ob aus zeitlichen oder tatsächlichen Gründen nicht. Bedenkt man in diesem Kontext die gerade gemachten Ausführungen zu der Situation, dass es schwierig ist für die Verteidigung zu prognostizieren, ob ein Gericht tatsächlich positiv für den Mandanten ist, so mag man die Forderung nach dieser Art von Besetzungsprüfung als utopisch und wenig praxistauglich ansehen.

---

534 *Sommer*, Maßnahmen des Strafverteidigers in der Hauptverhandlung, ZAP F 22, 101, 105; *Burhoff*, Handbuch für das strafrechtliche Ermittlungsverfahren, 7. Aufl., Rn. 945; *Klemke/Elbs*, Einführung in die Praxis der Strafverteidigung, 3. Aufl., Rn. 694.

d) Erfolgschance und Zweifel

Nicht jeder Einwand gegen die Besetzung führt zum Erfolg, nicht jede Besetzungsrüge ist auch erfolgreich. Nicht von jedem Einwand oder jeder Rüge ist ein Verteidiger auch überzeugt. Interessant war, wie die Verteidiger mit einer Situation, in der sie von dem Ausgang bzw. der Erfolgschance der Rüge nicht überzeugt waren, umgingen. Mehrheitlich würden die interviewten Verteidiger einen Besetzungseinwand und eine Besetzungsrüge erheben, wenn sie inhaltlich einen angreifbaren Punkt sähen (1–1, 764 ff.; 1–2, 48 ff.). Bei Zweifeln oder wenn sie nicht absolut von deren Erfolg überzeugt wären, würden diese Verteidiger keine Anträge stellen. Um einen möglichen Revisionsgrund zu schaffen, würden dann eher Beweisanträge erfolgversprechend sein, wie ein Anwalt erklärte (1–1, 769 ff.).

Die Thematik beinhaltet zugleich die Frage, wie der Erfolg eines Besetzungseinwandes zu messen ist. Ob ein solcher Einwand erfolgreich ist, richtet sich nach der jeweiligen Prozesstaktik und dem jeweiligen Verteidigungsziel und ist verallgemeinernd nicht darstellbar. Anders bei Besetzungsrügen, deren Erfolgswert an den Ausgang der Revision geknüpft werden kann.

> *„Die Frage ist ja, wann ist eine Besetzungsrüge erfolgreich. Eine Besetzungsrüge, die in der Instanz zu einer Ausweisung des Schöffen führt, ist erfolgreich. Hat ihnen aber eigentlich prozessual nichts gebracht. Das ist dann eine andere Figur, die sie nicht kennen, aber aber es war eine erfolgreiche Besetzungsrüge. Im Prinzip können Sie ja erfolgreiche Besetzungsrügen, wenn sie die rechtlich messen wollen, an Revisionsrügen messen.“ (1–4, 894–901)*

Manche Verteidiger sahen dies differenzierter. Auch wenn eine Besetzungseinwendung oder -rüge mutmaßlich nicht durchgreifen würde, würden sie eine solche stellen, nur um dem Gericht Fachkompetenz und Verteidigungswillen zu vermitteln und zu erreichen, vom Gericht ernst genommen zu werden (1–4, 735 ff.). Ob es sich dabei schon um einen Galerieantrag handelt, mag im Einzelfall beurteilt werden. Jedenfalls gibt es aus der Sicht interviewter Verteidiger Anträge, die standardmäßig zu einer Verteidigung dazu gehören.

> *„Aber es gehört dazu. Weil wissen Sie, es gibt doch ganz viele Anträge, die man als Verteidiger stellt […]. Man macht es halt. Und man sagt, das kann man so nicht hinnehmen. Das machen wir jetzt.“ (1–3, 1126–1127; 1132–1133)*

In diese Richtung, nämlich die Taktik, Prozessanträge zu stellen, allein aus dem Grund, sie stellen zu können und ohne von deren Inhalt notwendigerweise überzeugt zu sein, geht folgende Äußerung eines Interviewpartners. Darin beschreibt er, unter Bemühung eines Vergleichs von Verteidigungsverhalten und Schachspiel, ein wiederum informales Verteidigungsverhalten, zu dem Einwände gegen die Besetzung standardmäßig dazu gehören.

> *„Also wenn man die alten Haudegen fragt, aus Frankfurt oder Köln, die also so als die Zentren der offensiven Strafverteidigung gelten, dann gehört das zur Frankfurter bzw. Kölner Öffnung. So nennt man das, wie beim Schach. Dass also eine Besetzungsrüge zum guten Ton gehört." (1–2, 138–142)*

e) Besetzungsrügen und Verteidigerkultur

In diesem Abschnitt wurde deutlich, dass die Frage, wann die gerichtliche Besetzung von Verteidigern geprüft wurde, und die Frage der jeweiligen Verteidigungstaktik miteinander verknüpft sind. In den Interviews, die deutschlandweit an unterschiedlichen Standorten stattfanden, fiel auf, dass es Anzeichen dafür gibt, dass sich unterschiedliche Verteidigungskulturen etabliert haben. Es gab auch Anzeichen dafür, dass sich dies geographisch festmachen lässt. So fiel auf, dass süddeutsche Strafverteidiger auf die Stimmung bei Gericht in besonderem Maße bedacht waren. Es ihnen besonders darauf ankam, ein gutes Arbeitsklima mit Staatsanwaltschaft und Gericht zu erreichen und zu behalten. Ob es möglich sei, eine richtige Verteidigung zu bestreiten, die in besonderem Maße auf ein gutes Verhältnis mit dem Gericht bedacht sei, wurde von manchen Verteidigern kritisch gesehen (1–7, 318 f.). Zugleich ist zu vermuten, dass wiederum auch süddeutsche Richter Anträge und Rügen als Teil einer Konfliktverteidigung und damit einer potentiell nicht ordnungsgemäßen Verteidigung ansahen. Süddeutsche Staatsanwälte wiederum präferierten eine konsensuale Verteidigung deutlich, wie Verteidiger feststellen konnten. In diesem Kontext ist auch die Ansicht eines süddeutschen Richters zu sehen, der meint, *„ein ausgesprochen gutes Verhältnis zur Anwaltschaft"* zu haben (2–1, 478). Auch ein süddeutscher Staatsanwalt konnte beschreiben, dass eine auf Konflikt ausgelegte Verteidigungsstrategie, seiner Wahrnehmung nach, ein Phänomen auswärtiger, seinem Vernehmen nach insbesondere Frankfurter Verteidiger sei (3–1, 836 ff.).

Es ist nicht auszumachen, was genau Auslöser eines solchen Phänomens ist, ob eine geringere Kritikakzeptanz der Justiz oder gehäufter auftretende Persönlichkeitsmuster entscheidend sind. Die Untersuchung kann und will Gründe hierfür nicht aufzeigen. Es würde sich um Spekulationen handeln. Was bleibt ist jedoch die Vermutung, dass es, in Hinblick auf ein übliches und in den Augen des jeweiligen Gerichts angebrachtes Verteidigungsverhalten, regional abhängige informelle Verhaltensmuster gibt, sich eine unterschiedliche Prozesskultur etabliert hat und sich die lokale Verteidigerszene darauf eingestellt hat. Solch ein informelles Regelset wird besonders deutlich, wenn auswärtige Verteidiger vor

Gericht auftreten und lokale Prozessbeteiligte dieses Verhalten als anstößig oder befremdlich empfinden, wie einige Interviewpartner schilderten.[535]

f) Besetzungsrügen als Ausdruck einer „älteren Strafverteidigerkultur“?

Zu Beginn der Untersuchung und im Stadium der Eruierung des Erkenntnisinteresses stand die Vermutung, Besetzungsfragen würden vorwiegend von älteren Strafverteidigern geprüft und erhoben werden. Ohne zu entscheiden, wann genau ein Verteidiger tatsächlich dieser „älteren Generation“ angehört, lag die Annahme nahe, sie könne möglicherweise früher ein eher standardmäßiges Werkzeug der Verteidiger gewesen sein.

Dies konnte die Untersuchung teilweise bestätigen. Die interviewten Verteidiger zogen zwar nicht eine Grenze zwischen älteren oder jüngeren Verteidigern, aber zwischen einer kämpferischen und weniger kämpferischen Verteidigungsstrategie. Sie waren überwiegend der Ansicht, ein eher kämpferisches, potentiell konfliktträchtiges Verteidigungsverhalten sei bei jüngeren Verteidigern weniger ausgeprägt (1–5, 804 ff.). Diese seien moderater und weniger angriffslustig, in der Sache genauso stringent und konsequent, aber mehr auf die Stimmung der anderen Verfahrensbeteiligten bedacht. Sie würden sich bewusster sein, in einem „Kooperationsverhältnis“ mit dem Gericht zu stehen (1–1, 722). Sie würden das Gericht überwiegend nicht in dem Maße wie ältere Verteidiger angehen, das heißt strukturell weniger Besetzungsrügen und Befangenheitsanträge stellen (1–7, 358 ff.). Die Besetzungsrüge sei bei ihnen eher unpopulär geworden (1–3, 887 ff.).

> *„Also richtig ist, dass die Besetzungsrüge unpopulär geworden ist. Das hat der BGH geradezu gewollt. Der BGH hat ja wirklich die Besetzungsrüge nahezu sicher kaputt judiziert, was die sich alles ausgedacht haben, was alles noch gesetzmäßig ist. Das Paradebeispiel ist die Auslegung der Schöffenliste. Die nach dem Gesetz eine Woche ausgelegt werden muss. Da haben sie gesagt, vier Tage können auch eine Woche sein, fünf können auch eine Woche sein.“ (1–3, 887–893)*

Dies mag auch damit zusammenhängen, dass nach Ansicht der Verteidiger die Erfolgschancen einer Besetzungsprüfung über die Jahre abgenommen hat. Zum einen läge das ihrer Ansicht nach an der Rechtsprechung des BGH, die zunehmend die Möglichkeit einer erfolgreichen Besetzungsrüge verringere und dies auch bezwecke (1–3, 887 ff., 962 ff., 971 ff.; 1–4, 744 ff.). Zum anderen sei aber

535 Um die Anonymität der Interviewpartner zu wahren, kann in diesem Abschnitt nicht auf die einzelnen Passagen der Interviews verwiesen werden. Genaueres wäre nachlesbar bei 2–1, 478; 3–1, 836 ff.; 1–7, 296 f., 318 ff.; 3–2, 1102 ff., 1957 ff.; 1–2, 138 ff.

auch die Qualität der Geschäftsverteilungspläne gestiegen, die weniger Angriffsflächen für Verteidigungsvorbringen bieten würden (1–2, 251 ff.; 1–5, 565 ff., 840 ff.). Zu wissen, welche potentiellen Angriffspunkte eine Gerichtsbesetzung mit sich brächte, würde wiederum eine fundierte Kenntnis der StPO voraussetzen. Nach Meinung eines Verteidigers würden aber die

> *„[...] jüngere Verteidigergeneration nicht mehr so StPO orientiert verteidig(t)en, wie wir das machen. [...] Ja, die sind nicht so, die haben nicht so die Ambition, das Verfahrensrecht mit all seinen Verästelungen zu kennen und auszuschöpfen. Um vielleicht auch auf eine Revision hin zu verteidigen. Das machen die nicht mehr so. (1–3, 965–967; 971–974).*

Dazu passt auch, dass ein Anwalt schilderte, dass sein „Lehrmeister" die Prüfung der Gerichtsbesetzung als Standardvorgehen beschrieben habe, er selbst aber gemerkt habe, wie er über die Jahre in dieser Hinsicht nachlässiger geworden sei (1–6, 207 ff.).

g) Gerichtliche Taktik analog § 29 StPO

Soll es in diesem Abschnitt um das Verhältnis von Besetzungsrüge und Taktik gehen, darf nicht allein auf taktisches Verhalten der Verteidigung geblickt werden, sondern auch das gerichtliche Verhalten muss betrachtet werden.

Anträge der Verteidigung muss der Vorsitzende einer Strafkammer nicht jederzeit entgegennehmen, sondern ihm steht es zu, Anträge zurückzustellen. In analoger Anwendung von § 29 StPO gilt dies auch für Besetzungseinwände nach § 222b Abs. 1 S. 1 StPO. Die prozessuale Fürsorgepflicht gebietet es, als Ausprägung des Rechtsstaatsprinzips und des Grundsatzes des fairen Verfahrens, auf diese Anträge in sachgerechter Weise zurück zu kommen.[536] Dies bedeutet, dass der Vorsitzende Rücksicht darauf nehmen muss, Einwände gegen die Besetzung des Gerichts rechtzeitig vor Vernehmung des ersten Angeklagten zur Sache zu Protokoll zu nehmen, um sie nicht in die Gefahr der Verspätung zu bringen und damit eine spätere revisionsrechtliche Besetzungsrüge zu präkludieren. Die Berechtigung, Anträge der Verteidigung zurück zu stellen, rührt gedanklich daher, eine rechtsmissbräuchliche Antragstellung und damit Prozessverschleppung zu vermeiden, indem das Gericht Anträge gerichtlich gebündelt bescheiden kann.[537] Dieser Gedanke trägt jedoch der Zurückstellung von

---

536 *Wollschläger*, Anmerkung zu BGH, Beschluss vom 10.06.2014 – 3 StR 57/14, StV 2015, 100, 102.

537 BGH, Beschluss vom 05.11.2003 – 1 StR 368/03, NStZ 2004, 163, 163; *Wollschläger*, Anmerkung zu BGH, Beschluss vom 10.06.2014 – 3 StR 57/14, StV 2015, 100, 102.

Besetzungseinwänden nicht Rechnung, können und müssen sie doch gesetzlich zwingend vor Vernehmung des Angeklagten zur Sache vorgetragen werden. Sie können damit nicht Ausdruck einer an der Grenze zu rechtsmissbräuchlichem Verhalten stehenden Verteidigung sein.[538] Denn die gerichtliche Verteidigung hat erst kurz zuvor mit Beginn der Hauptverhandlung begonnen. Zu diesem Aspekt ein Anwalt:

> *„Wenn heute sich beklagt wird, dass Verteidiger am Anfang ihre Show abziehen und viel Theater machen und den Beginn des Verfahrens, die Verlesung der Anklage verhindern, das ist ziemlicher Unsinn. Was sollen wir auch anders machen, wenn der Gesetzgeber präkludiert, dann müssen wir es eben vorher machen, wenn wir meinen, wir hätten Gründe dafür." (1–5, 804–809)*

Dennoch gibt es Fälle, in denen eine Besetzungseinwendung gerichtlich zurückgestellt wurde.[539] Auch in der Untersuchung wurde geschildert, dass Gerichte mit der Möglichkeit, Anträge analog § 29 StPO zurückzustellen, taktieren können. Bei Fragen der verfassungsmäßigen Gerichtsbesetzung hängt dies mit den hohen Begründungsanforderungen von Besetzungseinwänden zusammen und der Möglichkeit, dass mehrere Verteidiger für einen Angeklagten und zudem dieser selbst einen Antrag stellen können. Erhebt nun ein Anwalt den Einwand der gerichtlichen Falschbesetzung und wird dieser zurückgewiesen mit der Begründung, es seien nicht alle hinreichenden formalen Angaben zur Geschäftsverteilung enthalten, kann zu diesem Zeitpunkt noch der zweite Verteidiger oder der Angeklagte selbst eine Rüge erheben, ohne den Präklusionszeitpunkt zu erreichen. Anders aber, wenn das Gericht den Antrag zurückgestellt hat und erst nach Vernehmung des Angeklagten zur Sache verhandelt. Da es sich bei Besetzungseinwendungen um sehr „feinsinnige" und „technokratische" Gebilde handelt, ist es mitunter schwer, alle relevanten Informationen zu Geschäftsverteilung und Kammerbesetzung im Antrag zu vereinen (1–2, 720; 1–3, 987).

---

538 Vgl. *Wollschläger*, Anmerkung zu BGH, Beschluss vom 10.06.2014 – 3 StR 57/14, StV 2015, 100, 102, der die Vermutung äußert, es handele sich dabei um ein zu Anfang des Prozesses zwischen Gericht und Verteidigung auszufechtendes Duell, bei dem es darum ginge, die „Lufthoheit" zu erringen. Dazu schon *Gatzweiler*, Feindbild Strafverteidiger! – Wer sucht den Konflikt in der Hauptverhandlung?, StraFo 2010, 397, 397. Mit Anspielung auf einen angeblich in einem Justizseminar zu Schulungszwecken verwendeten Begriff.

539 BGH, Beschluss vom 10.06.2014 – 3 StR 57/14, NStZ 2014, 668, 668 ff.; *Wollschläger*, Anmerkung zu BGH, Beschluss vom 10.06.2014 – 3 StR 57/14, StV 2015, 100, 100 ff.

„Das wird oft gemacht. Jetzt stellt sich aber folgendes Problem: was der Kollege Verteidiger, gleich gehen bei dem die roten Laternen an. […] so jetzt passiert möglicherweise folgendes, denkt man o. k. stellt zurück. Man hat ja seine Präklusion, kein Problem. Soll er das mal machen. Jetzt wird die Anklage verlesen. Der Vorsitzende sagt zum Angeklagten: „Sie können sich jetzt äußern oder schweigen, wie sie wollen. Wie wollen sie es halten?" Der Angeklagte sagt: „Boah ich sage nix." […] Dann unterbrechen wir die Hauptverhandlung bis dann und dann. Am nächsten Sitzungstag haben wir alle Zeit der Welt, um die Besetzungsrüge zu bescheiden. Und dann kommt der Beschluss, also das ist ja alles interessant, was sie da schreiben, aber sie haben ja dieses Schreiben des Präsidiums, was für die Entscheidung für die Rüge von großer Bedeutung ist, haben sie gar nicht vorgetragen. Alles unzulässig. Oder sowas kommt. Oder etwas anderes, was ihre Rüge unzulässig macht. Zack. Jetzt können sie nicht mehr reparieren. Können Sie sagen, das könnt ihr eh nicht wegen Konzentrationsmaxime. Das ist aber ein Irrtum, denn das Recht, die Besetzung zu beanstanden, hat der Angeklagte und haben alle Verteidiger selbstständig." (1–3, 1066–1085)

h) Zwischenergebnis

Es zeigte sich, dass hinter Besetzungseinwendungen und –rügen unterschiedliche Motive ausschlaggebend sein können. Im Folgenden soll das sichtbar gewordene informelle Programm betrachtet werden.

Blickt man auf die rechtlichen Gründe, die hinter der Einführung der Besetzungsrüge stehen, so ist dies die Wahrung des verfassungsmäßigen Richters. Das Recht auf den gesetzlichen Richter in seiner subjektiv-rechtlichen Ausprägung zu wahren, ist auch Aufgabe des Verteidigers. Es bietet ihm die Möglichkeit, das Fenster der gerichtlichen Selbstkorrektur zu öffnen.[540] Dies war Sinn und Zweck der Einführung von §§ 222a, 222b StPO.

In den Interviews wurde zum Teil die Aufgabe des Verteidigers in diesem Sinne verstanden, nämlich als Hüter des gesetzlichen Anspruchs des Mandanten auf einen gemäß der Verfassung bestimmten Richter. Diesen zu wahren, wurde teilweise auch als ausschlaggebendes Motiv genannt.

„Ich stelle eine Besetzungsrüge dann, wenn sie begründet ist. Und die muss ich stellen. Das ist gesetzlicher Richter, das ist Verfassungsrecht […]. Ich kann ja keinen Bruch von Verfassungsrecht hinnehmen." (1–2, 618–622)

---

540 Dafür, dass es sich um eine Obliegenheit handelt, *Grube*, in: *Satzger/Widmaier/Schluckebier*, Strafprozessordnung, 3. Aufl., § 222a, Rn. 2; *Jäger*, in: *Löwe/Rosenberg*, Die Strafprozeßordnung und das Gerichtsverfassungsgesetz, 26. Aufl., § 222b, Rn. 18. Dem Gedanken nach angesprochen in BVerfG, Beschluss vom 14.03.1984 – 2 BvR 249/84, NStZ 1984, 370, 371.

Dieses Verständnis teilten jedoch nicht alle Verteidiger. Der hinter dem Einwand der verfassungswidrigen Besetzung stehende rechtliche Gedanke war ihnen deutlich bewusst, gleichwohl wurde dieser Aspekt von der eigenen Verteidigungstaktik überlagert. Dies bedeutete konkret, dass das Motiv für die Erhebung von Einwendungen gegen die Besetzung nicht die Wahrung der verfassungsmäßigen Rechte des Angeklagten war, sondern es darum ging, einen eventuellen Revisionsgrund zu schaffen und dem Gericht Sachkompetenz und Verteidigungsgeschick zu signalisieren, um eine fachlich höhere Arbeitsatmosphäre und bestenfalls die Gesprächsbereitschaft des Gerichts zu erhöhen.

„Einen anderen [Anm. IV: als einen Revisionsgrund zu schaffen] gibt es nicht. Glaube ich nicht. Also wir sind ja nicht sozusagen die Gralshüter von besonders besonders nachhaltigen Geschäftsverteilungsplänen" (1–5, 451–452)

„[…] ich [Anm. IV: würde Besetzungsrügen] auch nur aus dem Grunde machen, dass man denen zeigt, man durchschaut Sachen. Und man spielt dann einfach bisschen mehr auf Augenhöhe. Auch wenn es natürlich nicht durchgreift." (1–4, 735–738)

Damit ist zugleich angesprochen, dass es den Verteidigern selten darum ging, mit dem Einwand der vorschriftswidrigen Besetzung zu erreichen, dass das Verfahren vor anderen Richtern verhandelt werden sollte. Wäre das Ziel die Wahrung des Anspruchs auf den gesetzlichen Richter des Mandanten, so müsste das erklärte Ziel die Neuverhandlung vor dem verfassungsmäßigen Richter sein.

„Man macht ja nicht die Besetzungsrüge, um von einem Gericht wegzukommen. Wenn man lieber zu einem anderen möchte, gibt es bessere Wege." (1–3, 74–76)

„[…] Ja, dann mach ich das. Und zwar unabhängig, ob ich dann von der Kammer weg will oder nicht." (1–4, 728–730)

Andererseits muss nicht hinter dem Bestreben, eine andere Besetzung des Gerichts zu erreichen, das Motiv der Wahrung der verfassungsmäßigen Rechte des Angeklagten stehen. Vielmehr wurde deutlich, dass es auch rein praktische Erwägungen sein können, die handlungsleitend sind. Dies insbesondere dann, wenn der Verteidiger von einer Gerichtsbesetzung ausgeht, die sich mutmaßlich zu Lasten des Angeklagten auswirkt.

„Ja, gelegentlich möchte man ein bestimmtes Gericht auch einfach nicht haben. […] da setzen die uns einen Richter hin, aus gutem Grunde, von dem man meint, er wird vielleicht verurteilungsgeneigt sein. Da will ich schlechterdings weg von der Kammer. Also es kann auch manchmal ganz pragmatische Gründe haben. Die gar nichts mit dem gesetzlichen Richter zu tun haben. Es mag zwar der gesetzliche Richter sein, aber ich will, ich will ihn einfach nicht." (1–3, 858–865)

Die Ausführungen zeigen, dass die Gründe, die gesetzlich als handlungsleitend hinter einem Besetzungseinwand stehen sollten, nur selten in der Praxis auch die wirklichen Gründe waren. Öfters waren andere Gründe ausschlaggebend. Dabei handelte es sich um Gründe, die nicht den verfassungsrechtlichen Anspruch auf den gesetzlichen Richter absichern sollten, sondern um solche, die mit der jeweiligen Prozesstaktik des Anwalts harmonierten. Bei diesen Motiven handelt es sich um Gründe, die sich nicht aus dem gesetzlichen Programm ergeben und damit Teil eines informellen Regelsets sind. Das gesetzliche Programm und das informelle wirken in dieser Thematik als parallel und unverbunden laufend. Sie sind weder nicht nachteilig für den Mandanten, noch werden damit rechtliche Pflichten des Anwalts verletzt.[541] Es wird nicht ausgesprochen, ist aber allgemein bekannt, dass Einwände gegen die gerichtliche Besetzung zum einen natürlich zu dem Zwecke erfolgen können, das verfassungsrechtliche Recht des Angeklagten zu wahren, dass daneben die Taktik, Revisionsgründe zu schaffen oder den Boden für Vergleichsverhandlungen zu bereiten, aber genauso wichtig sind. Nicht anders ist zu bewerten, dass fast alle Verteidiger diese Gründe nennen konnten.

Es verwundert auch nicht, dass letztlich jedes Verteidigerverhalten zu dem gewählten Verteidigungsziel und der damit korrelierenden Prozesstaktik passen muss.[542] Dies gilt nicht nur für Fragen der gerichtlichen Besetzung, sondern insbesondere auch für Befangenheits- und Beweisanträge.[543]

Auch bei der Frage, welche Revisionsgründe im Revisionsverfahren vorgebracht werden, gibt es eine Diskrepanz zwischen dem, was die Verteidigung erreichen will und aus welchen Gründen, und den Mitteln, mit denen sie dies erreichen kann. Dies ist nichts anderes als abermals ein informelles Programm von Regeln, das jedem Akteur bewusst ist, es gleichsam aber nicht artikuliert wird. In diesem Kontext kann die Besetzungsrüge gewinnbringend eingesetzt werden. Die Revision wird aus Sicht der Verteidigung bestritten, weil das Ergebnis, die Beweiswürdigung in der Regel, nicht passgenau ist. Erfolgversprechend ist aber nicht unbedingt ein Angreifen dieser Beweiswürdigung, sondern vielmehr eine Besetzungsrüge.

---

541 Dem Anwalt obliegt nicht die ordnungsmäßige Verfahrensdurchführung, vgl. *Widmaier/Norouzi*, in: *Müller* (Hrsg.), Münchener Anwalts-Handbuch Strafverteidigung, § 9 Die Hauptverhandlung im Blickwinkel der Revision, Rn. 10 f.

542 *Klemke/Elbs*, Einführung in die Praxis der Strafverteidigung, 3. Aufl., Rn. 617 ff., der bei einer Strafmaßverteidigung einen konsensualen Verteidigungsstil vorschlägt.

543 Siehe hierzu aus einer auch empirischen Sicht *Petermann*, Strafverteidigung in Wirtschaftsstrafverfahren zwischen Rechtsmissbrauch, Konflikt und Konsens.

„[...] häufig gibt es ja eine große Diskrepanz zwischen den Punkten, die mir an einem Urteil gerade nicht gefallen, und den möglicherweise völlig anderen Punkten, mit denen ich in die Revision gehe. Denn häufig passt mir die Beweiswürdigung des Richters so ganz und gar nicht und ich weiß aber, 100 pro, ich kann mit dieser Beweiswürdigung beim BGH kein Blumentopf gewinnen. Also muss ich etwas anderes suchen. Dann hänge ich mich möglicherweise daran auf oder versuche den Richter daran aufzuhängen, dass im Protokoll nicht steht, dass der Angeklagte das letzte Wort hatte. Wir wissen alle, dass das letzte Wort ohne jeden Einfluss auf das Urteil ist. Aber trotzdem führt es möglicherweise zur Aufhebung. [...] Das ist mit allen formalen Revisionsrügen so, dass sie, da gibt es keine Verbindung, zwischen dem Grund, warum ein Urteil aus der Sicht eines Angeklagten und Verurteilten schlecht ist, und was wir dann in der Revision daraus machen. Das ist manchmal so, aber nicht notwendig.“ (1–5, 457–472)

3. Wirkung von Besetzungseinwänden

Einwände gegen die Besetzung müssen, um der Präklusionsgefahr zu entgehen, frühzeitig zu Prozessbeginn vor Vernehmung des ersten Angeklagten zur Sache gestellt werden, sofern es sich um ein Verfahren vor dem Landgericht handelt (unter a)). Dies ist Konsequenz der Einführung von §§ 222a, 222b StPO. Das hat Einfluss auf das Verfahren und das Prozessklima (unter b)). Je persönlicher angegriffen sich das Gericht dadurch fühlt, desto gravierender können die Konsequenzen sein (unter c)). Verteidiger wiederum stören sich an der Rolle, die ihnen vom Gesetzgeber aufoktroyiert wurde (unter d)).

a) Besetzungseinwände und Präklusion

Einwände gegen die Besetzung des Gerichts müssen spätestens vor Vernehmung des ersten Angeklagten zur Sache erhoben werden, § 222b Abs. 1 S. 1 StPO. Wird dieser Zeitpunkt nicht eingehalten, ist der Einwand ausgeschlossen und eine spätere revisionsrechtliche Besetzungsrüge präkludiert nach § 338 Nr. 1 2. Halbsatz StPO. Die Verteidigerschaft wird gezwungen, zu Beginn des Prozesses einen potentiell konfliktgeladenen Einwand zu erheben und damit offen gegen die Ansicht des Gerichts zu argumentieren. Zu diesem Zeitpunkt ist oft noch nicht absehbar, wie sich der Prozess gestalten wird, ob also eine Einigung zwischen den Verfahrensbeteiligten angestrebt werden kann oder wie insgesamt die Zusammenarbeit funktioniert. Auch wenn also die Taktik der Verteidigung darauf abzielt, eine Verständigung zu erreichen, muss der Anwalt die Besetzung rügen. Tut er dies nicht, riskiert er einen möglichen absoluten Revisionsgrund zu verlieren, damit seiner Fürsorgepflicht dem Mandanten gegenüber nicht gerecht zu werden. Er vertraut damit auf einen Verfahrensausgang, der noch nicht sicher ist. Diese Situation ist für den Verteidiger nicht einfach zu bewältigen. Er muss alle widerstreitenden Gründe abwägen und zu einer Entscheidung kommen, um die Situation mit seiner Mandantschaft zu beraten. Dadurch entscheidet sich der Einwand gegen die Gerichtsbesetzung von anderen Prozessanträgen eklatant. Es können Befangenheitsanträge gestellt werden, sobald sich eine eventuelle Befangenheit auftut, Beweisanträge können gestellt werden, wenn Beweise nötig sind. Sie können damit Teil einer Verteidigungsstrategie sein und der Zeitpunkt kann taktisch gewählt werden.[544] Dies ist bei Einwänden gegen die Besetzung nicht möglich. Die interviewten Verteidiger gaben an, dass sie sich häufig gezwungen sahen, Einwände gegen die Besetzung des Gerichts zu erheben, auch wenn sie dies eigentlich so nicht wollten.

„Also ob das mit der Rügepräklusion so eine gute Idee war, weiß ich nicht. Wie gesagt, es führt oft dazu, dass die Leute dann zu Beginn der Hauptverhandlung etwas rügen, was sie nicht wollen." (1-3, 1191-1193)

Um sich nicht in die Gefahr zu begeben, einen absoluten Revisionsgrund zu verschenken, können Anwälte sich gezwungen sehen, auch wenn sie ein konsensuales Verfahren anstreben, einen Besetzungseinwand erheben zu müssen. Über die Verantwortung ihrem Mandanten gegenüber und über mögliche sonst eintretende haftungsrechtliche Konsequenzen sind sie sich bewusst.[545]

„Aber solange wir keine Sicherheit haben, selbst wenn wir einen Deal anstreben, […] oder wir sagen, im Ergebnis sind wir eigentlich jetzt nicht weit von dem, was Staatsanwaltschaft und Kammer sich vorstellen, müssen wir, aus meiner Sicht schon berufsrechtlich, weil das wäre sonst unter Umständen auch ein haftungsrechtliches Problem, ich muss die, die Anträge die präkludieren, zu dem Zeitpunkt erheben. Das ist ein grundsätzliches Problem. Da treibt der Gesetzgeber uns letztlich in Prozessanträge, die wir vielleicht gar nicht so stellen wollen. Weil wir sie nur bis zu diesem Zeitpunkt stellen können. So deswegen, wenn eine Besetzungsrüge in Betracht kommt und wir nicht vorher einen 100 % sicheren auch entsprechend formell geschlossenen Deal haben, müssen wir sie erheben." (1-2, 65-78)

Um die Konsequenzen im persönlichen Umgang mit dem Gericht und die Stimmung insgesamt abzufedern, erklären manche Anwälte bei Erhebung des Besetzungseinwandes ihre Motivlage dem Gericht (1-2, 603 ff.). Das heißt, sie betonten die rechtliche Situation, die durch den Gesetzgeber mit Einführung der

544 Hinsichtlich Befangenheitsanträge ist natürlich § 25 StPO, insbesondere auch die Unverzüglichkeitsregelung des § 25 Abs. 2 S. 1 Nr. 2 StPO zu beachten.

545 Hierzu auch abstrakt *Widmaier/Norouzi*, in: *Müller* (Hrsg.), Münchener Anwalts-Handbuch Strafverteidigung, § 9 Die Hauptverhandlung im Blickwinkel der Revision, Rn. 1 ff.

§§ 222a, 222b StPO geschaffen wurde, und die Tatsache, dass es sich nicht um einen persönlichen Angriff auf das Gericht handelt.

> „[…] *also ich sage das auch den Richtern ganz oft und ganz offen, also ich muss den Antrag da stellen. Weil er mir sonst präkludiert. Das ist sozusagen, das ist ein Problem des Gesetzes. […] ich kann das dem Richter auch erklären, die guten Richter wissen das auch, tut mir leid, aber ich muss, ich sag auch immer es tut mir leid, ich muss den Antrag stellen, weil es gesetzlich vorgeschrieben ist, dass ich ihn jetzt stellen muss. Ich weiß ja nicht, wie sich das hier entwickelt, und dann stelle ich den Antrag.*" *(1–2, 603–606; 655–659)*

Die Haltung, sich für einen Antrag gefühlt entschuldigen zu müssen, spiegelt gut wider, in welcher Situation sich die Anwälte befinden. Sie spüren die Last der Besetzungsrüge. Sie ist unentrinnbar mit einer für das Gericht negativen, weil potentiell verfahrensverzögernden Situation verbunden. Sich dafür entschuldigen zu müssen, ist zwar zweckwidrig, aber realitätsnah. Denn, wie die Untersuchung zeigen wird,[546] ein Besetzungseinwand wird gerichtlicherseits allzu oft als persönlicher Angriff empfunden.

b) Einfluss auf das Prozessklima

Die rechtliche Ausgangssituation wurde bereits geschildert. § 222a und 222b StPO zwingen bei Landgerichten den Verteidiger, Besetzungseinwendungen vor der Vernehmung des ersten Angeklagten zur Sache anzubringen. Dies kann die Atmosphäre vor Gericht verändern. Ausgeführt wurde bereits, dass Einwände gegen die gerichtliche Besetzung den Boden für Gespräche ebnen und eine Auseinandersetzung auf Augenhöhe fördern können. Gleichzeitig kann ein solcher Einwand aber auch als persönlicher Angriff des Gerichts gewertet werden mit der Konsequenz nachteiliger Stimmung vor Gericht.[547] Dies kann das Ziel eines konsensualen Verfahrens konterkarieren. Denn sofern im Zeitpunkt der Besetzungseinwände eine sichere Verständigung noch nicht stattgefunden hat, kann die gerichtliche Bereitschaft, eine solche abzuschließen, mit einer Rüge sinken. Dies aus dem nachvollziehbaren Grund heraus, dass Besetzungsrügen einer konfrontativen streitigen Verhandlungsführung entspringen. Zu diesem Zeitpunkt kann das Gericht aber möglicherweise noch nicht abschließend beurteilen, welches Verfahrensziel und welche Verteidigungstaktik die Verteidigung hat. Und ein Besetzungseinwand kann das falsche Signal sein.

---

546 3. Kapitel C. III. 3. c).

547 *Sommer*, Maßnahmen des Strafverteidigers in der Hauptverhandlung, ZAP F 22, 101, 105 dazu auch unter 3. Kapitel C. III. 3.

„Wenn es sozusagen noch in der Schwebe ist und das Gericht einen tauglichen Besetzungseinwand entgegengehalten bekommt, mit dem Angebot gleichzeitig der Verständigung, könnte es hinderlich sein. Weil, [...] ich denke einfach, dass ein Gericht dann Sorgen hat, ich gehe mit der Versicherung einer Strafobergrenze durch dieses Verfahren und gleichzeitig eine Revisionsrüge in der Tasche, mit der ungeklärten Frage dann, reformatio in peius. [...] ich kann mich eigentlich nicht mehr verschlechtern, ich nehme das mit, aber ich verhandele eigentlich streitig. Was rechtlich vollkommen zulässig ist, aber was aber möglicherweise den Interessen der Justiz an einer Verständigung jetzt nicht unbedingt entspricht." (1–4, 67–79)

Einwände werden aber nicht immer ad personam aufgenommen und Gerichte gehen oftmals professionell mit ihnen um, wie mehrere Verteidiger aus aktuellen Verfahren schildern konnten, bei denen die Arbeitsatmosphäre nach Besetzungseinwendungen nicht getrübt wurde. Auf die Stimmung der Staatsanwaltschaft gaben die Verteidiger nach eigenen Angaben keine Acht, wurde sie doch von ihnen eindeutig als Gegner identifiziert (1–6, 136 ff.). Es war zu beobachten, dass umso häufiger Gerichte mit Besetzungsrügen konfrontiert waren, desto weniger hatte dies Einfluss auf das Prozessklima. An einem solchen Gericht schilderte ein Anwalt:

„Ich habe schon nach einem Befangenheitsgesuch und nach Besetzungsrügen Freisprüche gekriegt. Also waren die Richter zumindest rechtlich dann auch überzeugt. Und ich habe auch schon Deals hingekriegt danach." (1–2, 660–663)

c) Gerichtlicher Umgang mit Besetzungsrügen

Abstrakt betrachtet stellt ein Einwand gegen die Verfassungsmäßigkeit der Gerichtsbesetzung keinen persönlichen, sondern einen rein rechtlichen, sachlichen Angriff dar. Dieser zielt nicht auf die Person des Richters ab, sondern betrifft die Frage, ob Geschäftsverteilungsplan und Mitwirkungsplan ordnungsgemäß angewendet wurden. Damit betrifft ein Besetzungseinwand nicht nur ein mögliches Fehlverhalten der adressierten Richter, sondern kann sich auch auf ein Fehlverhalten der gerichtlichen Verwaltung beziehen. Gerne werden fälschlicherweise Besetzungseinwände und Befangenheitsanträge gleichgesetzt.[548] Zielt der eine doch auf die verfassungswidrige Besetzung des Gerichts und der andere auf eine persönliche Voreingenommenheit eines Richters selbst ab.

548 In den Interviews und den Voranfragen für Interviews gab es viele „Freud`sche Versprecher" und manchmal wurden Befangenheitsanträge und Besetzungsrügen zunächst gedanklich gleich gesetzt.

> *„Die andere Frage ist ja das Befangenheitsgesuch. Und das hat schon, also ich finde die Besetzungsrüge als solche, das findet teilweise nach meinem Eindruck, findet teilweise eher Anerkennung, der macht seinen Job ordentlich. Und die ist ja auch nicht ad personam, die Besetzungsrüge. Das Befangenheitsgesuch ist was anderes. Das ist der persönliche Angriff auf das Kernbild des Richters von sich selbst. Ich bin immer unbefangen und neutral und schon im Berufsselbstverständnis. Das wird ja in Frage gestellt. Das schafft ein anderes Klima, durchaus.“ (1–4, 839–874)*

Die interviewten Verteidiger schilderten, dass Gerichten diese Unterscheidung bewusst war, sie aber manchmal Einwände gegen die Verfassungsmäßigkeit der Gerichtsbesetzung dennoch als primär persönlichen Vorwurf ansahen.

> *„[…] manche Gerichte, die wittern schon einen Affront, wenn der Verteidiger damit kommt, weil sie irgendwie so blöd sind, das wäre ein Angriff auf sie persönlich, wenn man dann sagt, sie sind der falsche Richter. Es sei denn, man sagt, Sie, Sie haben alles manipuliert, Sie, Sie haben sicher nur diese Schöffen genommen, weil sie schon vorher mit denen telefoniert haben oder gesagt haben, der soll mal kommen, den werden wir hart bestrafen oder so. So begründen wir doch keine Besetzungsrüge, da können wir gleich einen Ablehnungsantrag stellen.“ (1–3, 999–1006)*

Fasst ein Gericht einen Besetzungseinwand persönlich auf, so würde auch die Stattgabe des Beschlusses und die Korrektur der Gerichtsbesetzung als Niederlage aufgefasst werden, so die Verteidigung. Dies trifft abstrakt jedenfalls nicht zu. Die falsche Besetzung muss nicht in dem Verantwortungsbereich des Gerichts liegen, die verfassungswidrige Besetzung also auch kein primärer Fehler des Gerichts sein. Dieses hat zwar die Aufgabe, die Verfassungsmäßigkeit der Gerichtsbesetzung von Amts wegen zu beachten. In der Praxis wird aber auf die richtige Verteilung der Verfahren auf die Kammern durch die Geschäftsstellen vertraut.

> *„Das ist ja keine echte Niederlage. Der Verteidiger geht vielleicht raus, gestärkt. Und hat gezeigt, er kann was. Aber es ist ja kein Freispruch, […] auch für die Staatsanwaltschaft ist das kein Weltuntergang.“ (1–2, 767–769)*

Sobald ein Besetzungseinwand gerichtlicherseits als persönlicher Angriff auf die Person des Richters aufgefasst wird, kann dies die Prozessführung beeinträchtigen, wie Anwälte aus ihrer Erfahrung berichten konnten. So ein Verhalten kann der Verteidigung signalisieren, dass dem Gericht Fehlerkorrektur schwerfällt. Weiß man dies als Verteidigung, so kann man unter diesem Aspekt gezielt revisionsrechtlich angreifbare Punkte schaffen. Aus der Sicht eines Verteidigers wäre es vorteilhaft, wenn ein Gericht über eine potentiell erfolgreiche Besetzungsrüge folgendermaßen denken würde:

„Ich breche mir kein Zacken aus der Krone, ich habe hier noch nicht meinen Krieg, noch nicht meine Schlacht verloren, wenn ich mir ein Schöffen auswechsle. Das war die Schöffengerichtsstelle, die dann vielleicht Mist gebaut hat. Oder ich hab es nicht richtig geprüft. Geschenkt. Dann mach ich das jetzt. Dann weiß man, der Mann ist souverän. Wenn dann jemand verkrampft sagt, alles was von der Verteidigung kommt, muss ich wegbügeln, ist es nicht souverän. Und ist eher ein Nährboden für weitere Anfragen. Denn so jemand, der nicht zur Selbstkorrektur in der Lage ist, auch fehlerträchtig ist." (1–4, 908–916)

In Besetzungsrügen werden nicht nur Einwände gegen Berufsrichter, sondern auch, nach Ansicht der Experten sehr häufig, gegen Schöffen vorgebracht. Das Verhältnis zwischen Gericht und Verteidigung würde sich entspannen, wenn es nur um Schöffenfragen gehen würde, so ein Verteidiger (1–4, 97 ff.). Denn dann würden sich Richter in geringerem Maße persönlich angegriffen fühlen. Für Laienrichter ist es in besonderem Maße schwer, einen Einwand gegen die Gerichtsbesetzung von einem Befangenheitsantrag abzugrenzen. Denn in den Ohren eines juristischen Laien mag ein Antrag, der behauptet, der Schöffe sei nicht der gesetzliche Richter, als ein persönlicher Vorwurf klingen (1–4, 664ff.).

„Ich frag mich immer, was in so einem Schöffen vorgeht. Oft fühlen die sich persönlich auf den Schlips getreten, wenn man sagt, die sind nicht gesetzlicher Richter. Dann denken die gleich, sie sind so eine Art Outlaw." (1–3, 1048–105)

Nicht unerwähnt darf die gerichtliche Sicht bleiben. In den Interviews zeichneten sich zu diesem Komplex zwei unterschiedliche Haltungen ab. Zum einen bestand, sehr nüchtern, die Ansicht, begründeten Besetzungsrügen stattzugeben und, sofern es keine Zweifel hinsichtlich der eigenen Besetzung gäbe, ohne stattzugeben weiter zu verhandeln. Die Richter wirkten offen und Argumenten der Verteidigung zugänglich.

„Wenn eine Besetzungsrüge erhoben wird und es ist ein nachvollziehbarer Grund, dass die Besetzung nicht in Ordnung ist, dann gibt man der halt statt. Eigentlich auch kein Problem. […] Und wenn nicht, dann hat man sowieso als Kammer keinen Anlass zu zweifeln, auch kein Grund, jetzt nicht weiter zu verhandeln." (2–2/3, 708–710; 712–714).

Die zweite vorzufindende Ansicht bei Gericht war geprägt von einem grundsätzlichen Misstrauen der Verteidigung gegenüber. Dort konnte man den Eindruck gewinnen, das Gericht wäre Anträgen, Einwendungen und Rügen der Verteidigung eher ablehnend gegenüber eingestellt, weil es davon überzeugt sei, dass das Gericht grundsätzlich keine Fehler machen würde und die Anträge der Verteidigung im Grundsatz keine Sachanträge mit berechtigten inhaltlichen Punkten seien (2–2/3, 702; 1–5, 738 ff.).

„Sondern da […] im Zweifel jeder davon ausgehen kann, dass das Präsidium […] nicht die Mafia, sondern ein verantwortungsvolles Richtergremium ist, werden die im Zweifel ihrer

Pflicht gemäß alles gemacht haben. Und es dann schon etwas seltsam anmutet, wenn dann vermutet wird, dass da irgend, irgendwas nicht in Ordnung ist.“ (2–1, 444–450)

Dazu passt auch, dass bei diesen Aussagen Anträge der Verteidigung mit dem Begriff Konfliktverteidigung verknüpft wurden und dieses Vorgehen als im Großteil gesetzeswidrig verstanden wurde.[549]

„Bei jedem großen Verfahren, in dem Konfliktverteidigung durchgeführt wird, und das ist in der letzten Zeit in sehr häufigen Fällen der Fall, geht es los wie im Bilderbuch. Es werden die Besetzungsrüge erhoben, irgendwas an den Haaren herbeigezogen. Manchmal etwas schwer Verständliches dann als Fehler dargestellt.“ (2–1, 407–412)

Auch für die interviewten Staatsanwälte fassten Gerichte Besetzungsrügen persönlich auf:

„Die Gerichte nehmen das übel. Also es ist nicht so, dass es klar ist, dass es sowieso kommt. […] man unterstellt natürlich trotzdem, dass die zu doof waren, um ihren Geschäftsverteilungsplan irgendwie einzuhalten. So. Aber klar, es ist ein sachliches, es ist keine persönliche Angriffsrichtung. […] aber es wird persönlich, ja genau, es gilt so ein bisschen als Misstrauen, als Zweifel an der Kompetenz oder sowas.“ (3–2, 1102–1117)

d) Haltung der Verteidigung zu §§ 222a, 222b StPO

Die obigen Schilderungen haben ergeben, dass Anwälte sich durch §§ 222a, 222b StPO zu einer konfliktträchtigen Handlung gezwungen fühlen. Auf der einen Seite sind sie ihrem Mandanten gegenüber verpflichtet, alles rechtlich Mögliche zu seinen Gunsten zu unternehmen, gleichzeitig zwingt der Gesetzgeber dazu, dass Einwände gegen die gerichtliche Besetzung vor Vernehmungen zur Sache und in revisionsrechtlicher Begründungstiefe zu erfolgen haben. Diese Einwände können aber dazu führen, dass sich das Prozessklima für sie negativ einfärbt. Passt dieses Vorgehen nicht zu Verteidigungsziel und -taktik, entsteht für sie ein schwer aufzulösender Zielkonflikt.[550]

„Und wir sind nicht dafür verantwortlich, […] dass das Revisionsgericht uns sagt, wie wir welche Einzelheiten schildern müssen, um einen Besetzungseinwand überprüfbar zu

---

549 *Petermann*, Strafverteidigung in Wirtschaftsstrafverfahren zwischen Rechtsmissbrauch, Konflikt und Konsens, S. 69 ff. die von der Sorge der Verteidigung spricht, ein solch engagiertes Verteidigervorgehen werde gerichtlicherseits als „Störfaktor für die Funktionstüchtigkeit der Strafrechtspflege“ aufgefasst. Dieser Begriff stammt von *Eisenberg*, Aspekte der Rechtsstellung des Strafverteidigers, NJW 1991, 1257, 1257.

550 Dieses Spannungsverhältnis beleuchtet aus Sicht der Konfliktverteidigung *Petermann*, Strafverteidigung in Wirtschaftsstrafverfahren zwischen Rechtsmissbrauch, Konflikt und Konsens, S. 69 ff.

> *machen. Also das ist eine Crux, für die wir nicht verantwortlich sind. Und deswegen sage ich, es belastet alle Beteiligten, uns, die Besetzungsrügenden, wenn überhaupt, genauso wie alle anderen. Also das ist kein Spaß, den wir dabei haben, wenn das überhaupt sozusagen die richtige Begrifflichkeit dazu ist. […] Wenn heute sich beklagt wird, dass Verteidiger am Anfang ihre Show abziehen und viel Theater machen und den Beginn des Verfahrens, die Verlesung der Anklage, verhindern. Das ist ziemlicher Unsinn. Was sollen wir auch anders machen, wenn der Gesetzgeber präkludiert, dann müssen wir es eben vorher machen, wenn wir meinen, wir hätten Gründe dafür." (1–5, 149–156; 804–809)*

Die gesetzgeberische Rechtfertigung für diese der Verteidigung aufoktroyierte potentiell konfliktträchtige Handlung war, dass so die Zahl der aufgrund einer Falschbesetzung des Gerichts aufgehobenen Verfahren minimiert würde und die Gerichte durch die Rüge der Verteidigung veranlasst würden, die Verfassungsgemäßheit der Gerichtsbesetzung schon im Ausgangsverfahren wiederherzustellen. Für die Gesetzesänderung sprach die Überlegung, Verfahrensaufhebungen aufgrund der Verletzung des Anspruchs auf den gesetzlichen Richter vermeiden zu wollen. Diese würden in den Augen des Gesetzgebers eine Ressourcenverschwendung der Strafjustiz bedeuten. Dies ist eine zulässige und auch für die Verteidigung nachvollziehbare Begründung. Dennoch ist zu hinterfragen, ob die gesetzgeberischen Ziele nach den Ergebnissen der Erhebung als erreicht anzusehen sind. Nur wenn dies der Fall ist, dürften die mitunter für die Verteidigung nachteiligen Folgen gerechtfertigt sein. Tritt weder eine Entlastung für die Gerichte ein, noch ist zu verzeichnen, dass die Selbstkorrekturbemühungen der Gerichte zunehmen, so ist die Einführung so nicht begründbar. Und es spricht viel dafür, die vor Einführung der §222a, 222b StPO geltende Rechtslage zu favorisieren. Diese Situation war für die Verteidigung vorteilhafter als heute. Es würde bedeuten, dass Einwände gegen die Besetzung nicht im erstinstanzlichen Verfahren, sondern erst im Revisionsverfahren angebracht werden müssten. Dies würde den Ausgangsprozess verschlanken, aber gleichzeitigt die Gefahr der erfolgreichen Revision und damit der Neuverhandlung des Verfahrens erhöhen. In diese Richtung ging die Meinung der interviewten Anwälte. Sie tendierten dazu anzunehmen, dass Besetzungsrügen nicht die Selbstkorrekturbemühungen der Gerichte erhöhen. Dies ist der Fall, weil Gerichte strukturell dazu neigten, die in der Hauptverhandlung bestehende Besetzung für verfassungsgemäß zu halten, weil sie anderenfalls schon vor Beginn der Verhandlung verändert worden wäre. Dies bestätigten auch die Annahmen der interviewten Richter. Gerichte sind in der Regel von ihrer verfassungsmäßigen Besetzung überzeugt (2–2/3, 702). Abermals spielt das Selbstverständnis des Gerichts eine entscheidende Rolle. Daneben neigten die Anwälte zu der Ansicht, dass die Unsicherheit des Tatrichters darüber, ob die Besetzung auch einer revisionsrechtlichen Prüfung standhält, nicht minimiert wäre (1–5, 74 ff.).

> *„Also in der ersten Phase, in der guten alten Zeit der StPO, insoweit war es ja noch so, dass man die Besetzungsrüge mit der Revision erheben konnte. Ohne dass man vorher in der Hauptverhandlung etwas gemacht haben musste. Und das ist dann […] abgeschafft worden, mit der zuerst einmal, glaube ich, nachvollziehbaren Begründung, dass die Gerichte wissen wollen, wo sie dran sind. Also sozusagen den Rücken frei haben. Aber das ist eine Scheinbegründung. Sie haben den Rücken auch heute noch nicht frei. Im Gegenteil wird die Hauptverhandlung und vor allem deren Beginn außerordentlich belastet. Und Sicherheit haben die Gerichte auch dadurch nicht." (1–5, 64–74)*

> *„Das hat meines Erachtens gar nichts mit Konfliktverteidigung zu tun. Nur was damit zu tun, dass der Gesetzgeber durch die Schaffung der §§ 222a und 222b StPO die Besetzungsrüge vorverlegt hat. Wenn er den Quatsch gelassen hätte, könnte man das schön als Rechtsstreit im Revisionsverfahren austragen. Das hat also mit Konfliktverteidigung gar nichts zu tun. Der Gesetzgeber hat uns dazu gezwungen, das zu Beginn eines Prozesses zu machen. Mir wär's lieber, es wäre nicht nötig. Es bringt auch Sand ins Getriebe. Das haben wir ja auch gesehen. Der Mandant leidet ja irgendwo auch, dann wird das Verfahren ausgesetzt und nach drei Monaten fangen die noch mal neu an. Alle haben sich drauf vorbereitet, alle waren schon drauf eingestellt, schön ist das nicht. Auch nicht für die Verteidigung. Ich tue das nicht gerne. Ich würd's lieber erst im Revisionsverfahren rügen. Es ist kein Spaß." (1–6, 149–162)*

Die Ansicht der Verteidiger zusammengefasst lässt sich sagen, dass die Rechtslage vor Einführung der §§ 222a, 222b StPO in ihren Augen sinnvoller erschien, nicht nur für die Belange der Verteidiger gesprochen, sondern für alle Verfahrensbeteiligten insgesamt.

4. *Zusammenhang zwischen Besetzungseinwand und Konfliktverteidigung*

Es wurde der Aspekt angesprochen, Einwände gegen die Besetzung und Besetzungsrügen könnten bedeuten, dass die Verteidigung eine Konfliktverteidigungsstrategie anstrebe. Zunächst bleibt zu klären, wie dieser schillernde Begriff von den Interviewpartnern beschrieben und verstanden wird (unter a)) und welche Haltung sie jeweils zu der beschriebenen Position einnehmen (unter b)). Danach bleibt zu klären, ob Besetzungsrügen als Teil einer Konfliktverteidigung anzusehen sind (unter c)).

a) Definition Konfliktverteidigung

Konfliktverteidigung ist weder ein feststehender, noch gesetzlich verankerter Begriff. Es gibt weder eine einheitliche Definition, noch sind Grenzen und

Reichweite desselben geklärt.[551] Dies spiegelt sich auch in den Antworten der Interviewpersonen wieder. Dabei sollen die Ansichten der interviewten Verteidiger, Richter und Staatsanwälte zur besseren Kontrastierung getrennt voneinander dargestellt werden.

Verteidiger definierten Konfliktverteidigung als einen Verteidigungsstil, der sich dadurch auszeichne, für den Prozess nicht sachdienlich zu sein. Dazu gehöre ihrer Ansicht nach ein Verteidigungsverhalten, das davon geprägt sei, Anträge zu stellen, auch wenn diese nicht begründet seien. Diese sog. Galerieanträge, um der Anträge willen und mit wenig Aussicht auf Erfolg, seien klassisches Werkzeug eines Konfliktverteidigers. Das unsinnige Gebrauchen prozessualer Rechte ziele darauf ab, den Prozess zu sabotieren (1–6, 170; 194) und mit dem Gericht *„Krach"* zu kriegen (1–3, 986). Dies sei Hauptzweck einer Konfliktverteidigung. Mit Galerieanträgen bezwecke der Verteidiger sowohl dem Mandanten *„eine tolle Show"* zu bieten (1–2, 733), als auch dem Gericht zu suggerieren, *„was der Anwalt für ein toller Hecht"* sei (1–2,735) mit dem Nebeneffekt, das Gericht zu zermürben und den Prozess zu verlängern.

> *„Konfliktverteidigung ist eine Verteidigung, die, also so würde ich's definieren, die merkt, dass sie in der Sache wahrscheinlich kein Erfolg haben kann. Und deshalb versucht, mit jedem Mittel was recht ist, den Prozess zu sabotieren, in die Länge zu ziehen." (1–6, 167–170)*
>
> *„[…] der Begriff Konfliktverteidigung, wenn der mittlerweile, mittlerweile heißt, dass prozessuale Rechte, die da sind, wahrzunehmen bereits Konfliktverteidigung ist, definiert, dann sei es drum. Für mich ist Konfliktverteidigung so ein Kampfbegriff eigentlich eher für dysfunktionale Verteidigung.[552] Dissens in der Verteidigung in dem Sinne, dass Anträge um der Anträge willen gestellt werden, um das Verfahren zu torpedieren. Und denen eigentlich auch aus Verteidigungssicht der sachliche Grund fehlen müsste. Also Konflikt um des Konfliktes willen." (1–4, 776–783)*

Die Grenze zwischen zulässigem konfrontativen Verteidigungsverhalten und einer echten Konfliktverteidigung wurde von den Verteidigern bei unergiebigem

---

551 *Petermann*, Strafverteidigung in Wirtschaftsstrafverfahren zwischen Rechtsmissbrauch, Konflikt und Konsens, S. 62 ff. m.w.N. Dazu etwa *Gatzweiler*, Feindbild Strafverteidiger! – Wer sucht den Konflikt in der Hauptverhandlung?, StraFo 2010, 397, 397; *Jahn*, „Konfliktverteidigung" und Inquisitionsmaxime, S. 79 ff.

552 Unter dieser Begrifflichkeit fand die frühe Diskussion um die Problematik statt, vgl. *Beulke*, in: *Böse/Sternberg-Lieben* (Hrsg.), Grundlagen des Straf- und Strafverfahrensrechts, Missbrauch von Verteidigerrechten – eine kritische Würdigung der jüngsten Rechtsprechung, S. 560 Fn. 51; *Rüping/Dornseifer*, Dysfunktionales Verhalten im Prozeß, JZ 1977, 417, 417 ff.

und nicht prozessförderlichem Verhalten gezogen. Sie wehrten sich jedoch einheitlich gegen die Begrifflichkeit als solche. Ihrer Ansicht nach wird der Begriff in der öffentlichen Debatte zu schnell für ein Verteidigungsverhalten verwendet, welches die im Rahmen der StPO zustehenden Angriffsmittel sinnvoll, aber konfrontativ einsetze und sich dadurch beim Gericht unbeliebt mache.[553] Nur der reine Einsatz rechtmäßiger, der Verteidigung zustehender Mittel könne, sofern diese für das Verteidigungsziel zweckentsprechend und sinnvoll eingesetzt würden, nicht als Teil einer Konfliktverteidigung angesehen werden. Sei der Anwalt von einem Antrag oder einer Rüge inhaltlich überzeugt, halte er sie für zulässig und begründet, so könne das Verhalten nicht als übermäßig konfrontativ angesehen werden. Der Begriff Konfliktverteidigung vernachlässige nämlich, dass ein Prozess notwendigerweise bedeuten würde, einen schon vorhandenen Konflikt auszutragen. Ein Strafverfahren sei nun mal eine „symbolische Inszenierung eines Konflikts"[554] beziehungsweise eine „formalisierte Konfliktverarbeitung".[555] Dabei ist die Rolle der Verteidigung strukturell so angelegt, die Interessen des Beschuldigten auch konfrontativ zu wahren.[556] Der Begriff würde ihrer Ansicht nach zu oft mit der sinnvollen, aber notwendigerweise Interessen der anderen Verfahrensbeteiligten zuwiderlaufenden Verwendung von Antrags- und Rügerechten verwechselt werden. Dies schilderte ein Anwalt folgendermaßen:

> *„Was soll das. Konfliktverteidigung. Ich hab damit nicht angefangen. Ich bin nicht Verfasser der Anklage. Der Konflikt ist da. Und jetzt müssen wir mit dem Konflikt umgehen. Und wenn ich dem Anklageverfasser oder dem Gericht nicht aus der Hand fressen will, dann muss ich, dann darf ich nicht konfliktscheu sein, so. Also das ist eine Frage, die geht schon sehr ins Selbstverständnis von Verteidigung." (1–5, 818–823)*

In diese Richtung ging auch der Definitionsansatz der interviewten Richter. Eine Konfliktverteidigung wurde von ihnen als Verteidigungsverhalten definiert, das die Grenze zur Strafvereitelung überschreite. Bei dem Verhalten würde es nicht darum gehen, das Verfahren zu fördern, sondern Fallstricke für das Gericht zu

---

553 Zu diesem Konflikt näher *Petermann*, Strafverteidigung in Wirtschaftsstrafverfahren zwischen Rechtsmissbrauch, Konflikt und Konsens, S. 69 ff.; *Jahn*, in „Konfliktverteidigung" und Inquisitionsmaxime, spricht etwa davon, dies sei ein „neuer Typus" Verteidiger vgl. S. 79.

554 *Petermann*, Strafverteidigung in Wirtschaftsstrafverfahren zwischen Rechtsmissbrauch, Konflikt und Konsens, S. 68; Allgemein dazu *Eschenhagen*, Der Missbrauch des Beweisantragsrechts, S. 238 ff.

555 *Hassemer*, Die „Funktionstüchtigkeit der Strafrechtspflege"- ein neuer Rechtsbegriff?, StV 1982, 275, 280.

556 In diese Richtung bereits *Theile*, Wirtschaftskriminalität und Strafverfahren, S. 282.

legen (alles 2–1, 402 ff.). Es wäre Ziel des Verteidigers, das Verfahren zu verzögern und auch Besetzungsrügen dann zu erheben, selbst wenn der Abgleich mit dem Geschäftsverteilungsplan die Unbegründetheit der Rüge ergeben habe (2–2/3, 652 ff.).

Ähnlich definierten die interviewten Staatsanwälte Konfliktverteidigung. Sie verstanden unter diesem Begriff ein Verteidigungsverhalten, das das Erheben offensichtlich unbegründeter, anlassloser Anträge beinhalte. Ziel sei es, mit allen möglichen Mitteln den Prozess kaputt zu machen, um kein Urteil, sondern einen Deal hinzubekommen. Dazu würde sich ein Konfliktverteidiger unterschiedlichster Mittel bedienen, sich insgesamt als unangenehmer Mensch verhalten und auch durch Kleinigkeiten, wie unpünktliches Erscheinen, den Umgang mit ihm so unangenehm wie möglich gestalten (alles 3–1, 801 ff.). Dazu gehöre es auch, durch unsachlichen Gebrauch prozessualer Rechte, wie etwa das Recht, Erklärungen abzugeben oder Fragen an die Zeugen zu stellen, den Prozess für alle Beteiligten untragbar zu gestalten. Die Grenze zwischen zulässigem Verteidigungsverhalten und einer Konfliktverteidigung bestimme sich danach, ob das Prozessverhalten noch nachvollziehbar, erklärbar sei (alles 3–2, 997 ff.). So ein Staatsanwalt:

> *„Vieles, was Verteidiger machen, ist aus meiner Sicht nicht nötig. Aber ich kann es nachvollziehen, weil es eben unter Umständen hilft, dabei den Mandanten anders zu sehen. Oder manchmal machen Verteidiger natürlich auch etwas, um denen zu zeigen, dass sie für sie tätig sind. Und aktiv sind. Das kann ich nachvollziehen. Das stört, das braucht man nicht, aber das stört mich auch nicht. Also alles, was ich verstehen kann, würde ich sagen, das ist nicht Konfliktverteidigung." (3–2, 999–1006)*

Die Darstellung verdeutlicht, dass der Begriff Konfliktverteidigung von allen Verfahrensbeteiligten als ein unangenehmes, unsachliches Verhalten interpretiert wurde. Den Verteidigern war es wichtig zu verdeutlichen, dass Anträge notwendigerweise konfrontativ für das Gericht seien, dies aber auch zu einer notwendigen sachlichen und nicht nur einer Konfliktverteidigung gehöre. Dass es notwendig sein kann, dies zu betonen, verdeutlicht die Sicht der interviewten Richter, für die eine Besetzungsrüge Teil einer Konfliktverteidigung sein kann (näher unter c)).

b) Haltung zu Konfliktverteidigung

Alle Interviewpartner lehnten für sich die Konfliktverteidigung als nachteilig ab. Interessant war, dass ein Anwalt schilderte, früher selbst Konfliktverteidigung bewusst betrieben zu haben, davon aber abgekommen sei, weil er sie mittlerweile als wenig erfolgversprechend ansähe (1–2, 616 ff.). Gleichwohl konnten alle Interviewpartner davon berichten, selbst Verfahren mit Konfliktverteidigern erlebt zu haben. In diesem Kontext machte ein Anwalt deutlich, dass es nicht nur Konfliktverteidigung, sondern auch gerichtlicherseits eine Konfliktverhandlungsführung gäbe (1–3, 1132 ff.).[557]

c) Besetzungseinwand als Mittel einer Konfliktverteidigung

Die Meinung der Verteidiger zu der Frage, ob eine Besetzungsrüge Teil einer Konfliktverteidigung sei, divergierten. Zwei Verteidiger tendierten dazu, Besetzungsrügen und Besetzungseinwendungen als sehr konfrontativ und daher auch als klassischen Zug einer auf Konflikt ausgerichteten Verteidigung anzusehen (1–1, 739 ff.; 1–2, 142 ff.). Andere Verteidiger sahen dies differenzierter und konnten keinen Zusammenhang sehen. Ein solcher würde ihrer Ansicht nach auf einem faslchen Verständnis von Verteidigung beruhen:

> *„Wenn der verfassungsgesetzlich gesicherte Anspruch des gesetzlichen Richters, wenn es den wahrzunehmen schon Konfliktverteidigung ist, dann ist jede Verteidigung, die nicht nur auf Konsens ausgerichtet ist, Konfliktverteidigung. Und das wäre ein vollkommen verfehltes Verständnis überhaupt von falscher Verteidigung." (1–4, 783–788)*

In diese Richtung ging aber teilweise der Ansatz der interviewten Richter. Dies verdeutlicht folgende Aussage. Nach Ansicht dieses Richters seien eine Besetzungsrüge oder auch Einwände gegen die Besetzung im Regelfall Teil einer Konfliktverteidigung. Dieses Vorgehen sei unseriös und würde vom Misstrauen dem Gericht gegenüber getragen sein.

> *„Also die Grundhaltung des Verteidigers, dass er nach Verfahrensfehlern sucht und sein Verhalten möglicherweise noch Verfahrensfehler wieder provoziert, das passt zusammen. Ist natürlich, wenn man es streng nimmt, zwei paar Stiefel. Auch ein seriöser Anwalt, der keine Konfliktverteidigung betreibt, wenn der es für seine Pflicht hält, und das kann er halten, drauf zu gucken, ob wir im Präsidium irgendwelchen Mist gebaut haben, und wenn er dann sieht, da ist der Fehler drin, dann gehört das natürlich zu seinem Job, das zu beanstanden. Aber so ist es im Regelfall nicht. Sondern da […] im Zweifel jeder davon ausgehen kann, dass das Präsidium […] nicht die Mafia, sondern ein verantwortungsvolles Richtergremium ist, werden die im Zweifel ihrer Pflicht gemäß alles gemacht haben. Und es dann schon etwas seltsam anmutet, wenn dann vermutet wird, dass da irgendwas nicht in Ordnung ist." (2–1, 436–450)*

Ähnlich war die Haltung eines Staatsanwaltes dazu:

> *„Das ist so häufig der Grund, um erst mal zu zeigen, wir sind hier nicht gekommen, um schnell und kooperativ mit euch zu verhandeln. Und die Staatsanwaltschaft hat eigentlich das Interesse mit den Richtern, einfach professionell zu arbeiten. Also wir wollen ja nicht unnötig, also wir würden jetzt keinen Sand ins Getriebe schütten, nur so aus reinem Misstrauen." (3–2, 962–968)*

---

557 In diese Richtung auch *Gatzweiler*, Feindbild Strafverteidiger! – Wer sucht den Konflikt in der Hauptverhandlung?, StraFo 2010, 397, 397 f.

„Weil es gibt halt Verteidiger, die erheben die Besetzungsrüge immer, auch wenn es überhaupt keinen Grund zur Besorgnis gibt. Also aus reinem, man-kann-das-eben-machen Gedanke. Und manchmal findet ja auch ein blindes Huhn ein Korn. Und manchmal hat man damit vielleicht auch Erfolg. Und dann geht der Prozess natürlich schon ganz anders los. Das ist natürlich, dann zeigt man einfach schon mal Zähne. Und zeigt, man ist eben unbequem. Was nicht heißen muss, dass es dann immer so weiter geht, klar. Manchmal wird`s auch den Konfliktverteidigern dann irgendwann zu lang. Aber es ist ein Stück weit natürlich das Signal, man stellt hier alles in Frage und man glaubt nichts. Und hat großes Misstrauen gegen alle Art von Staatsgewalt. Und Richter machen eh nichts richtig." (3–2, 975–986)

d) Konfliktverteidigung und informelles Programm

Die Frage, welches Verteidigungsverhalten zu einer Konfliktverteidigung gehört, ist nichts anderes als der Versuch, ein informelles Programm sichtbar zu machen. Was eine Konfliktverteidigung ausmacht, ist schwerlich durch Gesetzesauslegung oder normative Überlegungen heraus zu finden. Die rechtliche Diskussion dreht sich vielmehr generell um die Frage, was noch zu zulässigem, gesetzmäßigem Verteidigerverhalten gehört und welches Verteidigungsverhalten diese Grenze überschreitet. Daran anschließend wird versucht, in dieses Gebilde den Begriff der Konfliktverteidigung einzuordnen. Je nachdem, wie diese Einordnung vorgenommen wird, so wird sie entweder als gute, weil notwendigerweise die Interessen des Mandanten auch in einer kämpferischen Art vortragenden Verteidigung verstanden.[558] Oder aber sie meint schon unzulässiges, weil zweckwidriges Verteidigungsverhalten.[559] Vernachlässigt wird dabei aber, dass es bei dem Versuch der Begriffsdefinition um die Abbildung einer in der Praxis

---

558 *Schlothauer*, Vorbereitung der Hauptverhandlung durch den Verteidiger, 2. Aufl., Rn. 18; *Petermann*, Strafverteidigung in Wirtschaftsstrafverfahren zwischen Rechtsmissbrauch, Konflikt und Konsens, S. 71 f.; in diesem Sinne auch *Eisenberg*, Aspekte der Rechtsstellung des Strafverteidigers, NJW 1991, 1257, 1257. *Beulke*, in: *Böse/Sternberg-Lieben* (Hrsg.), Grundlagen des Straf- und Strafverfahrensrechts, Missbrauch von Verteidigerrechten – eine kritische Würdigung der jüngsten Rechtsprechung, S. 560 f.; in diese Richtung auch *Hamm*, Strafverteidigung – Kampf oder Kuschelkurs?, NJW 1997, 1288, 1288 f.

559 Vgl. Darstellung bei *Jahn*, „Konfliktverteidigung" und Inquisitionsmaxime, S. 356; Verweis bei *Dahs*, in: *Böttcher/Hueck/Jähnke* (Hrsg.), Festschrift für Walter Odersky zum 65. Geburtstag am 17. Juli 1996, Strafverteidigung und Strafrechtspflege – eine Momentaufnahme, S. 331; Verweis auch bei *Gatzweiler*, Feindbild Strafverteidiger! – Wer sucht den Konflikt in der Hauptverhandlung?, StraFo 2010, 397, 397 und Verweis bei *Beulke*, in: *Böse/Sternberg-Lieben* (Hrsg.), Grundlagen des Straf- und

etablierten Verteidigungstaktik geht. Sämtliche Überlegungen zu Grenzen und Inhalt dieser Verteidigungsstrategie knüpfen daran an, die Prozesswirklichkeit zu beschreiben. Diese ist am besten durch empirische Untersuchungen, wie die vorliegende, abbildbar.

Die Darstellung der empirischen Ergebnisse hierzu zeigt, dass sich tatsächlich, über Professionsgrenzen hinweg, ein definitorischer Ansatz zu der Frage, was Konfliktverteidigung beinhaltet, herausgebildet hat. Die Interviewpartner verstanden Konfliktverteidigung als das anlasslose Stellen wissentlich unbegründeter Anträge, die darauf zielen würden, das Gericht zu zermürben und das Verfahren zu verschleppen. Die Handlungen, Anträge und Rügen würden nicht davon gespeist sein, dem Mandanten zu seinen Rechten oder einem bestmöglichen Ergebnis zu verhelfen, sondern Ziel sei es, zu kämpfen um des Kampfes willen und den anderen Verfahrensbeteiligten die Verhandlung so unangenehm wie möglich zu gestalten. Gleichwohl sind die Grenzen fließend. Dies zeigt sich etwa daran, ob Prozessverschleppung als notwendiges Ziel einer Konfliktverteidigung angesehen wird oder nicht. Gleichzeitig greift die Frage Aspekte auf, die das Selbstverständnis von Strafverteidigung betreffen. Dies kann leider mangels ausreichender empirischer Daten nicht näher beleuchtet werden und der Querverweis mag genügen.

Damit stellt sich das empirische Bild homogener dar als die im Schrifttum versuchten Definitionsansätze. Weder der Ansatz in der Literatur, die Konfliktverteidigung als kämpferisch, aber zulässig zu bewerten, noch der Ansatz, es handele sich dabei um ein rechtsmissbräuchliches Verhalten, können so in der Praxis abgebildet werden. Konfliktverteidigung ist für die Interviewpartner rechtsmissbräuchlich. Ein kämpferisches Verteidigungsverhalten gehöre zu einer klassischen Verteidigung dazu, überschreite aber die Grenze zu einer Konfliktverteidigung dadurch nicht.

5. *Entwicklung und Reformbestrebungen zu Besetzungsrügen*

Bislang blieben noch zwei allgemeine Aspekte unerörtert. Dies ist die Frage, ob sich in der Wahrnehmung der Interviewpartner die Quantität und Qualität von Besetzungsrügen über die Jahre verändert hat (unter a)) und wie die Interviewpartner zu Reformbestrebungen in diesem Bereich stehen (unter b)).

Strafverfahrensrechts, Missbrauch von Verteidigerrechten – eine kritische Würdigung der jüngsten Rechtsprechung, S. 560 ff.

a) *Entwicklung*

Die empirischen Daten zu der Frage, ob Besetzungsrügen und Einwendungen gegen die Besetzung über die Jahre zugenommen haben, sind eine sehr persönliche Wahrnehmung der Interviewpersonen und es sei betont, dass sie ein beschränkt repräsentatives Bild darstellen.

Die Verteidiger waren sich insoweit einig, dass sie die Wahrnehmung ihrer Rechte an deren Erfolgswahrscheinlichkeit ausrichten. Auf Besetzungsrügen übertragen bedeutet dies, dass ihrer Wahrnehmung nach die Hürden für erfolgreiche Rügen durch die Rechtsprechung des BGH über die Jahre erhöht wurden. Damit sank automatisch die Erfolgswahrscheinlichkeit und damit konsequenterweise die Häufigkeit der Besetzungsrügen (1–3, 887 ff.). Oder wie ein Anwalt sehr anschaulich beschrieb:

> *„In dem Moment, wo die Rechtsprechung eine Tür öffnet, ist meines Erachtens auch die Verteidigung in dieser Republik noch wach genug, darauf auch wieder zu achten. In dem Moment, wo die Türen alle von der Rechtsprechung durch unüberwindbar hohe Willkürhürden zugeschlagen werden, nimmt das natürlich ab." (1–4, 860–86)*

Zu der Frage, wann genau dies zeitlich zu verorten ist, sind die empirischen Daten nicht klar genug. Deutlich wurde jedoch, dass vor der Einführung der §§ 222a, 222b StPO auch die Rechtsprechung wohlwollender war und häufiger gravierendere Fehler zu Fragen der gerichtlichen Geschäftsverteilung festgestellt wurden (1–5, 116 ff.).

Anders sah dies nur ein Anwalt, der dazu tendierte, in den letzten Jahren einen Zuwachs an Rügen wahrzunehmen. Dies deckt sich mit den dokumentierten Besetzungseinwendungen, die auf einen Zuwachs hindeuten[560] und auch mit

560 BGH, Beschluss vom 12.05.2015 – 3 StR 569/14, NJW 2015, 2597, 2598; *Schmitz*, Rangierkunst oder Entgleisung – Die Besetzungsrüge nach Änderung des Geschäftsverteilungsplanes, StraFo 2016, 397, 401 m.w.N. mit Verweis auch auf das „Teldafax"-Verfahren vor dem LG Bonn, Beschluss vom 06.03.2014 – 27a KLs 1/13; BGH, Beschluss vom 07.01.2014 – 5 StR 613/13, NStZ 2014, 287, 288; *Grube*, Anm. BGH, Beschluss vom 07.01.2014 – 5 StR 613/13, StraFo 2014, 121, 121 ff. BVerfG, Beschluss vom 23.12.2016 – 2 BvR 2023/16, BeckRS 2016, 111809 zu Ungenauigkeiten im Geschäftsverteilungsplan. BVerfG, Beschluss vom 16.01.2017 – 2 BvR 2011/16, 2 BvR 2034/16, NJW 2017, 1233, 1233 ff. mit Anm. *Muckel*, Gesetzlicher Richter bei Änderung des Geschäftsverteilungsplans für eine Strafkammer, JA 2017, 717, 717 ff. zur Einrichtung von Hilfsstrafkammer und der Umverteilung bereits anhängiger Verfahren. Mit einem nur mündlichen Mitwirkungsplan befasste sich kürzlich BGH, Beschluss vom 08.02.2017 – 1 StR 493/16, NStZ 2017, 429, 429 ff. Zu einer unzureichenden Entschuldigung des Schöffens BGH, Urteil vom 14.12.2016 – 2 StR

der Wahrnehmung eines Richters, der Besetzungsrügen mittlerweile als Standard, insbesondere in Großverfahren, ansah. Seiner Wahrnehmung nach hänge dies mit der Zunahme der Konfliktverteidigung zusammen.

„Also in dem mir überschaubaren Raum, als ich als Strafrichter vor 30 Jahren gearbeitet hab, gab es das praktisch nicht [...] und jetzt ist es in Großverfahren die Regel. Von Null bis 100." (2–1, 424–430)

b) Bewertung Reformbestrebungen

Sämtliche Reformbestrebungen, ob sie von Seiten des Bundesjustizministeriums[561] ausgehen, von der OLG-Präsidentenkonferenz[562] oder vom Strafkammertag,[563] haben zum Ziel, das Strafverfahren effektiver zu gestalten. Dazu

---

342/15, NStZ 2017, 491, 491 f., dazu *Arnoldi*, Praxiskommentar zu BGH, Urteil vom 14.12.2016 – 2 StR 342/15, NStZ 2017, 492, 492 ff. Zum Ausschluss einer Richterin wegen Mutterschutz BGH, Urteil vom 07.11.2016 – 2 StR 9/15, NJW 2017, 745, 745 f.; zur fehlerhaften Ergänzungsrichterbestellung BGH, Beschluss vom 08.03.2016 – 3 StR 544/15, NJW 2016, 2197, 2197 ff. LG Köln, Beschluss vom 14.03.2013 – 116 KLS 2/12, BeckRS 2013, 06336; zur Besetzungsrüge im „Hilpert-Prozess" 2012 *van der Kraats*, Platzt der Hilpert-Prozess?, www.pnn.de/brandenburg-berlin/612270; dazu auch http://www.tagesspiegel.de/-berlin/besetzungsruege-gegen-strafkammer-prozess-gegen-hilpert-beginnt-mit-verzoegerung/6048842.html; beides zuletzt abgerufen am 15.02.2019. *Schmitz*, Rangierkunst oder Entgleisung – Die Besetzungsrüge nach Änderung des Geschäftsverteilungsplanes, StraFo 2016, 397, 401 m.w.N. mit Verweis auch auf das „Teldafax"-Verfahren vor dem LG Bonn, Beschluss vom 06.03.2014 – 27a KLs 1/13; oder jüngst „Gruppe-Freital"-Prozess http://www.zeit.de/gesellschaft/zeitgeschehen/2017-03/prozess-gruppe-freital-dresden-rechtsextremismus- terroristische-vereinigung; zuletzt abgerufen am 15.02.2019.

561 Siehe den Bericht der Expertenkommission zur effektiveren und praxistauglichen Ausgestaltung des allgemeinen Strafverfahrens und des jugendgerichtlichen Verfahrens, abrufbar mit Gutachten und Protokollen unter https://www.bmjv.de/SharedDocs/Downloads/DE/PDF/Abschlussbericht_ Reform_StPO_Kommission.pdf?__blob=publicationFile&v=2; zuletzt abgerufen am 15.02.2019.

562 Siehe etwa die Pressemitteilung der OLG Präsidenten vom 13. Oktober 2015 und deren Thesen, abrufbar unter http://www.oberlandesgericht-celle.niedersachsen.de/aktuelles/presseinformationen/olg-praesidenten-machen-vorschlaege-fuer-strafprozess-137651.html; zuletzt abgerufen am 15.02.2019. Die ausfomulierten Gesetzgebungsvorschläge sind auch abrufbar unter https://www.justiz.bayern.de/imperia/md/content/ stmj_internet/gerichte/oberlandesgerichte/muenchen/hinwehi_zur_pm_13.10.2015_.pdf.; zuletzt abgerufen am 15.02.2019.

563 Siehe etwa zum Strafkammertag 2016 die Pressemitteilung vom OLG Stuttgart und die erarbeiteten Thesen, abrufbar unter http://www.olg-stuttgart.de/pb/,Lde/Startseite/

gehört das Bestreben, das Gebrauchen quantitativ wenig erfolgversprechender Angriffsmittel der Verteidigung eindämmen zu wollen und potentiell erfolgreiche Revisionsrügen einzuschränken. Ziel ist es, ein Revisionsverfahren und damit eine potentielle Neuverhandlung des Ausgangsverfahrens zu vermeiden. Dazu schlagen die OLG-Präsidentenkonferenz und der Strafkammertag eine Methode vor, die schon vor Einführung der §§ 222a, 222b StPO durch den Bundesrat diskutiert wurde,[564] nämlich die Möglichkeit einer verbindlichen Vorabentscheidung. Dies bedeutet, dass eine von der Verteidigung erhobene Rüge der Verletzung des Anspruchs auf den gesetzlichen Richters, nicht durch das Tatsachengericht selbst beschieden wird, sondern von einem anderen (potentiell höheren Gericht, wenngleich unklar ist, ob dies BGH oder OLG sein sollte). Die Entscheidung dieses Gerichts soll abschließend und verbindlich sein und nicht durch Rechtsmittel erneut anfechtbar.

Die Haltung der interviewten Richter dazu war sehr geteilt. Sie begrüßten den grundsätzlichen Gedanken der anfänglichen Klarheit und den Wunsch, nicht unter dem Schatten einer potentiell in der Revision erfolgreichen Besetzungsrüge das Ausgangsverfahren verhandeln zu müssen (2–1, 736 ff.). Gleichwohl sprachen sie die praktischen Hürden an: aufgrund enger zeitlicher Terminierung zwischen den Verfahren wäre die Zeit, bevor Besetzungsfragen endgültig durch ein höheres Gericht geklärt wären, schwer zu füllen (2–2/3, 688 ff.). Damit wäre das erklärte Ziel eines möglichst effektiven Strafverfahrens unter voller Ausnutzung der gerichtlichen Ressourcen fraglich.

Differenzierter waren die Ansichten der Verteidiger dazu: sie reichten von einer positiven Haltung (1–3, 1179 ff.) über kritische Gedanken zu einer solchen „Sonderrolle" (1–4, 969 ff.) bis zu einer klar ablehnenden Haltung (1–2, 835 ff.). Dies, weil der Grundsatz „iura novit curia" missachtet würde (1–6, 274 ff.) und Richter nicht anstreben könnten, mit Verkündung des Urteils auch gleichzeitig ein unanfechtbares, rechtskräftiges Urteil auszusprechen (1–5, 928 ff.). Insgesamt wurde befürchtet, eine verbindliche Vorabentscheidung hinsichtlich Besetzungsfragen würde den Dammbruch für weitere Bestrebungen der Verkürzung

---

Medien/Reform+des+Strafprozesses+_+ Praktiker+melden+sich+beim+bundesweiten+_Strafkammertag_+am+16_+Februar+2016+zu+Wort/?LISTPAGE=1178276; zuletzt abgerufen am 15.02.2019. Zum Strafkammertag 2017 siehe die gemeinsame Pressemitteilung unter http://www.olg-stuttgart.de/pb/,Lde/Startseite/Medien/Bundesweiter+ Strafkammertag+in+Wuerzburg+-+Richter+erarbeiten+Forderungen+an+Politik+und+Gesetzgebung/? LISTPAGE=1178164; zuletzt abgerufen am 15.02.2019.

564 BT-Drucks. 8/354 S. 5, 11 f.

des Revisionsrechts befördern. Es könnte sich nämlich die Frage anschließen, ob nicht etwa auch Befangenheitsanträge nach diesem Muster verbindlich vorab beschieden werden sollten, um den Prozess zu verschlanken.

> *„Wenn ich jetzt einzelne Teile abtrenne und nach vorne ziehe, wo komme ich denn da hin? Dann wird das ganze, meines Erachtens, das ganze, ja, Rechtsmittelsystem, das wird alles pervertiert."* (1–6, 274–277)

6. *Zwischenergebnis*

In diesem Abschnitt wurde auf den Umgang der Verteidigung mit gerichtlichen und staatsanwaltschaftlichen Fallsteuerungen eingegangen. Es wurde beleuchtet, wie eine Besetzungsprüfung erfolgt und wie eine Besetzungseinwendung erhoben wird. Dabei fiel auf, dass es in Abkehr vom gesetzlichen Programm die Regel ist, die Besetzung des Gerichts schon vor Beginn der Hauptverhandlung durch Anordnung des Vorsitzenden mitgeteilt zu bekommen. Das Erheben von Einwendungen gegen die Besetzung und die jeweilige Verteidigungstaktik sind miteinander verknüpft. Dabei ist das ausschlaggebende Motiv nicht die Wahrung des Anspruchs auf den gesetzlichen Richter, sondern vielmehr die Möglichkeit, einen späteren Revisionsgrund zu schaffen und dem Gericht Fachkompetenz zu vermitteln. Besetzungseinwendungen können einen negativen Einfluss auf das Prozessklima haben, insbesondere wenn das Gericht sie ad personam auffasst. Die Einführung der Rüge und die Präklusionswirkung wird daher kritisch gesehen, insbesondere auch, weil der gesetzgeberische Zweck, eine Entlastung für die Gerichte zu erreichen und ihre Selbstkorrekturbemühungen zu verstärken, nicht als erreicht angesehen wurden. Ferner wurde der Zusammenhang zwischen Besetzungsrügen und Konfliktverteidigung beleuchtet. Dabei zeigte sich, dass in der Praxis eine homogene Beschreibung vorherrschend ist, die das heterogene Meinungsbild der in der Literatur diskutierten Definitionen nicht abbildet. Abschließend konnte ein Blick auf die Reformbestrebungen im Gewährleistungsbereich des gesetzlichen Richters geworfen werden. Diese müssten in Fragen der praktischen Durchführbarkeit genauer sein und zudem befürchteten die Interviewpartner eine Aufweichung des Revisionsrechts und das Bestreben, landgerichtliche Urteile als sofort rechtskräftig auszugestalten.

D. Spannungsverhältnis zwischen Anspruch auf den gesetzlichen Richter und Effektivität der Strafrechtspflege in der Praxis

Im Bereich staatsanwaltschaftlicher oder richterlicher Fallsteuerungen steht der Anspruch auf den gesetzlichen Richter aus Art. 101 Abs. 1 S. 2 GG als rechtlicher Bezugspunkt und Gradmesser. Die dargestellten Befunde können zu der Frage führen, ob die Gewährleistungen des gesetzlichen Richters noch zeitgemäß und für die heutigen Herausforderungen der Strafrechtspflege noch angemessen sind. Zunächst soll auf die Sicht der interviewten Experten eingegangen werden (unter I.). Danach soll das diskutierte Spannungsverhältnis zwischen den Bedürfnissen der Strafrechtspflege nach einer ressourcenschonenden Flexibilität von Fällen und den Anforderungen des gesetzlichen Richters erörtert werden. Dabei wird die Frage aufgeworfen, ob diese Zuordnung des Spannungsverhältnisses tatsächlich punktgenau ist und es soll auf Umsetzungsdefizite eingegangen werden (unter II.).

I. Bewertung Gesetzeslage

Die Bewertung der geltenden Gesetzeslage durch die Interviewpartner orientierte sich stark an der jeweiligen Profession.

Die interviewten Verteidiger waren der Ansicht, die Gewährleistungen des gesetzlichen Richters seien in umfassender Art und Weise einfachrechtlich umgesetzt. Diese Normierungen würden auch eine ausreichend flexible Fallzuteilung ermöglichen. Konkret wurde angemerkt, eher eine etwas strengere Regulierung hinsichtlich der Entscheidungsfreiheit des Gerichtspräsidenten bezüglich der Geschäftsverteilung einzuführen und man sprach sich dafür aus, diesbezüglich Regelungen zu schaffen, die für alle Gerichte gleich bindend wären (1-1, 895 ff.). Die Forderung nach Maßstäben für die Regelung der gerichtsinternen Geschäftsverteilung und damit eine deutschlandweit einheitliche Handhabe wurde an verschiedenen Punkten der Untersuchung virulent, so auch hier. Weiter wurde die mitunter bestehende Wahlmöglichkeit der Staatsanwaltschaft und die ungenügende Einbindung der Interessen des Angeklagten hierin kritisiert (1-1, 841 ff.). Aus diesen wenigen Kritikpunkten darauf zu schließen, dass die interviewten Verteidiger mit der geltenden Gesetzeslage zufrieden seien, wäre eine falsche Deutung. Sie waren im besten Fall neutral und fanden sich mit der Situation ab. Dabei zeigten sie großes Verständnis für die organisatorischen Herausforderungen der Justiz hinsichtlich der Fallverteilung.

„Natürlich ist es mir auch klar, dass man, wenn jetzt große Verfahren kommen, die eine Kammer lange Zeit binden, gut dann muss man eine Hilfsstrafkammer zur Entlastung schaffen. Das ist keine Frage. Schneidet man die jetzt auf einen bestimmten Fall zu, natürlich gibt es diese Überlegung. Die kann man auch nicht vollständig ausblenden. Das ist nicht einfach. Aber man muss auch sagen, da ist mir bis jetzt nichts Besseres eingefallen, als die im Gesetz stehenden. Die Verteidiger würden das jetzt immer beanstanden. Die Gerichte werden immer wieder machen." (1–3, 1261–1269)

„Ehrlich gesagt [Anm IV: sehe ich die geltende Gesetzeslage] zumindest nicht so kritisch, dass ich da jetzt irgendwo grundsätzlich ein Reformbedarf sehen würde. Das ist schon so, dass ich mir auch aus Gesprächen mit Richtern bewusst bin, dass das eine sehr hohe Kunstform ist, so einen Landgerichtsbezirk fair zu verwalten und so einen Gerichtsapparat, in dem Sinne auch, halbwegs zusammen zu halten." (1–4, 1033–1038)

Auf die Möglichkeit der Implementation der Wünsche der Verteidigerschaft in Gesetzesform angesprochen, waren einige Verteidiger von der Realisierbarkeit nicht überzeugt.

„Vielleicht ist das Ermessen zu groß. Vielleicht sollte der Gesetzgeber das regeln? Vielleicht sollte der Gesetzgeber sagen, es ist das und das Verteilungssystem zu wählen. Die sind zwar auf der Ebene darunter flexibler als auf gesetzgeberischer Ebene, da sollte es aber eigentlich auch gehen. Aber warum sollte nicht der Gesetzgeber denen was an die Hand geben? Also, wo man das letztlich regelt, ist egal. Hauptsache es wird vernünftig geregelt." (1–6, 793–799)

„Man hat den gesetzlichen Richter weitgehend schon konkretisiert. Aber dann hat man halt auch einfach Schluss gemacht. Und gesagt, dann mit den Konsequenzen, die daraus entstehen, ist dann halt Flexibilität der Justizverwaltung. Wo ich meine, da kann man aber noch klarer und objektiv-generelle Regelungen treffen, die dann auch sicherlich kein Verstoß gegen das Grundgesetz darstellen, aber auch einfach eine sinnvolle Ausgestaltung wären. Die für eine transparente Justiz einfach wichtig wären. So eine gewisse Gleichheit noch schaffen würden." (1–1, 993–1001)[565]

Die interviewten Staatsanwälte und Richter betonten demgegenüber eher die gerichtlichen Interessen einer im Vergleich zum gesetzlichen Status-quo flexibleren Fallzuteilung. Konkret befürworteten sie eine Möglichkeit, bei Kammern anhängige Altverfahren, gerade in Überlastungssituationen, abgeben zu können. Dies sei in der Praxis, da die Fälle schon zum gesetzlichen Richter gelangt sind, im Grunde schwer möglich (3–2, 1164 ff.). Daneben wünschten sie sich die Möglichkeit, schneller unterjährige Geschäftsverteilungsplanänderungen vornehmen zu dürfen. Dabei wurde auch genannt, dass Änderungen durch

---

565 Zu der Forderung nach „Musterplänen" bereits *Rasehorn*, Der Geschäftsverteilungsplan als Organisationsinstrument, ZRP 1972, 181, 183.

das Präsidium, als unabhängigem Richtergremium, aus sachlichen Gründen jederzeit zulässig sein sollten und den Gerichten insoweit Vertrauen entgegen zu bringen sei (2–1, 533 ff.). Auch hinsichtlich der Ergänzungsrichterbestellung gibt es konkrete Änderungswünsche:

> *„Also es muss jetzt am Jahresanfang bereits klar sein, wer am 1. November Ergänzungsrichter ist. Das hat man jetzt im Geschäftsverteilungsplan reingeschrieben. Aber es ist natürlich problematisch, denn wer weiß, wenn der Fall eintritt am 1. November, ist der betreffende Kollege vielleicht in einem anderen Verfahren. Und kann gar nicht. Und jetzt gibt's natürlich Vertretungen. Aber wenn man Pech hat, muss man wochenlang suchen […]. Und das ist ein Riesenaufwand. Und das wäre natürlich wesentlich einfacher, wenn man sagen könnte, der hat jetzt im Moment Zeit. Nächsten Monat fängt ein Verfahren an, das geht voraussichtlich ein halbes Jahr, es wird immer Dienstag und Donnerstag verhandelt, wer kann das denn machen? Dann sagt einer, ja ich kann das machen. Das wäre natürlich einfacher." (2–2/3, 795–808)*

Wie dargestellt, gelangt in den Augen der Experten der Anspruch auf den gesetzlichen Richter und seine einfachrechtliche Umsetzung in der Praxis an ihre Grenzen. Ausgehend von dieser Vermutung wurden die interviewten Experten mit der Frage konfrontiert, ob der Anspruch auf den gesetzlichen Richter ein aus der Zeit gefallenes Prinzip sei.

Alle Experten waren der Ansicht, dass auch heutzutage der Anspruch auf den gesetzlichen Richter ein legitimes Rechtsprinzip sei, dessen Gewährleistungen unerlässlich und schützenswert seien. Dabei fielen Beschreibungen wie *„der Eckstein der Objektivität"* (1–1, 1004 f.) oder *„Bollwerk"* der Objektivität (1–6, 873 ff.). Viele Interviewpartner untermauerten ihre Darstellung mit historischen Bezügen.

> *„Ich glaube schon, dass das Versprechen, dass einem eine Justiz vollkommen unvoreingenommen gegenübertritt und da es ein Richter mittlerer Art und Güte als Idealbild des Richters nicht gibt, sondern es eine absolute heterogene Richterschaft ja gibt, dass der einzelne da oder sich das Versprechen des Deutschen Richtergesetzes nur verwirklichen kann durch die Zufälligkeit des Richters. Dass das ein ganz elementares Prinzip ist. Und dass auch, wenn man sich deutsche Geschichte anguckt, Sonderzuständigkeiten durchaus schrecklich waren. Oder das gezielte Anpeilen von Richtern." (1–4, 1076–1085)*

> *„Ja also wir haben es ja jetzt nicht mehr mit Kabinettsjustiz zu tun. Aber jedenfalls das Prinzip, dass nicht vorbestimmt ist, wer was machen soll, halte ich für unabdingbar. Das nicht nur deswegen, weil dann an kleineren Standorten sich richtige Pärchen bilden können. Was ja ein Unding wäre. Sondern das gehört glaub' ich schon auch zum Bild der Justitia dazu. Warum hat man ihr die Augen zugebunden?" (1–5, 998–1003)*

Diese Aussage macht deutlich, dass für viele Interviewpartner die Gewährleistungen des gesetzlichen Richters wichtig sind, aber aus einer anderen Zeit stammen. Dies betonte auch ein Anwalt folgendermaßen:

> *„Man muss die gesamte Strafprozessordnung ja auch mal vor dem Hintergrund der historischen Entwicklung sehen. Und der Strafprozess, den wir jetzt haben, ist ein Kind der Aufklärung. Und da gibt's Prinzipien, die muss man einfach auch als Bollwerke hochhalten. Auch wenn sie vielleicht aus einer alten Zeit stammen. Indem man da auch einfach Signale setzt. Und das Signal lautet hier eben einfach, ohne Ansehung der Person soll von vornherein feststehen, wer über meinen Fall urteilt. Und da darf niemand was dran manipulieren. Und niemand was dran beeinflussen. Und mir einen anderen Beurteiler zuschanzen. Und ich finde, das ist ein historisch gewachsenes wichtiges Prinzip. Aber auch wenn wir schon bei der Legitimationsfunktion sind, spielt das meines Erachtens eine wichtige Rolle. Wenn der Prozess eine absorbierende Funktion haben soll, dann muss man auch dem Angeklagten sagen können, nachher, du hast alle Chancen gehabt, du hast alle Möglichkeiten gehabt, und da war ein neutraler Mensch oben, der vorher feststand. Der nicht ausgewählt worden ist für dein Verfahren. Der über deinen Fall urteilen wird." (1–6, 873–890)*

Diese Aussage verdeutlicht die Schutzrichtung der Gewährleistungen des gesetzlichen Richters aus Verteidigerperspektive, nämlich als Legitimation und Voraussetzung dafür, dass der dann Verurteilte das Urteil akzeptieren kann. Diese Sichtweise trugen die interviewten Staatsanwälte und Richter im Wesentlichen mit. Wobei ihren Antworten zu entnehmen war, dass sie eine etwas flexiblere Fallzuteilung befürworteten. Diese Flexibilität würde zwar den einfachrechtlichen Gewährleistungen des gesetzlichen Richters widersprechen, gleichwohl waren sie der Ansicht, Art. 101 Abs. 1 S. 2 GG sei dadurch nicht unbedingt verletzt und würde eine flexiblere Fallzuteilung im Grundsatz zulassen.

> *„Das ist natürlich letztlich, letztlich ist es eine politische Entscheidung. […] alles wird immer flexibler in unserer Welt. Nur dieses System ist halt schon ziemlich starr. Insofern beißt es sich möglicherweise etwas mit den Lebensverhältnissen." (2–2/3, 1005–1009)*

Als weiterer Aspekt in diese Debatte zog sich die Befürchtung, Änderungen im geltenden System könnten zu Aufweichungen und Dammbrüchen in eine, möglicherweise so von allen Beteiligten doch unerwünschte Richtung der Falllozierung führen. Diese Bedenken teilten Richter, Staatsanwälte und Verteidiger gleichermaßen und waren sich hierin, wie selten in dieser Untersuchung, erstaunlich einig.

> *„Wie gesagt, bei allem Schimpfen über den BGH, dass man da strenge Regeln haben muss, weil in den jetzigen Rechtsstaaten, mit den jetzigen Bedingungen die Missbrauchsgefahr praktisch null ist. Aber wenn man Regeln aufweicht, weiß man nicht, wie sich die Zukunft entwickelt." (2–1, 569–573)*

„Das […] ist ein Pakt mit dem Teufel, wenn man sich darauf einlässt, ein Stückweit Verfassungsrecht aufweicht oder verletzt.“ (1–2, 1028–1030)

II. Flexibilität innerhalb des Gerichts- und Fallmanagements und gesetzlicher Richter

Immer wieder taucht in der Untersuchung und den empirischen Daten die Frage auf, ob die einfachrechtlichen Regelungen des Anspruchs auf den gesetzlichen Richter ein ausreichend flexibles gerichtliches Fallverteilungssystem ermöglichen. Geht es um Fragen der Effektivität der Strafrechtspflege, kommt schnell auch der Begriff der Funktionstüchtigkeit der Strafrechtspflege in den Blick. Dieser Begriff ist bei der Diskussion um die Frage, was zu einer effektiven Strafrechtspflege gehört, jedoch wenig weiterführend.[566] Verwendet wurde er in der gerichtlichen Judikatur vornehmlich bei der Beschränkung von Freiheitsrechten Beschuldigter[567] oder bei der Grenzziehung zwischen rechtmäßigem und unrechtmäßigem, weil die Justiz in ihrer Funktionsfähigkeit hindernden, Verteidigungsverhalten.[568] Versteht man den Begriff einer funktionstüchtigen Srafrechtspflege aber nicht rechtlich, sondern tatsächlich, so ließe sich dort die politische Forderung verankern, in personeller Hinsicht eine funktionstüchtige Justiz bereitstellen zu müssen. So interpretierte dies auch ein Interviewpartner:

„Und ich finde auch, dass man den wieder in die Mode gekommenen Begriff der Funktionstüchtigkeit der Strafrechtspflege nicht nur dazu ständig benutzen kann, dem Beschuldigten

---

566 Laut der empirischen Untersuchung von *Rasehorn* hängt die Effizienz eines Gerichts an der Qualität und Güte seiner Geschäftsverteilungspläne, vgl. *Rasehorn*, Der Geschäftsverteilungsplan als Organisationsinstrument, ZRP 1972, 181, 181.

567 *Limbach*, in: *Posser/Düwell* (Hrsg.), Anwalt des Rechtsstaates, Festschrift für Diether Posser zum 75. Geburtstag, Die Funktionstüchtigkeit der Strafrechtspflege im Rechtsstaat, S. 322 ff. m.w.N.; *Hassemer*, Die „Funktionstüchtigkeit der Strafrechtspflege“- ein neuer Rechtsbegriff?, StV 1982, 275, 275; *Gössel*, Empfehlen sich Änderungen des Strafverfahrens mit dem Ziel, ohne Preisgabe rechtsstaatlicher Grundsätze den Strafprozeß, insbesondere die Hauptverhandlung, zu beschleunigen?, C 28 ff., *Imme Roxin*, in: *Hefendehl/Hörnle/Greco* (Hrsg.), Festschrift für Bernd Schünemann zum 70. Geburtstag am 1. November 2014, Die neuere Entwicklung des Topos „Funktionstüchtigkeit der Strafrechtspflege“, S. 943 ff.

568 *Gatzweiler*, Feindbild Strafverteidiger! – Wer sucht den Konflikt in der Hauptverhandlung?, StraFo 2010, 397, 397; dazu auch *Maatz*, Mitwirkungspflicht des Verteidigers in der Hauptverhandlung und Rügeverlust, NStZ 1992, 513, 513, 514; *Eschenhagen*, Der Missbrauch des Beweisantragsrechts, S. 1 und Fn. 5 m.w.N.

Rechte abzuwägen, sondern im Kern die Funktionstüchtigkeit erst mal eine vernünftige Ausstattung der Justiz bedeutet.“ (1–4, 1097–1101)

Demgegenüber wünschten sich die interviewten Richter vornehmlich einen gesetzlichen Rahmen, um im Einzelfall ein flexibles Fallmanagement betreiben zu können. Dies konnten die interviewten Staatsanwälte gut nachvollziehen. Für beide interviewten Berufsgruppen liegt die Lösung dieses Dilemmas in einer Änderung der Gesetzeslage. Sie sehen den Gesetzgeber insoweit in Verantwortung zu handeln und den Gerichten den nötigen rechtlichen Rahmen für Fallsteuerungen zu geben.

Auch die interviewten Verteidiger konnten die Motive für eine flexiblere Fallhandhabe verstehen, sahen jedoch die Forderung nach Flexibilität als einen in die Irre führenden Wunsch an. Natürlich könne der Gesetzgeber Regelungen für eine flexiblere Fallhandhabe im Einzelfall schaffen, dies sei aber weder nötig noch angezeigt. Für ein gutes gerichtliches Fallmanagement sei keine Gesetzesänderung nötig, noch müsse man den gesetzlichen Richter und seine Gewährleistungen hierfür aufweichen. Der gesetzliche Richter und ein flexibles Fallverteilungssystem seien etwas, was in keine Konkordanz gebracht werden müsse, nichts was in Ausgleich gebracht werden sollte.

„Gutes Gerichtsmanagement und Fallmanagement ist für mich kein Wert an sich bzw. kein Wert, der auch nur ansatzweise irgendwie in Konkordanz mit dem gesetzlichen Richter gebracht werden muss. Das ist einfach eine andere Liga. Ich finde es in Ordnung, wenn das entsprechend gemanagt wird, da gibt es sicherlich auch andere Wege.“ (1–2, 990–994)

Der Ruf nach Flexibilität rühre, in praktischer Hinsicht, aus einer starken personellen Überlastung bei Gericht her.[569] In rechtlicher Hinsicht sei der Beschleunigungsgrundsatz verantwortlich.

„Aus meiner Sicht besteht keine Notwendigkeit nach mehr Flexibilität oder Gesetzesänderung, ganz im Gegenteil. Und die Probleme, die da sind, die sehe ich eben […] in der Überbelastung. […] wofür ich ja im Prinzip Fürsprecher der Richterschaft bin, d.h. ihr müsst dafür sorgen, dass ihr mehr Richter habt. Ich profitiere ja oft davon, dass Verfahren sich

569 Diese Darstellung der empirischen Ergebnisse mag eine Antwort für die bei *Theile*, in: *Heinz/Rengier/Hilgendorf* (Hrsg.), Festschrift für Wolfgang Heinz, Flexible Fallzuweisung und gesetzlicher Richter (Art. 101 I 2 GG) – eine Problemskizze am Beispiel der Wirtschaftsstrafkammern, S. 904 Fn. 67 aufgeworfene Frage sein, warum es in der Öffentlichkeit keinen starken Ruf nach mehr Staatsanwälten und Richtern gebe. Diese finden sich, jedenfalls nach Ansicht der interviewten Experten, mit der tatsächlichen Situation Status-quo ab und sehen vor allem rechtlichen Handlungsbedarf. Die Frage daher, ob den Gerichten eine Lobbyarbeit fehle, wurde auch teils bejaht (2–1, 648 ff.).

lang hinziehen, und am Ende der Tage kriegt man das mit einem Strafmaß gutgeschrieben.“ (1–4, 1041–1048)

„Die Frage ist auch falsch gestellt und zwar ist die Frage deshalb falsch gestellt, weil das Problem mit dem gesetzlichen Richter, das Problem liegt im Beschleunigungsgrundsatz. Das Problem liegt in der unzureichenden Ausstattung der Justiz. Wir haben den Beschleunigungsgrundsatz. Wenn's den nicht gäbe, bräuchten sie keinen Eingriff in die Geschäftsverteilung. Da könnten die Verfahren ja liegen bleiben, wenn sie die nicht erledigen können.“ (1–6, 924–930)

Hat man so eruiert, dass der Wunsch nach einem flexiblen Fall- und Gerichtsmanagment aus der angespannten Personalsituation bei Gericht herrührt, kann man sich die Frage nach einem Ausweg stellen. Neben dem Ansatz, den Gesetzgeber in die Pflicht zu nehmen, sind verschiedene andere Wege denkbar. Für die interviewten Verteidiger besteht eine Möglichkeit darin, die kommunikativen Fähigkeiten der Richter zu fördern und zu schulen.

„Ach das ist für mich manchmal eine ähnliche Frage wie, wie sie sich an den Schulen stellt. Da soll der Leiter von der Schule, der kaum mehr selbst unterrichtet, die organisatorischen Fähigkeiten mitbringen, so einen Schulbetrieb zu organisieren. Genauso ist es mit Richtern. Sind Sie jemals in ihrer Ausbildung […] in die Lage gekommen, dass sie organisatorische Fähigkeiten unter Beweis stellen mussten? Dass Sie kommunikative Fähigkeiten unter Beweis stellen müssen? Dass Sie einen Haufen von, was weiß ich, zehn Verteidigern, die alle erfahren und klug und weit gereist sind, wie das ist, ein Sack Flöhe hüten müssen. Wie gehen sie damit um? Sie können es ja nur mit reden machen. Und die kommunikativen Fähigkeiten haben in der Juristenausbildung überhaupt keinen Platz.“ (1–5, 1015–1027)

Insgesamt betonten die Verteidiger, dass die Individualität der Richter mehr zur Geltung kommen sollte und diese in der Lage sein sollten, ein Urteil selbstbewusst, mit dem Wissen, auch ein fehlerbehaftetes Urteil aussprechen zu können, entscheiden sollten. Dazu gehöre es auch, unvollständig ermittelte Anklagen an die Staatsanwaltschaft zurückzugeben. Dies wäre ohnehin ein probates Mittel guter Richter, die Flut an Anklagen einzudämmen (1–2, 1000 ff.). Die Forderung nach Flexibilität sahen sie als das Akzeptieren einer Niederlage an.

„Also, ob die sich mit dem Ruf nach mehr Flexibilität so einen Gefallen tun, das wage ich zu bezweifeln. Wir brauchen eigentlich mehr Ressourcen. Wir brauchen mehr Richter. Und wir brauchen mehr Justiz. Damit Justiz die Zeit hat zum Nachdenken. Die dann auch bestimmbar ist. Und wenn ein Richter dann eben nicht voll ausgelastet ist, sondern nur zu 80% eine gewisse Zeit, dann ist das eben so. Aber dann kann man den gesetzlichen Richter entsprechend einhalten. Wenn man dann, sozusagen im Wirtschaftsstrafrecht ist man immer bei 100, 120 %, dann treten die Probleme auf.“ (1–2, 866–875)

Zusammengefasst sahen die Verteidiger in viel stärkerem Maße als die interviewten Richter die Länder und den Bund in der Pflicht, Stellen zu schaffen und

Überlastungen bei Gericht abzubauen. Die interviewten Richter und Staatsanwälte beklagten sich zwar auch über die Auslastung und die Personalknappheit, sahen die Lösung aber in einem normativen Rahmen für flexible Fallzuteilungen und damit allein auf rechtlicher Ebene.

E. Zusammenfassung

In diesem Kapitel wurde das strukturelle Bedürfnis von Gericht und Staatsanwaltschaft eruiert, Fälle zu bestimmten Kammern steuern zu wollen. Verstärkt wird dieses Bedürfnis im Kontext von Wirtschafsstrafverfahren, weil die Verfahren oftmals sehr komplex sind. Es zeigte sich, dass die Rechtslage, insbesondere auf Ebene der Geschäftsverteilungspläne, Einfallstore dafür bietet. Daneben begünstigen auch die Personalsituation, ein hoher Fallbewältigungsdruck und ökonomische Gründe das Bestreben, eine möglichst effektive gerichtliche Auslastung zu erreichen. Dieses strukturelle Bedürfnis kann sowohl dazu führen, dass Gerichte auf Ebene der Geschäftsverteilungspläne, meist unterjährig, Steuerungen vornehmen, als auch dazu, dass die Staatsanwaltschaft das bei Gericht etablierte Fallverteilungssystem taktisch nutzt. Die Motive dahinter können variieren: es spielen die Kompetenz, Auslastung und die Verurteilungsgeneigtheit einer Kammer eine Rolle. Diese Gründe sind, auch für die befragten Verteidiger, nachvollziehbar. Die Flexibilität des gesetzlichen Status-quo wurde unterschiedlich bewertet: Vertreter der Justiz wünschten sich flexiblere Regelungen, Verteidiger lieber einen personellen Ausbau der Justiz.

Neben diesem Zwischenergebnis der empirischen Ergebnisse wurde in diesem Kapitel etwas deutlich, was sich an unterschiedlichen Stellen der Empirie zeigte. Darauf konnte noch nicht eingegangen werden, weil die Darstellung aller empirischen Daten dafür notwendig ist. Gemeint ist das jeweilige Selbstbild, das Einfluss auf die eingenommene Haltung und Prozesshandlungen haben kann. Darunter zu verstehen ist zum einen das Selbstverständnis einer jeden Profession auf ihre strukturelle rechtliche Position. Zum anderen ist aber auch die Art und Weise, wie die jeweils anderen Verfahrensbeteiligten angesehen werden, wichtig. Diese Betrachtung führt zu interessanten Erkenntnissen.

Der Blickwinkel der interviewten Richter offenbart, dass sie sich zwar mit der Staatsanwaltschaft nicht rechtlich auf der selben Seite fühlen, gleichwohl aber das Grundanliegen mit ihr teilen, Verfahren schnell in rechtmäßiger Weise zu erledigen. Diese Haltung haben nach Ansicht der Richter Verteidiger nicht immer, was auch zu der Zunahme der Konfliktverteidigung und Besetzungseinwendungen und –rügen geführt habe. Auch sahen sie die Judikatur des BGH sehr kritisch, zum einen würde er Präsidien regelmäßig kritisieren und zudem den Richtergremien unterstellen, eine *„Mafiabande“* zu sein (2–1, 182–204). Dieser Blickwinkel führt dazu, dass Richter Anträge eher als persönlichen Angriff werten, was die Neigung erhöht, diese abschlägig zu bescheiden. Dies auch, weil strukturell die Haltung besteht, als verantwortungsvolles Richtergremium immer den Anspruch des gesetzlichen Richters in verfassungsmäßiger Weise umgesetzt zu haben.

Die Haltung der interviewten Staatsanwälte demgegenüber offenbarte, dass diese sich als mit dem Gericht auf gleicher Stufe stehend ansehen. Dies offenbarte sich auch indirekt in der gewählten Terminologie von Richtern als *„Kollegen“* (3–1, 811–831; 3–2, 730–733; 1957–1959). Die Verteidigerschaft wiederum wurde kritisch als Gegner angesehen, mit konträren Haltungen in Hinblick auf einen reibungslosen Prozessverlauf.

> *„Und die Staatsanwaltschaft hat eigentlich das Interesse mit den Richtern einfach professionell zu arbeiten. Also wir wollen ja nicht unnötig, also wir würden jetzt keinen Sand ins Getriebe schütten, nur so aus reinem Misstrauen.“ (3–2, 965–968)*

Die Haltung, selbst Teil des Staates zu sein und damit quasi auf Seiten des Gerichts zu stehen, führt dazu, dass eine mögliche Fallsteuerung zu einem favorisierten Gericht als weniger schwerwiegend angesehen wird. Dies steht im Widerspruch zu der per Gesetz vorgesehenen Position der Staatsanwaltschaft als neutrale Anklagebehörde.

Für die interviewten Verteidiger wiederum waren Gericht und Staatsanwaltschaft getrennt, wobei aber ein reger Informationsaustausch angenommen wurde. Die Rechtsprechung wurde, in Abgrenzung zu der Ansicht der interviewten Richter, als der Verteidigung sehr kritisch gegenüber angesehen. Diese Haltung führt dazu, einen Prozess mehr als Kampf denn als Kooperation zu sehen und verstärkt die strukturell angelegte kritische Position den anderen Verfahrensbeteiligten gegenüber noch.

Die Darstellung zeigt, dass das Selbstverständnis der eigenen Verfahrensposition und die Haltung den anderen Verfahrensbeteiligten und der Rechtsprechung gegenüber dazu führen kann, rechtliche Wertungen zu überlagern und rechtliche Offenheiten in Konkordanz mit diesem Bild zu interpretieren. Damit können sich gesetzgeberische Wertentscheidungen mitunter nicht entfalten.

4. Kapitel: Zusammenfassung der empirischen Erkenntnisse

Bevor auf kriminalpolitische Überlegungen und etwaige Konsequenzen eingegangen werden kann, sollen die empirischen Ergebnisse komprimiert zusammengefasst werden. Es gelingt so eine Rückkoppelung der empirischen Ergebnisse an die Untersuchungsfrage. Die Untersuchungsfrage bestand darin, ob es Flexibilitätsbestrebungen in der wirtschaftsstrafrechtlichen Praxis gibt und wie diese aussehen, welche Mechanismen dahinter stehen und welche tatsächlichen Konstellationen dafür Voraussetzung sind. Dahinter stand die Hypothese, dass sich das rechtlich sichtbare Manipulationspotential empirisch belegen lassen kann. Die Untersuchung konnte aber nicht nur auf diese Frage Antworten liefern, sondern auch im Randbereich der Untersuchungsfrage Ergebnisse generieren. Diese sind weitaus heterogener, wenngleich ebenso bedeutsam. Daher werden die empirischen Ergebnisse im Folgenden enumerativ aufgelistet, um so der Bedeutung aller Ergebnisse gerecht zu werden.[570]

1. Gerichtliche Fallsteuerung ist im Grundsatz in dreierlei Weise möglich: durch den Geschäftsverteilungsplan, den Mitwirkungsplan und durch die Terminierung der Hauptverhandlung.
2. Bei der Fallsteuerung durch Geschäftsverteilung ist die wichtigste Möglichkeit die Wahl des Fallverteilungssystemes. Praktisch wichtig sind hierbei das Buchstaben- und das Turnussystem. Ab den 2000er Jahren haben die Gerichte überwiegend auf das Turnussystem umgestellt. Plansteuerungen sind gerichtlicherseits nur möglich, wenn ein gesetzlich nicht vorgesehener Wissensvorsprung über zukünftige Verfahren vorhanden ist. Dass ein solches Wissen tatsächlich bestehen kann, konnte die Untersuchung belegen.
3. Das größte Manipulationspotential des Buchstabensystems besteht darin, dass die Staatsanwaltschaft von außen die Möglichkeit hat, durch die Aufnahme von die Zuständigkeit einer Kammer auslösenden Angeschuldigten die Zuständigkeit der Kammer zu beeinflussen. Konkrete Fälle dieser Art wurden von den interviewten Verteidigern geschildert. Ein Manipulationsverdacht liegt nahe, wenn ein Angeschuldigter in die Anklageschrift aufgenommen

570 Die Darstellung orientiert sich an der Gliederung der empirischen Ergebnisse in Kapitel 3, C. Daher wird darauf verzichtet, für jedes Ergebnis die genaue Fundstelle der ausführlichen Darstellung zu nennen.

wird, für den keine sachlichen Gründe sprechen, aber wiederum dadurch eine Kammer zuständig geworden ist, für die deutliche sachliche Gründe sprechen. Der Verdacht verdichtet sich, wenn das Verfahren gegen diesen Angeklagten nach Eröffnung der Hauptverhandlung abgetrennt wird.

4. Beim Turnussystem besteht zunächst die gerichtliche Möglichkeit, eine Kammer neu zu schaffen und sie zu einem bestimmten Zeitpunkt in den Turnus aufzunehmen. Fälle dieser Art wurden von den Verteidigern vermutet, wenngleich sie schwer zu belegen sind. Zudem besteht das Manipulationspotential abermals darin, dass die Staatsanwaltschaft zu einem bestimmten Zeitpunkt die Möglichkeit haben kann, den Turnusstand zu erfahren, um ein Verfahren zielgenau bei einer Kammer platzieren zu können. Diese Konstellation schilderten die interviewten Verteidiger.
5. Unterjährige Planänderungen sind der Regelfall und nicht mehr der von Gesetz vorgesehene Ausnahmefall. Hauptgrund sind sowohl Änderungen im Personalwesen, als auch vor allem Überlastungssituationen einzelner Kammern. Maßnahmen der unterjährigen Planänderungen sind hauptsächlich Turnusänderungen und die Bildung von Hilfsstrafkammern. Sofern es um die Umverteilung bereits anhängiger und damit schon zum gesetzlichen Richter gelangter Verfahren geht, verschärft sich das ohnehin bestehende Spannungsverhältnis zu Art. 101 Abs. 1 S. 2 GG. Bei den untersuchten Landgerichten war diesbezüglich eine unterschiedliche Sensibilität auszumachen. Aus Sicht der befragten Verteidiger wiederum sind unterjährige Planänderungen oftmals verfassungsrechtlich untersagte verkappte Einzelzuweisungen von Fällen.
6. Die verschärften rechtlichen Anforderungen an die Dokumentation der Gründe für unterjährige Planänderungen haben aus Sicht der Verteidigung dazu geführt, dass sich die Qualität der Geschäftsverteilungspläne verbessert hat. Aus ihrer Sicht werden jedoch dienstliche Erklärungen insbesondere für die genauen Gründe von Überlastungsanzeigen nicht immer ausreichend abgefasst. Aus Sicht der Gerichte wiederum sind die rechtlichen Anforderungen überzogen, wenngleich sie sie nicht vor große Bewältigungsprobleme stellen.
7. Rügen aufgrund einer Verletzung des Konzentrationsgrundsatzes bei der Bildung von Hilfsstrafkammern sind aus Sicht der befragten Verteidiger heute selten geworden.
8. Mitwirkungspläne zu erstellen, kann schwierig und arbeitsintensiv sein. Trotzdem ist der tatsächliche Regelfall nicht eine Beteiligung aller Kammermitglieder bei der Planerstellung, sondern allein eine gemeinsame Abstimmung, die in der Regel den vom Vorsitzenden erstellten Plan beschließt. Damit läuft das tatsächliche Programm entgegen dem gesetzlich vorgesehenen in § 21g Abs. 1 GVG ab.

9. Die gerichtliche Dreierbesetzung ist bei Wirtschaftsstrafsachen der rechtstatsächliche Regelfall, denn die Verfahren sind selten verständigte Verfahren mit geständigen Angeklagten und unterkomplexen Inhalten.
10. Gesetzlich ist nicht geregelt, wie die Zuweisung von Schöffen zu dem konkreten Verfahren zu geschehen hat. Die Zuteilung erfolgt durch den Kammervorsitzenden im Wege der Terminierung des Verfahrens. Dies geschieht in Kenntnis der zugeteilten Schöffenliste und deren Sitzungstage. Damit öffnet sich ein empirisch sichtbar gewordenes Tor für Manipulationen.
11. Es gibt für die Staatsanwaltschaft mehrere interne Möglichkeiten der Fallsteuerung: indem etwa Verfahren liegen gelassen werden oder der Verfahrensstoff zugeschnitten wird. Angesichts der Schwierigkeit der Sichtbarmachung dieses Phänomens, steht ein empirischer Nachweis noch aus.
12. Unter dem Oberbegriff der beweglichen Zuständigkeiten wird die Wahl der Staatsanwaltschaft bei Anklageerhebung zwischen mehreren sachlich oder örtlich zuständigen Gerichten diskutiert. Es handelt sich dabei um eine gesetzlich vorgesehene Wahlfreiheit. Aus Sicht der befragten Verteidiger nutzt die Staatsanwaltschaft die ihr so eröffneten Handlungsspielräume nicht dem Zweck der Ermächtigung entsprechend, sondern rein taktisch.
13. Die Offenheit des Gesetzes bei den beweglichen Zuständigkeiten wird aus Sicht von Verteidigung und Richterschaft als Problem empfunden. Als noch größeres Problem wird jedoch die jeweilige Herangehensweise der Staatsanwaltschaft artikuliert. Diese ist nur dann problematisch, wenn zudem eine Staatsanwaltschaft beteiligt ist, die für Fallmanipulationen offen ist und die ihr zustehenden Einflussmöglichkeiten auch gewillt ist, taktisch zu nutzen.
14. Die interviewten Staatsanwälte selbst waren sich der Wahlmöglichkeit bewusst und sahen diese als eine für sie freie Wahl an, bei der nicht nur allein juristische Argumente durchgreifen, sondern auch Fragen der Organisationsfähigkeit, gerichtlichen Auslastung und der gerichtlichen Verhandlungsführung eine Rolle spielen.
15. Das Anklageverhalten der Staatsanwaltschaft, sofern sie dadurch Einfluss auf die Fallzuteilung zur jeweiligen Kammer bei Gericht haben kann, sollte unter dem Begriff der beweglichen Zuständigkeiten mitdiskutiert werden. Gemeinsam mit den klassischerweise darunter diskutierten Konstellationen ist, dass auch durch die geschäftsplanmäßige Zuständigkeit der Anspruch auf den gesetzlichen Richter abgesichert wird und dadurch grundsätzlich derselbe gerichtliche Überprüfungsmaßstab anzulegen ist. Trennend ist gleichwohl, dass sich die Wahlmöglichkeit nicht durch formales Gesetz, sondern durch den Geschäftsverteilungsplan ergibt und dass ein legitimes

Wahlrecht der Staatsanwaltschaft nur beim Buchstaben-, nicht aber beim Turnussystem denkbar ist.

16. Die Untersuchung hat gezeigt, dass Staatsanwaltschaften die Steuerungsmöglichkeiten des bei Gericht etablierten Fallverteilungssystems taktisch nutzen und es sich dabei nicht um ein allein theoretisch bestehendes Manipulationsszenario handelt.
17. Ist das Turnussystem bei Gericht etabliert, braucht die Staatsanwaltschaft für Fallsteuerungen im Zeitpunkt der Anklage Informationen über den Turnusstand. Diese Informationen kann sie durch ihre Geschäftsstelle erlangen, die wiederum weiß, welche Anklage zu welcher Kammer gegangen ist. Die zunehmende Computerisierung trägt dazu bei, dies schnell und bildlich zu erfassen. Daneben sind Informationen über den Turnusstand bei Gericht durch informale kollegiale Gespräche zu erlangen. Dabei wurde aus Sicht der Verteidigung die oftmals räumliche Verbindung zwischen Staatsanwaltschaft und Gericht und ein System personeller Durchlässigkeiten als besonders kritisch angesehen. Je persönlicher die Kontakte zwischen Staatsanwaltschaft und Gericht sind, desto durchlässiger der Informationsfluss. Je spezialisierter ein Bereich, desto überschaubarer wird die Zahl der relevanten Personen.
18. Motive der Staatsanwaltschaft hinter Fallsteuerungen können sein: Strafmaßhärte, Sachkompetenz, die Auslastung der Kammer und deren Umgang mit Beweisen. Motive können einzeln ausschlaggebend sein oder als Motivbündel vorkommen.
19. Ein Nachzeichnen des Turnusstandes ist nach Ansicht der interviewten Staatsanwälte möglich, dennoch gäbe es Gründe, die den Turnus bei Gericht in nicht vorherzusehendem Maße beeinflussen würden. Dies sind zum einen Anklagen von anderen Staatsanwaltschaften in Flächenländern, Abgaben innerhalb desselben Gerichts und kurzfristige Entlastungen und sonstige Änderungen im Geschäftsverteilungsplan.
20. Die Voraussetzung jeder Besetzungsprüfung ist die Mitteilung der konkreten Besetzung des Spruchkörpers. Wie die Untersuchung zeigen konnte, ist die Mitteilung zu Beginn der Hauptverhandlung nicht der Regelfall. In der ganz überwiegenden Zahl der Fälle wird die Besetzung auf Anordnung des Vorsitzenden schon vor der Hauptverhandlung mitgeteilt.
21. Besetzungseinwände in der geforderten Begründungstiefe vorzubringen, ist arbeitsintensiv. Einig waren sich Verteidiger, dass diese Anforderungen die Grenzen desjenigen, was von Anwälten erwartbar und leistbar ist, tangieren. Gerichtliche Beschlüsse spiegeln die Begründungstiefe der Rügen nicht immer wieder.

22. Nach Meinung der befragten Verteidiger gehört eine umfangreiche Besetzungsprüfung zu einer ordentlich fundierten Verteidigung dazu. Es hat sich aber eine informelle, dem zuwider laufende Praxis entwickelt. Nach diesem informellen Programm wird eine Besetzung in der Praxis nur dann geprüft, wenn sie zum jeweiligen Verteidigungsstil und der jeweiligen Verteidigungstaktik passt.
23. Hinter Einwänden gegen die Gerichtsbesetzung steht hauptsächlich das Motiv, einen Revisionsgrund zu schaffen. Daneben möchten Verteidiger damit aber auch dem Gericht juristische Fachkenntnis vermitteln und somit erreichen, von diesem ernster genommen zu werden. Dies ermöglicht Gespräche auf Augenhöhe. Allein den verfassungsrechtlichen Anspruch des Angeklagten auf den gesetzlichen Richter geltend zu machen, ist meist nicht das Hauptmotiv der Einwände.
24. Es kann Verfahrenskonstellationen geben, die dagegen sprechen, die Besetzung zu beanstanden. Dies ist der Fall, wenn ein Deal feststeht oder wenn es um die Verteidigung eines erkennbar schuldigen Angeklagten geht, dann sei – so die Verteidiger – eine kooperative Verteidigung angezeigt.
25. Mehrheitlich würden die interviewten Verteidiger einen Besetzungseinwand und eine Besetzungsrüge nur erheben, wenn sie inhaltlich einen angreifbaren Punkt sähen.
26. In Hinblick auf ein übliches und in den Augen des jeweiligen Gerichts angebrachtes Verteidigungsverhalten haben sich regional unterschiedliche informelle Verhaltensmuster gebildet. Es hat sich eine Diversität von Prozesskulturen etabliert, auf die sich die lokale Verteidigerszene eingestellt hat. Solch ein informelles Regelset wird besonders deutlich, wenn auswärtige Verteidiger vor Gericht auftreten und lokale Prozessbeteiligte dieses Verhalten als anstößig oder befremdlich empfinden.
27. Besetzungseinwendungen und –rügen sind Ausdruck eines eher kämpferischen, konfliktorientierten Verteidigungsverhaltens, das bei jüngeren Verteidigern insgesamt weniger ausgeprägt scheint. Diese agieren tendenziell moderater und weniger angriffslustig, in der Sache genauso stringent und konsequent und sind stärker auf ein Kooperationsverhältnis mit dem Gericht bedacht.
28. Gerichte können gem. § 29 StPO analog Besetzungseinwendungen zurückstellen. Dann kann jedoch ein Anwalt die Rüge, sollte sie nicht alle relevanten Materialien beinhalten, nicht dadurch korrigieren, dass der Angeklagte selbst oder ein weiterer Verteidiger sie erneut erhebt.
29. Einwände gegen die Gerichtsbesetzung müssen per Gesetz rechtzeitig vorgebracht werden, damit eine spätere revisionsrechtliche Rüge nicht präkludiert

ist. Die Verteidigerschaft wird gesetzlich gezwungen, zu Beginn des Prozesses einen potentiell konfliktgeladenen Einwand zu erheben und damit offen gegen die Ansicht des Gerichts zu argumentieren. Zu diesem Zeitpunkt ist, wie sich empirisch zeigte, oft noch nicht absehbar, wie sich der Prozess gestalten wird und welche Verteidigungstaktik zielführend ist. Dies ist für Verteidiger mitunter schwierig zu bewältigen.

30. Ein Einwand gegen die Gerichtsbesetzung kann negativen Einfluss auf das Prozessklima haben. Dies ist vor allem der Fall, wenn Richter Besetzungseinwände als persönlichen Vorwurf auffassen, was immer wieder der Fall sein soll.
31. Die Einführung von §§ 222a, 222b StPO erfolgte zu dem Zweck, eine Entlastung für die Gerichte zu erreichen und ihre Selbstkorrekturbemühungen zu erhöhen. Dieses Ziel ist nach Ansicht der interviewten Verteidiger und nach Auswertung der Erkenntnisse nicht erreicht worden und lässt damit Zweifel hinsichtlich der Eignung der Norm aufkommen.
32. Die Interviewpartner verstanden Konfliktverteidigung als das anlasslose Stellen wissentlich unbegründeter Anträge, die darauf zielen würden, das Gericht zu zermürben und das Verfahren zu verschleppen. Den Verteidigern war es wichtig zu verdeutlichen, dass Anträge notwendigerweise konfrontativ für das Gericht seien, dies aber auch zu einer notwendigen sachlichen und nicht nur einer Konfliktverteidigung gehöre. Die in der Literatur vorzufindenden divergierenden Ansätze der Definition von Konfliktverteidigung scheinen sich mithin im Verständnis der Praktiker nicht wiederzufinden. Hier zeigt sich also eine Differenz zwischen Beobachter- und Praktikerebene. Besetzungsrügen gehören nach Ansicht der interviewten Staatsanwälte und Richter zu einer Konfliktverteidigung, die interviewten Anwälte waren anderer Meinung.
33. Laut Ansicht der Mehrheit der befragten Verteidiger haben Besetzungsrügen abgenommen, weil die Erfolgschancen aufgrund der ausdifferenzierteren Rechtsprechung des BGH abgenommen haben. Richter nahmen eine Zunahme wahr, weil auch Konfliktverteidigung häufiger sei.
34. Die Reformüberlegungen zu einer verbindlichen Vorabentscheidung über die Verfassungsgemäßheit der Gerichtsbesetzung werden kritisch gesehen. Aus Richtersicht stellen sich praktische Probleme der gleichmäßigen Auslastung der Kammern, Verteidiger befürchten einen Dammbruch für weitere Bestrebungen zur Verkürzung des Revisionsrechts.
35. Die befragten Verteidiger sahen die Regelungen zur Geschäftsverteilung als ausreichend flexibel für die Gerichte an. Richter wünschten sich die

Möglichkeit, gerichtsintern flexibel in Hinblick auf Fallverteilung und den Einsatz von Richtern zu sein.

36. Der auf der Justiz lastende Effizienzdruck rührt nach Ansicht der interviewten Experten in rechtlicher Hinsicht vom Beschleunigungsgrundsatz her, in tatsächlicher Hinsicht ist die personelle Unterausstattung der Justiz dafür verantwortlich.
37. Die befragten Staatsanwälte und Richter sahen Lösungsansätze in rechtlicher Hinsicht, die befragten Verteidiger forderten tatsächliche Konsequenzen, wie etwa die Aufstockung der Richterschaft.

5. Kapitel: Schlussfolgerungen

In diesem abschließenden Kapitel sollen die Konsequenzen der Flexibilisierungsbestrebungen für den gesetzlichen Richter angesprochen werden. Dazu wird auf die Untersuchung zurück geblickt und der rechtliche Status-quo betrachtet (unter A.). Die Arbeit hat sich damit befasst, das in den einfachrechtlichen Regelungen, die den Anspruch auf den gesetzlichen Richter konkretisieren, angelegte einzelfallbezogene Steuerungspotential in der Praxis aufzuzeigen. Die hinter Fallzuweisungen stehenden Mechanismen und tatsächlichen Voraussetzungen und die Motivlage sind beleuchtet worden. Die dadurch gewonnenen rechtstatsächlichen Erkenntnisse sollen nun als Ansatzpunkt genutzt werden, in den Schlussfolgerungen der Arbeit die Frage nach dem einzelfallbezogenen Steuerungspotential als Rechtsfrage zu reformulieren (unter B.). Die Arbeit endet mit Überlegungen zur Zukunft des gesetzlichen Richters.

A. Rückblick und Zusammenfassung

Die Untersuchung hat aufgezeigt, dass das Gebot des gesetzlichen Richters aktuell anders herausgefordert wird, als es zu Zeiten seiner Einführung[571] der Fall gewesen ist.[572] Ging es ursprünglich um den Schutz vor exekutivischen Einflussnahmen, ist heute vor allem die Judikative Adressat des Anspruchs auf den gesetzlichen Richter. Es ist nicht mehr so sehr entscheidend, die Richter vor Einflussnahmen zu schützen, sondern es gilt vielmehr das Recht des Angeklagten auf ein unparteiisches und unbeeinflusstes Gericht zu bewahren. Denn findet eine gerichtlich oder staatsanwaltschaftlich beeinflusste Zuordnung von Fall und Richter statt, ist der gesetzliche Richter nicht mehr blindlings im Vorhinein abstrakt-generell bestellt. Für diese Verschiebung verantwortlich ist der auf der Justiz lastende Effizienzdruck. Dieser rührt in rechtlicher Hinsicht daher, dass im Strafrecht der Beschleunigungsgrundsatz und das Recht auf ein zügiges Verfahren in besonderem Maße Einfluss ausüben und das unbegrenzte Liegenlassen von Verfahren verbieten. In tatsächlicher Hinsicht ist die personell angespannte

571 Erstmals verfassungsrechtlich verankert in Art. 105 WRV vom 11.08.1918, dazu näher *Sowada*, Der gesetzliche Richter im Strafverfahren, S. 1 ff.

572 Dazu aus verwaltungsrechtlicher Sicht *Brosius-Gersdorf*, in: *Röhl/Arnauld/Wittreck u. a.* (Hrsg.), Öffnung der öffentlich-rechtlichen Methode durch Internationalität und Interdisziplinarität, Dritte Gewalt im Wandel: Veränderte Anforderungen an Legitimität und Effektivität?, S. 202 ff.

Situation der Justiz dafür verantwortlich, dass dem Fallaufkommen eine nicht ausreichende Richterzahl gegenüber steht und sich daher Verfahren häufen.

In der empirischen Untersuchung wurde deutlich, dass die interviewten Staatsanwälte und Richter den gesetzlichen Richter als ein zu starres und überkommenes Rechtsprinzip erachten, das sich dem auf der Justiz lastenden Effizienzdruck beugen sollte. Sie wünschten sich flexiblere Regelungen für die Verteilung der Verfahren bei Gericht in Überlastungssituationen. Diese Situationen zeitigten Konsequenzen, wie sie zu Beginn der Untersuchung vermutet wurden: die Gerichte waren gezwungen, laufend unterjährig die Geschäftsverteilung zu justieren. Dabei geht es auch um die Umverteilung bereits anhängiger Verfahren, wobei die befragten Richter in Hinblick auf den so besonders gefährdeten Anspruch auf den gesetzlichen Richter unterschiedlich sensibel waren. Es zeigte sich, dass Gerichte über Mechanismen verfügen, mit denen ein Steuerungspotential verbunden ist: den Geschäftsverteilungsplan, den Mitwirkungsplan und die Terminierung der Hauptverhandlung. Die befragten Verteidiger schilderten Fälle, bei denen dieses Potential auch genutzt wurde. Es zeigte sich, dass die Staatsanwaltschaft die Möglichkeit hat, bei entsprechendem Kenntnisstand das gerichtliche Fallverteilungssystem gezielt für eine Fallsteuerung zu nutzen. Bei all diesen Steuerungspotentialen zeigte sich, dass die dahinterstehenden Gründe nicht allein justizökonomischer Art sind, sondern auch Fragen der Person des Richters in Hinblick auf Organisationstalent, Sachkompetenz und Verurteilungsgeneigtheit eine Rolle spielen. Dies ist für die Verteidigung, bei allem Verständnis, dass sie für den Effizienzdruck der auf der Justiz lastet, hat, in Hinblick auf das Recht des Angeklagten auf seinen gesetzlichen Richter eine kritische Situation.

Das Erkenntnisziel war nicht, eine Antwort darauf zu finden, ob wirklich von einer Zunahme der Besetzungseinwendungen im Gerichtsalltag auszugehen ist. Es zeigte sich aber, dass jedenfalls eine „*Renaissance*“[573] der Bedeutung

573 Dieser Begriff taucht aktuell vermehrt auf, unter anderem bei *Arnoldi*, Anmerkung zu einer Entscheidung des BGH, Urteil vom 07.09.2016 (1 StR 422/15) – Zur Zulässigkeit der Besetzungsrüge, StRR 2017, 10, 13. Dazu auch *Schmitz*, Rangierkunst oder Entgleisung – Die Besetzungsrüge nach Änderung des Geschäftsverteilungsplanes, StraFo 2016, 397, 398, 403. In diese Richtung auch *Weber*, Anmerkung zu BGH, Beschluss vom 08.02.2017 – 1 StR 493/16, FD-StrafR 2017, 389124. Ein Interviewpartner meinte: „ *Also bei diesen Besetzungsgeschichten insgesamt da sind sie am Puls der Zeit, also das ist aus meiner Sicht so mit das spannendste Thema prozessual der letzten Jahre.“ (1–2, 119–121).* Ein anderer Interviewpartner hielt Seminare für Junge Strafverteidiger mit dem Titel „Renaissance der Besetzungsrüge?“ (1–4, 756–757).

der Besetzungsrüge in der Judikatur festzustellen ist. Die judikative Sicht auf das Gebot des gesetzlichen Richters hat sich verändert und nimmt nicht mehr überall den Stellenwert ein, den der historische Gesetzgeber eigentlich intendiert hatte. Das Gebot des gesetzlichen Richters wird mitunter dem Ziel eines reibungslos funktionierenden Gerichtsbetriebes geopfert.[574] Er ist unbequem und lästig geworden. Diese Entwicklung ist, neben den empirischen Ergebnissen, auch aus der höchstgerichtlichen Rechtsprechung ablesbar, die im Gewährleistungsbereich des gesetzlichen Richters zunehmend ausdifferenzierter wird.[575] BGH und BVerfG sehen sich aktuell besonders in der Pflicht, auf die untergerichtliche Rechtsprechung Einfluss zu nehmen. So stellte Ende 2016 der BGH etwa fest, dass eine *„grundsätzlich unrichtige Anschauung vom Schutzbereich des Grundrechts des Art. 101 Abs. 1 S. 2 GG“* bei dem Ausgangsgericht vorliegen müsse.[576] Die so angesprochene Haltung führt dazu, dass rechtsstaatliche Prinzipien *„verschliffen werden“*[577] oder wiederum so hochgehalten werden, damit man

574 Wobei schon Kissel 1993 davon ausging, dass die Mangelverwaltung notwendigerweise dazu führt, *Kissel*, Anmerkung zu BGH, Urteil vom 19.12.1990 – 2 StR 426/90, StV 1993, 398, 398.

575 BGH, Beschluss vom 12.05.2015 – 3 StR 569/14, NJW 2015, 2597, 2598; *Schmitz*, Rangierkunst oder Entgleisung – Die Besetzungsrüge nach Änderung des Geschäftsverteilungsplanes, StraFo 2016, 397, 401 m.w.N. mit Verweis auch auf das „Teldafax“-Verfahren vor dem LG Bonn, Beschluss vom 06.03.2014 – 27a KLs 1/13; BGH, Beschluss vom 07.01.2014 – 5 StR 613/13, NStZ 2014, 287, 288; *Grube*, Anm. BGH, Beschluss vom 07.01.2014 – 5 StR 613/13, StraFo 2014, 121, 121 ff. BVerfG, Beschluss vom 23.12.2016 – 2 BvR 2023/16, BeckRS 2016, 111809 zu Ungenauigkeiten im Geschäftsverteilungsplan. BVerfG, Beschluss vom 16.01.2017 – 2 BvR 2011/16, 2 BvR 2034/16, NJW 2017, 1233, 1233 ff. mit Anm. *Muckel*, Gesetzlicher Richter bei Änderung des Geschäftsverteilungsplans für eine Strafkammer, JA 2017, 717, 717 ff. zur Einrichtung von Hilfsstrafkammer und der Umverteilung bereits anhängiger Verfahren. Mit einem nur mündlichen Mitwirkungsplan befasste sich kürzlich BGH, Beschluss vom 08.02.2017 – 1 StR 493/16, NStZ 2017, 429, 429 ff. Zu einer unzureichenden Entschuldigung des Schöffens BGH, Urteil vom 14.12.2016 – 2 StR 342/15, NStZ 2017, 491, 491 f., dazu *Arnoldi*, Praxiskommentar zu BGH, Urteil vom 14.12.2016 – 2 StR 342/15, NStZ 2017, 492, 492 ff. Zum Ausschluss einer Richterin wegen Mutterschutz BGH, Urteil vom 07.11.2016 – 2 StR 9/15, NJW 2017, 745, 745 f.; zur fehlerhaften Ergänzungsrichterbestellung BGH, Beschluss vom 08.03.2016 – 3 StR 544/15, NJW 2016, 2197, 2197 ff.

576 Zu einer unzureichenden Entschuldigung des Schöffens BGH, Urteil vom 14.12.2016 – 2 StR 342/15, NStZ 2017, 491, 491 f., dazu *Arnoldi*, Praxiskommentar zu BGH, Urteil vom 14.12.2016 – 2 StR 342/15, NStZ 2017, 492, 492 ff.

577 *Fornauf*, Die Unabhängigkeit der Dritten Gewalt im rechtsstaatlichen Strafrecht, Kritische Vierteljahresschrift 2010, 217, 231.

„besser unter ihnen hindurchschlüpfen kann".[578] Die Gerichtsbesetzung droht *„den Notlösungen personeller Probleme oder gar den Beliebigkeiten individueller Lebensplanung anheim zu fallen"*.[579] Dies ist vielleicht auch eine unabänderliche Konsequenz der *„partiellen Mängelverwaltung"*[580] bei Gericht. So nachvollziehbar dies auch sein mag, ist es rechtlich heikel. Denn, wie auch ein Interviewpartner meinte:

> *„Insofern würde ich sagen, dass eine Mangelverwaltung niemals ein Grund sein kann, die Verfassungsgrundsätze und die daraus gewonnenen Gesetze, Zuständigkeiten lax zu handhaben."* (1–4, 1102–1104)

Bedenklich ist bei dieser Entwicklung zweierlei: zum einen regte schon *Peters* 1979 an, das *„Richterbild […] zu überdenken"*, weil die Justizverwaltung die Macht bekommen habe, die dem Gesetz innewohnenden Gedanken zu unterwandern.[581] Andererseits ist auch ein Ende dieser Entwicklung nicht in Sicht. So merkte *Schmitz* 2016 noch an, dass bei unterjährigen Geschäftsverteilungsplanänderungen bei Gericht das Prinzip gelte: *„Augen zu und durch"*.[582] Auch wird in spektakulären und medial vielbeachteten Verfahren immer wieder den Gerichten vorgeworfen, Kammern gezielt für bestimmte Verfahren gebildet zu haben und Verfahren bewusst zu steuern.[583]

Die höchstgerichtliche Rechtsprechung zeigt aber nicht nur die Verschleifung rechtsstaatlicher Prinzipien im Gerichtsalltag auf, sondern sie zeugt auch vom Verständnis des Effizienzdrucks der Ausgangsgerichte. BGH und BVerfG

---

578 *Sowada*, Der gesetzliche Richter im Strafverfahren, S. 2 mit Verweis auf eine Äußerung des früheren Bundesministers Hermann Höcherl.

579 *Gubitz/Bock*, Die Besetzungsrüge nach Geschäftsplanänderung, NStZ 2010, 190, 190.

580 *Kissel*, Anmerkung zu BGH, Urteil vom 19.12.1990 – 2 StR 426/90, StV 1993, 398, 398.

581 *Peters*, Anmerkung zu BGH, Urteil vom 12.04.1978 – 3 StR 58/78, JR 1979, 82, 82.

582 *Schmitz*, Rangierkunst oder Entgleisung – Die Besetzungsrüge nach Änderung des Geschäftsverteilungsplanes, StraFo 2016, 397, 397.

583 *Schmitz*, Rangierkunst oder Entgleisung – Die Besetzungsrüge nach Änderung des Geschäftsverteilungsplanes, StraFo 2016, 397, 401 m.w.N. mit Verweis auch auf das „Teldafax"-Verfahren vor dem LG Bonn, Beschluss vom 06.03.2014 – 27a KLs 1/13. So wurde etwa im Sal. Oppenheim-Verfahren 2013 am LG Köln durch die Verteidigung vorgetragen, dass die Staatsanwaltschaft bewusst die Anklageerhebung verzögert habe, um ein bestimmtes Verfahren zu einer bestimmten Wirtschaftsstrafkammer zu bekommen, vgl. LG Köln, Beschluss vom 14.03.2013 – 116 KLS 2/12, BeckRS 2013 06336; oder jüngst im „Gruppe-Freital"-Prozess http://www.zeit.de/gesellschaft/zeitgeschehen/2017-03/prozess-gruppe-freital-dresden-rechtsextremismus-terroristische-vereinigung; zuletzt abgerufen am 15.02.2019.

erheben nicht nur ihren mahnenden Finger, sondern sie sind auch auf der Suche nach Parametern, um Aspekte des effektiven Rechtschutzes mit dem Anspruch auf den gesetzlichen Richter sachgerecht abzuwägen. Es ist hilfreich, sich die Entwicklung der Rechtsprechung im Grobraster zu vergegenwärtigen. Im einfachrechtlichen Gewährleistungsbereich des gesetzlichen Richters hat die Rechtsprechung über die Jahre ihre Dokumentationsanforderungen erhöht und fordert nun vor allem von den Präsidien eine genaue Dokumentation der Gründe für Geschäftsverteilungsplanänderungen.[584] Zudem hat sie in Teilbereichen ihre Willkürprüfung aufgegeben und prüft nun vollumfänglich.[585] Exemplarisch sei hier die Rechtsprechung zu den Hilfsstrafkammern herausgegriffen. Zunächst wurden Hilfsstrafkammern überhaupt de lege lata anerkannt und zugelassen. Dann wurde nach Parametern gesucht, wie die Umverteilung von Verfahren auf sie zu erfolgen hatte, bevor es dann um die Umverteilung nur anhängiger Verfahren ging.[586] Zu dem insoweit bestehenden Gefährdungspotential für Einzelfallzuweisungen unter Verletzung des Abstraktionsprinzips und damit eine Gefährdung des Art. 101 Abs. 1 S. 2 GG bezogen die Gerichte erst aktuell Stellung und zurrten die rechtlichen Voraussetzungen fest.[587]

---

584 Die Dokumentationsanforderungen haben aber auch bei Fragen des Mitwirkungsplanes oder auch bei Fragen rund um die Bestellung der Schöffen bzw. ihrer Entlassung zugenommen.

585 *Muckel*, Gesetzlicher Richter bei Änderung des Geschäftsverteilungsplans für eine Strafkammer, JA 2017, 717, 717 f. Diese vollumfängliche Prüfung zeigt sich immer wieder, so etwa auch bei der Frage, ob tatsächlich eine Kammer überlastet ist und welche Maßnahmen das Präsidium sachgerechterweise hätte ergreifen müssen, so etwa in BGH, Beschluss vom 07.01.2014 – 5 StR 613/13, StraFo 2014, 121, 121 ff. In BGH, Urteil vom 30.07.1998 – 5 StR 574/97, NJW 1999, 154, 157 hält der BGH noch ausdrücklich fest, dass die Arte und Weise der Geschäftsverteilungsplanänderungen „weitgehend dem pflichtgemäßen Ermessen des Präsidiums überlassen" seien.

586 BGH, Urteil vom 03.02.1982 – 2 StR 634/81, NJW 1982, 1470, 1470 f. Um die Umverteilung eines bereits anhängigen Verfahrens ging es erstmals 1998, BGH, Urteil vom 30.07.1998 – 5 StR 574/97, NJW 1999, 154, 154 ff.

587 BGH, Beschluss vom 07.01.2014 – 5 StR 613/13, StraFo 2014, 121, 123; BVerwG, Beschluss vom 04.04.2018 – 3 B 45/16, NJW 2018, 10, 10 ff.; BVerfG, Beschluss vom 20.02.2018 – 2 BvR 2675/17, NJW 2018, 1155, 1155 f.; BVerfG, Beschluss vom 16.01.2017 – 2 BvR 2011/16, 2 BvR 2034/16, NJW 2017, 1233, 1233 ff. mit Anm. *Muckel*, Gesetzlicher Richter bei Änderung des Geschäftsverteilungsplans für eine Strafkammer, JA 2017, 717, 717 ff. Es muss in besonderem Maße dokumentiert werden, dass dies sachgerecht ist, die Effizienz des Gerichts wiederhergestellt wird und nur so dem Beschleunigungsgebot insbesondere in Haftsachen Rechnung getragen werden kann.

B. Ausblick und Lösungsvorschlag

Die Aufweichung strafprozessualer Prinzipien in der Praxis wird so lange fortschreiten, bis die höchstgerichtliche Rechtsprechung mit ihren Appellen Erfolg haben wird. Ein Ende ist auch deshalb nicht in Sicht, weil der Gesetzgeber Handlungspotential vor allem darin sieht, das Strafverfahren effizienter und ressourcenschonender auszugestalten und weniger bereit ist, mit personellen oder rechtlichen Mitteln gegenzusteuern.[588]

Das Bedürfnis der Gerichte nach einer flexiblen Fallzuteilung konnten nicht nur die interviewten Strafverteidiger nachvollziehen, es drängt sich auch in bestimmten Situationen förmlich auf. Zwei Konstellationen sind dabei im Rahmen der Untersuchung aufgefallen. Erstens handelt es sich um Fälle, bei denen eine Ergänzungsrichterbestellung nötig wird. Dabei ist in der Praxis besonders problematisch, dass für den Fall der Ergänzungsrichterbestellung abstrakt-generell am Anfang des Jahres feststehen muss, welche Richter bei welcher Kammer Ergänzungsrichter sind. Dabei kann ihre jeweilige Auslastung zu diesem Zeitpunkt nicht berücksichtigt werden, sind sie unabkömmlich, müssen die abstrakt-generell vorherbestimmten Vertreter aushelfen. Es ist also nicht nur eine Regelung über die jeweiligen Ergänzungsrichter nötig, sondern auch ein ausführliches Vertretersystem.

Die zweite Konstellation betrifft die Bildung von Hilfsstrafkammern, die aktuell nur bei einer eingetretenen Überlastungssituation gebildet werden können und dann nur vorübergehend. Hilfsstrafkammern dürfen rechtlich kein strukturell ineffektives Gerichtsmanagment ausgleichen. Ist der gerichtliche Geschäftsbetrieb aber per se am Rande seiner Leistungsfähigkeit, müssen Hilfsstrafkammern de facto gebildet werden, um dessen Leistungsfähigkeit aufrechtzuerhalten und es können in der Praxis Einzelfallzuweisungen vorkommen.[589] Es zeigte sich empirisch, dass Hilfsstrafkammern für die Gerichte wichtig sind,

---

588 Zur Entwicklung, dass zunächst Richterstellen geschaffen wurden und dann an rechtlichen Stellschrauben gedreht wurde und dass die Verantwortung nunmehr bei den Gerichten und ihrer internen Organisation gesehen wird *Wiebel*, Effizienz und Gerichtsverfassung: Der Versuch eines Ansatzes zur Pflege der Rechtspflege, ZRP 1998, 221, 221 ff.

589 BGH, Beschluss vom 12.05.2015 – 3 StR 569/14, NJW 2015, 2597, 2597 ff.; BGH, Urteil vom 09.04.2009 – 3 StR 376/08, BGHSt 53, 268, 269; NStZ 2009, 651, 651 ff.; *Gubitz/Bock*, Die Besetzungsrüge nach Geschäftsplanänderung, NStZ 2010, 190, 192. Als zulässige Einzelzuweisung angesehen BGH, Urteil vom 30.07.1998 – 5 StR 574/97, NJW 1999, 154, 157.

aber aufgrund ihrer allein richterrechtlichen Anerkennung mit Unklarheiten über ihre Handhabung behaftet sind.

Es wäre eine einfache Lösung, die Garantie des gesetzlichen Richters aufzuweichen und zum einen ad-hoc Ergänzungsrichterbestellungen zuzulassen, zum anderen Einzelfallzuweisungen an Hilfsstrafkammern zu dulden. Jedoch dürfen die Bedürfnisse der Praxis nicht den Gewährleistungsgrad des gesetzlichen Richters modifizieren, ohne dass dies gesetzgeberisch abgesichert ist.[590] Art. 101 Abs. 1 S. 2 GG als Verfassungsgarantie darf nicht beliebig interpretiert werden, je nach Interessenlage der Justiz.

Dennoch: die in der empirischen Untersuchung aufgezeigten Flexibilisierungsbestrebungen sind nachvollziehbar. Das gesetzliche Raster der einfachrechtlichen Bestimmungen des gesetzlichen Richters ist so durchlässig, dass sich die Entwicklung fortsetzen wird. Es ist unbefriedigend, wenn nur durch die Appellwirkung der höchstgerichtlichen Rechtsprechung dieser Flexibilisierungsentwicklung entgegengewirkt wird. Es gibt keine Anzeichen dafür, dass der Bewältigungs- und Effizienzdruck auf die Gerichte nachlassen wird. Das aufgrund der Empirie erlangte Wissen um die genaue Verortung des Bewältigungsdrucks, der auf der Gerichtsorganisation lastet, erlaubt es nun, die Frage nach den Steuerungspotentialen als Rechtsfrage zu reformulieren. Es ist nötig, über neue Wege zu einem sachgerechten Ausgleich zwischen Effizienz und Vorhersehbarkeit nachzudenken.[591]

> *„[…] letztlich ist es eine politische Entscheidung. […] alles wird immer flexibler in unserer Welt. Nur dieses System ist halt schon ziemlich starr. Insofern beißt es sich möglicherweise etwas mit den Lebensverhältnissen." (2–2/3, 1005–1009)*

In der Untersuchung sind drei verschiedene Möglichkeiten virulent geworden.

1. Zunächst wäre ein institutioneller Ansatz denkbar, der dazu führen würde, die Gerichtsorganisation mehr in die Hände der Richter zu legen. Als Konsequenz des justiziellen Effizienzdrucks zeigte sich in der Untersuchung der Wunsch nach mehr gerichtlicher Selbstverwaltung.[592] Die Richter wünschten

---

590 *Bockelmann*, Strafprozessuale Zuständigkeitsordnung und gesetzlicher Richter, GA 1957, 357, 357.

591 In diese Richtung geht die aktuelle Diskussion, vgl. etwa *Sandherr*, Mehr Flexibilität in der Justiz, Pro, DRiZ 2018, S. 16, 16 und *Tappert*, Mehr Flexibilität in der Justiz, Contra, DRiZ 2018, S. 17, 17.

592 Dazu passt auch die Diskussion um die Selbstverwaltung der Justiz Mitte der 2000er Jahre, angestoßen durch den Richterbund. Dazu *Weber-Grellet*, Selbstverwaltung der Justiz, ZRP 2007, 153, 153 ff.; *Kramer*, Die Selbstverwaltung der Dritten Gewalt, NJW 2009, 3079, 3079 ff. Zum aktuellen Stand der Diskussion *Brosius-Gersdorf*, in: *Röhl/*

sich mehr Eigenständigkeit, aber auch mehr Vertrauen des Gesetzgebers darin, dass Richter ihrem Amtseid entsprechend pflichtgemäß handeln (2-2/3, 1028 ff.), auch wenn ihnen ein größerer Handlungsspielraum ermöglicht würde. In anderen Ländern wird der Anspruch auf den gesetzlichen Richter flexibler gehandhabt, wie einige Interviewpartner schilderten (so etwa in Hinblick auf Norwegen 2-1, 540-550). Effizienz und Gerichtsverfassung miteinander zu verknüpfen, war das Ziel des Gesetzes zur Reform der Präsidialverfassung 1998, das im hier interessierenden Bereich aber nur zum neuen § 21g GVG geführt hat und damit zeigt, wie schwierig Änderungen in diesem Bereich sind.[593] Es wäre aber über Wege nachzudenken, Gerichten mehr Freiräume für Gerichtsmanagment zu übertragen und damit verwaltende klarer von rechtsprechender Tätigkeit zu trennen.[594] Dass Richter zunehmend weniger Zeit für Rechtsprechung haben, zeigte auch ein Beispiel in dieser Untersuchung. Bei Einführung von §§ 222a, b StPO wurde der enorme zusätzliche Verwaltungsaufwand für die Gerichte und ihre Geschäftsstellen kritisiert,[595] denn die Gerichte haben seit dem die Pflicht, die Besetzung des Gerichts den Prozessbeteiligten mitzuteilen und diese zuvor auf ihre Rechtmäßigkeit zu prüfen. Vorsitzende Richtern müssen die Bestellung bzw. Abbestellung der Laienrichter verwalten und prüfen. Dabei ist der Unterschied darin zu sehen, dass nach Einführung der Normen die Gründe für die Heranziehung von Schöffen nicht nur für den internen Gebrauch dokumentiert werden müssen, sondern für Dritte schlüssig dargestellt werden sollen.[596]

2. Der zweite Lösungsansatz ist ein personeller. Es ist die augenscheinlich einfachste Möglichkeit, das geschilderte rechtliche Spannungsverhältnis zu

---

Arnauld/Wittreck u. a. (Hrsg.), Öffnung der öffentlich-rechtlichen Methode durch Internationalität und Interdisziplinarität, Dritte Gewalt im Wandel: Veränderte Anforderungen an Legitimität und Effektivität?, S. 214 ff. Laut einer dort wiedergegebenen Studie würden bundesweit 75% der Richter eine gerichtliche Selbstverwaltung wünschen.

593 Dazu *Wiebel*, Effizienz und Gerichtsverfassung: Der Versuch eines Ansatzes zur Pflege der Rechtspflege, ZRP 1998, 221, 221 ff.

594 *Röhl*, Vom Gerichtsmanagement zur Selbstverwaltung der Justiz, DRiZ 1998, 241, 241 ff. So auch von einem Interviewpartner gesehen, 2-1, 565-575.

595 *Ranft*, Die Präklusion der Besetzungsrüge gemäß der Strafprozessnovelle 1979 und das Recht auf den gesetzlichen Richter, NJW 1981, 1473, 1474 f. Vgl. auch *Rudolphi*, Das Strafverfahrensänderungsgesetz 1979, JuS 1979, 864, 867.

596 *Ranft*, Die Präklusion der Besetzungsrüge gemäß der Strafprozessnovelle 1979 und das Recht auf den gesetzlichen Richter, NJW 1981, 1473, 1475; *Kohlhaas*, Reformbedürftigkeit des § 338 Ziff. 1 StPO, NJW 1958, 1428, 1429.

entschärfen, wenn die Justiz erheblich personell verstärkt würde. Denn ist das Verhältnis zwischen eingehenden Verfahren und Richtern ausgewogen, so sind die tatsächlichen Voraussetzungen dafür geschaffen, dass weniger Anreize für Fallsteuerungen bestehen. Dann jedenfalls könnten Fallsteuerungen zu Entlastungszwecken wegfallen.

„Und die Probleme, die da sind, die sehe ich eben […] in der Überbelastung. […] wofür ich ja im Prinzip Fürsprecher der Richterschaft bin d.h. ihr müsst dafür sorgen, dass ihr mehr Richter habt." (1–4, 1042–1046)

3. Die letzte und damit dritte Möglichkeit wäre ein materieller Ansatz zur Entschärfung des Problems. Will man den Bedürfnissen der Praxis nach mehr Flexibilität einen rechtlichen Rahmen bereiten, kann dies nur geschehen, indem an der Struktur des Anspruchs auf den gesetzlichen Richter angesetzt wird. Es handelt sich um ein normgeprägtes Grundrecht. Dies bedeutet, Schutz und Inhalt desselben werden durch einfache Gesetze bestimmt. Als Verfassungsgrundsatz muss der gesetzliche Richter mit anderen Verfassungsprinzipien in Ausgleich gebracht werden. Dies sind, im hier interessierenden Bereich der Gerichtsorganisation, Art. 19 Abs. 4 GG, das Beschleunigungsgebot und das auch im Rechtsstaatsprinzip verankerte Gebot eines effektiven Rechtschutzes.[597] Gerade mit der Effektivität der Strafrechtspflege eine praktische Konkordanz zu erzielen, ist problematisch. Soll der Ansatz sein, den begründeten Interessen an einer flexiblen Fallzuteilung den rechtlichen Rahmen zu geben, dann wäre ein Handeln, das eine gleichmäßige Auslastung der Kammern und Richter fördert, denkbar. Denn eine gleichmäßige Auslastung ermöglicht eine optimale Ausnutzung personeller Ressourcen[598] und damit eine erhöhte Effektivität der Strafrechtspflege.[599] Das bedeutet, es wären rechtliche Regelungen denkbar, die die praktische Konkordanz zwischen dem Anspruch auf den gesetzlichen Richter und dem Gebot eines effektiven Strafverfahrens einfachrechtlich festschreiben.[600] Dies würde dazu

---

597 *Roth*, Das Grundrecht auf den gesetzlichen Richter, S. 94 ff.

598 So können etwa die immer wieder im Wirtschaftsstrafrecht auftretenden „Leerläufe" bestimmter Kammern vermieden werden.

599 Zu der Frage, wie Effektivität zu definieren ist *Wittreck*, in: *Röhl/Arnauld/Wittreck u. a.* (Hrsg.), Öffnung der öffentlich-rechtlichen Methode durch Internationalität und Interdisziplinarität, Dritte Gewalt im Wandel – Veränderte Anforderungen an Legitimität und Effektivität?, S. 160 f.

600 Dazu *Sowada*, Der gesetzliche Richter im Strafverfahren, S. 317 f.; *Roth*, Das Grundrecht auf den gesetzlichen Richter, S. 94 ff.

führen, den gesetzlichen Richter selbst zu bestimmen und damit in der Folge den Schutzbereich zu modifizieren. Denn als normgeprägtes Grundrecht bestimmen einfache Gesetze mit, wer der gesetzliche Richter ist. Es wären daher Gesetze zulässig, die die Waagschale zugunsten der Effektivität und zu Lasten eines vorhersehbar eingerichteten gesetzlichen Richters absenken, wenn sie verhältnismäßig sind. Der Gesetzgeber könnte dadurch bestimmen, was die sachgerechten Gründe sind, die beispielsweise schon jetzt durch die Rechtsprechung als Voraussetzung für die Errichtung von Hilfsstrafkammern gefordert werden. Denn es ist Sache des Gesetzgebers, „*die widerstreitenden Gesichtspunkte*" abzuwägen und einen sachgerechten Ausgleich zwischen dem Gebot effektiven Rechtschutzes und dem Anspruch auf den gesetzlichen Richter zu schaffen.[601]

Im Rahmen der Untersuchung zeigte sich, dass hinter gezielten Fallsteuerungen unterschiedliche Motive stehen können. Es kann etwa die Person des Richters, die Verurteilungsgeneigtheit einer Kammer oder auch die persönliche Auslastung eine Rolle spielen. Vor dem Hintergrund, dass es sich bei dem gesetzlichen Richter um ein Verfassungsgut handelt, das schrankenlos gewährleistet ist und nur durch kollidierende Verfassungsgüter eingeschränkt werden kann, können jedoch nur Gründe, die geeignet sind, die Effektivität und Effizienz des Gerichts zu erhöhen, sachgerecht sein. Rechtlich gesehen ist jeder Richter gleichwertig.[602] Damit können Erwägungen zur Strenge oder zum Organisationstalent eines einzelnen Richters nicht maßgeblich sein.[603]

---

601 So das BVerfG, Beschluss vom 02.03.1993 – 1 BvR 249/92, NJW 1993, 1635, 1635, siehe dazu auch *Roth*, Das Grundrecht auf den gesetzlichen Richter, S. 99. *Brosius-Gersdorf*, in: *Röhl/Arnauld/Wittreck u. a.* (Hrsg.), Öffnung der öffentlich-rechtlichen Methode durch Internationalität und Interdisziplinarität, Dritte Gewalt im Wandel: Veränderte Anforderungen an Legitimität und Effektivität?, S. 203.

602 Damit angesprochen sind auch die Prinzipien der Einheitlichkeit und Gleichwertigkeit der richterlichen Tätigkeit. Damit in Konflikt steht aber, dass der Gesetzgeber die Besoldung an unterschiedliche Erfahrungsstufen anknüpft, was aber in der Fallverteilung nicht berücksichtigt wird. Dies wurde auch schon von Verteidigern mit Besetzungseinwendungen gerügt. Dazu *Lobmüller*, Richterliche Erfahrungsmängel als Besetzungseinwand, StV 2015, 246, 248.

603 Mit einem Vorschlag dazu, an die Sachkompetenz eines Richters anzuknüpfen, was wiederum die Effizinez des Gerichts erhöhen würde *Brosius-Gersdorf*, in: *Röhl/Arnauld/Wittreck u. a.* (Hrsg.), Öffnung der öffentlich-rechtlichen Methode durch Internationalität und Interdisziplinarität, Dritte Gewalt im Wandel: Veränderte Anforderungen an Legitimität und Effektivität?, S. 202 ff.

Eingewendet werden könnte, dass die Rechtsprechung sich diese Überlegungen bereits verinnerlicht hat und sich danach ausrichtet. In der Praxis stellt sich aber das Problem, dass die Anforderungen der Rechtsprechung an die Einrichtung von Hilfsstrafkammern und damit eine *„zügige Entscheidung des gesetzlichen Richters vor dem Hintergrund knapper Justizressourcen wie die Quadratur des Kreises"* erscheinen.[604] Es ist daher an der Zeit einer gesetzgeberischen Stellungnahme. Die eingangs erwähnte gesetzgeberische Wertentscheidung, ein noch effizienteres und ressourcenschonenderes Strafverfahren zu konstruieren, ist nicht eindeutig genug. Hilfreich wäre es, wenn eine klare gesetzgeberische Entscheidung vorliegen würde, dass Flexibilisierungsbestrebungen im Strafverfahren zuzulassen und gewünscht sind, sofern sie ausschließlich mit dem Ziel erfolgen, eine möglichst effiziente Auslastung bei Gericht zu erreichen. Läge eine solche gesetzgeberische Weichenstellung vor, könnte die Rechtsprechung ihrerseits weniger verhalten agieren. Zudem würde dem Einzug unsachgerechter Gründe bei gerichtlichen oder staatsanwaltschaftlichen Fallsteuerungen Einhalt geboten.

Jede Ausnahme ist im Recht eng zu fassen. Der Weg, die Effektivität der Strafrechtspflege mit den Bedürfnissen der Praxis klarer in Zusammenhang zu bringen, könnte dazu führen, dass Fallsteuerungen aus unsachlichen Gründen unter der Schutzbehauptung der Effizienz erfolgen.[605] Einer solchen Entwicklung kann aber auf die Art und Weise Einhalt geboten werden, wie es das Recht immer bei Öffnungen tut: mit Dokumentationsanforderungen und der Überprüfung ihrer Nachvollziehbarkeit.[606]

604 *Grube*, Anm. BGH, Beschluss vom 07.01.2014 – 5 StR 613/13, StraFo 2014, 121, 124.

605 Zu denken ist in diesem Kontext auch an die Umverteilung bereits anhägiger Verfahren die zulässig ist, sofern sie auch eine unbegrenzte Anzahl künftiger Verfahren erfasst, und daran, dass die Gefahr „scheingenereller Regelungen" dadurch erhöht wird, dazu *Gubitz/Bock*, Die Besetzungsrüge nach Geschäftsplanänderung, NStZ 2010, 190, 192.

606 *Brosius-Gersdorf*, in: *Röhl/Arnauld/Wittreck u. a.* (Hrsg.), Öffnung der öffentlichrechtlichen Methode durch Internationalität und Interdisziplinarität, Dritte Gewalt im Wandel: Veränderte Anforderungen an Legitimität und Effektivität?, S. 204.

Literaturverzeichnis

Albrecht, Anna Helena/Paeffgen, Hans-Ullrich/Rudolphi, Hans-Joachim/Wolter, Jürgen, SK-StPO, Systematischer Kommentar zur Strafprozessordnung; mit GVG und EMRK, 5. Aufl., Köln 2015

Albrecht, Hans-Jörg, Strafrechtliche Rechtstatsachenforschung, Forschungskonzepte- und ergebnisse, in: Bundeskriminalamt (Hrsg.), Forum Rechtstatsachen, Veröffentlichung der Redebeiträge aus Forum Rechtstatsachen als Grundlage einer rationalen Kriminalpolitik, Wiesbaden 1998, S. 23–56

Arndt, Adolf, Die Gesetzlichkeit des Richters, DRiZ 1959, S. 171–172

Arnold, Wiebke, Die Wahlbefugnis der Staatsanwaltschaft bei Anklageerhebung, Insbesondere in Jugendschutzsachen, 26 GVG, 1. Aufl., Baden-Baden 2007

Arnold, Wiebke, Bewegliche Zuständigkeit versus gesetzlicher Richter, ZIS 2008, S. 92–100

Arnoldi, Olaf, Anmerkung zu einer Entscheidung des BGH, Urteil vom 07.09.2016 (1 StR 422/15) - Zur Zulässigkeit der Besetzungsrüge, StRR 2017, S. 10–13

Arnoldi, Olaf, Praxiskommentar zu BGH, Urteil vom 14.12.2016 - 2 StR 342/15, NStZ 2017, S. 492–494

Berkemann, Jörg, Anmerkung zu BVerfG, Beschluss des Plenums vom 08.04.1997 - 1 PBvU 1/95, JR 1997, S. 281–284

Bettermann, Karl August, Der gesetzliche Richter in der Rechtsprechung des Bundesverfassungsgerichts, Archiv des öffentlichen Rechts 1969, S. 263–312

Beulke, Werner, Missbrauch von Verteidigerrechten - eine kritische Würdigung der jüngsten Rechtsprechung, in: *Böse, Martin/Sternberg-Lieben, Detlev* (Hrsg.), Grundlagen des Straf- und Strafverfahrensrechts, Festschrift für Knut Amelung zum 70. Geburtstag, Berlin 2009, S. 543–564

Beulke, Werner, Strafprozessrecht, 13. Aufl., Heidelberg 2016

Bock, Dennis, Die Wirtschaftsstrafkammer, § 74c GVG, Ad Legendum 2014, S. 9–16

Bockelmann, Paul, Strafprozessuale Zuständigkeitsordnung und gesetzlicher Richter, GA 1957, S. 357–364

Boers, Klaus, Wirtschaftskriminologie, Vom Versuch, mit einem blinden Fleck umzugehen, MSchrK 2001, S. 335–356

Bogner, Alexander/Menz, Wolfgang, Das theoriegenerierende Experteninterview, in: *Bogner, Alexander/Littig, Beate/Menz, Wolfgang* (Hrsg.), Experteninterviews, Theorie, Methoden, Anwendungsfelder, Wiesbaden 2009, S. 61–133

Bohnert, Joachim, Beschränkungen der strafprozessualen Revision durch Zwischenverfahren, Frankfurt am Main 1983

Brauns, Uwe, Die Besetzungsrüge und ihre Präklusion im Strafprozeß, Köln 1983

Brockmeyer, Hans Bernhard/Hofmann, Hans/Schmidt-Bleibtreu, Bruno, GG, Kommentar zum Grundgesetz, 13. Aufl., Köln 2014

Brosius-Gersdorf, Frauke, Dritte Gewalt im Wandel: Veränderte Anforderungen an Legitimität und Effektivität?, in: *Röhl, Hans Christian/Arnauld, Andreas von/Wittreck, Fabian u. a.* (Hrsg.), Öffnung der öffentlich-rechtlichen Methode durch Internationalität und Interdisziplinarität, Erscheinungsformen, Chancen, Grenzen, Band 74, Berlin 2015, S. 169–218

Brüggemann, Dieter, Die Rechtsprechende Gewalt, Berlin 1962

Burhoff, Detlef, Handbuch für das strafrechtliche Ermittlungsverfahren, 7. Aufl., Köln 2015

Burhoff, Detlef, Handbuch für die strafrechtliche Hauptverhandlung, 8. Aufl., Köln 2016

Charmaz, Kathy, Constructing grounded theory, 2. Ed., London, Thousand Oaks, Calif. 2014

Dahs, Hans, Strafverteidigung und Strafrechtspflege – eine Momentaufnahme, in: *Böttcher, Reinhard/Hueck, Götz/Jähnke, Burkhard* (Hrsg.), Festschrift für Walter Odersky zum 65. Geburtstag am 17. Juli 1996, Berlin, New York 1996, S. 317–335

Dahs, Hans/Dahs, Hans, JR., Die Revision im Strafprozess, Bedeutung für die Praxis der Tatsacheninstanz, 7. Aufl., München 2008

Dästner, Christian, Zur Gewähr des gesetzlichen Richters im Strafverfahren, Fragen an die Rechtstatsachenforschung, RuP 1981, S. 18–22

Editorial, FD-StrafR 2016, S. 376841

Eisenberg, Ulrich, Aspekte der Rechtsstellung des Strafverteidigers, NJW 1991, S. 1257–1263

Eisenberg, Ulrich, Kriterien der Eröffnung des strafprozessualen Hauptverfahrens, JZ 2011, S. 672–681

Eisenberg, Ulrich, Beweisrecht der StPO, Spezialkommentar, 10. Aufl., München 2017

Engelhardt, Hanns, Staatsanwaltschaft und gesetzlicher Richter, DRiZ 1982, S. 417–422

Eschenhagen, Anna, Der Missbrauch des Beweisantragsrechts, Eine Diskussion der Gesetzesänderungsvorschläge zur Bewältigung von missbräuchlichen Beweisanträgen des Strafverteidigers, Aachen 2001

Eser, Albin, Der „gesetzliche Richter" und seine Bestimmung für den Einzelfall, in: *Eser, Albin* (Hrsg.), Festschrift für Hannskarl Salger Straf- und Strafverfahrensrecht, Recht und Verkehr, Recht und Medizin, Festschrift für Hannskarl Salger zum Abschied aus dem Amt als Vizepräsident des Bundesgerichtshofes, Köln, München u.a. 1995, S. 247–271

Fahl, Christian, Rechtsmissbrauch im Strafprozess, Heidelberg 2004

Felix, Günther, Der gesetzliche Beschluß-Richter des Bundesfinanzhofs, BB 1991, S. 2413–2418

Felix, Günther, Materiell fehlerhafter Geschäftsverteilungsplan des Bundesfinanzhofs?, BB 1991, S. 2193–2194

Ferber, Sabine, Strafkammerbericht, 1. Aufl., Baden-Baden 2017

Fischer, Thomas, Die Suche nach dem guten Gesetz, Die Zeit 2017, S. 14

Fischer, Thomas, Beratungsgeheimnis, Sondervoten, Richterbilder, – Einige Bemerkungen zu einer fast vergessenen Frage -, in: *Herzog, Felix/Neumann, Ulfrid* (Hrsg.), Festschrift für Winfried Hassemer, zum 70. Geburtstag am 17. Februar 2010, Heidelberg 2010, S. 1001–1015

Fischer, Thomas, Der Einfluss des Berichterstatters auf die Ergebnisse strafrechtlicher Revisionsverfahren, NStZ 2013, S. 425–432

Fischer, Thomas/Eschelbach, Ralf/Krehl, Christoph, Das 10-Augen-Prinzip, Zur revisionsrechtlichen Beschlusspraxis in Strafsachen, StV 2013, S. 395–402

Fischer, Thomas/Eschelbach, Ralf/Krehl, Christoph, Erwiderung auf Basdorf u.A., NStZ 2013, S. 563–565

Flick, Uwe, Triangulation in der qualitativen Forschung, in: *Flick, Uwe/Kardorff, Ernst* von/*Steinke, Ines* (Hrsg.), Qualitative Forschung, Ein Handbuch, 10. Aufl., Reinbek bei Hamburg 2013, S. 309–318

Fornauf, Marc, Die Unabhängigkeit der Dritten Gewalt im rechtsstaatlichen Strafrecht, Kritische Vierteljahresschrift 2010, S. 217–232

Foth, Eberhard, Grundsätze der Mitwirkung innerhalb des Spruchkörpers, § 21g Abs. 2 GVG, JZ 1993, S. 942

Frisch, Wolfgang, Problematik und Grenzen der Errichtung von Hilfsstrafkammern, Zugleich eine Besprechugn des BGH-Urteils vom 22.08.1985 – 4 StR 398/85, NStZ 1987, S. 265–268

Gatzweiler, Norbert, Feindbild Strafverteidiger! – Wer sucht den Konflikt in der Hauptverhandlung?, StraFo 2010, S. 397–398

Glaser, Barney Galland/Strauss, Anselm L., Grounded theory, Strategien qualitativer Forschung, Bern, Göttingen, Toronto, Seattle 1998

Gläser, Jochen/Laudel, Grit, Experteninterviews und qualitative Inhaltsanalyse, Als Instrumente rekonstruierender Untersuchungen, 4. Aufl, Wiesbaden 2010

Gloria, Christian, Die Verwirklichung des Rechts auf den gesetzlichen Richter im Prozeß, NJW 1989, S. 445–446

Gössel, Karl Heinz, Empfehlen sich Änderungen des Strafverfahrens mit dem Ziel, ohne Preisgabe rechtsstaatlicher Grundsätze den Strafprozeß, insbesondere die Hauptverhandlung, zu beschleunigen?, Gutachten C für den 60. Deutschen Juristentag, München 1994

Graf, Jürgen Peter, BeckOK GVG, 1. Ed. 2018

Grube, Andreas, Anm. BGH, Beschluss vom 07.01.2014 – 5 StR 613/13, StraFo 2014, S. 121–125

Gubitz, Michael/Bock, Dennis, Die Besetzungsrüge nach Geschäftsplanänderung, Eine Besprechung von BGH, Urteil vom 09.04.2009 – 3 StR 376/08, NStZ 2010, S. 190–192

Haller, Klaus/Janßen, Josef, Die Besetzungsreduktion bei erstinstanzlichen Strafkammern – Anmerkungen zu den Beschlüssen des BGH vom 14.08. und 16.12.2003, NStZ 2004, S. 469–473

Hamm, Rainer, Die Besetzungsrüge nach dem Strafverfahrensänderungsgesetz 1979, NJW 1979, S. 135–138

Hamm, Rainer, Hilfsstrafkammer als Dauereinrichtung, StV 1981, S. 38–39

Hamm, Rainer, Strafverteidigung – Kampf oder Kuschelkurs?, NJW 1997, S. 1288–1290

Hamm, Rainer, Braucht die StPO, um wieder zu gelten, ein Dealgesetz?, in: *Nelles, Ursula* (Hrsg.), Strafverteidigung in Forschung und Praxis, Bd. 17, Berlin 2006, S. 57–79

Hamm, Rainer/Leipold, Klaus, Beck'sches Formularbuch für den Strafverteidiger, 6. Aufl., München 2018

Hannich, Rolf, Karlsruher Kommentar zur Strafprozessordnung, 7. Aufl. 2013

Hassemer, Winfried, Die „Funktionstüchtigkeit der Strafrechtspflege“- ein neuer Rechtsbegriff?, StV 1982, S. 275–280

Hassemer, Winfried, Informelle Programme im Strafprozeß, Zu Strategien der Strafverteidigung, StV 1982, S. 377–382

Heghmanns, Michael, Auswahlermessen der Staatsanwaltschaft bei Anklageerhebung und gesetzlicher Richter, zugleich eine Anmerkung zu OLG Hamm, StV 1999, 240 ff., StV 2000, S. 277–280

Hellmann, Uwe, Strafprozessrecht, 2. Aufl., Berlin, Heidelberg 2006

Henkel, Joachim, Der gesetzliche Richter, Göttingen 1968

Hergenröder, Carmen Silvia, Das staatsanwaltschaftliche Verfahren, Eine Sekundäranalyse der Staatsanwaltschafts-Statistik unter besonderer Berücksichtigung regionaler Unterschiede in der Gesamtstruktur staatsanwaltschaftlicher Ermittlungsverfahren, Frankfurt am Main, New York 1986

Herzog, Felix, Über bewegliche Zuständigkeitsregelungen, instrumentelle Zuständigkeitswahl und das Prinzip des gesetzlichen Richters, StV 1993, S. 609–612

Hirsch, Hans Joachim, in: *Hilgendorf, Eric* (Hrsg.), Die deutschsprachige Strafrechtswissenschaft in Selbstdarstellungen, Bd. 12, Berlin 2010, S. 123–166

Höfling, Wolfgang, Das Verbot prozessualer Willkür, JZ, S. 955–962

Horn, Hans-Detlef, § 132 Verbot von Ausnahmegerichten und Anspruch auf den gesetzlichen Richter, in: *Bauer, Hartmut/Merten, Detlef* (Hrsg.), Handbuch der Grundrechte in Deutschland und Europa, Heidelberg, Hamburg 2013, S. 1271–1323

Jahn, Matthias, „Konfliktverteidigung“ und Inquisitionsmaxime, Baden-Baden 1998

Jarass, Hans D./Pieroth, Bodo, Grundgesetz für die Bundesrepublik Deutschland, Kommentar, 15. Aufl., München 2018

Karliczek, Kari-Maria, Vom Nutzen qualitativer Forschung in der Kriminologie, in: *Sessar, Klaus/Karliczek, Kari-Maria* (Hrsg.), Kriminologische Erkundungen, Wissenschaftliches Symposium aus Anlass des 65. Geburtstages von Klaus Sessar, Bd. 6, Münster 2004, S. 210–225

Karliczek, Kari-Maria, Strukturelle Bedingungen von Wirtschaftskriminalität, Eine empirische Untersuchung am Beispiel der Privatisierungen ausgewählter Betriebe der ehemaligen DDR, 1. Aufl., Münster, Westf., München [u.a.] 2007

Katholnigg, Oskar, Zur Geschäftsverteilung bei obersten Gerichtshöfen des Bundes und innerhalb ihrer Senate, NJW 1992, S. 2256–2260

Katholnigg, Oskar, Anmerkung zu BGH, Beschluss vom 05.05.1994 - VGS 1-4/93, NStZ 1994, S. 446–447

Katholnigg, Oskar, Anmerkung zu BVerfG, Beschluss des Plenums vom 08.04.1997 - 1 PBvU 1/95, JR 1997, S. 284–286

Katholnigg, Oskar, Anmerkung zu BGH, Beschluss vom 30.04.1997 - StB 4/97, JR 1998, S. 34–37

Katholnigg, Oskar, Anmerkung zu BGH, Urteil vom 23.12.1998 - 3 StR 343–98, JR 1999, S. 304–306

Katholnigg, Oskar, Strafgerichtsverfassungsrecht, Kommentar zu den allgemeinen und den die Strafrechtspflege regelnden Vorschriften des Gerichtsverfassungsgesetzes, des Einführungsgesetzes zum Gerichtsverfassungsgesetz und des Gesetzes zur Wahrung der Einheitlichkeit der Rechtsprechung der obersten Gerichtshöfe des Bundes, 3. Aufl., Köln [u.a.] 1999

Kern, Eduard, Der gesetzliche Richter, Berlin 1927

Kießling, Friedrich, Verzögerung statt Beschleunigung?, Zu Vorschlägen und Erwägungen um die Besetzungsrüge des § 338 Nr. 1 StPO, DRiZ 1977, S. 326–330

Kindhäuser, Urs, Anmerkung zu BGH, Urteil vom 29.10.1992 – 4 StR 199/92, JZ 1993, S. 478–480

Kissel, Otto Rudolf, Anmerkung zu BGH, Urteil vom 19.12.1990 – 2 StR 426/90, StV 1993, S. 398–400

Kissel, Otto Rudolf/Mayer, Herbert, Gerichtsverfassungsgesetz, Kommentar, 9. Aufl., München 2018

Klein, Friedrich/Mangoldt, Hermann von/Starck, Christian, Das Bonner Grundgesetz, Kommentar, 4. Aufl., München 2001

Klemke, Olaf/Elbs, Hansjörg, Einführung in die Praxis der Strafverteidigung, 3. Aufl., Heidelberg, München, Landsberg, Frechen, Hamburg 2013

Knauer, Christoph, Münchener Kommentar zur Strafprozessordnung, 1. Aufl., München 2014

Kohlhaas, Max, Reformbedürftigkeit des § 338 Ziff. 1 StPO, NJW 1958, S. 1428–1429

Kramer, Barbara, Die Selbstverwaltung der Dritten Gewalt, NJW 2009, S. 3079–3084

Krekeler, Wilhelm, Strafrechtliche Grenzen der Verteidigung, NStZ 1989, S. 146–153

Krekeler, Wilhelm/Löffelmann, Markus/Sommer, Ulrich, AnwaltKommentar StPO, 2. Aufl., Bonn 2010

Krey, Volker, Festschrift für Volker Krey zum 70. Geburtstag am 9. Juli 2010, Stuttgart 2010

Kuckartz, Udo, Qualitative Inhaltsanalyse. Methoden, Praxis, Computerunterstützung, 3. Aufl., Weinheim, Bergstr. 2016

Lamprecht, Ralf, Ein Gericht, zwei Lager, Der BGH zwichen Anonymität und Transparenz, NJW 2013, S. 3563–3565

Landau, Herbert, Die Pflicht des Staates zum Erhalt einer funktionstüchtigen Strafrechtspflege, NStZ 2007, S. 121–129

Leisner, Walter, „Gesetzlicher Richter“ – vom Vorsitzenden bestimmt?, NJW 1995, S. 285–289

Leitmeier, Lorenz, Besetzungseinwand und Besetzungsrüge im Strafverfahren, NJW 2017, S. 2086–2088

Limbach, Jutta, Die Funktionstüchtigkeit der Strafrechtspflege im Rechtsstaat, in: *Posser, Diether/Düwell, Franz Josef* (Hrsg.), Anwalt des Rechtsstaates, Festschrift für Diether Posser zum 75. Geburtstag, Köln 1997, S. 321–330

Liszt, Franz von, Stellung der Verteidigung in Strafsachen, Wiedergabe des Vortrags in Rubrik Vereine und Gesellschaften, DJZ 1901, S. 179–182

Lobmüller, Alexander, Richterliche Erfahrungsmängel als Besetzungseinwand, StV 2015, S. 246–252

Löwe, Ewald/Rosenberg, Werner, Die Strafprozeßordnung und das Gerichtsverfassungsgesetz, Großkommentar, 26. Aufl., Berlin 2010

Maatz, Rüdiger, Mitwirkungspflicht des Verteidigers in der Hauptverhandlung und Rügeverlust, NStZ 1992, S. 513–518

MacNaughton-Smith, Der zweite Code, in: *Lüderssen, Klaus/Sack, Fritz* (Hrsg.), Seminar: Abweichendes Verhalten II, Die gesellschaftliche Reaktion auf Kriminalität, Bd. 85, Frankfurt am Main 1975

Maier, Winfried, Wie unabhängig sind Staatsanwälte in Deutschland?, ZRP 2003, S. 387–391

Marquardt, Malte, Die Rechtsnatur präsidialer Geschäftsverteilungspläne gemäß § 21e GVG und der Rechtsschutz des Richters, Frankfurt am Main, New York 1998

Marx, Erwin, Der gesetzliche Richter im Sinne von Art. 101 Abs. 1 Satz 2 Grundgesetz, Berlin 1969

Maunz, Theodor/Dürig, Günter, Grundgesetz, Kommentar, 84. EL., München 2018

Maunz, Theodor/Schmidt-Bleibtreu, Bruno/Klein, Franz/Bethge, Herbert, Bundesverfassungsgerichtsgesetz, Kommentar, 54. EL., München 2018

Mayring, Philipp, Qualitative Inhaltsanalyse, Grundlagen und Techniken, 12. Aufl., Weinheim 2015

Mayring, Philipp, Einführung in die qualitative Sozialforschung, 6. Aufl., Weinheim 2016

Meyer-Goßner, Lutz/Schmitt, Bertram, Strafprozessordnung, Gerichtsverfassungsgesetz, Nebengesetze und ergänzende Bestimmungen, 61. Aufl., München 2018

Muckel, Stefan, Gesetzlicher Richter bei Änderung des Geschäftsverteilungsplans für eine Strafkammer, JA 2017, S. 717–719

Müller, Paul, Anmerkung zu BGH, Urteil vom 26.01.1977 – 2 StR 613/76, NJW 1977, S. 1889–1890

Nelles, Ursula/Vormbaum, Thomas, Strafverteidigung in Forschung und Praxis, Berlin 2006

Niemöller, Martin, Besetzungsfragen und „Willkürformel", StV 1987, S. 311–317

Niemöller, Martin/Schlothauer, Reinhold/Weider, Hans-Joachim, Gesetz zur Verständigung im Strafverfahren, Kommentar, München 2010

Nippgen, Alexander/Petermann, Kerstin, 3. Kapitel: Empirische Befunde, in: *Theile, Hans/Nippgen, Alexander* (Hrsg.), Die Arbeitsweise der Wirtschaftsstrafkammern, 1. Aufl., Konstanz 2015, S. 25–345

Ostler, Fritz, Gesetzlicher Richter und willkürliche Entziehung, JR 1957, S. 454–456

Petermann, Kerstin, Strafverteidigung in Wirtschaftsstrafverfahren zwischen Rechtsmissbrauch, Konflikt und Konsens, Frankfurt 2015

Peters, Karl, Fehlerquellen im Strafprozeß, Eine Untersuchung der Wiederaufnahmeverfahren in der Bundesrepublik Deutschland, 1. Band Einführung und Dokumentation, 1. Aufl., Karlsruhe 1970

Peters, Karl, Fehlerquellen im Strafprozeß, Eine Untersuchung der Wiederaufnahmeverfahren in der Bundesrepublik Deutschland, 2. Band: Systematische Untersuchungen und Folgerungen, 1. Aufl., Karlsruhe 1972

Peters, Karl, Anmerkung zu BGH, Urteil vom 12.04.1978 – 3 StR 58/78, JR 1979, S. 82–83

Pfeiffer, Gerd, Strafprozessordnung, Kommentar, 5. Aufl., München 2005

Pieroth, Bodo/Schlink, Bernhard/Kingreen, Thorsten/Poscher, Ralf, Grundrechte, 34. Aufl., Heidelberg, Hamburg 2018

Radtke, Henning, Das Strafverfahren – effektiv und praxistauglich?, DRiZ 2017, S. 190–191

Radtke, Henning/Hohmann, Olaf, Strafprozessordnung Kommentar, 1. Aufl., München 2011

Ranft, Otfried, Die Präklusion der Besetzungsrüge gemäß der Strafprozessnovelle 1979 und das Recht auf den gesetzlichen Richter, NJW 1981, S. 1473–1480

Rasehorn, Theo, Der Geschäftsverteilungsplan als Organisationsinstrument, ZRP 1972, S. 181–183

Redaktion, FD-StrafR 2016, S. 37765

Riedel, Joachim, Zur geplanten Einführung der vorgezogenen Besetzungsrüge im Strafverfahren, JZ 1978, S. 374–379

Rieß, Peter, Die reduzierte Besetzung der großen Strafkammer, Gedanken zu einer (fast) unendlichen Geschichte, in: *Dölling, Dieter* (Hrsg.), Verbrechen Strafe Resozialisierung Festschrift für Heinz Schoech zum 70. Geburtstag, Berlin 2010, S. 895–912

Rieß, Peter, Die Besetzungsrügepräklusion (§§ 222a, 222b StPO) auf dem Prüfstand der Rechtsprechung, JR 1981, S. 89–95

Rieß, Peter, Anmerkung zu BGH, Urteil vom 23.12.1998, NStZ 1999, S. 369–370

Rissing-van Saan, Ruth, Die Besetzungsreduktion der großen Strafkammern nach § 76 Abs. 2 GVG, § 33b Abs. 2 JGG – als Dauerlösung tauglich?, in: *Amelung, Knut* (Hrsg.), Festschrift für Volker Krey zum 70. Geburtstag am 9. Juli 2010, Stuttgart 2010, S. 431–448

Röhl, Klaus F., Vom Gerichtsmanagement zur Selbstverwaltung der Justiz, DRiZ 1998, S. 241–250

Roth, Thomas, Das Grundrecht auf den gesetzlichen Richter, Berlin 2000

Roth, Thomas, Gesetzlicher Richter und variable Spruchkörperbesetzung, NJW 2000, S. 3692–3694

Roxin, Imme, Die neuere Entwicklung des Topos „Funktionstüchtigkeit der Strafrechtspflege", in: *Hefendehl, Roland/Hörnle, Tatjana/Greco, Luis* (Hrsg.), Festschrift für Bernd Schünemann zum 70. Geburtstag am 1. November 2014, Berlin 2014, S. 941–957

Rückel, Christoph, Verteidigertaktik bei Verständigungen und Vereinbarungen im Strafverfahren, NStZ 1987, S. 297–304

Rudolphi, Hans-Joachim, Das Strafverfahrensänderungsgesetz 1979, JuS 1979, S. 864–867

Rüping, Hinrich/Dornseifer, Gerhard, Dysfunktionales Verhalten im Prozeß, JZ 1977, S. 417–420

Rzepka, Dorothea, Zur Fairness im deutschen Strafverfahren, Frankfurt am Main 2000

Sandherr, Urban, Zwölf Forderungen für einen effektiveren Strafprozess, DRiZ 2017, S. 338–341

Sandherr, Urban, Mehr Flexibilität in der Justiz, Pro, DRiZ 2018, S. 16

Sangmeister, Bernd, Von der Verantwortung der Justiz für den gesetzlichen Richter, BB 1992, S. 323–325

Sangmeister, Bernd, Die spruchkörperinterne Geschäftsverteilung, BB 1993, S. 761–769

Sangmeister, Bernd, Schlußwort, JZ 1993, S. 943

Sangmeister, Bernd, Grundsätzliches vom Bundesgerichtshof, NJW 1995, S. 289–299

Sangmeister, Bernd, „Objektive Willkür" der Oder-Konten-Rechtsprechung des BFH?, NJW 1996, S. 827–830

Sangmeister, Bernd, Grundrechtsschutz durch Grundrechtsentziehung? – Besprechung der Plenarentscheidung des BVerfG vom 08.04.1997, NJW 1998, S. 721–730

Satzger, Helmut, Die Zuständigkeit der Gerichte in Strafsachen, Jura 2016, S. 620–627

Satzger, Helmut/Widmaier, Gunter/Schluckebier, Wilhelm, Strafprozessordnung, mit GVG und EMRK, Kommentar, 3. Aufl., Köln 2018

Schalscha, Erich, Der Anwalt im Strafprozeß, DRiZ 1960, S. 16–17

Schlothauer, Reinhold, Vorbereitung der Hauptverhandlung durch den Verteidiger, Mit notwendiger Verteidigung und Pflichtverteidigung, 2. Aufl., Heidelberg 1998

Schlothauer, Reinhold, Die Besetzung der großen Straf- und Jugendkammern in der Hauptverhandlung, StV 2012, S. 749–754

Schmitz, Christian, Rangierkunst oder Entgleisung – Die Besetzungsrüge nach Änderung des Geschäftsverteilungsplanes, StraFo 2016, S. 397–403

Schmitz, Torsten P. B, Bewegliche Zuständigkeiten der StPO und das Prinzip des gesetzlichen Richters, Berlin 2003

Schroeder, Friedrich-Christian, Kritische Bemerkungen zum Strafverfahrensänderungsgesetz 1979, NJW 1979, S. 1527–1530

Schweizer, Robert/Quitt, Helmut, Rechtstatsachenermittlung durch Befragen, Köln 1985

Sigismund, Eberhard/Wickern, Thomas, Das Gesetz zur Entlastung der Rechtspflege, ein Überblick über die Änderungen der Strafprozeßordnung, des Gerichtsverfassungsgesetzes, des Jugendgerichtsgesetzes und des Strafgesetzbuches (Teil 2), wistra 1993, S. 136–141

Sommer, Ulrich, Maßnahmen des Strafverteidigers in der Hauptverhandlung, ZAP F 22, S. 101–116

Sowada, Christoph, Der gesetzliche Richter im Strafverfahren, Berlin 2002

Sowada, Christoph, Änderung des Geschäftsverteilungsplans (§ 21e Abs. 3 S. 1 GVG) und Beschleunigungsgrundsatz, HRRS 2015, S. 16–25

Steinke, Ines, Gütekriterien qualitativer Forschung, in: *Flick, Uwe/Kardorff, Ernst von/Steinke, Ines* (Hrsg.), Qualitative Forschung, Ein Handbuch, 10. Aufl., Reinbek bei Hamburg 2013, S. 319–331

Strauss, Anselm L./Corbin, Juliet M., Grounded theory, Grundlagen qualitativer Sozialforschung, Weinheim 1996

Stree, Walter, Verfassungsbeschwerde bei Verstoß gegen Vorlegungspflicht?, NJW 1959, S. 2051–2052

Tappert, Wilhelm, Mehr Flexibilität in der Justiz, Contra, DRiZ 2018, S. 17

Temming, Gerd, Anmerkung zu OLG Frankfurt, Beschluss vom 14.02.1986 – 1 Ws 27/85, StV 1986, S. 331–333

Theile, Hans, Wirtschaftskriminalität und Strafverfahren, Systemtheoretische Überlegungen zum Regulierungspotential des Strafrechts, Tübingen 2009

Theile, Hans, Flexible Fallzuweisung und gesetzlicher Richter (Art. 101 I 2 GG) – eine Problemskizze am Beispiel der Wirtschaftsstrafkammern, in: *Heinz, Wolfgang/Rengier, Rudolf/Hilgendorf, Eric* (Hrsg.), Festschrift für Wolfgang Heinz, Zum 70. Geburtstag, Baden-Baden 2012, S. 892–906

Theile, Hans/Nippgen, Alexander/Spiess, Gerhard/Petermann, Kerstin/Voß, Isabelle, 4. Kapitel Zusammenfassung, in: *Theile, Hans/Nippgen, Alexander* (Hrsg.), Die Arbeitsweise der Wirtschaftsstrafkammern, 1. Aufl., Konstanz 2015

Thielmann, Jochen, Alan Dershowitz und die ungeschriebenen Regeln des Strafprozesses, HRRS 2016, S. 349–355

Trüg, Gerson, Anmerkung zu OLG Frankfurt am Main, Beschluss vom 24.01.2014, 3 Ws 2 3114, 5 KLs- 4424 Js 11790/12, BeckRS 9998, S. 65989

van der Kraats, Marion, Platzt der Hilpert-Prozess?, www.pnn.de/brandenburg-berlin/612270.

Ventzke, Klaus-Ulrich, Anmerkung zu BGH, Beschluss vom 13.09.2011 - 5 StR 189/11, StV 2012, S. 196–201

Weber, Klaus, Vier Augen sehen mehr als zwei, Überlegungen zu Einzelrichterentscheidung und Kollegialprinzip, ZRP 1997, S. 134–137

Weber, Simone, Anmerkung zu BGH, Beschluss vom 08.02.2017 - 1 StR 493/16, FD-StrafR 2017, S. 389124

Weber-Grellet, Heinrich, Selbstverwaltung der Justiz, Zwei-Säulen-Modell des Deutschen Richterbundes, ZRP 2007, S. 153–156

Widmaier, Gunter/Barton, Stephan, Münchener Anwalts-Handbuch Strafverteidigung, 2. Aufl., München 2014

Widmaier, Gunter/Norouzi, Ali B., § 9 Die Hauptverhandlung im Blickwinkel der Revision, in: *Müller, Eckhart* (Hrsg.), Münchener Anwalts-Handbuch Strafverteidigung, 2. Aufl., München 2014

Wiebel, Markus, Die senatsinterne Geschäftsverteilung beim Bundesgerichtshof (Zivilsenate), BB 1992, S. 573–575

Wiebel, Markus, Die Bestimmung des Berichterstatters, BB 1995, S. 1197–1200

Wiebel, Markus, Effizienz und Gerichtsverfassung: Der Versuch eines Ansatzes zur Pflege der Rechtspflege, ZRP 1998, S. 221–224

Wieczorek, Bernhard/Schütze, Rolf A., Zivilprozessordnung und Nebengesetze, Grosskommentar, 4. Aufl., Berlin, Boston 2018

Wiesenack, Tobias/Klein, Nico, Strukturierung und Organisation von Unternehmensverbünden, Eine Darstellung und Würdigung aktueller empirischer Daten, erhoben vor dem Hintergrund der Diskussion um den ordnungswidrigkeitenrechtlichen Sanktionsdurchgriff, in: *Eisele, Jörg/Koch, Jens/Theile,*

Hans (Hrsg.), Der Sanktionsdurchgriff im Unternehmensverbund, Tübingen 2014, S. 5–72

Wittreck, *Fabian*, Dritte Gewalt im Wandel – Veränderte Anforderungen an Legitimität und Effektivität?, 1. Referat, in: *Röhl*, *Hans Christian*/*Arnauld*, *Andreas von*/*Wittreck*, *Fabian u. a.* (Hrsg.), Öffnung der öffentlich-rechtlichen Methode durch Internationalität und Interdisziplinarität, Erscheinungsformen, Chancen, Grenzen, Band 74, Berlin 2015, S. 115–167

Wollschläger, *Sebastian*, Anmerkung zu BGH, Beschluss vom 10.06.2014 – 3 StR 57/14, StV 2015, S. 100–103

Zöller, *Richard*, Zivilprozessordnung, 32. Auflage, Köln 2018

Zuberbier, *Gerhard*/*Mayer*, *Hans-Walter*/*Renker-Salamon*, *Michael*, Einführung in die staatsanwaltliche Praxis, Mit zahlreichen Mustern, Stuttgart 1991

5. Strafsenat BGH, Zur Beratung von Revisionsentscheidungen im Beschlussverfahren, NStZ 2013, S. 563

Anhang: Interviewleitfäden

Interviewleitfaden für Strafverteidiger

I. Anfang
   1. Seit wann sind Sie als Wirtschaftsstrafverteidiger tätig? Sind Sie ausschließlich in Wirtschaftsstrafverfahren tätig? Wie viele Wirtschaftsstrafverfahren begleiten Sie in etwa pro Jahr vor Gericht?

II. Gerichtliche Gründe für Besetzungsrügen
   1. Inwieweit haben Sie in Ihrer Berufspraxis mit Besetzungsrügen zu tun gehabt?
   2. Wenn Sie sich die Gründe für solche Besetzungsrügen einmal vergegenwärtigen, welches sind aus Ihrer Sicht die wesentlichen Ausgangspunkte gewesen?
   3. Wie identifiziert man im konkreten Verfahren ein Problem im Hinblick auf eine falsche Besetzung und damit ein Verstoß gegen den Anspruch auf den gesetzlichen Richter?
   4. Soweit der Geschäftsverteilungsplan im Mittelpunkt stand, inwieweit haben folgende Punkte eine Rolle gespielt
      a.) Falsche Zuständigkeit der einzelnen Kammer (aufgrund falscher Anwendung des Turnusprinzips oder Buchstabensystems)
      b.) Vertreterregelungen
      c.) Änderungen des Geschäftsverteilungsplanes nach § 21 e III GVG
      d.) Verhinderung eines Mitglieds
      e.) Konzentrationsgrundsatz § 74 c GVG für die Wirtschaftsstrafkammer?
   5. Sind Sie mit Fällen konfrontiert gewesen, bei denen der gerichtliche Geschäftsverteilungsplan unterjährig geändert wurde?
   6. Halten sich die Gerichte in der Praxis daran, dass eine Geschäftsverteilungsplanänderung bei der Errichtung des ehemaligen Geschäftsverteilungsplans unvorhersehbar gewesen sein muss und „unaufschiebbare Gründe“ für die Änderung nötig sind?
   7. Was sehen Sie darüber hinaus für mögliche Gründe bei solchen Geschäftsverteilungsplanänderungen?
   8. Was halten Sie von der Aussage, „die unterjährige Geschäftsverteilung ist nicht die Ausnahme, sondern die Regel“?

9. Was halten Sie von der Mutmaßung, dass die unterjährige Geschäftsverteilung oftmals eine „verkappte Einzelzuweisung“ von Fällen sei?
10. Halten sich in der Praxis die Gerichte an die vom BVerfG geforderte genaue Dokumentation der Geschäftsverteilungsplanänderung?
11. Hatten sie schon mit Konstellationen zu tun, wo das Gericht nur mit zwei, anstatt mit drei Richtern besetzt gewesen ist, vgl. § 76 Abs. 2, 3 GVG? Wie sind dazu ihre Erfahrungen?
12. Als abschließende Frage zu diesem Komplex: wie würde für Sie der ideale Geschäftsverteilungsplan aussehen?

III. Staatsanwaltschaftliche Gründe für Besetzungsrügen

1. Von Verteidigerseite wird kritisiert, dass die Staatsanwaltschaft versucht durch ihr Anklageverhalten bestimmt Fälle zu bestimmten Strafkammern zu bekommen. Wie sind dazu Ihre Erfahrungen in der Praxis? Ist das nur „Theaterdonner“ der Verteidigung?
2. a.) Welche Konstellationen sind Ihnen bekannt, die eine Staatsanwaltschaft veranlassen können, das Verfahren bei einer spezifischen Kammer platzieren zu wollen?
   b.) Inwiefern spielt bei der Anklage eine Rolle, ob eine Kammer überlastet, besonders kompetent oder inkompetent ist?
3. Inwieweit wird über die Motive der Staatsanwaltschaft offen gesprochen?
4. Inwiefern bestehen in diesem Zeitpunkt Kontakte zwischen der Staatsanwaltschaft und Ihnen als Verteidiger?
5. Inwieweit ist Ihnen bekannt, wie die Staatsanwaltschaft an die für die Anklage nötigen Informationen kommt?
   a.) Welche Rolle spielt das persönliche Netzwerk der Beteiligten (z.B. gemeinsame Vita/Laufbahn) oder die personellen oder räumlichen Verknüpfungen mit den Gerichten?
   b.) Was wäre noch an Gründen zu nennen?
6. Nehmen Sie eine Entwicklung wahr hinsichtlich solcher Versuche der Staatsanwaltschaft, das Verfahren bei einer spezifischen Kammer zu platzieren?
7. Gibt es bestimmte Regelungen innerhalb eines Geschäftsverteilungsplans, die in der Praxis ein solches Verhalten der Staatsanwaltschaft begünstigen?
8. Wie ist Ihre Haltung zu den „beweglichen Zuständigkeiten“, die der Staatsanwaltschaft eine Wahl des zuständigen Gerichts ermöglichen? Wie denken Sie nutzt die Staatsanwaltschaft diese „Offenheit“ des Gesetzes?

9. In Hinblick Art. 101 Abs. 1 Satz 2 GG: wie bewerten sie die Parameter, die die Staatsanwaltschaft bei der Wahl des zuständigen Gerichts ansetzt?

IV. Ablauf Besetzungsrüge

1. a) Wie sieht eine Verfahrenskonstellation aus, in der Sie die Zuständigkeit des Spruchkörpers und den jeweiligen Geschäftsverteilungsplan analysieren?
   b.) Inwieweit analysieren Sie vor Beginn der Hauptverhandlungen die Zuständigkeit des Spruchkörpers und den jeweiligen Geschäftsverteilungsplan?
   c.) Wie häufig kommt das vor?
2. a.) Welche Rolle spielt dabei die Art des Verfahrens?
   b.) Welche Rolle spielt die Gerichtsbesetzung bei der Frage, ob und inwiefern Sie die Zuständigkeit des Gerichts analysieren? Begünstigen bestimmte Besetzungen ihre Analyse? Sind bestimmte Konstellationen fehleranfällig?
3. Wie kommen Sie an die nötigen Informationen dazu? Wie sehen Sie die Mitteilungspflicht des § 222a StPO umgesetzt?
4. Wann bekommen Sie als Verteidiger die Besetzung des Gerichts genannt?
5. Auf welche Weise bekommen Sie als Verteidiger die Besetzung des Gerichts genannt?
6. Wie gehen Sie damit um, dass die Gründe für die Mitwirkung wie Vertretungsfall, Regelbesetzung und Eintritt von Hilfsschöffen nicht mitgeteilt werden müssen?
7. Wie ist das Verhältnis von §222a Abs. 1 Satz 1 zu §222a Abs. 1 Satz 2 StPO in der Praxis? Ist die auf Anordnung des Vorsitzenden erfolgende Besetzungsmitteilung Ihrer Wahrnehmung nach der Regelfall in der Praxis?
   7a.) Haben Sie in der Regel mehr Zeit als eine Woche, um die Besetzung zu prüfen und wieviel Zeit benötigen Sie für die Prüfung im Regelfall?
8. Wie häufig stellen Sie vor Beginn der Hauptverhandlung einen Antrag auf Mitteilung der Gerichtsbesetzung und wird dem nachgekommen?
9. Inwiefern kommt es vor, dass der Zeitpunkt der Besetzungsmitteilung taktisch gewählt wird?

V. Gründe und Taktiken für Besetzungsrügen

1. Welche Gründe sehen Sie allgemein in der Regel bei Besetzungsrügen?

2. Und wie ist das bei Ihren eigenen, d.h. von Ihnen selbst artikulierten Rügen?
3. Welche Taktik lässt sich mit Besetzungsrügen verfolgen? Inwieweit spielen mögliche Revisionsgründe eine Rolle? Und was noch?
4. Inwieweit liegt die Erhebung von Besetzungsrügen im Interesse des Mandanten, was ist der konkrete Vorteil für den Mandanten?
5. Worauf achten Sie dabei als Strafverteidiger?
6. Wie sehen Situationen aus, in denen die Staatsanwaltschaft zwar das Verfahren bei einer bestimmten Strafkammer platziert hat, aber die Kammer an sich für den Mandanten vorteilhaft ist?
7. Im Laufe meiner Untersuchung wurde mir gesagt, nur Strafverteidiger der „alten Schule" würden Besetzungsrügen erheben. Wie sehen Sie das und was könnten die Gründe hierfür sein?

VI. Besetzungsrüge Begründung und Gericht
1. Es gibt keine zweite Chance für die Begründung der Besetzungsrüge durch die Verteidiger – wie gehen Sie damit um?
2. Wie gehen die Gerichte mit den Besetzungsrügen um: wie fällt die Begründung des Beschlusses aus: Inwieweit setzt sich das Gericht mit den Argumenten ihrer Rüge auseinander?
3. Inwiefern ändert sich ein Prozess, indem eine Besetzungsrüge vorgebacht wurde in Hinblick auf das Verhalten der Prozessbeteiligten?
4. Wie gehen Sie damit um, wenn sich schon im Ermittlungsverfahren eine Falschbesetzung abzeichnet?

VII. Besetzungsrügen Entwicklung und Allgemein
1. Zur Häufigkeit von Besetzungsrügen: Lässt sich da eine Entwicklung oder ein Trend feststellen hinsichtlich Quantität und Qualität und was sind die Gründe hierfür?
2. Was lässt sich über das Verhältnis von erfolgreichen zu erfolglosen Besetzungsrügen sagen? Ist eine Entwicklung in eine bestimmte Richtung erkennbar? Wie ist Ihr persönliches Fazit?
3. Ist die normative Grundlage aus ihrer Sicht ausreichend?
4. Was halten Sie von dem Vorschlag der OLG-Präsidentenkonferenz und des Strafkammertages einer bindenden Vorabentscheidung?
5. Welche Punkte halten Sie im Zusammenhang mit Besetzungsrügen für diskussionswürdig, die hier noch nicht angesprochen wurden?

VIII. Einfachrechtliche Verankerung Anspruch auf den gesetzlichen Richter und Effektivität
1. Der Gesetzgeber befindet sich in einer sog. Dilemma-Situation: auf der einen Seite soll er klare Regelungen zur Umsetzung des Prinzips

des gesetzlichen Richters in der Praxis schaffen, zum anderen ist aber auch eine gewisse Flexibilität nötig. Wie sehen Sie die geltenden gesetzlichen Normen unter diesem Aspekt?

3. Halten Sie die einfachrechtliche Verankerung des Anspruchs auf den gesetzlichen Richter für ausreichend an oder besteht seitens des Gesetzgebers Nachbesserungsbedarf?
2. Niklas Luhmann benutzte den Begriff der „brauchbaren Illegalität". Was meinen Sie in Hinblick auf die geltende Gesetzeslag: kann man sagen, dass Regelverletzungen nötig sind?
3. Wenn sie sich noch einmal die Normen zum Geschäftsverteilungsplan vergegenwärtigen: sind die Normen flexibel genug? Sind sie besonders manipulationsanfällig?
4. Wodurch sehen Sie das Prinzip des gesetzlichen Richters in der Praxis gefährdet? Welche Veränderungen, welche Entwicklungen kann man feststellen?
5. Halten Sie den Anspruch auf den gesetzlichen Richter für ein aus der Zeit gefallenes Prinzip?
6. Gibt es ihrer Ansicht nach funktionale Äquivalente?
7. Wie sehen Sie Art. 101 I 2 GG in Bezug auf ein gutes Gerichtsmanagement insbesondere was das Fallmanagement angeht?
8. Ermöglicht dieses Prinzip ein ausreichend flexibles Gerichts- bzw. Fallmanagement?
9. Wie bewerten Sie unter diesem Aspekt die Normen des GVG (insbesondere §§ 21 e und g GVG) in Hinblick auf ihre Tauglichkeit in der Praxis?
10. Wenn Sie an die effektive Umsetzung des Anspruchs auf den gesetzlichen Richters bei Gericht denken, inwieweit spielt hierbei eine Rolle, dass es zu wenig Personal bei Gericht gibt und inwieweit spielen überkommene Organisationsprozesse eine Rolle? Inwiefern würden Sie Änderungen empfehlen?
11. Inwieweit stören hierarchische und autoritäre Verhältnisse die Unabhängigkeit der einzelnen Richter?

IX. Strukturelle Schwierigkeiten von Wirtschaftsstrafverfahren

1. Inwieweit sehen Sie bei Wirtschaftsstrafverfahren eine besondere Anfälligkeit für die Fallsteuerung und damit einhergehend eine Manipulation der Zuständigkeit des Gerichts?
2. Was sind die Gründe hierfür?

X. Schlussbetrachtungen

1. Haben Sie Punkte, die Sie noch gerne ansprechen würden?

XII. Ende
Möchten Sie eine Fassung des transkribierten Interviews zur Durchsicht haben?
Dürfte ich Sie bei eventuell aufkommenden Fragen nochmals kontaktieren?

Interviewleitfaden für Richter

I. Anfang
1. Seit wann sind Sie an der Erstellung von Geschäftsverteilungsplänen beteiligt?
2. Waren Sie schon als Richter an einer Strafkammer/Schwurgericht tätig? Wenn ja wie lange?

II. Errichtung Geschäftsverteilungsplan
1. Zunächst ein paar Fragen zum Präsidium:
   a.) Wie steht es um die Bereitschaft, im Präsidium und damit an der Erstellung des Geschäftsverteilungsplanes mitzuwirken?
   b.) Gibt es genügend Interessenten, die sich zur Wahl stellen?
   c.) Sind das begehrte Positionen?
2. Nun konkret zur Entstehung eines Geschäftsverteilungsplanes:
   a.) Wie läuft ganz allgemein die Entstehung des Geschäftsverteilungsplanes ab?
   b.) Wie viele Termine/Besprechungen sind nötig? Wie lange dauern diese?
   c.) Gibt es einen Vorentwurf, der (nur) abgestimmt wird?
   d.) Wird in der Regel die Fassung des letzten Jahres angepasst?
3. Welche Interessen müssen Sie allgemein bei der Erstellung des Planes berücksichtigen?
4. Werden spezielle Wünsche der Richterschaft im Vorfeld abgefragt oder an Sie heran getragen?
5. Welche Motive sind tragend bei der Erstellung des Planes? Welche Gründe verfolgen Sie, was gibt es zu bedenken?
6. In formaler Hinsicht: welche Anforderungen fallen schwer bzw. stellen Sie vor große Herausforderungen?
7. Wie gestaltet sich die Abstimmung?
8. Konkret: Warum ziehen Sie das Turnussystem einem Buchstabensystem vor?
9. Wie bewerten Sie die „Manipulationsmöglichkeiten“ dieses Systems wenn Sie an die Staatsanwaltschaften denken?
10. Noch zwei Fragen zu den Besonderheiten von Wirtschaftsstrafverfahren:

a.) wenn Sie an die Besonderheiten von Wirtschaftsstrafverfahren denken, sind diese Verfahren besonders anfällig, den Geschäftsverteilungsplan zu „sprengen"?
b.) Liegt das an der besonderen Struktur, der besonderen Typik der Verfahren?

11. Fällt es schwer, Wirtschaftsstrafkammern zu besetzen? Wie ist insofern die Bereitschaft in einer solchen Kammer zu sitzen?
12. Wird hier am LG eher in der zweier oder dreier Besetzung, vgl. § 76 Abs. 2 und 3 GVG, verhandelt?

III. Unterjährige Geschäftsverteilung

1. Kommt es in Ihrem Gerichtsbezirk zu unterjährigen Geschäftsverteilungsplanänderungen?
2. Wie häufig kommt das vor?
3. Was sind die Gründe dafür?
4. Welche inhaltlichen Änderungen nehmen Sie in der Regel vor?
5. Wie häufig kommt eine Überlastungsanzeige einer Kammer vor? Wie geht das von statten?
6. Teilen Sie die unterjährigen Geschäftsverteilungsplanänderungen den Prozessbeteiligten mit: gibt es einen Aushang im Anwaltszimmer, E-Mailverteiler etc.?

IV. Entwicklung an Vorgaben für Geschäftsverteilungsplan

1. Nehmen Sie über die Jahre eine Entwicklung wahr, hinsichtlich der Anforderungen der Rechtsprechung an die Details eines Geschäftsverteilungsplanes?
2. Wie hat sich für Sie die Errichtung eines Geschäftsverteilungsplanes über die Jahre geändert? Erschweren neue Vorgaben die Errichtung eines Geschäftsverteilungsplanes?
3. Spricht man sich zwischen den Gerichten hinsichtlich etwaiger Änderungen ab? Lernt man voneinander?

V. Besetzungsrügen

1. Wie steht es mit Besetzungsrügen in Ihrem Gerichtsbezirk? Können Sie insofern eine Entwicklung wahrnehmen?
2. Welche Regelungen sind schon konkret angegriffen worden?
3. Wie häufig kommt das vor?
4. Können Sie beurteilen, wie häufig diese erfolgreich waren?
5. Lernt man als Gericht von Besetzungsrügen? Haben Sie schon Änderungen aufgrund von erfolgreichen (oder auch aufgrund von erfolglosen?) Besetzungsrügen gemacht?

6. Abgesehen von diesem formalen Weg, den Geschäftsverteilungsplan anzugreifen, gibt es andere Kanäle für etwaige Kritik?
7. Gehört für Sie das Erheben einer Besetzungsrüge und der Begriff Konfliktverteidigung zusammen? Wie definieren Sie Konfliktverteidigung?
8. Was halten sie von den Reformbestrebungen der OLG-Präsidentenkonferenz und des neu gegründeten Strafkammertags? Was halten Sie von der bindenden Vorabentscheidung?

V. Anklageverhalten Staatsanwaltschaft
1. Wissen Sie bei Erstellung des jährlichen Geschäftsverteilungsplanes, ob und welche Verfahren im kommenden Jahr auf das Gericht zukommen?
2. Werden Sie von der Staatsanwaltschaft über den Verfahrensstand informiert?
3. Zieht man generelle Informationen aus Presse über kommende Verfahren etc. in die Überlegungen bei Erstellung eines Geschäftsverteilungsplanes ein?
4. Und wie sieht die Reaktion im Geschäftsverteilungsplan darauf aus?

VI. Einfachrechtliche Verankerung Anspruch auf den gesetzlichen Richter und Effektivität
1. Der Gesetzgeber befindet sich in einer sog. Dilemma-Situation: auf der einen Seite soll er klare Regelungen zur Umsetzung des Prinzips des gesetzlichen Richters in der Praxis schaffen, zum anderen ist aber auch eine gewisse Flexibilität nötig. Wie sehen sie die geltenden gesetzlichen Normen unter diesem Aspekt?
2. Halten Sie die einfachrechtliche Verankerung des Anspruchs auf den gesetzlichen Richter für ausreichend an oder besteht seitens des Gesetzgebers Nachbesserungsbedarf?
3. Niklas Luhmann benutzte den Begriff der „brauchbaren Illegalität". Was meinen Sie in Hinblick auf die geltende Gesetzeslag: kann man sagen, dass Regelverletzungen nötig sind?
4. Wenn sie sich noch einmal die Normen zum Geschäftsverteilungsplan vergegenwärtigen: sind die Normen flexibel genug?
5. Wodurch sehen Sie das Prinzip des gesetzlichen Richters in der Praxis gefährdet? Welche Veränderungen, welche Entwicklungen kann man feststellen?
6. Halten Sie den Anspruch auf den gesetzlichen Richter für ein aus der Zeit gefallenes Prinzip?
7. Gibt es ihrer Ansicht nach funktionale Äquivalente?

8. Wie sehen Sie Art. 101 I 2 GG in Bezug auf ein gutes Gerichtsmanagement insbesondere was das Fallmanagement angeht?
9. Ermöglicht dieses Prinzip ein ausreichend flexibles Gerichts- bzw. Fallmanagement?
10. Wie bewerten Sie unter diesem Aspekt die Normen des GVG (insbesondere §§ 21 e und g GVG) in Hinblick auf ihre Tauglichkeit in der Praxis?
11. Wenn Sie an die effektive Umsetzung des Anspruchs auf den gesetzlichen Richters bei Gericht denken, inwieweit spielt hierbei eine Rolle, dass es zu wenig Personal bei Gericht gibt und inwieweit spielen (überkommene) Organisationsprozesse eine Rolle? Inwiefern würden Sie Änderungen empfehlen?
    Fehlt den Gerichten eine gute Lobbyarbeit?
12. Wie würde für Sie der ideale gesetzliche Rahmen zur Erstellung eines Geschäftsverteilungsplanes aussehen? Was würden Sie sich insofern wünschen?
13. Abschließend nun: gibt es noch Aspekte, die Sie ansprechen möchten?

VII. Ende
Möchten Sie eine Fassung des transkribierten Interviews zur Durchsicht haben?
Dürfte ich Sie bei eventuell aufkommenden Fragen nochmals kontaktieren?

Interviewleitfaden für Staatsanwälte

I. Anfang
1. Seit wann sind Sie als Staatsanwältin/Staatsanwalt tätig?
2. Waren Sie schon als Staatsanwältin/Staatsanwalt in der Abteilung Wirtschaftsstrafsachen tätig?
3. Denken Sie, um in der Abteilung Wirtschaftsstrafsachen zu arbeiten, braucht es besondere wirtschaftliche Kenntnisse?
4. Ist es schwierig, die Abteilung zu besetzen?

II. Entstehung Anklage
1. Können Sie mir zunächst ganz allgemein den Ablauf einer Anklage in Wirtschaftsstrafsachen schildern?
2. Wie lange ermitteln Sie in der Regel in Wirtschaftsstrafsachen?
3. Kennt der Abteilungsleiter alle Anklagen in Wirtschaftsstrafsachen?
4. Nimmt er auf die Anklagen Einfluss?
5. Was sind für Sie die Besonderheiten an Wirtschaftsstrafverfahren?

III. Anklage zu Gericht
1. Nun klagen Sie bei Gericht an: in der Regel bei dem Landgericht XXX?
2. Ist es manchmal schwierig zu beurteilen, ob es für die Beurteilung des Falles besondere Kenntnisse des Wirtschaftslebens bedarf, vgl. § 74 c Abs. 1 a.E. GVG?
3. Wie bewerten Sie die bestehenden Wirtschaftsstrafkammern am Landgericht XXX hinsichtlich Kompetenz, Strafmaßhärte, Überlastung?
4. Gibt es noch andere Unterschiede zwischen den Kammern?
5. Wird hier am LG eher in der zweier oder dreier Besetzung vgl. § 76 Abs. 2 und 3 GVG, in Wirtschaftsstrafsachen verhandelt?
6. Was ziehen Sie als Staatsanwaltschaft vor?
7. Gibt es irgendwelche Aspekte, die den Zeitpunkt der Anklage beeinflussen?
8. Gibt es irgendwelche Aspekte, die Sie bei Anklageerhebung bedenken? Kennen Sie unter Umständen den Turnusstand bei Gericht?
9. Kommt es vor, dass Sie das zuständige Gericht über eine kommende Anklagerhebung informieren?
10. Wie ist ganz allgemein die Kommunikation zwischen Gericht und Staatsanwaltschaft in den einzelnen Verfahrensstadien?

IV. Geschäftsverteilungsplan Landgericht
1. Wie bewerten Sie den Geschäftsverteilungsplan des Landgerichts Stuttgart?
2. Wie bewerten Sie das Turnussystem gegenüber dem Buchstabensystem?
3. Wie häufig nehmen Sie unterjährige Geschäftsverteilungsplanänderungen am LG war?
4. Denken Sie, das LG zieht generelle Informationen aus Presse über kommende Verfahren etc. in die Überlegungen bei Erstellung eines Geschäftsverteilungsplanes mit ein?
5. Und wie denken Sie sieht die Reaktion im Geschäftsverteilungsplan darauf aus?

V. Gerichtsbesetzung und Rüge
1. Prüfen Sie die Gerichtsbesetzung vor Gericht?
2. Wie häufig kommen Ihrer Wahrnehmung nach Besetzungsrügen vor?
3. Haben Sie sich schon einmal einer Besetzungsrüge der Verteidigung angeschlossen? Wenn nein, warum nicht?
4. Welche Regelungen sind schon konkret angegriffen worden?
5. Können Sie beurteilen, wie häufig diese erfolgreich waren?

6. Können Sie hinsichtlich der Häufigkeit von Besetzungsrügen eine Entwicklung wahrnehmen?
7. Gehört für Sie das Erheben einer Besetzungsrüge und der Begriff Konfliktverteidigung zusammen?
8. Wie definieren Sie Konfliktverteidigung?
9. Was halten sie von den Reformbestrebungen der OLG-Präsidentenkonferenz und des neu gegründeten Strafkammertags: Was halten Sie von einer bindenden Vorabentscheidung?

VI. Einfachrechtliche Verankerung Anspruch auf den gesetzlichen Richter und Effektivität

1. Der Gesetzgeber befindet sich in einer sog. Dilemma-Situation: auf der einen Seite soll er klare Regelungen zur Umsetzung des Prinzips des gesetzlichen Richters in der Praxis schaffen, zum anderen ist aber auch eine gewisse Flexibilität nötig. Wie sehen Sie die geltenden gesetzlichen Normen unter diesem Aspekt?
2. Wenn Sie sich noch einmal die Normen zum Geschäftsverteilungsplan vergegenwärtigen: sind die Normen flexibel genug?
3. Wodurch sehen Sie das Prinzip des gesetzlichen Richters in der Praxis gefährdet? Welche Veränderungen, welche Entwicklungen kann man feststellen?
4. Halten Sie den Anspruch auf den gesetzlichen Richter für ein aus der Zeit gefallenes Prinzip?
5. Gibt es Ihrer Ansicht nach funktionale Äquivalente?
6. Wie sehen Sie Art. 101 I 2 GG in Bezug auf ein gutes Gerichtsmanagement insbesondere was das Fallmanagement angeht?
7. Ermöglicht dieses Prinzip ein ausreichend flexibles Gerichts- bzw. Fallmanagement?
8. Wenn Sie an die effektive Umsetzung des Anspruchs auf den gesetzlichen Richters bei Gericht denken, inwieweit spielt hierbei eine Rolle, dass es zu wenig Personal bei Gericht gibt und inwieweit spielen (überkommene) Organisationsprozesse eine Rolle? Inwiefern würden Sie Änderungen empfehlen?
9. Wie würde für Sie der ideale Geschäftsverteilungsplan aussehen? Was würden Sie sich insofern wünschen?
10. Abschließend nun: gibt es noch Aspekte, die Sie ansprechen möchten?

VII. Ende

Möchten Sie eine Fassung des transkribierten Interviews zur Durchsicht haben?

Dürfte ich Sie bei eventuell aufkommenden Fragen nochmals kontaktieren?